Sportvereine
in der Bundesrepublik Deutschland

Teil II:
Organisations-, Angebots- und
Finanzstruktur

Schriftenreihe des Bundesinstituts für Sportwissenschaft
Band 23

Sportvereine in der Bundesrepublik Deutschland

Teil II:
Organisations-, Angebots- und
Finanzstruktur

Waldemar Timm

VERLAG KARL HOFMANN SCHORNDORF

Schriftenreihe des Bundesinstituts für Sportwissenschaft, Band 23

CIP-Kurztitelaufnahme der Deutschen Bibliothek

Sportvereine in der Bundesrepublik Deutschland.
– Schorndorf: Hofmann.

Teil 2. Organisations-, Angebots- und Finanzstruktur / Waldemar Timm. – 1979.
  (Schriftenreihe des Bundesinstituts für Sportwissenschaft; Bd. 23)
  ISBN 3-7780-3131-7
NE: Timm, Waldemar (Mitarb.)

Bestellnummer 313

1. Auflage. Schorndorf 1979

© by Bundesinstitut für Sportwissenschaft, 5000 Köln 40, Hertzstraße 1

Verlag Karl Hofmann, 7060 Schorndorf

Gesamtherstellung in der Hausdruckerei des Verlags
Printed in Germany · ISBN 3-7780-3131-7

Inhalt

Teil A

Der Untersuchungsgegenstand

Vorwort

		Seite
1.	*Einleitung*	14
2.	*Abgrenzung des Untersuchungsgegenstandes ‚Sportverein als Organisation' im Rahmen des Gesamtprojektes ‚Zur Soziologie des Sportvereins'*	16

Exkurs: Der Verein im Kontext organisationstheoretischer Aspekte

2.1	‚Organisation' als Ziel wissenschaftlicher Forschung	18
2.2	Ansätze zur typologischen Verortung von Organisationen	21
2.3	Der Sportverein als freiwillige Organisation	26
2.3.1	Freiwillige Organisation – Definition und Abgrenzung	26
2.3.2	Organisationstypologische Verortung des Sportvereins als freiwillige Organisation	29
2.3.3	Freiwillige Organisationen als Objekt wissenschaftlicher Forschung in Amerika und Deutschland	32
2.3.4	Ein organisationssoziologisches Konzept zur Analyse des Sportvereins als freiwillige Organisation	35
2.3.5	Ein klassifikatorisches Schema zur Analyse von Organisation und Struktur des Sportvereins	38
3.	*Vorbereitung und Durchführung der empirischen Erhebung*	42
3.1	Wahl der Erhebungsstrategie	43
3.2	Konstruktion des Erhebungsinstrumentes	44
3.3	Durchführung und Überwachung der Erhebung	45
4.	*Aufbereitung und Auswertung des Datenmaterials*	48

Teil B

Darstellung der Ergebnisse

5.	*Struktur und Entwicklung des Sportvereinswesens in der Bundesrepublik Deutschland*	52
5.1	Der Sportverein im Kontext der allgemeinen Entwicklung der Sportnachfrage	53
5.1.1	Der Sportverein als zentraler Träger der Sportaktivität	53
5.1.2	Entwicklungstendenzen im deutschen Sport nach 1965	54
5.1.2.1	Alters- und geschlechtsspezifische Entwicklungen	55
5.1.2.2	Vereins-, sportartenspezifische und regionale Entwicklungen	57

5.2	Struktur des deutschen Sportvereinswesens	61
5.2.1	Vereinsstrukturen (nach Größe und Alter der Organisation)	61
5.2.2	Die Gemeindegröße als Determinante der Vereinsstruktur	65
5.2.3	Mitgliederstrukturen	72
6.	*Die Angebotsstruktur des Sportvereinswesens in der Bundesrepublik Deutschland*	81
6.1	Die Angebotsstruktur im Bereich der sportlichen Aktivitäten	81
6.1.1	Vereinsartenspezifisches Sportangebot	83
6.1.2	Leistungsanforderungsspezifische Differenzierungen im Sportangebot der Vereine	88
6.1.3	Zusätzliche Sportangebote für spezielle, weniger integrierte Personengruppen	92
6.1.4	Quantitative Aspekte des Sportangebotes	95
6.2	Die Angebotsstruktur der Vereine im Bereich der Geselligkeit	96
6.3	Gemeindespezifische Angebotsstrukturen	98
6.4	Regionale Unterschiede in der Angebotsstruktur	104
7.	*Die Anlagenstruktur der Sportvereine*	108
7.1	Die Bedeutung von Sportanlagen als verhaltensrelevante Artefakte	108
7.2	Die allgemeine Anlagensituation	109
7.3	Vereinsarten- und sportartenspezifische Anlagenkonstellationen	111
7.4	Die Anlagensituation des Vereins als Determinante der Mitgliederstruktur und Vereinsentwicklung	117
7.5	Die Anlagensituation in unterschiedlichen Gemeindegrößenklassen	118
7.6	Regionale Anlagensituation und staatliche Förderungsmaßnahmen im Sportstättenbau im Rahmen des ‚Goldenen Planes'	124
8.	*Die Finanzsituation des Vereins*	133
8.1	Vereinsarten- und sportartenspezifisches Finanzgebaren	135
8.1.1	Die Beitragssituation	135
8.1.2	Die Verwendung ‚zusätzlicher' Finanzmittel	141
8.2	Die Gemeindegröße als Determinante der Finanzsituation des Vereins	143
8.3	Regionale Aspekte der Finanzsituation des Vereins	145
9.	*Determinanten der Organisationsstruktur von Sportvereinen*	147
9.1	Die Abteilungsgliederung als Merkmal der strukturellen Differenzierung	148
9.2	Der Jugendsport als segmentierende Differenzierung der Organisationsstruktur	150
9.3	Die Abteilungsorganisation als Merkmal der vertikalen Differenzierung im Verein	151
9.4	Die Mitarbeiterstruktur des Vereins als Merkmal der vertikalen und horizontalen Differenzierung	154
9.4.1	Der Einsatz bezahlter Mitarbeiter in der Vereinsorganisation	154
9.4.2	Die Bedeutung der ehrenamtlichen Mitarbeit für die Vereinsorganisation	159

9.4.3.	Der Einsatz von Übungsleitern in der Vereinsorganisation	160
9.4.4	Quantitative Aspekte der Mitarbeiterstruktur	164
9.4.5	Oligarchisierungstendenzen im Sportverein	165
9.4.6	Die Sozialstruktur der Mitarbeiter im Verein	168
9.5	Aspekte der Führung und des Führungsverhaltens in Sportvereinen	172
10.	*Zielorientierung und ‚Leistung' des Sportvereins als soziale Organisation*	178
10.1	Das Vereinsziel als Maßstab der Organisationsleistung des Sportvereins	178
10.2	Die ‚Leistung' des Sportvereins als Organisation	181
10.2.1	Der Sporterfolg des Vereins als Merkmal der Organisationsleistung	182
10.2.2	Das Konfliktpotential des Vereins als Merkmal der Organisationsleistung	186
11.	*Das Verhältnis des Vereins zur übergeordneten Sportorganisation (Verbände und DSB)*	190
12.	*Die Bedeutung der einzelnen Vereinsarten für die Bewältigung der Sportnachfrage*	196

Teil C

Anhang 205

Schaubilderübersicht 206
Tabellenübersicht 207
Tabellen und Schaubilder 212
Erhebungsbogen 279

Teil D

Literaturverzeichnis 291

Vorwort

Nach Jahresfrist erscheint mit diesem Band der zweite Teil der Ergebnisse des vom Bundesinstitut für Sportwissenschaft an das Institut für Soziologie der Universität Karlsruhe vergebenen Forschungsauftrags zur Soziologie des Sportvereins. Das Erscheinungsdatum der Arbeit fällt in eine Zeit intensiv geführter Diskussionen über die weitere Entwicklung der Sportvereine, in eine Phase vielfältiger Überlegungen darüber, wie man den Vereinen Hilfe bieten kann. Gremien wurden ins Leben gerufen mit dem Auftrag, Lösungsvorschläge für die Probleme der Vereine zu erarbeiten.

Diese Anstrengungen wurden jedoch nicht etwa deshalb notwendig, weil man gegen einen Niedergang oder gar das Ende des Sportvereins anzukämpfen hätte, wie es nach den vor gar nicht allzu langer Zeit noch recht häufigen pessimistischen Äußerungen zu erwarten gewesen wäre. Derartige Auffassungen basierten meist auf der zwar richtigen Erkenntnis, daß sich die Anforderungen und Ansprüche an den Verein offenbar wandelten und der Verein von gestern nicht der von heute sein konnte, übersahen oder unterschätzten aber den hohen Grad an Flexibilität des Sportvereinswesens, der es ermöglichte, sich den veränderten Bedingungen anzupassen und funktionstüchtig zu bleiben.

Der vorliegende zweite Teil der Gesamtuntersuchung vermittelt einen nachhaltigen Eindruck davon, welche Vielfalt die Sportvereinslandschaft auszeichnet und wie bunt die Palette der Erscheinungsformen ist. Hier scheint der Schlüssel zum Verständnis der Anpassungsfähigkeit dieses organisierten Sportbereichs zu liegen, die in einem geradezu boomartigen Mitgliederzuwachs zum Ausdruck kommt. Eine solche Vielschichtigkeit macht es nun allerdings selbst demjenigen, für den der Verein den unmittelbaren Handlungs- und Erfahrungsbereich darstellt, unmöglich, aus seinen Primärerfahrungen einen systematischen, umfassenden Überblick über das Sportvereinswesen, die unterschiedlichen internen Strukturen und Mechanismen zu gewinnen. Andererseits ist jedoch für alle, die durch Planungen und Entscheidungen den Weg der Vereine beeinflussen, ein möglichst hohes Maß an Transparenz ihres Handlungsfeldes unerläßlich. Unter diesem Gesichtspunkt besitzen auch deskriptive Strukturdaten erhebliche Bedeutung.

Die große Resonanz, die der erste Band gefunden hat, und die häufige Verwendung der in ihm ausgebreiteten Ergebnisse zeigen, daß der Praxis offenbar Informationen geliefert worden sind, die ihr Orientierungshilfen bei der Lösung der sie bedrängenden Fragen bieten. Durch die vorliegende Arbeit erfolgt jetzt die notwendige Ergänzung, Vertiefung und Abrundung des Wissens, indem der Verein als Organisation zum Thema wird. Dabei widmet sich der Band sowohl sehr konkreten Problemen der Führung, Verwaltung und Finanzierung von Sportvereinen, als auch der in der Soziologie bisher vernachlässigten Theoriediskussion zum Gegenstand freiwillige Organisationen. Einmal mehr galt es daher, die schwierige Aufgabe zu erfüllen, eine den Kriterien der Wissenschaft entsprechende, aber zugleich dem Nichtwissenschaftler zugängliche Darstellungsweise zu finden. Möge der Band so die wissenschaftliche Diskussion bereichern und die praktische Arbeit erleichtern!

In zwei umfangreichen Publikationen liegt nun für den Bereich des Sportvereins das Ergebnis der Bemühungen vor, die seit Beginn des Jahrhunderts geforderte Analyse des Vereinswesens – dieses „ungeheure Thema" (Max WEBER) – in Angriff zu nehmen. Wenn wir jetzt mehr über den Sportverein wissen, dann bedeutet das in einer Gesellschaft wie der unsrigen, in der sich soziale Differenzierung vor allem über Organisationen vollzieht, zugleich *auch mehr Einsicht in die Lebensform der Menschen unserer Zeit gewonnen zu haben. Vielleicht ergeben sich von daher aus den beiden Arbeiten ebenfalls Antworten auf umfassendere gesellschaftspolitische Fragen, wie etwa der, welche Formen gesellschaftlicher Selbstorganisation zur Wahrnehmung gesellschaftlicher Aufgaben geeignet sind.*

Nachdem das arbeits- und zeitaufwendige Forschungsprojekt mit dieser Veröffentlichung des zweiten Abschnitts der Untersuchung seinen Abschluß gefunden hat, ist es eine angenehme Pflicht allen, die an diesem Vorhaben beteiligt waren – sei es bei der Vorbereitung und Durchführung der Studie oder sei es bei der Darstellung und Veröffentlichung der Ergebnisse – zu danken.

Unser Dank gilt dem Direktor des Instituts für Soziologie der Universität Karlsruhe, Prof. Dr. Hans LINDE *und seinen Mitarbeitern, dabei insbesondere Waldemar* TIMM *für den vorliegenden Band. Nicht zuletzt sei den vielen tausend Mitarbeitern von Vereinen gedankt, die sich in einer für derartige massenstatistische Erhebungen ungewöhnlich hohen Zahl der Mühe unterzogen haben, den nicht gerade knapp bemessenen Fragebogen zu beantworten. Ohne ihre Auskunftsbereitschaft wäre die Studie nicht möglich gewesen. Dieser Dank verbindet sich mit der Zuversicht, daß die Investitionen an Zeit und Energie rentabel angelegt sind.*

Köln, im November 1978

Prof. Dr. AUGUST KIRSCH
*Direktor des Bundesinstituts
für Sportwissenschaft*

Vorwort

Nachdem nunmehr mit dem hier vorliegenden, zweiten Ergebnisband das Forschungsprojekt „Zur Soziologie des Sportvereins" seinen Abschluß gefunden hat, ist es dem Auftragnehmer eine angenehme Pflicht, all jenen zu danken, die zum Gelingen dieses umfangreichen Vorhabens beigetragen haben.

An erster Stelle sind hier die zahlreichen Mitglieder und Funktionsträger der Vereine zu nennen, deren hohe Auskunftsbereitschaft das Zustandekommen der hier vorgelegten Ergebnisse erst ermöglichte.

Eine weitere unabdingbare Voraussetzung für die Durchführung dieser Strukturanalyse des deutschen Sports war die enge Zusammenarbeit unseres Institutes mit den Landessportbünden und dem Deutschen Sportbund, die von unserer Seite als äußerst hilfreich und fruchtbar empfunden wurde.

Unser ganzer besonderer Dank gilt dem Bundesinstitut für Sportwissenschaft, das, unter der Leitung von Herrn Prof. Dr. AUGUST KIRSCH, in unbürokratischer Weise die organisatorischen Rahmenbedingungen für eine reibungslose Abwicklung des Forschungsprojektes geschaffen hat. Nicht zuletzt hat Herr GEORG ANDERS in seiner Funktion als Projektbetreuer und als Kenner der sportwissenschaftlichen Szene unsere Arbeit mit Rat und Tat jederzeit in kollegialer Weise unterstützt.

H. LINDE/K. SCHLAGENHAUF/W. TIMM

Teil A

Der Untersuchungsgegenstand

1. Einleitung

Die Eröffnung des ersten öffentlichen Turnplatzes auf der Berliner Hasenheide durch FRIEDRICH LUDWIG JAHN im Jahre 1811 leitete eine historische Entwicklung ein, die das Turnen und später auch den Sport in Deutschland zu einem gesellschaftspolitischen Faktor von höchster Bedeutung werden ließ. Von Anfang an war die sportliche (d. h. zunächst turnerische) Aktivität verbunden mit der Organisationsform des Vereins. Nach der Gründung der ersten Turnvereine, die sich anfangs auch Turngemeinden oder Turngesellschaften nannten, war die Entwicklung des Vereinswesens gezeichnet von politischen Strömungen und ideologischen Einflüssen, die sich in einem stets wechselnden Verhältnis der Vereinsorganisationen untereinander sowie gegenüber der jeweiligen Staatsmacht widerspiegelten[1]. Erst die Zusammenführung aller Interessen nach dem 2. Weltkrieg in einem einheitlichen Dachverband, dem Deutschen Sportbund, ließ den Sport zu der unpolitischen Bewegung werden, die im Verlaufe des letzten Jahrzehnts zur größten freiwilligen Organisation neben den Kirchen in unserem Land heranwuchs.

Da die traditionellen, vom Humanismus geprägten Bildungsideale in Deutschland einer umfassenden Integration des Sports in die Bildungsinstitutionen Schule und Universität, wie dies etwa in Amerika und England der Fall ist, entgegenstanden, kam von Anfang an in erster Linie den Vereinen die Pflege und Organisation der sportlichen (zunächst turnerischen) Aktivität zu. Die Struktur des deutschen Sportvereinswesens entstand somit nicht infolge planmäßiger Entwicklung, sondern wurde seit jeher getragen von den spezifischen Orientierungen und dem freiwilligen Engagement von Einzelpersonen, die auf der Basis einer allgemeinen Interessenlage für die Gründung, Organisation und den Bestand eines Sportvereines verantwortlich zeichneten.

Die Funktionsfähigkeit dieser freiwilligen Organisation gründete auf einer den individuellen Situationsbedingungen angepaßten, wenig formalen Struktur, die ein hohes Maß an Flexibilität gewährleistete und dadurch ein reaktives Verhalten auf eintretende Anforderungsveränderungen ermöglichte.

Dieser Fähigkeit der Sportvereinsorganisation ist es auch zu verdanken, daß im Verlaufe des Sportbooms der letzten Jahre ein derartiger Ansturm an Mitgliedern verkraftet werden konnte, ohne daß dabei die Organisation als Ganzes Schaden genommen hätte. Dieser Ansturm machte jedoch erstmals in der Geschichte der Sportvereine die Grenzen der Leistungsfähigkeit einer solchen Organisationsform deutlich. Die begrenzten Eigenmittel der Vereine (im wesentlichen Beiträge) und selbst eine quasi Monopolstellung in der Verfügbarkeit von Sportanlagen reichten nicht mehr aus, die quantitativ wie auch qualitativ veränderte Nachfrage im Sportbereich zu bewältigen, so daß die Vereine zunehmend auf die Unterstützung von dritter Seite angewiesen waren.

---

[1] Es kann im Verlaufe dieser Arbeit nicht auf die historische Entwicklung des Vereins- und Verbandswesens eingegangen werden. Eine bisher in der Literatur fehlende Übersicht zu diesem Thema findet sich bei:
RIECK, W.: Überblick über die Entwicklung der Turn- und Sportverbände in Deutschland. Unveröffentlichte wissenschaftliche Arbeit an der Universität Karlsruhe, 1977.
ILLE, H. J.: Überblick über die Entwicklung der Turn- und Sportvereine in Deutschland von den Anfängen bis 1933. Unveröffentlichte wissenschaftliche Arbeit an der Universität Karlsruhe, 1978.

Der Deutsche Sportbund als die Interessenvertretung des deutschen Sports erreichte unter Hinweis auf die vielfältigen Funktionen des Sports und der Vereine eine Bereitstellung von Mitteln der öffentlichen Hand vor allem für den Bau von Sportanlagen und die Bezuschussung von Übungsleitern, die die entstandenen Engpässe beseitigen sollten.

Die dem Sport und dem Verein vermehrt zugeschriebenen Funktionen und die gleichzeitigen werblichen Aktivitäten seitens der Dachorganisation förderten jedoch die Nachfrage zusätzlich in einem Maße, welches die Vereine weiterhin erheblichen organisatorischen Belastungen aussetzte.

Die quantitative und qualitative Veränderung der Nachfrage im Sport war begleitet von einem Strukturwandel der Vereinsorganisation. Der Vielzahl noch traditionell geführter Vereine traten nun Organisationen gegenüber – meist Großvereine –, die unter Einsatz bezahlter Kräfte und unter Anwendung moderner, dem industriellen Bereich entlehnter Verwaltungs- und Organisationsmethoden der Sportnachfrage begegneten. Der Aufschwung der Großvereine machte die positive Wirkung rationeller Organisationsmethoden auf die ‚Leistungsfähigkeit' des Sportvereins deutlich, ließ jedoch gleichzeitig erkennen, daß hiermit eine andere Art des Vereins entstand, die möglicherweise bestimmte Funktionen, die der traditionellen Vereinsorganisation zu eigen waren, nicht mehr zu erfüllen vermochte.

Die Notwendigkeit, die Vereinsorganisation angesichts des wachsenden Nachfragedrucks effizienter und effektiver zu gestalten, aber auch die Frage nach dem Funktionswandel des Vereins für das einzelne Mitglied rückte den Sportverein in den Mittelpunkt des Interesses der verantwortlichen Dachorganisation (DSB) sowie der Wissenschaft, für die der Sport und seine Organisation als gewichtiger Faktor innerhalb unserer Gesellschaft ein Erkenntnisobjekt von zunehmender Bedeutung darstellt.

Während der Sport allgemein Gegenstand einer Reihe von wissenschaftlichen Disziplinen ist (Medizin, Chemie, Physik, Psychologie etc.), muß der Sportverein in seiner Eigenschaft als soziale Organisation in erster Linie dem Erkenntnisbereich der Soziologie zugeschrieben werden. Unter diesem Gesichtspunkt erfolgte die Vergabe eines Forschungsprojektes im Auftrag des Bundesinstituts für Sportwissenschaft an das Institut für Soziologie der Universität Karlsruhe unter Leitung von Professor Dr. HANS LINDE; die Ergebnisse hieraus bilden die Grundlage dieser Arbeit. Vorrangiges Ziel des Auftrages war es, auf der Basis einer breit angelegten Forschungsstrategie erstmals repräsentativ für die Bundesrepublik Deutschland auf empirischem Wege gesicherte Einsichten in die Struktur des Sportvereinswesens und seiner Problematik zu gewinnen.

Mit den hier dargestellten Ergebnissen verbindet sich nicht die Absicht einer sozialwissenschaftlich begründeten Rezeptur zur Führung und Organisation von Sportvereinen. Wir teilen in diesem Punkt der Bewertung wissenschaftlicher Erkenntnisse für den Sport eher die anläßlich des Hochschultages der Deutschen Vereinigung für Sportwissenschaft in Göttingen geäußerte Ansicht von OMMO GRUPE: „Von der Wissenschaft erwartet der Sport Hilfe, Beratung, Empfehlungen, Aufklärung und Orientierungen, natürlich nicht Vorschriften und Belehrungen, die niemand mag. Die politischen Entscheidungen, die sich nur zum Teil aus wissenschaftlichen Vorgaben begründen lassen, muß der Sport selbst treffen und verantworten"[2].

---

[2] GRUPE, O.: Sportwissenschaft auf dem Weg zur Praxis. In: DSB (Hrsg.): DSB-Info 43/77, 4.

2. Abgrenzung des Untersuchungsgegenstandes ‚Sportverein als Organisation' im Rahmen des Gesamtprojektes ‚Zur Soziologie des Sportvereins'

Das Thema des Forschungsauftrages ‚Zur Soziologie des Sportvereins' bietet in der Allgemeinheit seiner Formulierung ein breites Spektrum an Forschungsschwerpunkten. Es verbirgt sich dahinter der Auftrag zur Aufarbeitung sozialwissenschaftlicher Theorien aus dem Bereich der Sportmotivation ebenso wie der einer Überprüfung von Hypothesen aus dem Bereich der verhaltensrelevanten sozialen Prozesse ‚Sozialisation' und ‚Integration' und die Erwartung einer organisationstheoretischen Verortung des Sportvereins als freiwillige Organisation. Neben zahlreichen weiteren Interessenfeldern bildet letztlich die Analyse und Dokumentation der Vereins- und Mitgliederstruktur des deutschen Sports eines der zentralen Anliegen des Auftraggebers; ein Anliegen, das sich, angesichts der Bedeutung, die dem Sport und somit dem Verein als zentralem Träger der Sportaktivität in unserer Gesellschaft zukommt, von selbst rechtfertigt.

Die Vielfalt der aufgeworfenen Fragen machte eine thematische wie organisatorische Aufgliederung des Interessenfeldes notwendig, die ihren Niederschlag in der Zweiteilung der Ergebnisdarstellung findet. Der auch in der zeitlichen Abfolge der Erhebungen erste Teil der Untersuchung, der von KARL SCHLAGENHAUF bearbeitet und im Herbst 1977 veröffentlicht wurde[3], behandelt in erster Linie Fragestellungen des Mitgliederverhaltens und der Mitgliederstruktur im Sportverein sowie die Überprüfung und Kritik allgemeiner Hypothesen aus dem Bereich des Sports als soziales Verhaltensmuster.

Für die vorliegende Arbeit ist nicht das einzelne Vereinsmitglied der Gegenstand des Interesses, wie dies in Teil I der Untersuchung der Fall war, sondern der Verein als Organisation. Der Schwerpunkt dieser Arbeit liegt somit auf einer umfassenden Analyse und Dokumentation organisatorischer Strukturen im Bereich des Sportvereinswesens der Bundesrepublik Deutschland[4].

Den Ergebnissen dieser Untersuchung, die in Teil B der Arbeit ausführlich dargestellt sind, ist ein einführender Exkurs vorangestellt, der den Verein im Kontext organisationstheoretischer Aspekte behandelt. Dieser Teil der Arbeit ist für den vorwiegend an Ergebnissen und empirischen Zusammenhängen interessierten Leser sicher von zweitrangiger Bedeutung.

Unabdingbar notwendig für das Verständnis des sich anschließenden Ergebnisteiles ist jedoch wieder das Kapitel 2.3.5, in dem die grundlegende Strukturierung der erhobenen Datenmaterialien nach unterschiedlichen Vereinsarten beschrieben wird. Die Fülle des vorhandenen Datenmaterials, verbunden mit dem Anliegen einer umfassenden Dokumentation der strukturellen Zusammenhänge, birgt das Problem einer ansprechenden Darstellung rein

---

[3] Die Arbeit erschien ebenfalls im KARL HOFMANN Verlag Schorndorf unter dem Titel: Sportvereine in der Bundesrepublik Deutschland – Teil I: Strukturelemente und Verhaltensdeterminanten im organisierten Freizeitbereich.

[4] Da die vorliegende Arbeit allein aufgrund des gemeinsamen Forschungsgegenstandes und der gemeinsamen empirischen Konzeption Themenbereiche anspricht, die schwerpunktmäßig in der Arbeit von KARL SCHLAGENHAUF erörtert werden, wird in einigen Fällen auf eine ausführliche Behandlung dieser Problemfelder verzichtet und auf den entsprechenden Auszug der ersten Teilveröffentlichung verwiesen.

deskriptiver Materialien im Kontext sozialwissenschaftlicher Erkenntnis, ohne dabei den legitimen Anspruch beider Seiten, der Wissenschaft wie der vereins- und sportpolitischen Praxis, zu vernachlässigen; eine Schwierigkeit, die in weiten Bereichen einen Kompromiß unumgänglich macht[5].

---

[5] Der Wunsch des Auftraggebers nach einer umfassenden Dokumentation des erhobenen Datenmaterials ist der Grund für die Einbeziehung einer Reihe von Tabellen, die häufig nur kurz angesprochen werden, jedoch nicht in allen Einzelheiten im Text der Arbeit wiedergegeben werden können, die dem interessierten Leser aber die Möglichkeit bieten sollen, das Material detailliert selbst weiter zu verfolgen.

EXKURS:

Der Verein im Kontext organisationstheoretischer Aspekte

2.1 ‚ORGANISATION' ALS ZIEL WISSENSCHAFTLICHER FORSCHUNG

Schon in den Anfängen der Soziologie war die Bedeutung zweckgerichteter „gesellschaftlicher Verbindungen"[6] mit internen Regelungsmechanismen innerhalb der sozialen Organisation[7] einer Gesellschaft erkannt worden. Erst um die Jahrhundertwende jedoch entwickelte sich das vermehrte Interesse der Wissenschaft am Phänomen ‚Organisation', nachdem F. W. TAYLOR die Bedeutung des ‚Organisierens' von Arbeitsabläufen für die Effizienz von betrieblichen Produktionsprozessen entdeckt hatte. Die sich hieraus entwickelnde klassische Organisationstheorie des „Scientific Management"[8] bildet die Grundlage der heutigen Organisationslehre[9]. Als Reaktion auf die einseitig mechanistisch-instrumentell ausgerichtete Organisationsgestaltung, die den Menschen als ‚homo oeconomicus' zum kalkulierbaren Faktor „Arbeit" stilisierte, erwachte mit den Erkenntnissen der ‚Human-Relations-Bewegung' das Interesse der Sozialwissenschaften an der Rolle des Menschen in der Organisation und der Bedeutung der Organisation für den Menschen[10].

Im Zuge der theoretischen Auseinandersetzung mit dem Organisationsphänomen blieb die Trennung in die beiden Hauptrichtungen – betriebswirtschaftliche Organisationslehre und sozialwissenschaftlich orientierte Organisationstheorie – erhalten, wobei im deutschsprachigen Raum der Schwerpunkt in der Organisationslehre angesiedelt ist, während die sozialwissenschaftliche, vor allem soziologische Organisationsforschung überwiegend im anglo-amerikanischen Raum beheimatet ist[11]. Diese Forschungsschwerpunkte spiegeln sich deutlich in der einschlägigen Literatur wider, die für die sozialwissenschaftlich relevanten Fragestellungen in unserem Bereich eher spärlich ausfällt.

Die Kritik an der jeweils einseitigen Betrachtungsweise beider Forschungsrichtungen führte zu der Forderung nach integrierten Konzepten einer praxisorientierten, empirisch ausgerichteten Organisationsforschung[12], wie wir sie beispielsweise in dem organisationsanalytischen

---

[6] Vgl. TÖNNIES, F.: Gemeinschaft und Gesellschaft. Berlin 1922, 198–199.
[7] Der Begriff der ‚sozialen Organisation' führt zurück auf die organizistische Betrachtungsweise sozialer Phänomene durch SPENCER, der, aufbauend auf der Philosophie und Soziologie COMTES, eine strenge Analogie der sozialen und biologischen Organismen postuliert. Vgl. FREYER, H.: Einleitung in die Soziologie. Leipzig 1931, 58–62.
[8] Vgl. TAYLOR, F. W.: The Principles of Scientific Management. New York 1911.
[9] Vgl. WILD, J.: Zur praktischen Bedeutung der Organisationstheorie. In: Zeitschrift für Betriebswirtschaft 37 (1967), 567–592.
[10] Vgl. ROETHLISBERGER, F. J./DICKSON, W. J.: Management and the Worker. Cambridge 1939.
[11] Zu Abgrenzung, Unterschieden und Gemeinsamkeiten von Organisationslehre und Organisationssoziologie vgl. MAYNTZ, R.: Die Organisationssoziologie und ihre Beziehung zur Organisationslehre. In: SCHNAUFER, E./AGTHE, K. (Hrsg.): Organisation. Berlin 1961, 29–54.
[12] Vgl. HILL, W./FEHLBAUM, R./ULRICH, P.: Konzeption einer modernen Organisationslehre. In: Zeitschrift für Organisation 43 (1974) 1, 4–16.

Konzept von PUGH und HICKSON vorfinden[13]. In diesem Ansatz werden Merkmale der Organisationsstruktur systematisch mit Variablen des Kontextes der Organisation, der Aufgabensituation sowie der individuellen Einstellung und Verhaltensweise von Organisationsmitgliedern in Beziehung gesetzt. Somit tritt in der dritten Entwicklungsstufe der Organisationstheorie wieder die makroskopische Perspektive in den Vordergrund, die die Organisation in ihrer Ganzheit als soziales Gebilde begreift, nachdem die zunächst makroskopische Betrachtungsweise der klassischen Theorie von der nachfolgend mikroskopisch orientierten ‚Human Relations-Bewegung' abgelöst worden war[14].

Eine umfassende und detaillierte Darstellung der vielgestaltigen Entwicklungen in der Organisationstheorie erscheint im Rahmen *dieser* Arbeit weder möglich noch sinnvoll. Es muß deshalb in diesem Zusammenhang auf die hierzu zahlreich vorhandene Literatur verwiesen werden[15].

Die weiteren Ausführungen zum Begriff ‚Organisation' und zur Systematisierung von Organisationen beschränken sich in erster Linie auf soziologisch orientierte Ansätze und beziehen nur gelegentlich Definitionen und Aspekte aus anderen Forschungsrichtungen in die Betrachtungen ein.

Entsprechend den unterschiedlichen Interessenschwerpunkten der einzelnen Forschungsrichtungen besitzt der zwar gemeinsame Terminus ‚Organisation' verschiedenen, zum Teil erheblich abweichenden Begriffsinhalt. Während die in erster Linie auf organisatorische Soll-Strukturen ausgerichtete ‚Organisationslehre' unter ‚Organisation' die als durch die Tätigkeit des ‚Organisierens' erreichte, zielgerichtete Ordnung versteht[16], ist für die soziologisch orientierten Ansätze das Gebilde ‚Organisation' in Form seines gesamten sozialen Beziehungsgefüges von Interesse.

---

[13] Das Konzept wird ausführlich beschrieben in: KUBICEK, H./WOLLNIK, M.: Zur empirischen Grundlagenforschung in der Organisationstheorie. Seminar für Allgemeine Betriebswirtschaftslehre, Universität Köln 1973.

[14] Vgl. MAYNTZ, R./ZIEGLER, R.: Soziologie der Organisation. In: Handbuch der empirischen Sozialforschung, Bd. II (Hrsg. R. KÖNIG). Stuttgart 1969, 448.

[15] Vgl. zur Entwicklung der Organisationstheorie: MAYNTZ, R./ZIEGLER, R.: Soziologie der Organisation. In: Handbuch der empirischen Sozialforschung, Bd. II (Hrsg. R. KÖNIG). Stuttgart 1969, 444–513.
MARCH, J. (Hrsg.): Handbook of Organizations. Chicago 1970³.
HOFFMANN, F.: Entwicklung der Organisationsforschung. Wiesbaden 1976.
GROCHLA, E.: Organisationstheorie, Bd. I. Stuttgart 1975.
GRUSKY, O. and MILLER, G. A.: The Sociology of Organizations. New York 1970.
BLAU, P. M.: Theories of Organizations. In: International Encyclopedia of the Social Sciences 11 and 12, 297–304.

[16] Vgl. MAYNTZ, R.: Soziologie der Organisation. Reinbek bei Hamburg 1963, 37. Andere, weniger befriedigende Definitionen von ‚Organisation' im Bereich der betriebswirtschaftlichen Organisationslehre finden sich z. B. bei:
GUTENBERG: „Vollzug einer Ordnung" (GUTENBERG, E.: Grundlagen der Betriebswirtschaftslehre, Bd. I – Die Produktion. Berlin, Heidelberg, New York 1966¹², 233).
NORDSIECK: „System betriebsgestaltender Regelungen" (NORDSIECK, F.: Rationalisierung der Betriebsorganisation. Stuttgart 1955², 23).
KOSIOL: „Integrative Struktur(ierung) von Gebilden und Prozessen" (KOSIOL, E.: Organisation der Unternehmung. Wiesbaden 1962, 21).

In ihrer Eigenschaft als ‚soziales Gebilde'[17] ist eine Organisation stets Teil der ‚sozialen Organisation', d. h. der gesamten sozialen Lebensordnung einer Gesellschaft[18], die neben der Familie, der Klasse, der Sippe, z. B. auch die Wirtschaftsordnung umfaßt.

Die Eigenschaft ‚soziales Gebilde' ist das erste Kriterium (1) zur Abgrenzung derjenigen Gebilde, die als Gegenstand der soziologischen Analyse unter dem Begriff ‚Organisation' behandelt werden sollen. Dieses soziale Gebilde ‚Organisation' ist weiterhin (nach MAYNTZ) „ein gegliederte(s) Ganze(s) mit angebbarem Mitgliederkreis und interner Rollendifferenzierung"[19], das, als zweites Hauptkriterium der Abgrenzung, zweck- und zielorientiert (2) und zum Dritten „zumindest der Intention nach rational gestaltet ist (3)"[20]. In späteren Abgrenzungen des Begriffs ‚Organisation' fehlt bei MAYNTZ das Kriterium der rationalen Gestaltung, das u. E. schon aus Gründen mangelhafter Operationalität nicht zur Charakterisierung eines sozialen Gebildes geeignet erscheint, und wird durch das Merkmal des ‚Organisiertseins' ersetzt[21].

Somit deckt sich die Definition mit dem in der anglo-amerikanischen Organisationsforschung gebräuchlichen Begriff ‚formal organization'[22]. Das ‚Organisiertsein' spezifiziert sich hierbei in der Existenz einer formalen Statusstruktur sowie Regelungen bezüglich Kommunikation und Interaktion der Organisationsmitglieder[23].

Einen weiteren wichtigen Aspekt der ‚formalen Struktur' einer Organisation betont LUHMANN, indem er durch sie die „Identität des Systems gegenüber wechselnden Personen und Orientierungsinhalten"[24] gewährleistet sieht. Hierbei greift er auf die im Zusammenhang mit Systemansätzen gebräuchliche Definition einer Organisation zurück; Organisation definiert als ein soziales Teilsystem, das „zweckhaft auf die Erreichung spezifischer Ziele gerichtet" ist[25]. Eine Definition, die zwar sehr umfassend erscheint, deren Informationsgehalt allerdings gegenüber anderen Definitionen von Organisation als recht gering angesehen werden muß.

Wichtige Implikationen des Systembegriffes jedoch, wie z. B. die Bedeutung der Relation Teilsystem – Systemumwelt, oder etwa der Aspekt der Systemerhaltung, müssen als ein wesentlicher Beitrag auf dem Weg zu einer umfassenden Organisationstheorie gewertet werden.

Der Regelungscharakter formaler Strukturen in Organisationen ist auch bei MAX WEBER ein Punkt von zentraler Bedeutung. Seine idealtypische Charakterisierung bürokratischer Organisationen zur „effizienten Ausübung legaler Herrschaft"[26] zeigt insbesondere formale,

---

[17] WIESE bezeichnet in seiner ‚Beziehungslehre' Organisation als den „Vorgang des Ordnens, der Funktionsverteilung und Funktionszusammenfassung", während in seiner ‚Gebildelehre' das Merkmal des ‚Organisiertseins' ein soziales Gebilde zur Organisation werden läßt. Ein soziales Gebilde erscheint dann als organisiert, wenn Funktionen, durch die den Zwecken des Gebildes entsprochen werden soll, auf die Mitglieder verteilt sind.
Vgl. WIESE, L. v.: System der allgemeinen Soziologie. Berlin 1955³, 391–393.

[18] Vgl. MAYNTZ, R.: Soziologie der Organisation. a. a. O., 36.
BLAU, P. M./SCOTT, W. R.: Formal Organizations. London 1963, 2.

[19] MAYNTZ, R.: ebenda, 36.

[20] Ebenda, 36.

[21] Vgl. MAYNTZ, R.: Organisation. Stichwort in: BERNSDORF, W. (Hrsg.): Wörterbuch der Soziologie. Frankfurt 1977, 588.

[22] Vgl. SILVERMAN, D.: The Theory of Organizations. London 1970, 8.

[23] Vgl. BLAU, P. M./SCOTT, W. R.: a. a. O., 5.

[24] LUHMANN, N.: Funktionen und Folgen formaler Organisation. Berlin 1964, 29.

[25] MAYNTZ, R./ZIEGLER, R.: a. a. O., 451.

[26] Vgl. MAYNTZ, R.: Max Webers Idealtypus der Bürokratie und die Organisationssoziologie. In: MAYNTZ, R. (Hrsg.): Bürokratische Organisation. Köln/Berlin 1971², 27–35.

regelhafte Züge, wie „regelgebundenen Betrieb von Amtsgeschäften", die „gesatzt" verankert sein sollen, „Kontrolle durch Amtshierarchie" und „Aktenmäßigkeit der Verwaltung"[27]. Die eigentlich nachträgliche Entdeckung, daß WEBERs Bürokratiemodell schon alle jene Eigenschaften einer Organisation beinhaltet, die man gerade erst im Begriffe war herauszuarbeiten, brachte WEBER eine besondere Wertschätzung vor allem im Bereich der amerikanischen Organisationssoziologie, und führte sogar zu einer häufig synonymen Verwendung der Begriffe „Bürokratie" und „Organisation"[28]. Diese Entwicklung wurde durch die zunächst ausschließliche Orientierung der Forschung an betrieblichen und vor allem Verwaltungsorganisationen begünstigt, die am ehesten die Merkmale bürokratischer Organisationen im Sinne WEBERs aufweisen. Allerdings vollzog sich mit der synonymen Verwendung dieser Begriffe eine inhaltliche Verkürzung des WEBERschen Merkmalsinstrumentariums, so daß zuletzt gerade diejenigen Organisationscharakteristika übrigblieben, die allgemein auch bei anderen Autoren als kennzeichnend für ‚formale Organisationen' zu finden sind, nämlich:
- Amtshierarchie
- Arbeitsteilung
- Regelungsmechanismen[29].

Die Erweiterung des Forschungsfeldes z. B. auch auf freiwillige Organisationen, ebenso wie die Entdeckung der Bedeutung informeller Prozesse in ‚formalen Organisationen'[30], führte zu zahlreicher, zum Teil unberechtigter Kritik an WEBERs Bürokratiemodell, das für sich ursprünglich lediglich Zweckmäßigkeit bei der Ausübung legaler Herrschaft in Anspruch nahm, dem später jedoch fälschlicherweise eine unzureichende Erklärung des Organisationsphänomens allgemein vorgeworfen wurde[31].

2.2 ANSÄTZE ZUR TYPOLOGISCHEN VERORTUNG VON ORGANISATIONEN

Die vorstehend beschriebenen „Mindestanforderungen", die ein soziales Gebilde erfüllen muß, um als Organisation zu gelten, stellen eine gemeinsame Basis für praktisch alle mit dem Phänomen „Organisation" befaßten wissenschaftlichen Ansätze seit WEBER dar. Eine derart allgemeine Definition von Organisation ist notwendig, um der Vielgestaltigkeit des Organisationsphänomens gerecht zu werden; hierzu gehören so verschiedene Gebilde wie Parteien, Kirchen, Krankenhäuser und Wirtschaftsbetriebe ebenso wie Universitäten und Gefängnisse[32]. Eine fruchtbare Analyse des Organisationsphänomens, vor allem im empirischen Bereich, erscheint auf der Abstraktionsebene dieser Definition jedoch als wenig sinnvoll. Eine weitere Abgrenzung und Differenzierung des komplexen Phänomens ‚Organisation' macht daher die Einführung zusätzlicher, spezifischer Merkmale notwendig.

---

[27] Vgl. WEBER, M.: Wirtschaft und Gesellschaft. Tübingen 1956, 125–126.
[28] Vgl. HARTMANN, H.: Bürokratische und voluntaristische Dimensionen im organisierten Sozialgebilde. In: MAYNTZ, R.: Bürokratische Organisation. Köln/Berlin 1971², 297–309.
[29] Vgl. HARTMANN, H.: a.a.O., 298.
[30] PFEIFFER kritisiert mit Recht den häufig anzutreffenden Gebrauch des Terminus ‚formale Organisation', der im Zusammenhang mit der angegebenen Definition von Organisation pleonastischen Charakter aufweist.
Vgl. PFEIFFER, D. K.: Organisationssoziologie. Stuttgart 1976, 14.
[31] Vgl. MAYNTZ, R.: Max Webers Idealtypus ... a.a.O., 27–35.
[32] Nicht unter die Definition von ‚Organisation' fallen andere soziale Gebilde wie z. B.:
- Gemeinden oder Nationen als umfassende gesellschaftliche Systeme,
- die Familie oder der Freundeskreis als Kleingruppen mit ‚face to face'-Beziehungen.

Die umfangreiche Literatur im Bereich der Organisationsforschung, vor allem im englischsprachigen Raum, weist eine Vielzahl von Versuchen auf, Organisationen nach solchen zusätzlichen Kriterien zu ordnen. Die meisten Ansätze verwenden die Form der Klassifikation von Organisationen nach deutlichen äußeren Merkmalen, aber auch analytischen Unterscheidungskriterien[33], während andere den Weg der multidimensionalen Klassifikation[34], d.h. Bildung von Typologien und Taxonomien wählen[35,36].

Die Ordnungsversuche reichen von einfachen Klassifikationen nach Größe, spezieller Zielsetzung, Art des Besitzstandes (öffentlich – privat), Abhängigkeit von äußerer Kontrolle, interner politischer Struktur sowie von Merkmalen der Organisationsmitglieder, ihrer sozialen Schichtzugehörigkeit, gegenseitigen Beziehungen oder Art der Bindung an die Organisation (freiwillig – gegen Bezahlung – unfreiwillig) bis hin zu der Unterscheidung nach den Funktionen einer Organisation für die Gesellschaft.

Unter dem Eindruck der vielfältigen Möglichkeiten, eine Organisation zu charakterisieren, erscheint es zur besseren Übersicht notwendig, ein Unterscheidungskriterium bereitzustellen, das die einzelnen typologischen Ansätze je nach dem Schwerpunkt ihrer analytischen Kategorien zu ordnen in der Lage ist. SILVERMAN, der u. E. einen der umfassendsten Gliederungsversuche vornimmt[37], schlägt eine Differenzierung vor in:

1. Typologien, die sich in erster Linie mit den sozialen Beziehungen *innerhalb* der Organisation beschäftigen,
2. Typologien, die sich allgemein mit dem Verhältnis Organisation – Umwelt befassen und dadurch typische Probleme und Prozesse in der Organisation selbst zu erklären versuchen[38].

Die ‚Organisation-Umwelt'-Typologien sollen weiter unterschieden werden, je nachdem, ob es sich um eine „Input"- oder eine „Output"-Relation handelt, d.h. ob in erster Linie Umweltfaktoren in ihrer Wirkung auf die Organisation und organisatorische Prozesse betrachtet werden, oder ob eher der Beitrag der Organisation zum Funktionieren des Umweltsystems Mittelpunkt der Betrachtung ist.

---

[33] Vgl. BLAU, P. M./SCOTT, W. R.: a.a.O., 40.
[34] Ebenda, 41.
[35] Bei MCKELVEY werden Taxonomien als Ergebnis induktiver empirischer Analysen bezeichnet, während Typologien auf dem Wege der Deduktion oder Intuition gewonnen werden.
Vgl. MCKELVEY, B.: Guidelines for the Empirical Classification of Organization. In: Administrative Science Quarterly 20 (1975), 509.
[36] KUBICEK und WOLLNIK unterstreichen die Bedeutung von Taxonomien für die Praxis ebenso wie für den wissenschaftlichen Erklärungszusammenhang. Ihre Hauptfunktionen sehen sie in der Vereinfachung komplexer Sachverhalte, die sich positiv „für die Erklärung und die Ableitung von Gestaltungsentscheidungen" auswirkt. Vgl. KUBICEK, H./WOLLNIK, M.: a.a.O., 20.
[37] In der Literatur werden noch andere Ordnungskriterien genannt, wie z. B. bei BLAU und SCOTT, die die Ansätze nach der Art der verwendeten Unterscheidungsmerkmale klassifizieren (klassifikatorische – analytische).Vgl. BLAU, P. M./SCOTT, W. Z.: a.a.O., 40–58.
Weiterhin bei:
BURNS, T.: The Comparative Study of Organizations.In: VROOM, V.: Methods of Organisational Research. Pittsburgh 1967.
BLAU, P. M.: Theory of Organizations, a.a.O.
GOULDNER, A. W.: Organizational Analysis. In: MERTON, R. K. u.a. (Hrsg.): Sociology Today. New York 1959.
GROCHLA, E. (Hrsg.): Unternehmungsorganisation. Hamburg 1972. 4–16.
[38] Vgl. SILVERMAN, D.: The Theory of Organizations. London 1970, 16.

Einen auch nur annähernden Überblick über die Vielzahl der in diesem Bereich existierenden theoretischen Ansätze zu vermitteln, erscheint an dieser Stelle weder zweckmäßig noch auch irgend möglich[39]. Wir werden uns daher auf die exemplarische Darstellung einiger weniger Ansätze in Anlehnung an die von SILVERMAN vorgeschlagene Unterscheidung beschränken und lediglich im Verlauf der Analyse des Sportvereins als freiwillige Organisation auf die Ergebnisse weiterer Untersuchungen und Ansätze zu sprechen kommen.

Ein typisches Beispiel für eine „Umwelt-Input"-Typologie ist der auf die Effektivität von Organisationsstrukturen ausgerichtete Ansatz von BURNS und STALKER, der die Entscheidung für das „ideale Managementsystem" einer Organisation vom Einfluß „extrinsischer" Faktoren[40] abhängig macht. Speziell in einem hohen Grad an Unsicherheit über technischen Wandel und Nachfrageveränderungen sehen BURNS und STALKER eine Voraussetzung für das Funktionieren eher „organischer" Organisationsstrukturen im Gegensatz zu „mechanistischen", die durch vorgegebenen hierarchischen Aufbau mit festen Regelungsmechanismen gekennzeichnet sind[41] – im Sinne bürokratischer Strukturen – und Effektivität eher bei stabilen Umweltverhältnissen erwarten lassen.

Als „Environment-Output"-Typologie müssen z. B. alle jene Ansätze gewertet werden, die sich mit den Funktionen der Organisation für die Gesellschaft befassen. Prominentester Vertreter dieser Art von Typologie ist TALCOTT PARSONS. Ausgehend von seinem systemtheoretischen Standpunkt definiert er Organisation als:
„a system which, as attainment of its goal, ‚produces' an identifiable something which can be utilized in some way by another system; that is, the output of an organization is, for some other system, an input"[42].

Entsprechend ihrem Beitrag zu einem der vier Hauptprobleme einer Gesellschaft[43] unterscheidet PARSONS vier Haupttypen von Organisationen[44]:

a) Organisationen, die am wirtschaftlichen Produktionsprozeß beteiligt sind (Produktions- und Dienstleistungsbetriebe),

b) Organisationen, die an politischen Zielen orientiert sind (z.B. Gewerkschaften, Verwaltungsorganisationen),

c) integrative Organisationen (z. B. politische Parteien, Krankenhäuser),

d) Organisationen zur Aufrechterhaltung von Grundstrukturen[45] (z. B. kulturelle und Erziehungsorganisationen).

---

[39] Weitreichende Literaturübersichten zu diesem Thema finden sich bei:
MAYNTZ, R./ZIEGLER, R.: a.a.O.
BLAU, P. M./SCOTT, W. R.: a.a.O.
SMITH, C./FREEDMAN, A.: Voluntary Associations. Cambridge 1972.
SILVERMAN, D.: a.a.O.

[40] Vgl. BURNS, T./STALKER, G. M.: The Management of Innovation. London 1961, Tavistock Publications, 96–125.

[41] Zu einer detaillierten Beschreibung der Charakteristika „organischer" bzw. „mechanistischer" Organisationsstrukturen vgl. BURNS, T./STALKER, G. M.: ebenda, 119–121.

[42] PARSONS, T.: Structure and Process in Modern Societies. Glencoe, Ill.1963², 17.

[43] Die 4 Hauptproblembereiche einer Gesellschaft sind nach PARSONS: goal attainment – integration – pattern maintenance – adaption.

[44] Vgl. PARSONS, T.: ebenda, 45–46.

[45] Übersetzung der Kategorie „Pattern-Maintenance-Organizations" siehe MAYNTZ, R.: Pattern-Variables. Stichwort in: BERNSDORF, W. (Hrsg.): Wörterbuch der Soziologie 2, 610.

Nicht auf den Funktionen einer Organisation für die Gesellschaft, sondern auf dem Verhältnis des Individuums zu einer formalen Organisation basiert einer der bekanntesten Klassifikationsversuche von Organisationen. BLAU und SCOTT[46] unterscheiden vier mögliche Beziehungen des einzelnen zu einer Organisation:
- Mitglied der Organisation
- Inhaber oder Manager der Organisation
- Kunde der Organisation
- allgemeines Mitglied der Gesellschaft ohne eine der erstgenannten Beziehungen zur Organisation,

und dementsprechend vier Arten von Organisationen, je nach dem Personenkreis, der *in erster Linie* von der Leistung (Output) der Organisation profitiert:
- mutual benefit associations
  (Nutznießer sind die Mitglieder)
- business concerns
  (Nutznießer sind die Inhaber)
- service organizations
  (Nutznießer sind die Kunden)
- commonweal organizations
  (Nutznießer ist die Allgemeinheit).

Als letztes Beispiel eines Organisationsansatzes wollen wir eine Typologie beschreiben, die nach der Unterscheidung von SILVERMAN in die Gruppe von Ansätzen fällt, deren Schwerpunkt auf der Unterscheidung intraorganisatorischer Merkmale liegt.

ETZIONI charakterisiert Organisationen anhand des Verhältnisses von Mitgliederbindung und Sanktionsmöglichkeiten seitens der Organisation (power and compliance)[47]. Aus einer Dreiteilung der Einflußgröße „Mitgliederbindung" (compliance) in:
(1) alienative (distanziertes Verhältnis)
(2) calculative (berechnendes Verhältnis)
(3) moral (innere Bindung)
und einer Aufgliederung der „Sanktionsmöglichkeiten" (power)[48] in:
(1) coercive (Möglichkeit des Zwanges)
(2) remunerative (Möglichkeit des Entzuges materieller Belohnung)
(3) normative (Möglichkeit sozialer Kontrolle)
ergeben sich neun mögliche und erlaubte Variablenkombinationen zur Einordnung unterschiedlicher Organisationen. Die jeweils korrespondierenden Merkmale (1), (2), (3) werden als kongruent, d. h. als Kombinationen mit größerer gemeinsamer Auftrittswahrscheinlichkeit und als charakteristisch für „effektive" Organisation bezeichnet. Organisationen, in welchen nichtkongruente Kombinationen auftreten, unterliegen nach ETZIONI der Tendenz zu derartiger Kongruenz.

---

[46] Vgl. BLAU, P. M./SCOTT, W. R.: a. a. O., 42−58.
[47] Vgl. ETZIONI, A.: A Comparative Analysis of Complex Organizations. New York 1961.
[48] Die vom Verfasser gewählte Übersetzung von ‚power' als ‚Sanktionsmöglichkeit' folgt nicht den meisten deutschsprachigen Darstellungen des Ansatzes von ETZIONI, in denen ‚power' wörtlich mit ‚Macht' oder ‚Machtformen' übersetzt wird (vgl. z. B. PFEIFFER, D. K.: Organisationssoziologie. a. a. O., 19), sondern orientiert sich, im Sinne der Definition von MAX WEBER, an den Ursachen für die „Chance, ... den eigenen Willen auch gegen Widerspruch durchzusetzen". (WEBER, M.: Wirtschaft und Gesellschaft, Bd. I. Tübingen 1956⁴, 28).

Bereits die wenigen Beispiele zeigen, wie vielfältig die Möglichkeiten sind, sich dem Problem ‚Organisation' theoretisch zu nähern. Jeder dieser Ansätze zeigt einen eigenen Aspekt des Organisationsphänomens auf. Allen gemeinsam ist jedoch das Bemühen, die Komplexität des Organisationsphänomens zu reduzieren. Das Problem besteht nun darin, zu entscheiden, welcher dieser Ansätze der leistungsfähigste ist. Diese Frage jedoch würde einen einheitlichen Maßstab voraussetzen, an dem diese Leistungsfähigkeit gemessen werden könnte. Da die Leistungsfähigkeit eines Ansatzes aber abhängig davon ist, welches Ziel mit der Anwendung verfolgt werden soll, ist ein Vergleich nur unter Angabe entsprechender Zielvariablen sinnvoll. Das heißt, ein Konzept, das Organisationen z. B. nach Merkmalen der Mitgliederbindung klassifiziert, erscheint weniger geeignet, Unterschiede in der ökonomischen Leistung aufzudecken, da es die Gruppe der auf ökonomische Leistungsfähigkeit ausgerichteten Organisationen nicht eindeutig identifizieren kann. Insofern erscheint ein Leistungsvergleich nur bedingt als sinnvoll.

Ein besseres Kriterium zur Beurteilung einzelner organisatorischer Konzepte könnte die Eindeutigkeit sein, mit der bestimmte Organisationen den verschiedenen Kategorien des Konzeptes zugerechnet werden können. Am problemlosesten ist dies bei einfachen klassifikatorischen Ansätzen, die Organisationen nach deutlichen äußeren Merkmalen charakterisieren (z. B. Größe). Schwieriger wird es bei komplexen analytischen Kategorien, die auch operational schwerer zu erfassen sind. Dies gilt für alle der hier vorgestellten Ansätze. Bei BURNS und STALKER zählt hierzu die Identifizierung stabiler bzw. unsicherer Umweltverhältnisse, während bei dem Ansatz von PARSONS, wie bei allen funktionalistischen Konzepten, das Problem der Multifunktionalität organisierter Aktivitäten eine eindeutige Zuordnung von Organisationen erschwert. Zudem erscheint gerade hier der Standpunkt des Betrachters von erhöhter Bedeutung, dessen persönliche Orientierungen den Zuordnungsprozeß nicht unerheblich beeinflussen können. So wird PARSONS beispielsweise vorgeworfen, traditionelle Bewertungsmuster zu durchbrechen, indem er Banken zum Großteil den Organisationen mit politischer Zielsetzung zuordnet[49].

Ähnliche Probleme sieht SILVERMAN auch in dem ‚cui bono'-Konzept von BLAU und SCOTT, je nachdem wer den ‚hauptsächlichen Nutznießer' des ‚Outputs' einer Organisation definiert:
– wen sehen die Mitglieder der Organisation als den hauptsächlichen Nutznießer in der Praxis an,
– wen halten sie für den legitimen Nutznießer,
– wen hält die Öffentlichkeit für den tatsächlichen/legitimen Nutznießer,
– wen hält ein unabhängiger Betrachter für den hauptsächlichen Nutznießer[50].

In ETZIONIs Konzept der Unterscheidung von Organisationen nach dem Verhältnis von ‚power and compliance' erscheint die Einordnung nach den jeweiligen Sanktionsmöglichkeiten als relativ unproblematisch. Die Schwierigkeit liegt hierbei eher in einer eindeutigen Ermittlung der Mitgliederbindung, da auch nicht davon ausgegangen werden kann, daß es sich bei der Klassifikation um rein disjunkte Bindungsverhältnisse handelt. Besonders fragwürdig erscheint bei ETZIONI die Annahme, Organisationen mit inkongruenten ‚power and compliance'-Relationen unterlägen einem ‚Sog' zur Kongruenz, die gleichzeitig höhere Effektivität der Organisation gewährleiste. Es erscheint u. E. im Gegenteil sinnvoller, allen den Organisa-

---

[49] Vgl. BLAU, P. M./SCOTT, W. R.: a. a. O., 40.
[50] Vgl. SILVERMAN, D.: a. a. O., 18.

tionen, in denen eine stärker persönliche Bindung der Mitglieder vorherrscht, höhere Effektivität zuzuschreiben, unabhängig von der Art der Sanktionsmöglichkeiten.

Letztlich scheinen nicht nur die einzelnen Organisationsansätze häufig keine eindeutige Zuordnung von Organisationen zu gewährleisten, sondern auch das von SILVERMAN vertretene Ordnungskonzept für verschiedene Ansätze selbst weist solche Probleme auf. Zunächst ist es in vielen Fällen generell nicht so einfach, die Leistung oder den Output einer Organisation klar abzugrenzen; ist dies bei Produktionsbetrieben noch relativ leicht, so macht jedoch schon die Frage nach der Organisationsleistung eines Gefängnisses das Problem der Output-Messung offensichtlich. Entscheidender ist jedoch die Tatsache, daß es Ansätze in der Organisationsforschung gibt, die sowohl interne Faktoren als auch die Beziehung zur Umwelt – als Input- *und* als Outputrelation – in ihre Überlegungen mit einbeziehen. Ein Beispiel hierfür ist das Konzept von SIMPSON und GULLEY zur Analyse freiwilliger Organisationen[51]. Hierbei werden Organisationen anhand des „Drucks" (pressure) charakterisiert, dem sie sich ausgesetzt sehen, je nach der Ausprägung der beiden Einflußvariablen:
- Anspruch an die Organisationen
  a) nur von Mitgliedern (internal)
  b) zusätzlicher Anspruch der Allgemeinheit (external)
- Zahl der gesetzten Ziele (focused – diffuse).

Der Anspruch der Allgemeinheit an die Organisation als Unterscheidungsmerkmal ordnet diesen Ansatz, nach dem Schema von SILVERMAN, der Environment-Input-Kategorie zu, während die Breite der Zielsetzungen (focused – diffuse) als eine Environment-Output-Größe gewertet werden müßte. Eine eindeutige Zuordnung dieses Ansatzes erscheint demnach auch nach dem Kategorisierungsschema von SILVERMAN nicht möglich.

2.3 DER SPORTVEREIN ALS FREIWILLIGE ORGANISATION

Nachdem im vorangegangenen Abschnitt eine Definition und Abgrenzung des Phänomens ‚Organisation' vorgenommen wurde und das Problem der Kategorisierung von Organisationen allgemein im Vordergrund stand, soll im folgenden die *freiwillige Organisation* als spezielle Erscheinungsform innerhalb des Organisationsphänomens, und hierbei im besonderen der Sportverein, im Mittelpunkt der Betrachtungen stehen.

2.3.1 Freiwillige Organisation – Definition und Abgrenzung

Der Verein als spezielle Form der Vergesellschaftung findet schon in der frühen Soziologie die Aufmerksamkeit einiger Autoren bei der Systematisierung sozialer Gebilde. Wie bei TÖNNIES, der ihn als „ein in Gedanken gemachtes oder fingiertes Wesen (bezeichnet), welches seinen Urhebern dient, um ihren gemeinsamen Kürwillen in irgendwelchen Beziehungen auszudrücken"[52], wird der Verein allgemein den Organisationen zugerechnet, gekennzeichnet durch einen Zweck „in bezug worauf die Kontrahenten sich einig wissen"[53] und einer in Statuten festgelegten Ordnung. Dies kommt auch in der Arbeit von MAX WEBER zum Ausdruck, der den Verein der Kategorie der Verbände zuordnet, einer „nach außen regulie-

---

[51] Vgl. SIMPSON, R. L./GULLEY, W. H.: Goals, Environmental Pressures and Organizational Characteristics. In: American Sociological Review 27 (1962) 3, 344–351.
[52] TÖNNIES, F.: Gemeinschaft und Gesellschaft. Berlin 1922, 224.
[53] Ebenda, 225.

rend beschränkte(n) oder geschlossene(n) soziale(n) Beziehung"[54], mit gesatzter Ordnung, die „nur für die kraft persönlichen Eintritts Beteiligten Geltung beansprucht"[55,56].

In diesem Sinne, wie auch unter den vorstehend genannten Voraussetzungen, genügt der Sportverein den Anforderungen der Definition einer Organisation, wenn auch die Merkmale der formalen Struktur und expliziten „Zwecksetzung" in den meisten Fällen nur gering ausgeprägt sind.

Die besondere Eigenart aller Vereine, somit auch des Sportvereins, gegenüber anderen Organisationen, wie z. B. Strafanstalten, besteht in der Freiwilligkeit der Mitgliedschaft. Die bisher betrachteten Ansätze zur Typologisierung von Organisationen brachten explizit keine Unterscheidung zwischen freiwilliger und nichtfreiwilliger Mitgliedschaft in Organisationen, obgleich andere spezifische Merkmale freiwilliger Organisationen als Unterscheidungskriterien herangezogen worden waren. Die Freiwilligkeit der Mitgliedschaft als alleiniges Unterscheidungsmerkmal für eine bestimmte Klasse von Organisationen erscheint auch unzureichend[57], da bei genügend weitreichender Auslegung von Freiwilligkeit nahezu allen Mitgliedschaften in Organisationen eine gewisse freie Entscheidung zugrunde liegt[58]. Dennoch hat sich vor allem im anglo-amerikanischen Raum eine spezielle Richtung der Organisationsforschung entwickelt, die sich ausschließlich mit dem Phänomen der ‚voluntary association' auseinandersetzt[59]. Die unterschiedlichen Auffassungen jedoch, besonders in bezug auf die Abgrenzung des Begriffes ‚freiwillig', haben zu einer Vielzahl verschiedener Definitionen von freiwilliger Organisation geführt, die sowohl die einzelnen Typologien wie auch die erzielten Untersuchungsergebnisse nur begrenzt vergleichbar erscheinen lassen[60].

Allgemein werden in der Literatur die ‚voluntary associations' als Wahlgebilde[61] zu den Sekundärgruppen gerechnet und elementare ‚face-to-face-relations' wie etwa die Familie (Primärgruppe) hiervon ausgenommen.

---

[54] WEBER, M.: Wirtschaft und Gesellschaft. Tübingen 1956⁴, 26.
[55] Ebenda, 28.
[56] Eine Diskussion zur begrifflichen Abgrenzung des Vereins (Verband) als Organisation, jedoch unter besonderer Berücksichtigung wirtschaftlicher Verbände findet sich bei: BARDEY, E.: Die Verbände und Vereine in der heutigen Sozialordnung. In: Soziale Welt (1956) 3, 222–243.
[57] Vgl. WARRINER, C. K./PRATHER, J. E.: Four Types of Voluntary Associations. In: Sociological Inquiry 35 (1965) 2, 138.
[58] Zu einer Diskussion und Kritik des Begriffs der Freiwilligkeit bei LUHMANN vgl. PFEIFFER, D. K.: Organisationssoziologie. Stuttgart 1976, 52–53.
[59] SILLS bezeichnet die unter diesen Begriff fallenden Organisationen als „spare-time, participatory associations" und schließt damit z. B. Wirtschaftsbetriebe aus, die nach einer weitreichenden Definition von ‚freiwillig' noch einbezogen werden müßten. Vgl. SILLS, D.: Voluntary Organizations a. a. O., 363.
[60] Vgl. SILLS, D. L.: Voluntary Associations. In: International Encyclopedia of the Social Sciences (1972) 15, 364.
SILLS fordert eine international gültige Definition freiwilliger Organisationen, um langfristig einen besseren interkulturellen Vergleich zu ermöglichen. Dieser Versuch muß u. E. schon deshalb zum Scheitern verurteilt sein, weil den freiwilligen Organisationen in verschiedenen Ländern ganz unterschiedliche Funktionen zukommen, und selbst Organisationen mit formal gleicher Zielsetzung, wie z. B. die Sportclubs in Amerika und Deutschland, für das Individuum unterschiedlichen Stellenwert besitzen.
[61] WIESE unterscheidet zwischen normierten (Zwangs-) und Wahlgebilden, wobei der Existenz des Wahlgebildes „der Entschluß der Beteiligten" zugrunde liegt, während normierte Gebilde als „von einer autoritären Gewalt nach einer Norm geschaffen" bezeichnet werden.
Vgl. WIESE, L. v.: System der allgemeinen Soziologie. Berlin 1955³, 395.

Stellvertretend für die Vielzahl unterschiedlicher Definitionen von ‚freiwilliger Organisation' zitieren wir hier diejenige von R. N. MORRIS: „Voluntary associations are groups in which membership is in no sense obligatory, which have a formal constitution but which do not have paid officials at the local level"[62].

MORRIS schließt mit dieser Definition Kirchen, Gewerkschaften sowie Primärgruppen aus. Die Problematik solcher Definitionen zeigt sich jedoch schon bei der Anwendung auf den deutschen Sportverein, wonach Großvereine mit bezahlten Verwaltungskräften nicht mehr als freiwillige Organisation gelten könnten. Andere Autoren, wie z. B. die der weltweit bekannten Gewerkschaftsuntersuchung „Union Democracy", LIPSET, TROW und COLEMAN[63], beziehen ‚labor unions' in die freiwilligen Organisationen ein, während z. B. SHERWOOD FOX die freiwillige Organisation auf private, nicht profitorientierte Organisationen beschränkt, deren Aktivitäten keine funktionale Voraussetzung zum Fortbestand des sozialen Systems darstellen[64]; eine Definition, die gerade für den amerikanischen Bereich problematisch erscheint, wo freiwillige Organisationen einen großen Teil sozialer Aktivitäten wahrnehmen, die in anderen Ländern staatlichen Institutionen zufallen, und die für den Fortbestand des Systems zweifellos von Bedeutung sind[65].

SILLS sieht in der Vielzahl unterschiedlicher Definitionen drei Schlüsselkategorien, die den meisten der Ansätze gemeinsam sind. Hiernach sind freiwillige Organisationen:

a) organisierte Gruppen von Personen zur Förderung einiger gemeinsamer Interessen,
b) mit freiwilliger Mitgliedschaft, jedoch weder durch ein Mandat noch durch Geburt erworben und
c) unabhängig von staatlichem Einfluß[66].

Die so definierte Untergruppe innerhalb der Organisationen findet keine eindeutige Zuordnung in den bereits beschriebenen typologischen Ansätzen innerhalb der Organisationstheorie. Die wenigsten Hinweise zur Einordnung der freiwilligen Organisation finden wir bei BURNS und STALKER. Wenn diese auch meist dem Typ mit eher ‚organischer' Organisationsstruktur zuzurechnen sein werden, existieren durchaus auch freiwillige Organisationen mit fester Statushierarchie und starren Regelungsmechanismen, also eher ‚mechanistischer' Struktur (vgl. S. 23.)

Für den Sportverein wäre hierbei zu entscheiden, ob seine Situation in bezug auf technologische Veränderungen und Nachfrageschwankungen als eher stabil charakterisiert werden kann. In diesem Fall würde eine „organische", wenig formale Organisationsstruktur, so wie wir sie in den meisten Sportvereinen antreffen, im Sinne von BURNS und STALKER geringere Effektivität bedeuten.

Ebenso wie PARSONS, der mit Ausnahme der Organisationen, die am wirtschaftlichen Produktionsprozeß beteiligt sind, in allen anderen Kategorien Spielraum für freiwillige Organisationen läßt (vgl. S. 23), sind auch bei BLAU und SCOTT lediglich in der Kategorie der ‚business concerns' keine freiwilligen Organisationen denkbar (vgl. S. 24). Der Sportverein als freiwillige Organisation jedoch wäre bei PARSONS am ehesten den Organisationen ‚zur Erhaltung von Grundstrukturen' (vgl. S. 24) und bei BLAU und SCOTT den ‚mutual-benefit-associations' zuzurechnen.

---

[62] MORRIS, R. N.: British and American Research on Voluntary Associations: A Comparison. In: Sociological Inquiry 35 (1965), 186–187.
[63] Vgl. LIPSET, S. M./TROW, M./COLEMAN, J.: Union Democracy. New York 1956, Preface.
[64] Vgl. SMITH, C./FREEDMAN, A.: a. a. O., 3.
[65] Vgl. GALLAGHER, O. R.: Voluntary Associations in France. In: Social Forces 36 (1957), 153–160.
[66] Vgl. SILLS, D. L.: Voluntary Associations. a. a. O., 362–363.

Der Aspekt der Freiwilligkeit zeigt sich bei ETZIONI am deutlichsten in der Kategorie von Organisationen mit ausschließlich ‚normativer' Macht gegenüber ihren Mitgliedern (vgl. S. 24). Der Sportverein läßt sich jedoch u. E. nicht allein auf die „kongruente" Kategorie ‚normative-moral' beschränken, wie HOYLE dies versucht[67], sondern kann spätestens seit dem Entstehen des neuartigen, sachorientierten Sportinteresses[68] auch der Kategorie ‚normative-calculative' zugerechnet werden.

2.3.2 Organisationstypologische Verortung des Sportvereins als freiwillige Organisation

Die Probleme der Einordnung freiwilliger Organisationen in allgemeine organisationstypologische Ansätze zeigen zum einen, wie sehr diese in der Tradition der vornehmlich an Wirtschaftsbetrieben und Verwaltungsorganisationen orientierten klassischen Organisationstheorie verhaftet sind[69], und zum anderen, wie vielfältig sich die Erscheinungsform *freiwilliger* Organisationen darstellt[70]. Letzteres hat dazu geführt, daß innerhalb der speziellen Forschungsrichtung der freiwilligen Organisationen eine ganze Reihe von Ansätzen zur Klassifikation freiwilliger Organisationen erstellt wurden[71]. Diese unterscheiden sich von den allgemeinen organisationstypologischen Ansätzen vor allem durch die Hervorhebung mitgliederbezogener Merkmale. Der größte Teil dieser Ansätze beinhaltet, wenn auch nicht immer unter dem gleichen Terminus, die Kategorie der ‚expressive organization', in der die Aktivität der Organisation ausschließlich den Interessen der Mitglieder zugute kommt[72].

Die Typologie von GORDON und BABCHUK[73], die hier stellvertretend für die Vielzahl von Ordnungsversuchen beschrieben werden soll, verdeutlicht das Gewicht der mitgliederspezifischen Determinanten bei der soziologischen Analyse freiwilliger Organisationen. GORDON

---

[67] Vgl. HOYLE, E.: Organization Theory and the Sociology of Sport. In: ALBONICO, R./PFISTER-BINZ, K. (Hrsg.): Soziologie des Sports. Basel 1971, 87.

[68] Zum Problem der sich wandelnden Vereinsbindung vgl. SCHLAGENHAUF, K.: Sportvereine in der Bundesrepublik Deutschland – Teil I: Strukturelemente und Verhaltensdeterminanten im organisierten Freizeitbereich. Schorndorf 1977, 67–110.

[69] Vgl. HOYLE, E.: a.a.O., 84–85.

[70] SILLS vermutet eine größere Variabilität der Erscheinungsformen freiwilliger Organisationen als dies im Bereich der Verwaltungs- und Wirtschaftsorganisationen der Fall ist. Vgl. SILLS, D. L.: Voluntary Associations. a.a.O., 366.

[71] Ein Überblick über die Vielzahl der Ansätze, der an dieser Stelle nicht gegeben werden kann, findet sich bei:
SILLS, D. L.: Voluntary Associations. In: International Encyclopedia of the Social Sciences (1972) 15, 357–379.
SMITH, C./FREEDMAN, A.: Voluntary Associations. Cambridge 1972.

[72] Z. B. bei: BLAU and SCOTT: ‚Mutual benefit organizations'.
BELL and FORCE: ‚Special – individual interest groups'.
LUNDBERG: ‚Leisure organizations'.
ROSE: ‚Expressive groups'.
GORDON and BABCHUK: ‚Expressive groups'.
Vgl. BLAU, P. M. and SCOTT, R. W.: a.a.O., 15–19.
Vgl. BELL, W. and FORCE, M. T.: Social Structure and Participation in Different Types of Formal Organizations. In: Social Forces 34 (1965), 345–350.
Vgl. ROSE, A.: Theory and Methods in the Social Sciences. Minneapolis 1954.
Vgl. GORDON, C. W. and BABCHUK, N.: A Typology of Voluntary Associations. In: American Sociological Review (1959) 24, 22–29.
Vgl. LUNDBERG, G. u. a.: Leisure – A Suburban Study. New York 1934.

[73] Vgl. GORDON, C. W./BABCHUK, N.: A Typology of Voluntary Associations. In: American Sociological Review (1959) 24, 22–29.

und BABCHUK unterscheiden diese nach einer strukturellen und zwei funktionalen Variablen[74]:
a) die Zutrittsmöglichkeit zu einer Organisation[75]
   (accessibility of membership)
b) Grad der Statusvermittlung
   (status conferring-capacity of the association)
c) Funktion der Organisation für die Mitglieder
   (function of the organization for the participants).

Der Zutritt zu einer Organisation ist entweder unbeschränkt oder geknüpft an erforderliche ‚Qualitäten', die einerseits erworben werden können, wie z. B. ein akademischer Grad oder bestimmte musische Fertigkeiten, andererseits als zugeschrieben gelten, wie die Hautfarbe oder das Geschlecht.

Der Grad der individuellen Statusvermittlung hingegen ist abhängig von der gesellschaftlichen Bewertung der Organisationsziele, kann jedoch nicht als unabhängig von der Zugänglichkeit der Organisation betrachtet werden, da häufig die Vermittlung von Prestige an die Exklusivität einer Organisation und damit an einen limitierten Zutritt gebunden ist.

Das dritte Klassifizierungsmerkmal unterscheidet Organisationen danach, inwieweit die Leistungsabgabe der Organisation nach innen, außen oder nach beiden Richtungen orientiert ist. „Expressive organizations" dienen der direkten Befriedigung von Mitgliederansprüchen, während „instrumental organizations" eine weitgehend außerhalb der Organisation liegende Zielsetzung beinhalten, deren Nutznießer dritte Gruppen, also nicht die Mitglieder selbst, darstellen. Eine Mischform sehen GORDON und BABCHUK in der „expressive-instrumental organization", die beide Arten der Leistungsabgabe auf sich vereinigt. Es bleibt an dieser Stelle offen, ob es sich bei den bewerteten Funktionen der Organisation ausschließlich um manifeste und verankerte Zielsetzungen handelt, oder ob auch latent vorhandene Funktionen mit in die Beurteilung eingehen. Das angeführte Beispiel der Amerikanischen Legion, deren lokale Unterorganisationen eher als reine Geselligkeitsvereine zu betrachten sind[76], läßt vermuten, daß auch nicht offizielle Zielsetzungen einer Organisation mit berücksichtigt werden sollen.

Die Bezeichnung einer Organisation als ‚expressive' oder ‚instrumental' birgt, wie von verschiedenen Autoren bemängelt[77], die Gefahr in sich, mit der Motivation der Mitglieder verwechselt zu werden, die bei anderen Ansätzen, wie etwa dem von ETZIONI, der zwischen verschiedenen Arten der Mitgliederbindung unterscheidet (alienative – calculative – moral), Gegenstand der Klassifikation von Organisationen ist (vgl. S. 24). Tatsächlich wird mit dem Ausklammern der Mitgliedermotivation die Chance vergeben zu klären, unter welchen Bedingungen eine Organisation auch expressive Elemente aufweist, auch wenn sie rein formal als ‚instrumental' bezeichnet werden muß; in Organisationen, in denen die Mitglieder nicht ausschließlich ein sachorientiertes Interesse aufweisen, werden sich auch eher ungeplante und nicht verankerte Funktionen für das einzelne Mitglied ergeben.

Der deutsche Sportverein stellt nun keineswegs eine so einheitliche Erscheinung dar, daß er eindeutig auf den drei von GORDON und BABCHUK vorgeschlagenen Kategorien verortet werden könnte. Zwar bestehen rein formal in allen Vereinen des Deutschen Sportbundes keine Zutrittsbeschränkungen, so daß die Variation in dieser Kategorie des Ansatzes lediglich auf die

---

[74] Vgl. SILLS, D. L.: a. a. O., 366.
[75] Übersetzungen der Kategorien durch den Verfasser.
[76] Vgl. GORDON, C. W./BABCHUK, N.: a. a. O., 28.
[77] Vgl. SCHLAGENHAUF, K.: Sportvereine in der Bundesrepublik Deutschland – Teil I: a. a. O., 41. SMITH, C./FREEDMAN, A.: a. a. O., 6.

Vereine begrenzt bleibt, die, vorwiegend anlagenbedingt, Mitgliederaufnahmesperren eingeführt haben, jedoch sind bezüglich des Merkmales ‚status conferring capacity' deutliche Unterschiede zwischen den einzelnen Vereinen erkennbar.

Da die ‚Leistung' des Sportvereins in fast allen Fällen vorwiegend den Mitgliedern zugute kommt und weniger häufig, so etwa beim Schausport, Leistung nach außen erbracht wird, kann der Sportverein in dieser dritten Kategorie am ehesten, und zwar als ‚expressive Organisation' festgelegt werden.

Für eine weiterreichende Charakterisierung des Sportvereins erschiene jedoch gerade eine Differenzierung der Mitgliedermotivation nach dem Grade der Sachorientierung als sinnvoll, da hierin ein deutlicher Einfluß auf die Stabilität und Kontinuität des Anspruches an die Organisation begründet ist: Mitglieder, die, im Sinne von ETZIONI, eine eher kalkulative[78] Bindung an den Verein haben, werden bei einer Veränderung der persönlichen Interessenlage oder allgemein veränderter „Modetrends" dem Verein eher den Rücken kehren als Personen mit einer stärkeren inneren Bindung (moral), für die der Verein neben der offiziellen Funktion als Feld sportlicher Aktivität zusätzliche Funktionen der Integration und Identifikation erfüllt.

Obgleich in Deutschland eine alte Tradition in der wissenschaftlichen Behandlung des Phänomens „Verein" bestand[79], schon bevor MAX WEBER auf dem ersten Deutschen Soziologentag in Frankfurt (1910) eine spezielle „Soziologie des Vereinswesens" forderte[80], fehlt es bis heute an qualitativen Ansätzen zur soziologischen und vor allem organisationssoziologischen Analyse des Vereins, die der Vielzahl amerikanischer Versuche zur Klassifizierung freiwilliger Organisationen eine den deutschen Verhältnissen entsprechende Typologie des Vereinswesens entgegensetzen könnte.

Einige der neueren Arbeiten zum Thema ‚Verein' in der Bundesrepublik Deutschland beziehen sich auf die spezielle Situation des Sportvereins, ohne jedoch den organisationssoziologischen Aspekt des Sportvereins als freiwillige Organisation näher zu behandeln[81]. Andere Veröffentlichungen machen Aussagen über den Verein in seiner Gesamtheit, jedoch ohne den Versuch, derart soziologisch relevante Unterscheidungen, wie sie in der amerikanischen Erforschung freiwilliger Organisationen vorgenommen werden, auf das ebenso heterogene Vereinswesen der Bundesrepublik Deutschland zu übertragen und in ihre Analyse mit einzubeziehen[82].

---

[78] Vgl. S. 24.
[79] Vgl. hierzu:
SCHÄFFLE, A.: Bau und Leben des sozialen Lebens. Tübingen 1896.
GIERKE, O.: Das Wesen der menschlichen Verbände. Berlin 1902.
SCHURTZ, H.: Altersklassen und Männerbünde. Berlin 1902.
KLEIN, F.: Das Organisationswesen der Gegenwart. Berlin 1913.
STAUDINGER, H.: Individuum und Gemeinschaft in der Kulturorganisation des Vereins. Jena 1913.
[80] Vgl. WEBER, M.: Gesammelte Aufsätze zur Soziologie und Sozialpolitik. Tübingen 1924, 442.
[81] Vgl. LENK, H.: Materialien zur Soziologie des Sportvereins. a.a.O.
WURZBACHER, G.: Der Verein ... a.a.O.
DAUME, W.: Der Verein als Träger ... a.a.O.
HAMBURGER TURNERSCHAFT (Hrsg.): Der Verein. Hamburg 1967.
FRANK, B.: Soziale Determinanten des organisierten Sportbetriebes. Dissertation. Münster 1963.
[82] Vgl. DUNCKELMANN, H.: Lokale Öffentlichkeit. Stuttgart 1975.
PFLAUM, R.: Die Vereine als Produkt und Gegengewicht sozialer Differenzierung. In: WURZBACHER, G. und PFLAUM, R.: Das Dorf als Spannungsfeld industrieller Entwicklung. Stuttgart 1954.
SIEWERT, H.-J.: Ansätze zu einer Soziologie des Vereins. (Unveröffentlichte Magisterarbeit). Tübingen 1971.

Besonders gravierend macht sich der Mangel analytischer und struktureller Differenzierungen in der Arbeit von DUNCKELMANN bemerkbar, vor allem im Bereich der organisationssoziologischen Verortung des Vereins. Er projiziert, streng nach LUHMANN, das systemtheoretische Konzept formaler Organisation auf „den Verein", ohne Rücksicht auf die Vielgestaltigkeit (auch organisationssoziologisch) der Vereinsszene. Es ist durchaus denkbar, daß es eine Reihe von Organisationen gibt, die den formalen Anforderungen des DUNCKELMANNschen Vereins gerecht werden; der „kleine Sportverein" jedoch, der sogar als Beispiel zitiert wird, und der im übrigen den größten Anteil der Vereinsszene insgesamt ausmacht, erfüllt häufig gerade noch die Minimalforderungen, um als formale Organisation zu gelten, weist aber keineswegs die theoretisch abgeleiteten, für ihn als Verein angeblich „typischen" Merkmale auf [83].

2.3.3 Freiwillige Organisationen als Objekt wissenschaftlicher Forschung in Amerika und Deutschland

Die geringe Beachtung freiwilliger Organisationen als Objekt wissenschaftlicher Forschung in Deutschland, im Gegensatz zu der breiten Diskussion dieses Themas in Amerika scheint begründet in der unterschiedlichen Struktur des freiwilligen Organisationswesens in beiden Ländern. Ausgehend vom allgemeinen Organisiertheitsgrad der Bevölkerung lassen sich, wenn die Vergleichbarkeit aus Abgrenzungsgründen auch schwierig ist, keine gravierenden Unterschiede erkennen [84]. Bei näherer Betrachtung jedoch dominieren in der Bundesrepublik Deutschland bei weitem die Sportvereine, während in Amerika diejenigen Organisationen ein klares Übergewicht haben, die ARNOLD ROSE als „social influence associations" bezeichnet [85]. Es handelt sich hierbei um Organisationen, die im Gegensatz zu den „expressive groups" (ROSE) (wie z. B. Sportvereine) in irgendeiner Weise zur Veränderung der sozialen Umwelt beitragen wollen (Verbesserung sozialer Mißstände, Abbau von Vorurteilen, Krankenfürsorge etc.). GALLAGHER, der einen Vergleich zwischen den freiwilligen Organisationen in Amerika und Frankreich angestellt hat [86] und dabei eine ähnliche Disproportion feststellen konnte, sieht die Ursache darin, daß in Amerika die freiwilligen Organisationen eine Reihe von Funktionen in der Gesellschaft übernehmen, vor allem im sozialen Bereich, die in Frankreich – aber auch in der Bundesrepublik Deutschland – seitens des Staates wahrgenommen werden.

GOLDHAMER führt den Einfluß und die Bedeutung der freiwilligen Organisationen in Amerika auf die historische Entwicklung zurück [87]. In den Anfängen spielten „private corporations" [88], unterstützt durch die Englische Krone, eine wichtige Rolle bei der Besiedelung und Strukturierung der Atlantischen Kolonien. Hinzu kommt, daß die Auswanderer, die meist schon aus bestimmten Gruppierungen und Gemeinschaften bestanden, keine festgefügte soziale Ordnung vorfanden, sondern darauf angewiesen waren, ihre Interessen und Ziele in der neu entstehenden „Gesellschaft" zunächst selbst zu vertreten.

Einer freien Entfaltung der „voluntary associations" wie in Amerika stand in Frankreich, aber auch in Deutschland, eine eher ablehnende Haltung des Staates bezüglich der Organisa-

---

[83] Vgl. DUNCKELMANN, H.: a.a.O., 81–97.
[84] Vgl. SCHLAGENHAUF, K.: Sportvereine in der Bundesrepublik Deutschland – Teil I: a.a.O., 42–44.
[85] Vgl. ROSE, A.: Theory and Method in the Social Sciences. Minneapolis 1954, 50ff.
[86] Vgl. GALLAGHER, O.: Voluntary Associations in France. In: Social Forces 36 (1957), 153–160.
[87] Vgl. GOLDHAMER, H.: Social Clubs and Fraternal Societies. In: SEBA ELDRIDGE u.a.: Development of Collective Enterprise. Lawrence, Kansas 1943, 161.
Vgl. SIEDER, U. M.: The Historical Origins of the American Volunteer. In: GLASER, W. A./SILLS, D. L.: The Government of Associations. New York 1966, 4–12.
[88] Vgl. GOLDHAMER, H.: a.a.O., 161.

tion privater Interessen entgegen (Auflösung der Turnvereine – Turnverbot), die aus der Angst vor revolutionären und subversiven Kräften resultierte, obwohl ursprünglich, Anfang des 19. Jahrhunderts, Vereinigungen mit sozialen Zielsetzungen staatliche Unterstützung fanden[89]. BARON beschreibt die staatliche Förderung von Vereinen zur Erziehung verwahrloster Kinder, zur Versorgung von Armen, zur sittlichen Verbesserung entlassener Strafgefangener etc., also Vereinigungen des ‚social-influence'-Types, wie er noch heute in Amerika vorherrscht.

Nach der Neufassung des Vereinsrechts in der Frankfurter Paulskirche ging die Funktion des Vereins „als Träger öffentlicher Aufgaben"[90] zurück, und in der zweiten Hälfte des 19. Jahrhunderts wandte sich das Vereinswesen immer stärker von „dem Gedanken der Gemeinnützigkeit"[91] ab[92].

Die gleichzeitige Entstehung der Turn- und später der Sportbewegung in Deutschland trug dazu bei, daß heute die Proportionen zwischen „expressive" und „social influence" Organisationen in Amerika und Deutschland derart unterschiedlich ausgeprägt sind.

Die evidente Funktion der ‚voluntary associations' als wichtiger Faktor des sozialen Wandels[93] und der Aufrechterhaltung demokratischer Grundstrukturen[94] sowie die damit verbundene positive Bewertung des freiwilligen Engagements als soziales Verhaltensmuster (voluntarism „as a way of life")[95] haben dazu beigetragen, die freiwilligen Organisationen in Amerika in den Blickpunkt des wissenschaftlichen Interesses zu rücken. Hieraus resultiert das deutliche Übergewicht in der Literatur und vor allem im Bereich empirischer Untersuchungen zum Phänomen freiwilliger Vereinigungen in Amerika gegenüber den europäischen Ländern.

Der zunächst naheliegende Versuch, sich mittels der schon vorhandenen Ansätze der amerikanischen Forschung im Bereich der freiwilligen Organisationen dem deutschen Vereinswesen und speziell der Sportvereinsszene zu nähern, muß bei näherer Betrachtung als problematisch angesehen werden[96].

a) Das gravierende Übergewicht an „instrumental organizations" in den Vereinigten Staaten gegenüber der deutschen Vereinsszene, in der die „expressive groups" dominieren, hat zu einer Überbetonung formaler Strukturmerkmale dieses Typs freiwilliger Organisationen in den bestehenden Ansätzen geführt.

---

[89] Vgl. BARON, J.: Das deutsche Vereinswesen und der Staat im 19. Jahrhundert. Dissertation Göttingen 1962, 14.
[90] Ebenda, 60.
[91] Ebenda.
[92] PÄHLER erwähnt z. B. die Skepsis BISMARCKs gegenüber den Vereinen, „bei welchen der Eintritt und die Tätigkeit der einzelnen Mitglieder von diesen selbst abhängig (ist)" und der ihnen die Fähigkeit als „Werkzeuge zum Angreifen und Zerstören des Bestehenden zuschreibt. Vgl. PÄHLER, K.-H.: Verein und Sozialstruktur. In: Archiv für Rechts- und Sozialphilosophie, Bd. XLII (1956), 197–198.
[93] Vgl. MORRIS, R. N.: British and American Research on Voluntary Associations: A Comparison. In: Sociological Inquiry 35 (1965), 186–200.
[94] Vgl. SMITH, C./FREEDMAN, A.: a.a.O., 33.
[95] SILLS, D. L.: Volunteer Associations: Instruments and Objects of Change. In: Human Organization 18 (1959) 1, 19.
[96] Unabhängig von der vorliegenden speziellen Problematik verweisen LINDE und Mitarbeiter angesichts der „unzulänglichen empirischen Relevanz" und „zersplitterten Vielfalt" soziologischer Theorien auf den geringen Nutzen hin, der aus der Anwendung allgemeiner soziologischer Theorien für eine spezielle Soziologie des Sports gezogen werden kann. Vgl. LINDE, H./HEINEMANN, K.: Das Verhältnis einer Soziologie des Sports zu alternativen soziologischen Theorieansätzen. In: ALBONICO, R./PFISTER-BINZ, K.: Soziologie des Sports. Basel 1971, 47–51.

b) Es existiert innerhalb der freiwilligen Organisationsforschung in Amerika ein u. E. nicht vertretbarer Mangel in der Unterscheidung von lokalen Organisationen und überregionalen Verbänden. Das einzelne Mitglied einer Vereinigung wird ebenso wie die lokale Organisation als Teil der Gesamtorganisation betrachtet und mit dessen Strukturmerkmalen in Beziehung gesetzt[97].

Die dargestellten Unterschiede haben dazu geführt, daß in der amerikanischen Forschung vermehrt Wert gelegt wird auf das Merkmal der Ziel- und Zwecksetzung von freiwilligen Organisationen sowie die Prozesse der Zielerreichung (goal succession)[98] und Zielverschiebung (goal displacement)[99], des weiteren auf die Bedeutung formaler Strukturen sowie fest verbindlicher Mitgliedsrollen. Diese Argumentationsschwerpunkte werden der Zusammensetzung der freiwilligen Organisationen in Amerika sowie der speziellen Betrachtungsweise des Zusammenhanges von lokaler und übergeordneter Organisation durchaus gerecht, sind in ihrer Übertragbarkeit auf das Vereinswesen in der Bundesrepublik jedoch begrenzt.

Der Verein deutscher Prägung ist in erster Linie unter die Kategorie der „expressive organizations" zu rechnen. Speziell im Sportverein kann von einer handlungsrelevanten Zwecksetzung kaum gesprochen werden, und das Gros der Vereine ist gekennzeichnet durch ein Minimum an formaler Organisation[100]. Die Verhaltensverbindlichkeit für das einzelne Mitglied beschränkt sich häufig allein auf die Bezahlung des Beitrages. Als besonders gewichtig jedoch muß die Tatsache angesehen werden, daß der Sportverein als eine autonome, nahezu von übergeordneten Organisationsebenen unabhängige, organisatorische Einheit betrachtet werden muß, die nicht als Teil des Verbandes oder der Verbände interpretierbar ist.

Hier scheint uns eine besondere Unterlassung der Forschung im Bereich der freiwilligen Organisationen in Amerika zu liegen, deutlich zwischen der lokalen Organisation und den gesamten Verbänden als Untersuchungseinheit zu unterscheiden; besonders dann, wenn das einzelne Mitglied in seinem Verhältnis zur Organisation in die Untersuchung mit einbezogen wird[101].

Nahezu der einzige Autor, der auf diese Diskrepanz hinweist, ist ERIC HOYLE[102], der dann bei der Analyse eines einzelnen ‚Sportclubs' jedoch nur diejenigen Mitglieder als Teil der Organisation in seine Betrachtung einbeziehen will, „who had some role in the decision making procedures ..."[103]; eine Vorgehensweise, die unter dem Gesichtspunkt einer soziolo-

---

[97] Vgl. SMITH, C./FREEDMAN, A.: a. a. O., 200–201.
[98] Vgl. zum Thema „soziale Prozesse" in freiwilligen Organisationen SILLS, D.: Voluntary Associations. a. a. O., 367–372.
[99] Ebenda, 369.
[100] Vgl. hierzu SCHLAGENHAUF, K./TIMM, W.: The Sport Club as a Social Organization. In: International Review of Sport Sociology 11 (1976) 2, 12–16.
[101] Hierbei wird u.E. der Aspekt des Auseinanderklaffens unterschiedlicher Mitgliedsrollen außer acht gelassen; zum einen Einstellung, Motivation und Verhalten des einzelnen als Mitglied der lokalen Gemeinschaft, zum anderen als Mitglied der eher anonymen Gesamtorganisation.
Vgl. SMITH, C./FREEDMAN, A.: a. a. O., 200–201.
[102] Vgl. HOYLE, E.: Organization Theory and the Sociology of Sport. In: ALBONICO, R./PFISTER-BINZ, K.: Soziologie des Sports. Basel 1971, 83.
[103] HOYLE unterläßt leider zu präzisieren, was er unter „Teilnahme am Entscheidungsprozeß" verstanden sehen will. Uns erscheint diese Abgrenzung, so wie sie sich nur auf Funktionsträger beschränkt, als wenig nützlich für die soziologische Analyse eines „Sportclubs" als Organisation und offenbar an dem betriebswirtschaftlichen Begriff von Organisation orientiert. Sollte HOYLE jedoch noch die stimmberechtigte Teilnahme an Versammlungen des Vereins mit einbeziehen, so würden dennoch Personen aus der Mitgliedsdefinition ausgeschlossen sein (nichtstimmberechtigte Jugendliche oder Passive oder Personen, die nie solche Versammlungen wahrnehmen), die bei der Betrachtung eines Vereins als organisatorische Einheit und soziales Gebilde nicht unberücksichtigt bleiben können.

gischen Analyse des Sportvereins als Organisation, die unzweifelhaft auch das einzelne Mitglied als Teil der Organisation mit einzubeziehen hat, nicht vertretbar erscheint.

Wie wenig die vorher beschriebenen Unterschiede in der Struktur der freiwilligen Organisationen verschiedener Länder berücksichtigt werden, zeigt auch das Beispiel von ALMOND und VERBA, die sich erhebliche Mühe geben, festgestellte geringere aktive Beteiligungsraten in freiwilligen Organisationen in Deutschland mit sozial-psychologischen Argumenten im Verhältnis des Bürgers zur Demokratie zu begründen[104]. In Wirklichkeit jedoch hatten sie die Aktivität an der Bekleidung eines Amtes oder Funktion in der Organisation gemessen und somit vermutlich nur den Unterschied in der formalen Struktur zwischen „expressive groups" (geringer formaler Apparat), wie sie in Deutschland überwiegen, und den „instrumental associations" (größere Formalisierung), die in Amerika überwiegen, ermittelt.

2.3.4 Ein organisationssoziologisches Konzept zur Analyse des Sportvereins als freiwillige Organisation

Neben der Problematik der Übertragbarkeit amerikanischer Ansätze auf das deutsche Vereinswesen stellt sich bei der Analyse des speziellen Phänomens „Sportverein" für uns das Problem, es trotz eng begrenztem Interessengebiet mit einem breit gefächerten und organisatorisch komplexen Gebilde zu tun zu haben, das, um nur annähernd organisationssoziologisch homogene Untereinheiten zu erhalten, ein feineres Raster notwendig macht, als dies die vorhandenen Ansätze darstellen[105].

Eine Typologie des Sportvereins kann auf das Hauptunterscheidungsmerkmal der amerikanischen Forschung im Bereich der freiwilligen Organisationen nach „expressive" und „instrumental associations" verzichten, da alle Vereine zumindest überwiegend Leistung „nach innen" abgeben, d.h. die aktive Sportausübung oder die passive Teilnahme der Mitglieder zum Ziele haben. Ein sehr allgemeines Ziel, das deshalb auch nur bedingt zur weiteren Klassifizierung der Sportorganisationen geeignet erscheint.

Obwohl dieser Untersuchung zahlreiche theoretische Aspekte zugrunde liegen, erschien es weder sinnvoll noch möglich, die empirischen Erhebungen auf der Basis *einer* zuvor abstrakt entwickelten generellen Theorie des Vereins durchzuführen. Für die nachfolgende Darstellung der Ergebnisse war deshalb von vorneherein einer nur an Strukturmerkmalen der Organisation orientierten Taxonomie der Vereine, die weiter unten näher erläutert werden soll, der Vorzug gegeben worden.

Im Zuge der intensiven Beschäftigung mit dem Untersuchungsgegenstand ‚Sportverein' verdichteten sich jedoch, nicht zuletzt aufgrund einer Vielzahl von Expertengesprächen, d.h. Gesprächen mit Funktionsträgern aus der direkten Vereinspraxis, die Eindrücke und Informationen über die wesentlichsten Bestimmungsgrößen „typischer" Vereinsstrukturen. Aus diesen Eindrücken heraus entstand schließlich der Entwurf eines empirischen Ansatzes zur Analyse von Sportorganisationen. Dieser Ansatz wurde unabhängig von den schon laufenden Erhebungen entwickelt und diente deshalb nicht zur Strukturierung und Aufbereitung des

---

[104] Vgl. ALMOND, G./VERBA, S.: The Civic Culture. Princeton 1963, 314–315.

[105] Aufgrund der Problematik allgemeiner Ansätze im Bereich der freiwilligen Organisationen zur Gewinnung von speziellen Erkenntnissen hält HOYLE eine eigene Typologie der Sportorganisationen für notwendig und schlägt, allerdings wenig gezielt, einige mögliche Unterscheidungskriterien wie z.B. unterschiedliche Finanzierungsmethoden, Mannschaftsspiele – Einzelspiele – hohe – niedrige Beiträge etc. vor.
Vgl. HOYLE, E.: a.a.O., 87–88.

Datenmaterials innerhalb dieser Arbeit. Er soll daher im folgenden lediglich kurz umrissen werden[106].

Die Beschreibung einer speziellen Vereinssituation beruht hiernach auf 6 Merkmalen, die sich sowohl auf die äußere Struktur der Organisation als auch auf organisationsinterne Handlungsmuster beziehen:

a) *Grad des instrumentelle Sachleistung fordernden Mitgliederanspruches*
   Dieses Merkmal beschreibt die Art der Bindung des einzelnen Mitglieds an die Organisation; d. h. ob das Individuum ein rein sachliches Interesse an sportlicher Betätigung besitzt oder inwieweit es sich über diese Aktivität hinaus mit dem Verein verbunden fühlt[107]; eine Unterscheidung, deren Fehlen im Ansatz von GORDON und BABCHUK bereits kritisch angemerkt wurde (vgl. S. 30).

b) *Grad der Homogenität des Mitgliederanspruches*
   Hierbei wurde unterstellt, daß sportartenspezifisch unterschiedliche Anforderungen an den Verein – seine Organisation, seine Anlagen – gestellt werden, und somit mit zunehmender Anzahl im Verein angebotener Sportarten die Homogenität des Mitgliederanspruches abnimmt.

c) *Grad der Innen- bzw. Außenorientierung*
   Diese Kategorie zeigt Verwandtschaft mit der Unterscheidung von ETZIONI in ‚expressive‘ und ‚instrumental associations‘, da sie unterscheidet, ob ein Sportverein ausschließlich auf die Zufriedenstellung der Mitgliederinteressen ausgerichtet ist, oder ob er, z. B. als lokaler Repräsentant im Bereich des Spitzen- bzw. Wettkampfsports, zusätzlichen Ansprüchen von außen (Zuschauer, Gemeinde, Region) ausgesetzt ist. Der wesentliche Unterschied besteht jedoch darin, daß die Sportvereine insgesamt, nach der Definition von ETZIONI, den ‚expressive groups‘ zuzurechnen sind, hier jedoch das *zusätzliche* Vorhandensein außenorientierter Aktivitäten bewertet wird.

d) *Grad der Professionalisierung in der Vereinsführung*
   Abweichend vom üblicherweise in der Soziologie verwendeten Professionalisierungsbegriff[108] soll hier der Einsatz von haupt- und nebenamtlichen Kräften in der Vereinsorganisation (nicht im Übungsbetrieb) als Professionalisierung bezeichnet werden[109], die gleichzeitig als Indikator des Formalisierungsprozesses[110] innerhalb der Organisation angesehen werden kann.

---

[106] Zur ausführlichen Beschreibung des Ansatzes siehe SCHLAGENHAUF, K./TIMM, W.: The Sport Club as a Social Organization. In: International Review of Sport Sociology, 11 (1976), 2, 9–30.

[107] Diese Kategorie kann als Kontinuum betrachtet werden zwischen zwei polaren Einstellungen, die, um die Begriffe von ETZIONI zu verwenden, mit ‚calculative‘ bzw. ‚moral‘ bezeichnet werden könnten (vgl. S. 24).
Zur Ermittlung dieser Einstellung wurde neben den in obiger Literaturstelle angegebenen Statements der Anteil rein sportlicher Aktivität des Mitgliedes an der Gesamtzeit des Vereinskontaktes, also auch zur Geselligkeit oder Vereinsarbeit, ermittelt.

[108] Unter Professionalisierung ist in der Soziologie allgemein die Spezialisierung von Wissen im Zusammenhang mit der Ausprägung beruflicher Anforderungen an einen Positionsinhaber zu verstehen. Vgl. DAHEIM, H.: Soziologie der Berufe. In: Handbuch der empirischen Sozialforschung Bd. II. (Hrsg. R. König). Stuttgart 1969, 364–365.

[109] In ähnlicher Weise wird Professionalisierung auch in anderen Ansätzen zur Analyse von Organisationen definiert als „Zahl der Organisationsmitglieder, die eine Fachausbildung durchlaufen haben und die nicht mit allgemeinen Managementaufgaben betraut sind" (vgl. KIESER, A.: Zur wissenschaftlichen Begründbarkeit von Organisationsstrukturen. In: Zeitschrift für Organisation 40 [1971], 245).

[110] Der Prozeß der Formalisierung in freiwilligen Organisationen findet in der Literatur häufige Beachtung auch als Merkmal der „Institutionalisierung" oder „Bürokratisierung", meist im Zusammenhang

e) Grad der Zweckrationalität des Entscheidungsprozesses
„Ohne auf den von MAX WEBER entworfenen Begriffsapparat und insbesondere die nicht unproblematische Trennung zwischen zweck- und wertrationalem Handeln eingehen zu wollen, soll hier unter Zweckrationalität das geringere Vorhandensein ideeller Einflüsse auf die Entscheidungsfindung (als Einfluß neuerer Organisations- und Verwaltungstechniken wie z. B. in Großvereinen praktiziert) . . . verstanden sein"[111]. Ermittelt werden soll diese Kategorie an der Einstellung gegenüber Wirtschaftlichkeitsüberlegungen eher industrieller Prägung bei Funktionsträgern des Vereins.

f) Grad der Personenorientierung in der Vereinsführung
Personenorientierung darf nicht gleichgesetzt werden mit dem Begriff der Zentralität des Entscheidungsprozesses, der als eher strukturelles Merkmal zu betrachten wäre.„Personen-orientierung meint die Ausrichtung der Vereinsführung auf die Aktivität von Einzelpersonen und deren individuelle Ambitionen"[112]. Personenorientierung und Zentralität der Verwaltung sind sicherlich keine unabhängigen Variablen, d. h. mit zunehmender Zentralität der Verwaltung steigt die Chance eher personenorientierter Führung; dennoch besteht die Möglichkeit, daß ein zentral verwalteter, kleiner Verein nicht von den individuellen Vorstellungen und Aktivitäten einer Einzelperson geprägt ist, und umgekehrt, daß trotz einer großen, dezentral verwalteten Vereinsorganisation in den Entscheidungsprozessen deutlich die Hand einer einzelnen Persönlichkeit zu erkennen ist.

Die zentralen Überlegungen dieses Ansatzes gehen von einem Entwicklungsprozeß der Organisation aus, der die Anspruchssituation, welcher sich der Verein gegenüber sieht (Mitgliederorientierung, Innen-Außenorientierung, Homogenität des Mitgliederanspruches), als Haupteinflußgröße für die Ausprägung von Zweckrationalität und Professionalisierung in der Vereinsführung betrachtet[113]. Professionalisierung und Zweckrationalität wiederum nehmen im zeitlichen Ablauf Einfluß auf die Anspruchssituation des Vereins, so daß wir an dieser Stelle von einem dynamischen, situativen Ansatz[114] sprechen können.

Obwohl die im Rahmen der vorliegenden Untersuchung erhobenen Daten nicht unter dem Aspekt des beschriebenen Ansatzes gewonnen wurden, konnten dennoch durch Zuordnung einiger vorhandener Variablen zu den einzelnen Kategorien deutliche Zusammenhänge im Sinne des Ansatzes innerhalb des Materials festgestellt werden[115]. Es bleibt zu wünschen, daß sich zukünftige empirische Untersuchungen durch diesen, nicht nur zur Typologisierung von Sportorganisationen, sondern auch zur Hypothesenbildung und Prognose geeigneten Ansatz inspirieren lassen und ihn in geeigneter Weise einer Überprüfung und Diskussion zuführen werden.

---

mit der Entwicklung und Vergrößerung einer Organisation. Vgl. SILLS, D.: Voluntary Associations. a.a.O., 367—368.
TSOUDEROS, J.: Organizational Change in Terms of a Series of Selected Variables. In: American Journal of Sociology 20 (1955), 206—210.
SMITH, C./FREEDMAN, A.: a.a.O., 7—10.

[111] SCHLAGENHAUF, K./TIMM, W.: The Sport Club . . . a.a.O., 21.
[112] Ebenda, 21.
[113] Die u. E. wichtige Einflußgröße ‚Personenorientierung' sollte als intervenierende Variable sowohl für die Anspruchssituation des Vereins (z. B. durch Leistungssportambitionen) als auch für den Grad der Zweckrationalität und Professionalisierung in der Vereinsführung von Bedeutung sein. Eine eindeutige Bestimmung ihres Einflusses war mangels einer geeigneten Variablen innerhalb des schon vorliegenden Materials dieser Erhebung nicht möglich.
[114] Zur Notwendigkeit der situativen Relativierung organisatorischer Zusammenhänge vgl. HILL, W. u.a.: Konzeption . . . a.a.O., 4—16.
[115] Vgl. SCHLAGENHAUF, K./TIMM, W.: The Sport Club . . . a.a.O., 22—25.

2.3.5 Ein klassifikatorisches Schema zur Analyse von Organisation und Struktur des Sportvereins

Ohne die Intention, eine umfassende Typologie freiwilliger Organisationen entwickeln zu wollen, galt das Bemühen bei der Konzeptionierung der vorliegenden Untersuchung, nicht zuletzt aufgrund ihres explorativen Charakters, der Schaffung eines geeigneten Rasters zur sinnvollen Unterscheidung von Vereinen und zur Präsentation der gewonnenen Materialien.

Die Anlage der Untersuchung als schriftliche Befragung von Funktionsträgern bewirkte die Einbeziehung von überwiegend strukturellen Merkmalen der Verwaltung und Organisation in den Kreis der Unterscheidungskriterien. Zusätzlich sollten nur solche Daten Verwendung finden, deren objektiver Charakter eine ausreichende Zuverlässigkeit[116] der Angaben gewährleistet.

Grundlage der klassifikatorischen Typisierung[117] von Sportvereinen bildeten schließlich vier Merkmale, die auch in anderen Organisationsstudien als zentrale Punkte organisatorischer Typenbildung Beachtung finden[118]:

a) *Die Größe der Vereinsorganisation untergliedert in*
   - Kleinvereine (bis 300 Mitglieder)
   - Mittelvereine (301 – 1000 Mitglieder)
   - Großvereine (über 1000 Mitglieder)

b) *Abteilungsgliederung der Vereinsorganisation nach*
   - Einspartenvereinen
   - Mehrspartenvereinen[119]

c) *Art der Vereinsführung untergliedert in*
   - rein ehrenamtlich
   - Einsatz bezahlter Verwaltungs- und Organisationskräfte

d) *Funktion der Vermittlung von Prestige*[120]
   - ja
   - nein

---

[116] Vgl. zum Problem der Zuverlässigkeit und Gültigkeit von Meßinstrumenten:
MAYNTZ, R./HOLM, R./HÜBNER, P.: Einführung in die Methoden der empirischen Soziologie. Opladen 1974[4], 22 – 23.

[117] Vgl. zum Begriff der „klassifikatorischen Typologisierung":
HEMPEL, C.: Typologische Methoden in den Sozialwissenschaften. In: TOPITSCH, E. (Hrsg.): Logik der Sozialwissenschaften. Köln-Berlin 1966[3], 85 – 103.

[118] Vgl. GORDON, C. W./BABCHUK, N.: a.a.O., 27 – 28.
Vgl. KIESER, A.: Zur wissenschaftlichen Begründbarkeit von Organisationsstrukturen. In: Zeitschrift für Organisation 40 (1971), 245.

[119] Abweichend von der im Handbuch für Organisationsleiter des DSB vorgeschlagenen Unterscheidung zwischen Ein-, Mehr- und Vielzweckvereinen aufgrund unterschiedlicher Angebote an Sportarten, verwenden wir das organisatorisch bedeutendere Merkmal der Abteilungsgliederung (auch Vereine mit einer Sportart können in mehrere Abteilungen gegliedert sein) zur Unterscheidung von Einsparten- und Mehrspartenvereinen. Eine zusätzliche Unterteilung erschien uns in diesem Zusammenhang nicht sinnvoll, da eine weitere Grenze relevanter organisatorischer Unterschiede kaum zu identifizieren ist.
Als Kennzeichnung für Vereine mit verschiedener Anzahl von Sportarten jedoch, soll im folgenden ebenfalls eine Trennung in Einzweck- und Mehrzweckvereine vorgenommen werden.
Vgl. DSB (Hrsg.): Materialien für Organisationsleiter. Frankfurt 1977, 3.3.

[120] Dieses Merkmal gilt nur zur Unterscheidung von Einspartenvereinen (1 Abteilung) in solche, die aufgrund des hohen gesellschaftlichen Ansehens der Sportart ihre Mitglieder mit entsprechendem Sozialprestige ausstatten (Prestigevereine) und solche, bei denen dies in geringerem Maße der Fall ist.

Die beiden erstgenannten Merkmale beschreiben die *Komplexität* der Organisation[121], wobei keines, trotz hoher Interkorrelation (R = 0,59), durch das andere ausreichend substituierbar wäre. Die Variable *Abteilungsgliederung* entspricht dem bei Organisationskonzepten häufig verwendeten Strukturmerkmal der „Spezialisierung"[122] von Organisationen, während die Unterscheidung nach der *Größe*, wie die Befunde der ersten Hauptuntersuchung gezeigt haben, den Unterschied in der Mitgliederbindung an die Organisation impliziert (Grad der Sachorientierung)[123].

Je nachdem, ob der Verein rein ehrenamtlich geführt wird, oder ob bereits bezahlte Kräfte in der Verwaltung und Organisation beschäftigt werden, wird dem Verein eine Tendenz zur Professionalisierung[124] zugeschrieben, die begleitet ist von einem Prozeß der Formalisierung, wie er bei TSOUDEROS als typisch für die Entwicklung wachsender Organisationen beschrieben wird[125].

Letztlich ist die Kategorie der Prestigevermittlung des Vereins mit dem von GORDON und BABCHUK als „status-conferring capacity" bezeichneten Unterscheidungsmerkmal (vgl. S. 30) von Organisationen gleichzusetzen.

Die Kombination der 4 Unterscheidungsmerkmale würde, entsprechend den Ausprägungen der einzelnen Variablen, maximal 24 Vereinsarten unterscheiden können; ein sicherlich wenig handliches Instrument unter dem Aspekt der Reduktion von Komplexität[126], die hiermit erreicht werden soll. Da jedoch nicht zu erwarten war, daß alle Unterscheidungsmerkmale in gleicher Weise kontinuierlich variieren wie etwa die Mitgliederzahl, erschien die Möglichkeit der Reduktion dieser Kombinationen von vornherein als gegeben und sinnvoll. Die Tatsache, daß z. B. nur wenige Vereine mit mehr als 1000 Mitgliedern, aber nur einer Abteilung existieren (0,2% aller Vereine), schloß bei Großvereinen schon aus statistischen Erwägungen

---

Zu den Prestigesportarten zählen nach unseren Ergebnissen in erster Linie (alphabetische Reihenfolge):
Fechten, Golf, Reiten, Rudern, Segeln, Tanzsport und Tennis.
(Vgl. zur Abgrenzung von Prestigesportarten auch: FRANK, B.: Soziale Determinanten des organisierten Sportbetriebes. Münster 1963, 107). Das soziale Prestige einer Sportart ist im wesentlichen durch die historische Entwicklung bedingt. Beispielsweise erließ 1883 der Ruderverband einen sog. Amateurparagraphen, der es „Handwerkern und Arbeitern" untersagte, den Rudersport zu betreiben (vgl. EICHEL, W. u. a.: Die Körperkultur in Deutschland Bd. II. Berlin (Ost) 1965, 383).

[121] HALL u. a. weisen darauf hin, daß fälschlicherweise und unüberlegt häufig die Größe einer Organisation mit deren Komplexität gleichgesetzt wird. In der Definition nach HALL ist für die Komplexität der Organisation neben der Größe und Abteilungsgliederung auch die Anzahl hierarchischer Ebenen sowie die räumliche Verteilung der Organisation verantwortlich.
Vgl. HALL, R. H./HAAS, J. E./JOHNSON, N. J.: Organizational Size, Complexity and Formalization. In: American Sociological Review 32 (1967), 903–906.

[122] Vgl. PUGH, D. S./HICKSON, D. J./HININGS, C. R./TURNER, C.: Dimension of Organization Structure. In: Administrative Science Quarterly 13 (1968), 65–105.
Vgl. KIESER, A.: a. a. O., 245.
Vgl. PRICE, J. L.: Organizational Effectivness. Homewood 1968, 16.

[123] Vgl. SCHLAGENHAUF, K.: Sportvereine in der Bundesrepublik Deutschland – Teil I, a. a. O., 40–110.

[124] Zu dem an dieser Stelle abweichend vom üblicherweise in der Soziologie verwendeten Professionalisierungsbegriff vgl. S. 36.

[125] Vgl. TSOUDEROS, J.: Organizational Growth. In: GLASER, W./SILLS, D. L.: The Government of Associations. New York 1966, 242–246.
TSOUDEROS beschreibt eine zeitliche Verschiebung zwischen dem „cycle of growth" einer Organisation und dem „cycle of formalization", wobei die Zunahme des Verwaltungspersonals parallel mit dem Prozeß der Formalisierung verläuft.

[126] Zur Bedeutung von Typologien zur Reduktion komplexer Sachverhalte vgl. KUBICEK, H.: Empirische Organisationsforschung. Stuttgart 1975, 109–112.

eine Unterscheidung von Ein- und Mehrspartenvereinen aus. Ebenso finden sich bei Mittel- und Kleinvereinen kaum bezahlte Verwaltungs- und Organisationskräfte (Mittel- und Kleinvereine zusammen 2,7%). Die Unterscheidung nach Organisationen mit und ohne prestigevermittelnder Funktion schließlich mußte auf Einspartenvereine (1 Abteilung) beschränkt bleiben, da in Vereinen mit mehreren Sparten die Vermittlung von Prestige an die Mitglieder je nach Sportart unterschiedlich ausgeprägt sein kann. Die Vereine in eben diesen prestigebesetzten Sportarten sollen zur kürzeren Umschreibung im weiteren Verlauf dieser Arbeit als „Prestigevereine" bzw. ‚Vereine in Prestigesportarten' bezeichnet werden[127].

Unter Berücksichtigung der genannten Argumente konnte die Menge der maximal möglichen Merkmalskombinationen auf die 8 *Vereinsarten* reduziert werden, die nach forschungsstrategischen und statistischen bzw. auswertungstechnischen Gesichtspunkten als relevant bezeichnet werden können:

I	– Groß/hauptamtlich
II	– Groß/ehrenamtlich
III	– Mittel/mehrspartig
IV	– Mittel/einspartig (ohne Prestigesportarten)
V	– Klein/mehrspartig
VI	– Klein/einspartig (ohne Prestigesportarten)
VII	– Mittel/einspartig (nur Prestigesportarten)
VIII	– Klein/einspartig (nur Prestigesportarten)[128]

Innerhalb der Vielzahl von Sportvereinen in unserem Land treten die einzelnen Vereinsarten mit sehr verschiedener Häufigkeit auf und sind entsprechend ihrer ungleichen Mitgliederstärken von unterschiedlichem Gewicht bei der Betreuung der Gesamtnachfrage nach sportlicher Aktivität.

Die Lorenzkurve[129] (siehe nachfolgende Seite) veranschaulicht die Bedeutung, die die Großvereine (über 1000 Mitglieder) für die Bewältigung der Sportnachfrage mittlerweile gewonnen haben, denn in weniger als einem Zwanzigstel aller Vereine (4,9% Großvereine) wird über ein Viertel aller Mitglieder des DSB (26,3%) betreut.

Es liegt auf der Hand, daß derartige Großorganisationen sich in Mitglieder- und Angebotsstruktur, Anlagenausstattung und finanziellen Möglichkeiten sowie interner Organisationsstruktur von kleineren und vor allem kleinsten Vereinsorganisationen unterscheiden müssen. Der Erarbeitung dieser Unterschiede soll im Anschluß an die Darstellung der Erhebungsstrategie, unter Berücksichtigung anderer, zusätzlicher Einflußgrößen, wie z. B. der Gemeindegröße oder der geographischen Lage, die Aufmerksamkeit der nachfolgenden Datenanalyse und Problemdiskussion in erster Linie gelten.

---

[127] Es wurde ganz bewußt davon abgesehen, diese Vereinsarten, wie allgemein üblich, als „Exklusivvereine" zu bezeichnen, da hiermit nicht der soziologisch relevante Aspekt der Statusvermittlung durch Teilnahme an der Organisation zum Ausdruck kommt, sondern, versehen mit einer eher negativen Bewertung, der Tatbestand sozialer Segregation.

[128] Die Plazierung der ‚Prestigevereine' am Ende der Klassifikation und nicht an der Stelle entsprechender Mitgliederzahl dient zur Verdeutlichung häufig auftretender linearer Trends in den anderen Vereinsarten, die andernfalls schlecht zu erkennen wären.

[129] Vgl. zur Darstellungsform der Lorenzkurve als Konzentrationsmaß MENGES, G./SKALA, H. J.: Statistik 2 – Daten. Opladen 1973, 365–367.

Schaubild 1   Mitgliederverteilung der DSB nach Vereinsarten (Lorenzkurve)

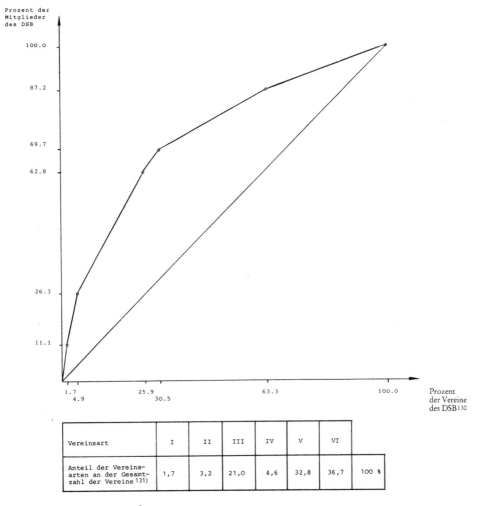

Vereinsart	I	II	III	IV	V	VI	
Anteil der Vereinsarten an der Gesamtzahl der Vereine [131]	1,7	3,2	21,0	4,6	32,8	36,7	100 %

Quelle: Funktionsträgerstichprobe

---

[130] Die Werte repräsentieren die jeweils aufaddierten prozentualen Anteile der Vereinsarten an der Gesamtheit aller Vereine.
Beispiel: in 25,9% aller Vereine werden 62,9% aller DSB-Mitglieder betreut. Der Anteil von 25,9% setzt sich zusammen aus den Anteilen der Vereinsarten I (1,7%), II (3,2%) und III (21,0%).

 I   – Groß/hauptamtlich   IV   – Mittel/einspartig
 II   – Groß/ehrenamtlich   V   – Klein/mehrspartig
 III – Mittel/mehrspartig   VI   – Klein/einspartig

– Es wurde bei der Darstellung auf einen speziellen Ausweis der Prestigesportarten verzichtet.
– Die Verteilung der DSB-Mitglieder auf die einzelnen Vereinsarten wurde über den prozentualen Anteil der Vereine und ihre durchschnittliche Mitgliederzahl errechnet.

[131] Die Werte bedeuten den Anteil der einzelnen Vereinsarten an der Gesamtzahl der Vereine.

3. Vorbereitung und Durchführung der empirischen Erhebung

Das Literaturstudium zu Beginn des Forschungsprojektes hatte deutlich gemacht, daß die Organisation des Sportvereins für den Bereich der wissenschaftlichen Forschung bislang offensichtlich nicht existent gewesen zu sein scheint. Mit Ausnahme einiger weniger Einzelfallstudien[132] und einer Arbeit von HANS LENK, in der in mühevoller Kleinarbeit bis zu diesem Zeitpunkt unveröffentlichte und nicht ausgewertete Daten aus einigen empirischen Untersuchungen zum Thema Sport im Verein aufgearbeitet wurden[133], existierten keine, vor allem nicht repräsentative Datenmaterialien, die als Grundlage zum Entwurf eines geeigneten Forschungskonzeptes hätten herangezogen werden können.

Aus diesem Grund waren umfangreiche und zeitraubende Vorstudien zur Konkretisierung des Untersuchungsgegenstandes und der Wahl einer, der Problemstellung adäquaten Erhebungsstrategie notwendig. Hierzu zählte eine „Vorstudie" in der pfälzischen Stadt Landau mit einem standardisierten Erhebungsinstrument im Rahmen einer Mehrthemenbefragung[134]. Zur gleichen Zeit diente eine „Expertengesprächsaktion" mit Funktionsträgern von ca. 50 über die gesamte Bundesrepublik verteilten Sportvereinen der Vertiefung des Einblickes in die speziellen Probleme des Vereinsgeschehens. Die Auswahl dieser Vereine war unter demographischen, sportartenspezifischen und organisationstypologischen Gesichtspunkten vorgenommen worden; das Gespräch selbst orientierte sich an einem unverbindlichen Leitfaden, der einen weiten Themenbereich umfaßte: von der finanziellen Situation des Vereins über das Problem des Generationenkonfliktes bis hin zur Frage nach einer allgemeinen Vereinsphilosophie[135]. Die Ergebnisse dieser Expertengespräche lieferten wesentliche Hinweise für die Entwicklung der Erhebungsstrategie, die organisationstypologische Kategorisierung der unterschiedlichen Vereinsarten sowie für die inhaltliche Abgrenzung der zu erfragenden Themenbereiche.

3.1 WAHL DER ERHEBUNGSSTRATEGIE

Die inhaltliche Gliederung des Forschungsgegenstandes in mitgliederbezogene Fragestellungen und organisationsgebundene Aspekte machten bei der Wahl der Erhebungsstrategie auch eine Aufteilung in zwei unterschiedliche Erhebungen notwendig, die mit Instrumenten verschiedenen Inhalts, mit unterschiedlichen Methoden und zu getrennten Zeitpunkten durchgeführt wurden.

Die erste Haupterhebung mit Problemstellungen aus dem Bereich des individuellen Sportengagements umfaßte 4792 etwa 1½stündige mündliche Interviews unter Vereinsmitgliedern und Kontrollgruppen (vgl. Stichprobenplan nächste Seite)[136].

---

[132] Vgl. z. B. FRANK, B.: Soziale Determinanten des organisierten Sportbetriebs. Münster 1963.
[133] Vgl. LENK, H.: Materialien zur Soziologie des Sportvereins. Ahrensburg 1972.
[134] Zur näheren Beschreibung dieser Vorstudien vgl. SCHLAGENHAUF, K.: Sportvereine in der Bundesrepublik Deutschland – Teil I: a. a. O., 17–18.
[135] Wir verzichten an dieser Stelle auf eine genauere Darstellung aller Vorstudien und Pretests und verweisen auf die umfassende Darstellung in Teil I der Ergebnisdokumentation – vgl. SCHLAGENHAUF, K.: Sportvereine in der Bundesrepublik Deutschland – Teil I: a. a. O., 13–32.
[136] Zur näheren Erläuterung der Vorgehensweise vgl. SCHLAGENHAUF, K.: Sportvereine in der Bundesrepublik Deutschland – Teil I, a. a. O., 13–32.

Schaubild 2   Erhebungsstrategie und Stichprobenplan.

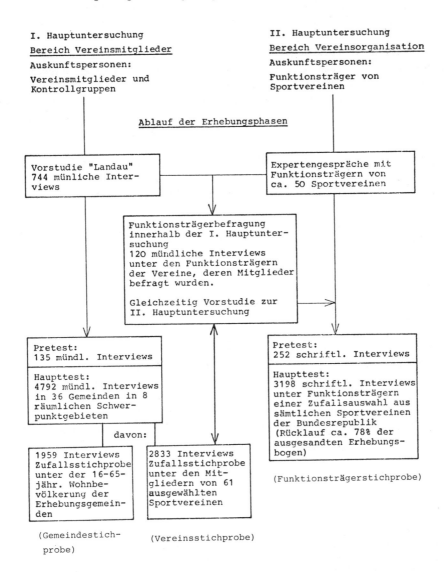

Die Zielsetzung der zweiten Haupterhebung, die in erster Linie auf die Gewinnung für die Bundesrepublik repräsentativen Datenmaterials zur Struktur des Sportvereinswesens gerichtet war, machte das Verfahren der Random-Stichprobe[137] als Auswahlkriterium für die einzubeziehenden Vereine notwendig. Als Basisgröße für die Analyse der Vereinsstrukturen wurde, unter Berücksichtigung forschungsökonomischer und statistischer Gesichtspunkte, eine Stichprobenquote von 10% der damals 42 785 Sportvereine[138] des Deutschen Sportbundes als

---
[137] Random-Stichprobe = Zufallsauswahl, d.h. jede Einheit einer Grundgesamtheit hat die gleiche Chance, in die Stichprobe zu kommen.
[138] Die Zahl der Vereine bezieht sich auf die Bestandserhebung des DSB von 1974. Vgl. STATISTISCHES BUNDESAMT (Hrsg.): Statistisches Jahrbuch 1976, Wiesbaden 1976, 122.

ausreichend erachtet. Zeitliche, finanzielle und personelle Beschränkungen schlossen bei dieser Vorgehensweise die Erhebungsmethode des mündlichen Interviews aus, so daß nur eine schriftliche Erhebung und die Zustellung des Fragebogens auf postalischem Wege in Frage kam.

Die Beschaffung des notwendigen Adressenmaterials erwies sich als äußerst problematisch und aufwendig, da lediglich bei zwei Landessportbünden die Adressen der Mitglieder über elektronische Datenverarbeitung zugänglich waren. Bei den übrigen Verbänden mußten die Adressen in mühsamer Kleinarbeit per Hand aus den, zudem nicht nach einheitlichen Kriterien erfaßten, Bestandsmeldungen der Vereine gezogen werden; eine Organisationsschwäche der Landessportverbände, die, angesichts der Bemühungen des DSB um rationellere Organisationsmethoden bei den Vereinen, Erstaunen erwecken muß[139]

3.2 KONSTRUKTION DES ERHEBUNGSINSTRUMENTES

Der bedeutend höhere Arbeitsaufwand bei der Auswertung offener Fragestellungen[140] zur Ermittlung von Einstellungen und Sachverhalten und das Bemühen, mögliche schichtenspezifische Unterschiede in der Artikulationsbereitschaft und -fähigkeit der Auskunftspersonen auszugleichen, gaben den Ausschlag für den Einsatz eines nahezu vollstandardisierten Interviews bei der Befragung der Funktionsträger[141].

Die Wahl der schriftlichen Auskunft als Erhebungsmethode hat wesentliche Konsequenzen hinsichtlich des zu entwickelnden Erhebungsinstruments. Um statistische Verzerrungen durch zu geringen oder selektiven Rücklauf zu vermeiden, sind Rücksichtnahmen sowohl quantitativer als auch qualitativer Art unumgänglich. Einerseits soll das Interview eine zumutbare Länge nicht überschreiten, andererseits haben Fragestellungen, die von der Auskunftsperson nur ungern beantwortet werden oder solche, die sie inhaltlich überlasten, deutlich negativen Einfluß auf den Rücklauf einer schriftlichen Erhebung.

Um die Gefahrenpunkte für den Erfolg der Erhebung möglichst gering zu halten, wurden vor der endgültigen Aktion einige wichtige Vortests durchgeführt. Zur Überprüfung, welche Themenbereiche bei einer schriftlichen Befragung möglicherweise auf Widerstände stoßen könnten (qualitativer Aspekt), wurden parallel zu den mündlichen Erhebungen unter Sportvereinsmitgliedern der ersten Hauptuntersuchung in den einbezogenen Vereinen jeweils zwei

---

[139] Mittlerweile haben sich hierin einige Verbesserungen ergeben, jedoch verfügen noch immer bei weitem nicht alle Landessportbünde über einen direkten Zugriff auf die Vereinsdaten mittels elektronischer Datenverarbeitung. Auch für die Art und den Umfang der erhobenen Daten gibt es noch immer keine einheitliche Regelung.

[140] Eine offene Frage hat im Gegensatz zur geschlossenen Frage keine vorgegebenen Antwortkategorien, so daß hier erst nachträglich Kategorien gebildet werden können, denen die entsprechenden Antworten der Auskunftspersonen dann zugeordnet werden müssen.

[141] Bezüglich der allgemeinen Problematik von Interviewtechniken, auf die wir an dieser Stelle nicht näher eingehen können, verweisen wir auf die umfangreiche Literatur zu diesem Thema:
Vgl. z. B. SCHEUCH, E. K.: Das Interview in der Sozialforschung. In: KÖNIG, R. (Hrsg.): Handbuch der empirischen Sozialforschung, Bd. II, Grundlegende Methoden und Techniken, erster Teil. Stuttgart 1973, 66–190.
KOOLWIJK, J. van/WIEKEN-MAYSER, M.: Techniken der empirischen Sozialforschung, Bd. 4, Erhebungsmethoden: Die Befragung. München 1974.
FRIEDRICHS, J.: Methoden der empirischen Sozialforschung. Reinbek bei Hamburg 1973, 189–246.
Vgl. SCHRADER, A.: Einführung in die empirische Sozialforschung. Stuttgart 1971, 94–124.

Funktionsträger unter anderem zu den in der zweiten Hauptuntersuchung wichtigen Problemstellungen befragt. Hierbei stellte sich heraus, daß vor allem für den Bereich der finanziellen Aktivitäten des Vereins mit erheblichen Schwierigkeiten zu rechnen sein würde – sowohl in der allgemeinen Aussagebereitschaft als auch bezüglich des Wahrheitsgehalts der angegebenen Daten[142]. Aus diesem Grunde wurde in der vorliegenden Erhebung auf die Ermittlung differenzierter Aussagen zum Finanzbereich des Vereins zugunsten relativ unproblematischer Merkmale qualitativer Art (z. B. welche *Arten* zusätzlicher Finanzmittel stehen dem Verein zur Verfügung) verzichtet.

Neben der quantitativen Einflußgröße, die den Rücklauf bei schriftlichen Erhebungen mitbestimmt, nämlich der Länge des Erhebungsbogens[143], hat bei der hier angewendeten Vorgehensweise der schriftlichen Erhebung die besondere Aufmerksamkeit des Forschers dem Anschreiben zu gelten, einem wichtigen Mittel, die Auskunftsperson zum Ausfüllen des Erhebungsbogens zu motivieren. Unter Berücksichtigung beider Aspekte wurde der vorliegenden zweiten Hauptuntersuchung des Forschungsprojektes ein letzter, schriftlicher Pretest vorgeschaltet, der in 4 verschiedenen Versionen je zwei unterschiedliche Anschreiben sowie zwei in der Länge differierende Versionen des Erhebungsbogens testete.

Bei je zwei Versionen des Anschreibens trat einmal das Institut für Soziologie, das andere Mal das Bundesinstitut für Sportwissenschaft als Absender und für die Erhebung verantwortliche Institution auf. Da nur geringe Unterschiede im Rücklauf beider Versionen entstanden, konnte ein Einfluß des Absenders auf die Rücklaufquote in diesem Falle ausgeschlossen werden.

Das wichtigste Ergebnis des Pretests jedoch war, und hierüber liegen u. E. bisher keine gesicherten Einsichten vor, daß eine um 100% längere Version des Erhebungsbogens (ca. 40 Minuten Ausfüllzeit gegenüber etwa 20 Minuten) lediglich eine um 3–4% geringere Rücklaufquote verzeichnete. Aufgrund dieser Vorinformation fiel die Wahl für das Instrument mit einem um 100% höheren Informationsgehalt nicht schwer.

3.3 DURCHFÜHRUNG UND ÜBERWACHUNG DER ERHEBUNG

Gewarnt durch die Rücklaufquoten anderer schriftlicher Erhebungen – der DSB selbst hatte bei einer, unter seinen eigenen Vereinen durchgeführten Erhebung insgesamt lediglich 30% der verschickten Fragebögen zurückerhalten[144] – waren von vornherein für die vorliegende Untersuchung zwei ‚Nachfaßaktionen' in unterschiedlichem zeitlichen Abstand geplant: 3 Wochen nach Beginn der Aktion ein Erinnerungsschreiben mit der Bitte um Rücksendung des Erhebungsbogens; weitere 3 Wochen später eine erneute Anfrage an die Auskunftsperson mit Beifügung eines weiteren Erhebungsbogens, falls der zuerst verschickte aus irgendwelchen Gründen verlorengegangen sein sollte.

---

[142] Die Fragwürdigkeit der Ermittlung von Zahlenmaterialien im Finanzbereich der Vereine war in erster Linie eine Erkenntnis der Expertengespräche, in denen (häufig nach Ausschalten des Tonbandes) *echte* Informationen die jeweils offiziellen Darstellungen relativierten.

[143] Ein weiterer, hier nicht diskutierter Aspekt, der Einfluß auf den Rücklauf einer schriftlichen Erhebung nimmt, ist die optische Aufbereitung des Erhebungsinstrumentariums. Da das Institut für Soziologie über erhebliche Erfahrung auf diesem Gebiet verfügt, wurden keine Pretests mit jeweils unterschiedlicher Aufmachung des Erhebungsbogens durchgeführt.

[144] Es handelt sich hierbei um die 1974 von MARPLAN für den DSB durchgeführte Finanz- und Strukturanalyse.

Obwohl der erste Rücklauf, wie das *Schaubild 3* zeigt, bei dieser Erhebung ohnehin günstig ausfiel, zeigte sich, daß die getroffenen Maßnahmen sich zusätzlich positiv auf den Erfolg der Untersuchung auswirkten.

Die Grafik zeigt, daß bis zum Einsatz der „zweiten Welle", d.h. dem Verschicken des Erinnerungsschreibens, ca. 38% der versandten Erhebungsbogen schon zurückgeschickt worden waren. Im Anschluß daran stieg bis zur zweiten Nachfaßaktion der Rücklauf auf 61% und schließlich gegen Ende der Aktion auf 78%; ein Ergebnis, das nicht nur unter statistischen Anforderungen zufriedenstellend ist, sondern das auf einem Gebiet, bei dem der Adressat im Falle der Nichtteilnahme keinen Repressionen ausgesetzt ist, sogar als äußerst bemerkenswert angesehen werden muß[145].

Schaubild 3 Rücklaufdiagramm der schriftlichen Erhebung unter Funktionsträgern von Sportvereinen.

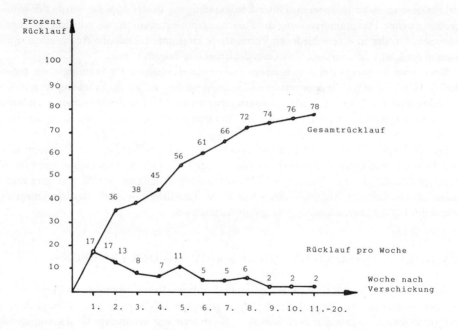

Bezogen auf die einzelnen Landessportbünde variierte die Rücklaufquote zwischen 72% und 90% (vgl. Tabelle 1, Seite 47).

Die relativ geringen Unterschiede zwischen den Rückläufen der einzelnen Landesverbände ließen ein ‚Gegensteuern', d.h. nochmaliges Nachfassen in den Verbänden mit niedrigen Rücksenderaten, nicht geboten erscheinen. Bei Aussagen über regionale Unterschiede in bestimmten Problembereichen wurden die Differenzen durch einen Stichprobenausgleich egalisiert.

---

[145] Ähnlich hohe Rücklaufquoten erzielen meist nur Befragungen, bei denen die Nichtteilnahme für die Auskunftsperson mit negativen Konsequenzen verbunden ist; so etwa bei einer Umfrageaktion unter studentischen Förderungsempfängern, wobei die Fortführung der Förderung unter anderem an die Rücksendung des Erhebungsbogens gekoppelt ist.

Insgesamt 2,5% der verschickten Erhebungsbogen kamen mit dem Vermerk „unzustellbar, falsche Adresse, Verein fusioniert oder aufgelöst, Adressat verstorben oder Interview verweigert" zurück, wobei der größte Anteil hierbei auf fehlerhaftes Adressenmaterial bei den Landessportbünden zurückzuführen ist.

Tabelle 1   Rücklaufquoten der schriftlichen Erhebung unter Sportvereinen in den einzelnen Landessportbünden.

Baden - Nord	78,5 %
Baden - Süd	86,0 %
Württemberg	78,5 %
Bayern	79,3 %
Rheinland-Pfalz	80,3 %
Hessen	80,2 %
Saarland	80,6 %
Nordrhein-Westfalen	72,7 %
Niedersachsen	78,9 %
Hamburg	90,2 %
Bremen	82,4 %
Schleswig-Holstein	78,8 %
Berlin	84,1 %

Die sorgfältigen Vorarbeiten zu dieser Erhebung, die hilfreiche Unterstützung der Landessportbünde und des Deutschen Sportbundes sowie die große Bereitschaft der Vereine, sich an dieser Aktion zu beteiligen, haben dazu beigetragen, daß die gewonnenen Daten und die daraus abgeleiteten Ergebnisse als repräsentativ für die Struktur des Sportvereinswesens in der Bundesrepublik angesehen werden können.

4. Aufbereitung und Auswertung des Datenmaterials

Die Übertragung der zurückgeschickten Fragebögen auf maschinenlesbare Datenträger erfolgte schon während der laufenden Aktion, so daß direkt nach Abschluß der Erhebung mit der Prüfung und, wo notwendig, der Korrektur des Datenmaterials begonnen werden konnte. Geprüft wurde auf Fehler erster Ordnung, d. h. ob der gelochte Wert in den definierten Wertebereich eines jeweiligen Merkmals fällt – hiermit werden Fehler entdeckt, die bei der Verarbeitung der Fragebögen (Kodieren, Lochen) entstanden sein können – sowie auf Fehler zweiter Ordnung, d. h. ob sich logisch ausschließende Merkmalskombinationen auftreten, die sowohl durch fehlerhafte Kodierung oder Lochung als auch durch nachlässiges Ausfüllen der Fragebögen seitens der Auskunftsperson hervorgerufen sein können.

Der einzelne, pro Auskunftsperson erhobene Datensatz umfaßt ca. 300 Merkmale, die sich auf 6 Lochkarten verteilen. Der Gesamtumfang des Projekts beträgt bei einer Grundgesamtheit von annähernd 3200 Datensätzen nahezu 20000 Lochkarten oder etwa 1,6 Millionen Informationen (Lochkarte à 80 Spalten).

Die Verarbeitung des Datenmaterials (Prüfung, Korrektur, Verwaltung, statistische Auswertung) erfolgte mit Hilfe eines am Institut für Soziologie entwickelten Programmsystems zur Analyse sozialwissenschaftlicher Daten. Dieses Programm, das speziell auf die Technik der Univac 1108 – und 1106 – Großrechenanlage des Rechenzentrums der Universität Karlsruhe zugeschnitten ist, bietet wegen der im Datenspeicherungsteil weitgehend optimal genützten Hardware-Möglichkeiten der Anlage (Assemblerprogrammierung) einen sehr guten Komfort bei der Handhabung vor allem großer Datenmengen, insbesondere bei der Indexbildung und mehrdimensionalen Analyse des Datenmaterials.

Die Darstellung der Ergebnisse aus der Zusammenhangsanalyse erfolgt an einfachen, zweidimensionalen Kontingenztabellen, die jedoch bei Bedarf mehrdimensional vorgesplittet wurden, um dem Leser die Möglichkeit zu geben, die beschriebenen Befunde durch Betrachtung der Gesamttabelle nachvollziehen zu können.

Die einzelnen Merkmalszusammenhänge wurden auf ihre Signifikanz getestet, d. h. inwieweit der beobachtete Zusammenhang nicht als zufallsbedingt zu betrachten ist.

Die Stärke des Zusammenhanges ist gekennzeichnet durch den Kontingenzkoeffizienten (Abkürzung: CK), der Werte zwischen 0 und 1 annehmen kann[146]. Bei ausreichendem Skalenniveau der Merkmalsausprägungen (mindestens Ordinalskalenniveau) wird zusätzlich der PEARSONsche Korrelationskoeffizient ausgewiesen (Abkürzung: R), der Werte zwischen −1 und +1 annehmen kann und als Maß für die Linearität eines Zusammenhanges zu werten ist[147].

---

[146] Es handelt sich hier um den in Abhängigkeit von der Tabellenform auf 1 normierten Kontingenzkoeffizienten.

[147] Vgl. zu den verwendeten statistischen Verfahren: CLAUSS, G./EBNER, H.: Grundlagen der Statistik für Psychologen, Pädagogen und Soziologen. Frankfurt/M. und Zürich 1972.
NEURATH, P.: Statistik für Sozialwissenschaftler. Stuttgart 1966.

Zur Erläuterung der im Ergebnisteil verwendeten Darstellungsform der Merkmalszusammenhänge ist nachfolgend eine einfache Mustertabelle aufgeführt, deren Aufbau kurz beschrieben werden soll:

Mustertabelle
Ausstattung mit Sporthallen in Vereinen mit einer und mehreren Abteilungen.

Ausstattung mit Sporthallen	Anzahl der Vereine abs. %	Abteilungszahl eine Abteilung %	mehrere Abteilungen %
ausreichend	1075 = 53%	62 (+9)	49 (−4)
nicht ausreichend	967 = 47%	38 (−9)	51 (+4)
Vereine zusammen	2042 = 100%	100% = 628	100% = 1414
In Klammern Abweichungen vom entsprechenden Randprozentwert		$G=2042; X^2=28$ $W(X^2) = 100\%$ $R=+0,12; CK=0,17$	

Quelle: Funktionsträgerstichprobe

Die Tabelle zeigt den Zusammenhang zwischen der Anzahl der Abteilungen im Verein und der Ausstattung mit Sporthallen und bezieht sich nur auf diejenigen Vereine, die Sporthallen für den Übungsbetrieb benötigen.

In der Waagerechten finden sich die Ausprägungen des Merkmals ‚Abteilungszahl', wobei den Vereinen mit nur einer Abteilung (Einspartenvereine) zusammengefaßt diejenigen Vereine gegenübergestellt sind, die mehr als eine Abteilung aufweisen. Die Senkrechte weist die Ausprägungen des Merkmals ‚Ausstattung mit Sporthallen' aus, wobei zwischen den Vereinen, denen in ausreichendem Maße Sporthallen zur Verfügung stehen und denjenigen, die in nicht genügender Weise über Sporthallen verfügen, unterschieden wird.

Die Tabelle umfaßt 2042 Sportvereine, die sich folgendermaßen auf die Kategorien der Ausgangsmerkmale verteilen:

ausreichend Sporthallen zur Verfügung	1075 = 53%	eine Abteilung	628
nicht ausreichend Sporthallen zur Verfügung	967 = 47%	mehrere Abteilungen	1414
	2042 = 100%		2042

Die Prozentangaben in den inneren (stark umrandeten) Tabellenfeldern drücken nun aus, welcher Anteil der Vereine mit nur einer Abteilung in ausreichendem Maße (62%) bzw. in nicht ausreichendem Maße (38%) über Sporthallen verfügt. Desgleichen für Vereine mit mehreren Abteilungen (49% ausreichend, 51% nicht ausreichend).

Um darzustellen, um wieviel die Besetzung eines Tabellenfeldes von der *durchschnittlichen* Besetzung der Merkmalskategorie abweicht (also vom linken Randprozentwert), wird diese Abweichung vom entsprechenden Randprozentwert in Klammern unterhalb der jeweiligen Feldbesetzung angegeben. Ist der Tabellenwert größer als der entsprechende Randprozentwert, so ist die Abweichung positiv, ist der Tabellenwert kleiner, negativ.

Im vorliegenden Beispiel beträgt der durchschnittliche Anteil an Vereinen, die in ausreichendem Maße Sporthallen zur Verfügung haben, 53%. Innerhalb der Vereine mit nur einer Abteilung ist dieser Anteil jedoch 62%, d.h. um den in Klammern ausgewiesenen Wert von +9 Prozent höher als der durchschnittliche Wert.

Aus der Vorzeichenverteilung innerhalb der Tabelle läßt sich somit sofort die Richtung des Zusammenhanges zwischen zwei Merkmalen erkennen: Einspartenvereine haben weniger häufig Engpässe bei der Benutzung von Sporthallen als Vereine mit mehreren Abteilungen.

Die unterste Zeile der Tabelle enthält die statistischen Werte über Sicherheit und Stärke des Zusammenhanges. Es bedeuten dabei:

$G = 2042$ Die Grundgesamtheit der Tabelle beträgt 2042 Vereine.

$X^2 = 28$ Anhand des Chi-Quadrat-Testverfahrens ermittelter Wert, aus dem sich, unter Berücksichtigung des Freiheitsgrades der Tabelle, das Signifikanzniveau des Zusammenhanges bestimmt.

$W(X^2) = 100\%$ Erwartungswahrscheinlichkeit oder Signifikanzniveau. Gibt Auskunft, mit welcher Wahrscheinlichkeit ein nicht zufälliges Zustandekommen der Korrelation angenommen werden darf.

$R = +0,12$ PEARSONscher Korrelationskoeffizient. Gibt Auskunft über Stärke und Linearität des Zusammenhanges zwischen beiden Merkmalen.

$CK = 0,17$ Kontingenzkoeffizient. Gibt Auskunft über die allgemeine Stärke des Zusammenhanges zwischen beiden Merkmalen.

Teil B

Ergebnisdarstellung

5. Struktur und Entwicklung des Sportvereinswesens in der Bundesrepublik Deutschland

45 518 Sportvereine in der Bundesrepublik Deutschland und West-Berlin weist die Bestandserhebung des Deutschen Sportbundes[148] 1976 aus. Eine Zahl, die die Verantwortlichen des DSB, aber auch viele Politiker, dazu veranlaßt, immer wieder auf die Bedeutung des Sportvereins *als dem zentralen Träger* der organisierten Sportaktivität in unserem Lande hinzuweisen.

Der hierbei häufig verwendete Terminus „der Deutsche Turn- und Sportverein" kann keineswegs über die Heterogenität dieses organisatorischen Großgebildes hinwegtäuschen, das eine Vielzahl von Interessen und Gruppierungen in den unterschiedlichsten Organisationsstrukturen vereinigt.

Einige allgemeine Daten sollen zunächst die Vielgestaltigkeit der Sportvereinsszene verdeutlichen.

Die Skala reicht von Kleinstvereinen mit weniger als 25 Mitgliedern (ca. 3%)[149] bis zu Organisationen mit nahezu großindustriellen Ausmaßen von über 10 000 Mitgliedern[150]. Über die Hälfte aller Vereine hat weniger als 200 Mitglieder, während die Gruppe der „Großen" (>1000 Mitglieder) mit etwa 5% zumindest zahlenmäßig noch relativ klein erscheint.

Der überwiegende Teil der Vereine (53%) bietet nur eine Sportart an, während auf der anderen Seite die Angebotsvielfalt gelegentlich 20 und mehr Sportarten umfaßt.

Gegründet auf die Tradition des deutschen Vereinswesens, erweist sich der Sportverein im wesentlichen noch immer als eine Domäne des männlichen Geschlechts. Gegenüber einem etwa ausgewogenen Verhältnis von Männern und Frauen in der Gesamtbevölkerung (48% : 52%)[151] sind die Frauen mit weniger als einem Drittel (31%) unter den Vereinsmitgliedern gegenüber den Männern (69%) noch immer erheblich unterrepräsentiert[152].

Zu diesem Mißverhältnis[153] tragen in erster Linie die zahlreichen Fußballvereine und -abteilungen bei, die gemeinsam mit den Box- und Schwerathletikvereinen den niedrigsten Frauenanteil aller Sportarten aufweisen (ca. 5%). Gemessen an der Zahl der Vereine, die Fußball als Sportart anbieten (43% aller Vereine), ist Fußball die weitverbreitetste Sportart in unserem Land[154]. Dieses zahlenmäßige Gewicht der Fußballvereine und -abteilungen ist

---

[148] Vgl. DEUTSCHER SPORTBUND (Hrsg.): Bestandserhebung 1976 des Deutschen Sportbundes. Frankfurt/M. 1976.
[149] Alle in Klammern ausgewiesenen Prozentangaben innerhalb des Textes dieser Arbeit entstammen der Funktionsträgerstichprobe.
[150] Es handelt sich hierbei um den SSV Ulm, der als erster deutscher Großverein die „Schallmauer" von 10 000 Vereinsmitgliedern erreichte.
[151] Vgl. STATISTISCHES BUNDESAMT (Hrsg.): Statistisches Jahrbuch 1975. Stuttgart und Mainz 1975.
[152] Vgl. DEUTSCHER SPORTBUND (Hrsg.): Jahrbuch des Sports 1975/76. Frankfurt/M. 1975.
[153] Daß dieses Mißverhältnis im Begriff ist, langsam abgebaut zu werden, zeigen Vergleichsdaten aus früheren Jahren, als die Relation männlich/weiblich noch ungünstiger ausfiel (z.B. 1970: 73% männliche, 27% weibliche Mitglieder). Diese Entwicklung vollzieht sich keineswegs unabhängig von der Sportart und der sozialen Schichtung der Mitglieder (vgl. hierzu SCHLAGENHAUF, K.: Sportvereine in der Bundesrepublik Deutschland – Teil I: a.a.O., 150–159).
[154] Von den Vereinen, die Fußball als Sportart anbieten (43%), sind etwa ein Drittel reine Fußballvereine, d.h. fast 15% aller Sportvereine in der Bundesrepublik sind Einzweck-Fußballvereine.

darüber hinaus auch für den relativ niedrigen Anteil an regelmäßig aktiv Sporttreibenden innerhalb der Gesamtmitgliederzahl des DSB (durchschnittlich 49%) mit verantwortlich; gemeinsam mit Radsport, Rudern, Schießen und Gewichtheben rangiert Fußball mit einem Aktivenanteil von nur 33%[155] am Ende der Skala der von uns einbezogenen Sportarten[156].

Die wenigen angeführten Daten zur Struktur des Sportvereinswesens, die an anderer Stelle ausführlicher behandelt werden, zeigen schon, wie inhomogen sich die Sportvereinsszene darstellt und welche Bedeutung deshalb einer Strukturanalyse in diesem Bereich zukommt.

5.1 DER SPORTVEREIN IM KONTEXT DER ALLGEMEINEN ENTWICKLUNG DER SPORTNACHFRAGE

Die rapide Aufwärtsentwicklung der Sportnachfrage in den letzten Jahren konnte in den bestehenden Organisationsstrukturen nur deshalb so reibungslos aufgefangen werden, weil neben den Anstrengungen der Vereine zusätzlich von seiten der Dachorganisation und der Öffentlichen Hand strukturverbessernde Maßnahmen im Bereich der Sportanlagen und der Betreuung (Übungsleiter) eingeleitet wurden.

Um die angesichts des anhaltenden Nachfragezuwachses auch weiterhin notwendigen Maßnahmen zur Unterstützung der Vereine anforderungsgerecht gestalten zu können, sind detaillierte Kenntnisse der Situation und der Probleme der Vereine unabdingbar.

Das bisher nur unzureichende Vorhandensein solcher Informationen zeigt sich immer wieder in Äußerungen und Stellungnahmen von offizieller Seite zur Problemsituation des Vereins, in denen der Mangel an verläßlichem Datenmaterial durch überwiegend spekulative Aussagen ersetzt werden muß.

Dieses Informationsdefizit zumindest in einigen Bereichen zu beseitigen, ist die Aufgabe der sich anschließenden Analyse struktureller Zusammenhänge im Bereich des Sportvereinswesens. Die Darstellung der Ergebnisse erfolgt anhand ausgewählter Problemkreise, die in erster Linie nach Unterschieden bezüglich der *drei wichtigsten* Hauptvariablen analysiert werden:
1. nach den unterschiedlichen Vereinsarten, wie sie auf Seite 38–40 beschrieben sind,
2. nach dem Einfluß der einzelnen Sportarten,
3. nach dem Einfluß der Gemeindegröße.

Zusätzlich werden in den Problembereichen, die diesbezüglich relevante Unterschiede aufweisen, auch regionale Differenzierungen (nach Landessportbünden) ausgewiesen.

5.1.1 Der Sportverein als zentraler Träger der Sportaktivität

Betrachten wir die Gesamtheit der Sporttreibenden in der Bundesrepublik, so hat das Schlagwort vom „Sportverein als dem zentralen Träger der Sportaktivität" durchaus seine Berechtigung. Obwohl in den letzten Jahren aufgrund der großangelegten Werbekampagnen für den Breitensport (Trimm-Dich-Aktion etc.) die Zahl derjenigen Personen, die sich außerhalb von Sportorganisationen „trimmen", stark zugenommen hat, ist immer noch beinahe die Hälfte aller Sporttreibenden in Vereinen aktiv[157]. Berücksichtigt man, daß es sich

---

[155] Der hier ermittelte Aktivenanteil bestimmt sich aus denjenigen Mitgliedern, die mindestens einmal in der Woche im Verein Sport treiben. Dies stellt ein relativ hartes Kriterium dar und liefert deshalb im Verhältnis zu anderen Untersuchungen relativ hohe Anteile an „passiven" Mitgliedern.
[156] Vgl. Anhang *Tabelle 2*, Durchschnittlicher Anteil sportlich aktiver Mitglieder in Einzweckvereinen, gegliedert nach Sportarten.
[157] Vgl. SCHLAGENHAUF, K.: Sportvereine in der Bundesrepublik Deutschland – Teil I, a.a.O., 206.

bei dem nicht im Verein betriebenen Sport in der Hauptsache um eher unregelmäßige Freizeitaktivitäten wie z. B. Radfahren, Schwimmen und Wandern handelt, so verdeutlicht sich das Gewicht der Vereinsorganisation für den anlagen-, geräte- und betreuungsabhängigen Sport[158].

Nachdem die auf Wettkampfsport gerichtete Aktivität ohnehin an die Mitgliedschaft in einem Sportverein gebunden ist, stellt auch der kommerziell organisierte Sport, entgegen häufig geäußerten Vermutungen, gegenwärtig noch keine zählbare Einschränkung der quasi Monopolstellung des Sportvereins in unserem Land dar[159].

In seiner Eigenschaft als Organisation kann der Sportverein nun nicht, wie in der traditionellen Betrachtungsweise der klassischen Organisationstheorie (Scientific Management, Human Relations, WEBERs Bürokratiemodell), als abgeschlossene Einheit angesehen werden, sondern er unterliegt, wie dies in allen, dem Systemgedanken verhafteten Ansätzen beschrieben wird, auch den Einflüssen der Umwelt in bezug auf seine Zielsetzung, Leistungserstellung und Struktur. Die Merkmale der Umwelt und des Entwicklungsprozesses zählen in der Literatur zum Bereich des Kontextes einer Organisation. Dieser Begriff erfreut sich allerdings keiner einheitlichen Anwendung. Er reicht von sehr allgemein gehaltenen Aussagen, wie „externe Größen einer Organisation"[160], bis zu relativ exakten Interpretationen, wie die von PUGH und HICKSON[161], nach deren Definition jedoch auch die Größe der Organisation oder die Fertigungstechnologie eines Industriebetriebes zu den Merkmalen des Kontextes organisatorischer Strukturen rechnet.

Für den Sportverein als Organisation sind die Gegebenheiten und Entwicklungen seiner Umwelt von keineswegs geringerer Bedeutung als für irgendeinen Industriebetrieb. Seine geographische Lage, seine Einbettung in spezielle Siedlungs- und Bevölkerungsstrukturen sowie seine historische Entwicklung haben z. B. zweifellos gewichtigen Einfluß auf die Zusammensetzung seiner Mitglieder wie auch das spezifische „Leistungsangebot" des Vereins. Ebenso wesentlich sind solche gesamtgesellschaftlichen Entwicklungstendenzen wie etwa der plötzlich entstandene Trend zu körperlicher Aktivität und das wachsende Gesundheitsbewußtsein in der Bevölkerung, wodurch sich der Verein einem ständig steigenden Nachfragedruck ausgesetzt sieht.

Im folgenden Abschnitt soll nun die Veränderung der Nachfragesituation im Bereich des DSB innerhalb der letzten 10 Jahre dargestellt werden, die für die heutige Struktur des Vereinswesens, die im weiteren Verlauf der Arbeit aufgezeigt wird, mit verantwortlich zeichnet.

5.1.2 Entwicklungstendenzen im deutschen Sport nach 1965

Die schon seit 1954 stetig steigenden Mitgliederzahlen des Deutschen Sportbundes hatten sich seit 1965 bis zum Zeitpunkt der vorliegenden Erhebung (1975) auf 13 449 905 nahezu verdoppelt[162].

---

[158] Vgl. SCHLAGENHAUF, K.: Sportvereine in der Bundesrepublik Deutschland – Teil I, a. a. O., 63.
[159] Ebenda, 67–68.
[160] KIESER, A.: Zur wissenschaftlichen Begründbarkeit von Organisationsstrukturen. In: Zeitschrift für Organisation 40 (1971), 244.
[161] Darstellung des Konzeptes für empirische Grundlagenforschung der Aston-Gruppe um PUGH, HICKSON u.a.: In: KUBICEK, H./WOLLNIK, M.: Zur Notwendigkeit empirischer Grundlagenforschung in der Organisationstheorie. In: Zeitschrift für Organisation 44 (1975).
[162] Vgl. DSB (Hrsg.): Jahrbuch des Sports 1975/76. Frankfurt 1975, 33.

Diese häufig als zu hoch angesehene Mitgliederzahl ist, wie SCHLAGENHAUF nachweisen konnte[163], deshalb ungefähr zutreffend, weil sich die enthaltenen Doppelmitgliedschaften mit den aus beitragspolitischen Gründen von den Vereinen nicht gemeldeten Mitgliedern in etwa die Waage halten. Diese „Unterschlagung" von Mitgliedern der Vereine resultiert aus der Überlegung, daß für ältere, sportlich nicht mehr aktive Mitglieder der Verlust des Versicherungsschutzes, der mit der Nichtangabe und somit Einbehaltung des Verbandsbeitrages dieser Mitglieder verbunden ist, für diese Personen praktisch keine Konsequenzen hat.

Auf nahezu den gleichen Mitgliederbestand des DSB kommen wir, wenn wir die aus der vorliegenden Stichprobe ermittelte durchschnittliche Mitgliederzahl pro Verein (300) mit der Anzahl der 1975 gemeldeten Vereine multiplizieren[164].

5.1.2.1 Alters- und geschlechtsspezifische Entwicklungen

Den relativ stärksten Anteil an der Entwicklung der Sportnachfrage hatten die Frauen, deren Zuwachsrate innerhalb des DSB im Zeitraum von 1965–1976 etwa zweieinhalbmal so hoch war (176%) wie diejenige der Männer[165]. Trotz allem bleiben die Frauen mit ca. einem Drittel innerhalb der Mitgliederschaft des Deutschen Sportbundes noch immer erheblich unterrepräsentiert[166].

Das Bild vom Sport als einer Domäne der Jugend erweist sich beim Vergleich von Gesamtbevölkerung und Sportvereinsmitgliedern nach Altersklassen als durchaus richtig, bedarf jedoch einer einschränkenden Spezifizierung (vgl. *Tabelle 5*, Seite 56).

Zwar sind insgesamt die Jugendlichen und Nachwuchsjahrgänge (−21 Jahre) innerhalb der Mitgliederschaft des DSB überrepräsentiert, jedoch *sinkt* innerhalb der Jugendlichen mit zunehmendem Alter die überproportionale Beteiligung, bis sie bei den 19–21jährigen nahezu dem Anteil dieser Altersklasse an der Gesamtbevölkerung entspricht.

Die Entwicklungstendenz zeigt jedoch, daß sich die hohen Zuwachsraten der letzten Jahre, vor allem in der jüngsten Altersklasse bis 14 Jahre (152% seit 1965)[167], nicht in gleichem Maße in den nachfolgenden Alterskategorien fortsetzen; am deutlichsten bleibt die ohnehin schon schwach vertretene Altersgruppe der 19–21jährigen zurück (44% Zuwachs seit 1965)[168]. Dies bedeutet aber, daß es dem Sport trotz seines ständig steigenden Stellenwertes innerhalb der Freizeit nur teilweise gelungen ist, sich vor allem bei der Jugend und dem Nachwuchs als *stabiles* Freizeitverhaltensmuster zu etablieren, denn andernfalls müßte sich das starke Interesse in der jüngsten Altersgruppe bis 14 Jahre deutlich auf die Entwicklung in den nachfolgenden Altersklassen auswirken. Es ist jedoch lediglich im Bereich der 14–18jährigen in den letzten Jahren ein Trend in dieser Richtung zu beobachten, der anschließend wieder abflaut und sich erst nach dem 21. Lebensjahr zu stabilisieren beginnt[169].

---

[163] Vgl. SCHLAGENHAUF, K.: Sportvereine in der Bundesrepublik Deutschland – Teil I, a.a.O., 45–48.
[164] Vgl. Anhang *Tabelle 3*, Relative Häufigkeit und durchschnittliche Mitgliederzahlen der einzelnen Vereinsarten.
[165] Vgl. Anhang *Tabelle 4*, Mitglieder- und Vereinsentwicklung des Deutschen Sportbundes von 1965–1976 nach Altersklassen und Geschlecht.
[166] Vgl. DSB (Hrsg.): Bestandserhebung 1976 des DEUTSCHEN SPORTBUNDES. Frankfurt/M. 1976.
[167] Vgl. Anhang *Tabelle 4*, Mitglieder- und Vereinsentwicklung des Deutschen Sportbundes von 1965–1976 nach Altersklassen und Geschlecht.
[168] Vgl. Anhang *Tabelle 4*, Mitglieder- und Vereinsentwicklung des Deutschen Sportbundes von 1965–1976 nach Altersklassen und Geschlecht.
[169] Ebenda.

Tabelle 5   Verteilung der Gesamtbevölkerung und Sportvereinsmitglieder nach Altersklassen.

	Altersklasse [170]				
	bis 14 Jahre	bis 18 Jahre	bis 21 Jahre	über 21 Jahre	insgesamt
Mitglieder des Deutschen Sportbundes 1975	27 %	12 %	7 %	54 %	100 %
Altersverteilung in der Bundesrepublik 1975	20 %[171]	7 %	5 %	68 %[172]	100 %

Quelle:
– Bestandserhebung 1975 des Deutschen Sportbundes
– Statistisches Jahrbuch 1976 der Bundesrepublik Deutschland

Diese Schwankungen in der Sportaktivität wie auch der Vereinsbindung sind ein deutlicher Hinweis darauf, daß es sich beim Sport um ein Freizeitfeld handelt, dessen Attraktivität in weiten Bereichen sozial determiniert ist, und das hierbei in ständiger Konkurrenz zu anderen Freizeitverhaltensmustern steht. Entscheidend für die tatsächliche Ausprägung sportlicher Aktivität ist die Präferenzfunktion des Individuums, die in Abhängigkeit von bestimmten Lebenszyklen[173] (z. B. Ausbildungs-, Familiengründungs-, Konsolidierungsphase) sportliche Aktivität unterschiedlich hoch bewertet.

Die Kategorienbildung des DSB bei der Erfassung seiner Mitglieder nach Altersgruppen erscheint zur weiteren Verfolgung dieses Phänomens weniger geeignet, da hier nach dem 21. Lebensjahr keine Unterscheidung mehr getroffen wird.

Die Ergebnisse unserer Untersuchungen unter Mitgliedern von Sportvereinen und Kontrollgruppen zeigen, daß zwischen dem 21. und 25. bis hin zum 30. Lebensjahr bedeutende entwicklungsbedingte Umorientierungen in Richtung Familie und Beruf zum Tragen kommen[174]. Erst anschließend erfolgt eine erneute Hinwendung zu sportlicher Aktivität. In diesem Entwicklungsprozeß sind auch die relativ stabilen Zuwachsraten der über 21jährigen Mitglieder des Deutschen Sportbundes begründet[175].

---

[170] Die Abgrenzung der Altersklassen differiert zwischen den beiden Quellen geringfügig, da bei der altersmäßigen Erfassung der Mitglieder des DSB keine absolut eindeutige Zuordnung möglich ist (−14/14−18/18−21/über 21 Jahre).

[171] Den Mitgliederzahlen des DSB (−14 Jahre) wurden die Bevölkerungszahlen der Jugendlichen zwischen 5 und 14 Jahren gegenübergestellt, da davon ausgegangen werden kann, daß diejenigen Kinder unter 5 Jahren, die in Sportvereinen Mitglied sind, zahlenmäßig wenig ins Gewicht fallen (maximal 1−2 Prozent).

[172] Hierbei wurden lediglich Personen bis einschließlich dem 65. Lebensjahr berücksichtigt (vgl. Statistisches Jahrbuch 1976). Durch die Einschränkung in der Bevölkerungsverteilung auf die über 5- bis 65-Jährigen können die entsprechenden Vergleichszahlen geringfügig zu niedrig sein, was jedoch keineswegs den deutlichen Trend beeinflußt.

[173] Vgl. SCHEUCH, K.: Soziologie der Freizeit. In: KÖNIG, R. (Hrsg.): Handbuch der empirischen Sozialforschung, Bd. II, Stuttgart 1969, 768 f.

[174] Vgl. SCHLAGENHAUF, K.: Sportvereine in der Bundesrepublik Deutschland – Teil I, a. a. O., 139 ff.

[175] Vgl. Anhang Tabelle 4, Mitglieder- und Vereinsentwicklung des Deutschen Sportbundes von 1965−1976 nach Altersklassen und Geschlecht.

5.1.2.2 Vereins-, sportartenspezifische und regionale Entwicklungen

Während, wie aufgezeigt, die Mitgliederzahlen des DSB in den letzten Jahren rapide angestiegen sind (92% seit 1965)[176], war der Zuwachs an neugegründeten Vereinen vergleichsweise gering (32% seit 1965). Dieser Umstand machte die Integration des größten Teils der neu gewonnenen Mitglieder in schon vorhandene Organisationen notwendig[177]. Für den Zeitraum der letzten 3 Jahre bedeutete dies für beinahe ein Drittel der Vereine starken Mitgliederzuwachs, während nur ganz wenige Vereine (ca. 4%) von einem Mitgliederschwund berichteten.

Tabelle 7 Mitgliederentwicklung in den einzelnen Vereinsarten von 1972–1975.

Mitglieder-entwicklung [178]	Anzahl der Vereine	Vereinsart[179]							
	abs. %	I %	II %	III %	IV %	V %	VI %	VII %	VIII %
stark zugenommen	958 = 31 %	48 (+17)	45 (+14)	43 (+12)	25 (-6)	29 (-2)	17 (-14)	55 (+24)	46 (+15)
zugenommen	1238 = 40 %	36 (-4)	39 (-1)	37 (-3)	31 (-9)	44 (+4)	41 (+1)	27 (-13)	32 (-8)
gleich geblieben	797 = 25 %	12 (-13)	13 (-12)	18 (-7)	37 (+12)	25 (0)	35 (+10)	16 (-9)	20 (-5)
abgenommen	120 = 4 %	4 (0)	3 (-1)	2 (-2)	7 (+3)	2 (-2)	7 (+3)	2 (-2)	2 (-2)
Vereine zusammen	3113 = 100 %	100 % = 52	100 % = 100	100 % = 655	100 % = 93	100 % = 1020	100 % = 912	100 % = 51	100 % = 230

In Klammern Abweichungen vom entsprechenden Randprozentwert

$G = 3113; X^2 = 256; W(X^2) = 100 \%; CK = 0,32$

Quelle: Funktionsträgerstichprobe
Vereinsart: I   – Groß/hauptamtlich
              II   – Groß/ehrenamtlich
              III – Mittel/einspartig
              IV   – Mittel/mehrspartig (ohne Prestigesportarten)
              V   – Klein/mehrspartig
              VI   – Klein/einspartig (ohne Prestigesportarten)
              VII – Mittel/einspartig (nur Prestigesportarten)
              VIII – Klein/einspartig (nur Prestigesportarten)

---

[176] Vgl. Anhang *Tabelle 4*, Mitglieder- und Vereinsentwicklung des Deutschen Sportbundes von 1965–1976 nach Altersklassen und Geschlecht.
[177] Dies zeigt sich deutlich in steigenden durchschnittlichen Mitgliederzahlen der Vereine. Die Aufgliederung nach Landessportbünden unterstreicht den Trend zu größeren Vereinsorganisationen in großstädtischen Räumen wie Hamburg oder Bremen. In Berlin ist jedoch aufgrund seiner spezifischen Vereinsstruktur mit einerseits vielen Großvereinen, andererseits vielen Kleinvereinen die durchschnittliche Mitgliederzahl eines Vereins für eine Großstadt untypisch niedrig.
Vgl. Anhang *Tabelle 6*, Entwicklung der durchschnittlichen Mitgliederzahlen pro Verein nach Landessportbünden (1957, 1965, 1976).
[178] Die Aussagen zur Mitgliederentwicklung basieren auf einer Selbsteinschätzung durch die Vereine (vgl. Fragebogen im Anhang, Frage A 12).
[179] Erklärung der Variablen ‚Vereinsart' siehe Seite 38–40.

Aufgrund unterschiedlicher Angebotsstrukturen und nicht zuletzt wegen begrenzter Anlagenpotentiale erscheinen selbstverständlich nicht alle Vereinsarten in gleicher Weise geeignet und bereit, den neu entstandenen Nachfrageüberhang aufzufangen.

Die stärksten Mitgliederzunahmen sind bei den Mittel- und Großvereinen mit mehreren Abteilungen zu beobachten, die eben aufgrund der Vielfalt ihres Angebots der sehr heterogenen Nachfrage am weitesten entgegenkommen; daneben aber auch bei Einspartenvereinen in sozial attraktiven Sportarten wie z. B. Reiten und Tennis. Den geringsten Anteil an dieser Entwicklung haben die Einspartenvereine in Sportarten, die, um ein Schlagwort zu verwenden, heute nicht mehr so „en vogue" sind.

Das eindeutige Stiefkind der Sportwelle ist Boxen mit einer Abnahme an Mitgliedern von 6% seit 1965. Ähnlich geringen Zuspruch fanden auch die Sportarten[180]:

- Rugby   − 3%   (Abnahme seit 1965)
- Rudern   +13%   (Zuwachs seit 1965)
- Rollsport   +15%
- Radsport   +16%
- Hockey   +23%
- Leichtathletik +28%

Zu den „beliebtesten" Sportarten innerhalb des Sportbooms der letzten Jahre zählen in erster Linie[181]

- Volleyball   +2433%   (Zuwachs seit 1965)
- Judo   + 466%
- Tennis   + 239%
- Segeln   + 238%

Es gilt zu berücksichtigen, daß derart astronomische Zuwachsraten wie bei Volleyball natürlich nur in solchen Sportarten möglich sind, die von einem außerordentlich niedrigen Mitgliederbestand ausgehen.

Bemerkenswert ist jedoch, daß der oben schon dargestellte Aufschwung des Frauensports sich nahezu in allen Sportarten wiederfindet. Mit Ausnahme von Eissport und Fechten überwiegt in den übrigen Sportarten, wenn auch in unterschiedlichem Maße, der relative Zuwachs an weiblichen Mitgliedern denjenigen der Männer[182].

Die vorab kritischen Anmerkungen zu den allgemein altersspezifischen Entwicklungstendenzen (vgl. S. 55) erlangen, betrachtet man die einzelnen Sportarten, zusätzliche Bedeutung. Trotz der insgesamt positiven Entwicklung (44% Zuwachs seit 1965) der Altersgruppe zwischen 18 und 21 Jahren, verzeichnen 9 der 25 ausgewiesenen Sportarten (36%) rückläufige Mitgliederzahlen innerhalb dieser Altersgruppe[183]; ein Hinweis darauf, daß außer dem Einfluß konkurrierender Freizeitaktivitäten und Bedingungen der allgemeinen Lebenssituation zusätzlich ebenfalls sozial determinierte Einflußfaktoren, wie z. B. Modetrends, die spezifische Ausrichtung des Individuums beeinflussen und somit die Vorhersage langfristiger Entwicklungen erschweren.

Während es jederzeit einsichtig erscheint, daß sich je nach sozialer Attraktivität einer Sportart unterschiedliche Entwicklungen abzeichnen, gibt es zunächst kaum Anlaß, angesichts

---

[180] Vgl. Anhang *Tabelle 8*, Mitgliederzuwachs in den einzelnen Sportarten von 1965−1976 nach Alter und Geschlecht.
[181] Ebenda.
[182] Vgl. Anhang *Tabelle 8*, Mitgliederzuwachs in den einzelnen Sportarten von 1965−1976 nach Alter und Geschlecht.
[183] Ebenda.

des gesamtgesellschaftlichen Trends zu sportlicher Aktivität, bedeutende regionale Abweichungen in der Entwicklung der Sportnachfrage zu vermuten. Es zeigen sich jedoch zum Teil erhebliche Unterschiede zwischen den einzelnen Landessportbünden.

Schaubild 4   Mitgliederentwicklung der Landessportbünde von 1965—1976[184].

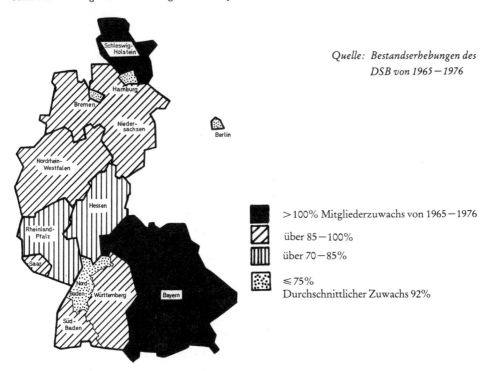

Die niedrigsten Zuwachsraten verzeichnen die Stadtstaaten Hamburg, Bremen und Berlin sowie der Landesverband Nordbaden, während Schleswig-Holstein mit 140% und Bayern mit 126% Zuwachs sich deutlich von den übrigen Landesverbänden abheben.

Die regional unterschiedlichen Entwicklungen sind nun nicht durch den Einfluß *einer* bestimmten Variablen zu erklären, sondern sind in erster Linie das Ergebnis verschiedener struktureller Gegebenheiten.

Im Falle der Verbände Hamburg, Bremen und Berlin spielt die relative Überalterung dieser Gebiete eine wesentliche Rolle. Ihr Anteil an Jugendlichen bis 18 Jahre (aber auch an der daraufffolgenden Kategorie bis 21 Jahre) liegt zum Teil wesentlich unter demjenigen innerhalb der Gesamtbevölkerung (20,7% / 24,2% / 18,8% gegenüber 26,2% in der Gesamtbevölkerung)[185]. Gerade diese Altersgruppe ist es aber, die, wie wir gesehen haben (Anhang, *Tabelle 4*), in den letzten Jahren überdurchschnittliche Zuwachsraten in bezug auf Sportvereinsmitgliedschaften zu verzeichnen hatte[186]. Die besondere Altersstruktur in der Bevölkerung von

---

[184] Vgl. Anhang *Tabelle 10*, Mitgliederentwicklung in den Landessportbünden von 1965—1976 (jährliche Zuwachsraten in Prozent).
[185] Vgl. Anhang *Tabelle 11*, Altersstruktur der Bevölkerung (31. 12. 74) in den einzelnen Bundesländern.
[186] Vgl. Anhang *Tabelle 12*, Mitgliederzuwachs in den Landessportbünden von 1965—1976 nach Alter und Geschlecht und Zunahme der Vereine.

Großstädten ist, unabhängig von konkurrierenden Freizeitangeboten oder einer geringeren Bindungsneigung des „Städters", allein schon eine wesentliche Determinante der, auch im ersten Teil dieser Untersuchung festgestellten, geringen Quote an Sportvereinsmitgliedschaften in Städten über 500 000 Einwohner[187].

Resultierend aus diesem strukturbedingten Nachfragedefizit klagen in den Großstädten überdurchschnittlich viele Vereine über stagnierende und sogar rückläufige Mitgliederzahlen, während die Mehrzahl der Vereine in kleineren Gemeinden von zum Teil starken Mitgliederzunahmen berichtet[188]. Auf dieses Ansteigen der Sportaktivität in kleineren Gemeinden sind zumindest zum Teil die hohen Mitgliederzuwachsraten in den Landesverbänden Bayern und Schleswig-Holstein zurückzuführen, da die Verwaltungsstruktur dieser Bundesländer von einem überdurchschnittlich hohen Anteil an Kleinst- und Kleingemeinden geprägt ist[189].

Trotz der sportartenspezifisch unterschiedlichen Entwicklungstendenzen konnte ein signifikanter Einfluß des regionalen Sportartenangebots auf die Mitgliederentwicklung der Landessportverbände ebensowenig festgestellt werden wie eine Einwirkung der organisatorischen Struktur nach Vereinsarten.

Daß die als mögliche Einflußfaktoren auf die Entwicklung der Sportnachfrage genannten Strukturparameter nicht generell ausreichen, hohe Wachstumsraten zu erklären, zeigt das Beispiel des Bundeslandes Rheinland-Pfalz, das bei ähnlichen Voraussetzungen bezüglich der Altersstruktur der Bevölkerung und der Gemeindestruktur wie in Bayern und Schleswig-Holstein, die jeweils hohe Zuwachsraten aufweisen, seit 1965 lediglich ein Mitgliederwachstum von 84% zu verzeichnen hat[190]. Als zusätzliche Einflußgröße sind mögliche bevölkerungsspezifische Unterschiede in der generellen Einstellung zu sportlicher Aktivität sowie Abweichungen in der Sozialstruktur der einzelnen Bundesländer denkbar, die jedoch an dieser Stelle nicht weiter verfolgt werden können.

Geht man davon aus, daß die Sportaktivität und Vereinsmitgliedschaft in allen Regionen der Bundesrepublik die gleiche Ausprägung hat, dann müßte der Anteil eines Landesverbandes an der Gesamtmitgliederzahl des DSB genau dem Bevölkerungsanteil dieses Bundeslandes an der Gesamtbevölkerung der Bundesrepublik entsprechen. Vergleicht man jedoch diese Anteile, so stellt man fest, daß in diesem Zusammenhang deutliche Disproportionen bestehen[191].

Es ergeben sich hieraus:
– Baden-Württemberg
– Hessen
– Rheinland-Pfalz

als diejenigen Landessportbünde mit den höchsten Anteilen an Sportvereinsmitgliedern im Jahre 1965 und

– Nordrhein-Westfalen
– Bayern
– Berlin

---

[187] Vgl. SCHLAGENHAUF, K.: Sportvereine in der Bundesrepublik Deutschland – Teil I, a.a.O., 164.
[188] Vgl. Anhang *Tabelle 13*, Vereine in unterschiedlichen Gemeindegrößenklassen nach ihrer Mitgliederentwicklung von 1972–1975.
[189] In Schleswig-Holstein und Bayern haben jeweils 92% aller Gemeinden bis zu 5 000 Einwohner gegenüber einem Bundesdurchschnitt von 82%.
Vgl. STATISTISCHES BUNDESAMT (Hrsg.): Statistisches Jahrbuch 1976. Wiesbaden 1976, 57.
[190] Vgl. Anhang *Tabelle 10*, Mitgliederentwicklung in den Landessportbünden von 1965–1976 (jährliche Zuwachsraten in Prozent).
[191] Vgl. Anhang *Tabelle 9*, Verteilung der Gesamtbevölkerung und der Mitglieder des Deutschen Sportbundes nach Landessportbünden.

als diejenigen mit dem niedrigsten Anteil. Die Veränderung der Sportnachfrage zwischen 1965 und 1976 hat dazu geführt, die Unterschiede etwas auszugleichen; dies gilt vor allem für Bayern, dessen Defizit erheblich abgebaut werden konnte und Schleswig-Holstein, dessen unterdurchschnittliche Beteiligungsrate sich durch den Mitgliederboom (140% Zuwachs) in eine heute überdurchschnittliche umkehrte. Lediglich in Nordrhein-Westfalen und Berlin sind die deutlich geringeren Mitgliedschaftsquoten in gleichem Maße erhalten geblieben[192].

Nach der Betrachtung der zum Teil erheblichen Unterschiede in der Entwicklung der Sportnachfrage in den einzelnen Altersklassen, Sportarten und Landesverbänden muß zusammenfassend festgestellt werden, daß das Sportvereinswesen keine auch nur annähernd homogene Erscheinung darstellt, die in allen Bereichen unserer Gesellschaft von gleicher Bedeutung und Repräsentanz wäre. Man denke hierbei nur an die häufig untersuchte und viel diskutierte schichtenspezifische Beteiligung in vielen Sportarten, auf die hier nicht näher eingegangen werden kann [193].

Gleichermaßen unterschiedlich verteilt wie das allgemeine Sportverhalten stellt sich jedoch auch die organisatorische Verankerung der sportlichen Aktivität in den Vereinen dar. Die beobachtete sprunghafte Nachfrageentwicklung traf nun gerade den Träger der organisierten Sportaktivität, den Verein, und verlangte eine Umsetzung dieser Entwicklung in eine angepaßte Struktur, deren gegenwärtige Ausprägung das zentrale Thema der nun folgenden Abschnitte darstellt.

5.2 STRUKTUR DES DEUTSCHEN SPORTVEREINSWESENS

5.2.1 Vereinsstrukturen (nach Alter und Größe der Organisation)

Betrachtet man angesichts der sprunghaften Nachfrageentwicklung das Alter und den Entwicklungsprozeß der Sportvereine, so lassen sich historisch gesehen drei bzw. vier entwicklungsgeschichtlich bedeutende Abschnitte erkennen, die zum einen durch die gesellschaftlichen und politischen Auswirkungen der beiden Weltkriege, zum anderen durch das Entstehen eines veränderten Sportbewußtseins Mitte der sechziger Jahre geprägt sind.

Unter den Vereinen, die vor dem ersten Weltkrieg gegründet wurden, befinden sich in erster Linie die traditionellen Turn- und Sportvereine, die sich im Lauf der Jahre zu Organisationen von zum Teil beachtlicher Größe entwickelt haben. Drei Viertel aller heutigen Großvereine und über die Hälfte der mittelgroßen Vereine mit mehreren Abteilungen stammen aus der Zeit vor 1918[194].

Diejenigen Vereine, die zwischen den Weltkriegen entstanden sind, zählen heute vorwiegend zu der Kategorie der mittelgroßen Vereine, während unter den Neugründungen nach 1945 eindeutig die kleinen Vereine mit einer oder mehreren Abteilungen dominieren.

Insgesamt zeichnet sich eine fast lineare Beziehung zwischen Alter und Größe des Vereins ab. Dies verdeutlicht sich schon innerhalb der relativ engen Grenzen einer Vereinsgrößenklasse; zum Beispiel besteht, wenn man lediglich Kleinvereine betrachtet, eine straffe Korrela-

---

[192] Vgl. Anhang *Tabelle 9*, Verteilung der Gesamtbevölkerung und der Mitglieder des Deutschen Sportbundes nach Landessportbünden.
[193] Vgl. hierzu die ausführliche Diskussion in Band I dieser Untersuchung: SCHLAGENHAUF, K.: Sportvereine in der Bundesrepublik Deutschland – Teil I, a.a.O., 150–159.
[194] Vgl. Anhang *Tabelle 14*, Gründungsdatum der Vereine nach Vereinsarten (I–VIII).

tion zwischen Alter und Mitgliederzahl des Vereins. Das bedeutet, daß sich der „einzelne Verein", ebenso wie das gesamte Vereinswesen, in der Vergangenheit in einem stetigen Wachstumsprozeß befand, der in den letzten Jahren noch besonders verstärkt wurde. Die inzwischen rückläufigen Zuwachsraten bei den Jugendlichen, die mit am stärksten für den Mitgliederboom verantwortlich waren[195], deuten jedoch darauf hin, daß in der näheren Zukunft kaum mit einem ebenso sprunghaften Ansteigen der Mitgliederzahlen in den Vereinen zu rechnen ist[196], es sei denn, es gelänge, bisher noch wenig sportlich aktive Bevölkerungskreise, vor allem die unteren sozialen Schichten, vermehrt für den Sport und die Sportvereinsmitgliedschaft als Freizeitverhaltensmuster zu interessieren.

Schaubild 5   Gründungsdatum der Sportvereine in der Bundesrepublik Deutschland.

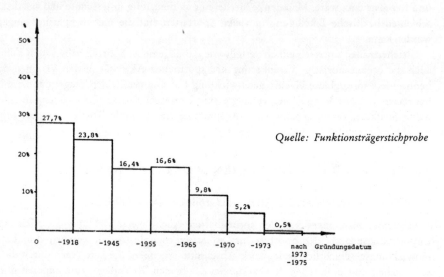

Der allgemeine Entwicklungsprozeß der Sportvereine erfährt nach Gemeindegröße und regionaler Verteilung keine erhebliche Differenzierung; lediglich in Gemeinden zwischen 5000 und 20000 Einwohnern ist eine überdurchschnittliche Anzahl von Vereinsneugründungen nach 1970 zu verzeichnen[197].

Innerhalb der verschiedenen Landessportbünde verfügt Baden-Württemberg insgesamt über die wohl „älteste" Vereinsstruktur, wogegen in Schleswig-Holstein der Anteil relativ junger Vereine (gegründet nach 1956) am höchsten ist. Die meisten Vereinsneugründungen nach 1970, gemessen an der durchschnittlichen Vereinsentwicklung, finden sich jedoch in Bayern und Hamburg[198].

---

[195] Vgl. Anhang *Tabelle 4*, Mitglieder- und Vereinsentwicklung des Deutschen Sportbundes von 1965–1976 nach Altersklassen und Geschlecht.
[196] Die rückläufigen Zuwachsraten bei den jugendlichen Sportvereinsmitgliedern sind mit die Folge der in den letzten Jahren ständig sinkenden Geburtenraten. Die Anzahl der Geburten sank von über 1 Million im Jahre 1965 auf etwa 600000 im Jahre 1975. Vgl. STATISTISCHES BUNDESAMT (Hrsg.): Statistisches Jahrbuch 1976. Wiesbaden 1976, 67.
[197] Vgl. Anhang *Tabelle 15*, Gründungsdatum der Vereine nach Landessportbünden.
[198] Die Werte für Hamburg sind allerdings aufgrund kleiner Feldbesetzungen mit einiger Unsicherheit behaftet.

Unter den neuen Vereinen zeichnet sich deutlich der schon angesprochene Trend zu sozial attraktiven Sportarten ab. Tennis (16%) und Reiten (12%) z. B. machen beinahe ein Drittel der nach 1965 neugegründeten Vereine mit nur einer Sportart aus[199]. Solche speziellen Nachfragearten wie Tennis, Reiten oder Golf können nur unter erheblichen finanziellen Aufwendungen und unter entsprechenden räumlichen und lagemäßigen Voraussetzungen (abgesehen von der Schwierigkeit der Integration schichtenspezifisch unterschiedlicher Gruppen innerhalb einer Organisation) in schon bestehende Vereinsstrukturen aufgenommen werden und erfordern deshalb häufig die Gründung neuer Organisationen. Da die augenblickliche Nachfragetendenz gerade auf solche Sportarten ausgerichtet ist, entstand zwangsläufig innerhalb der jungen Vereine (Vereinsgründung nach 1965) ein Überhang an Einzweckvereinen (69% gegenüber 54% im Durchschnitt).

Gemäß der aufgezeigten Korrelation zwischen Alter und Größe der Organisation hatten von den nach 1965 gegründeten Vereinen zum Zeitpunkt der Erhebung (1975), also nach einem Zeitraum von etwa 10 Jahren[200], noch 90% weniger als 300 Mitglieder.

Schaubild 6   Verteilung der Vereine des Deutschen Sportbundes nach Vereinsgröße.

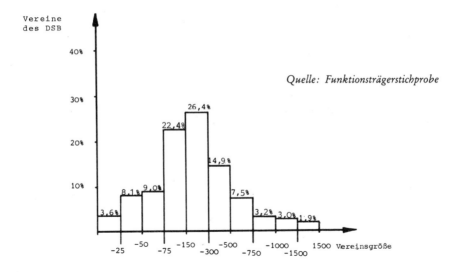

Es erscheint interessant, daß trotz des allgemeinen Trends zur Versachlichung des Mitgliederanspruches und der damit einhergehenden Entwicklung der Sportorganisationen zu eher anonymen Großgebilden ein doch bedeutender Anteil der Vereine aus kleineren, noch

---

[199] Es können hier in bezug auf einzelne Sportarten nur begrenzt Aussagen gemacht werden, da manche Sportarten selbst in einer repräsentativen Stichprobe von über 3000 Vereinen in nur geringer Zahl vertreten sind. Die angeführten Ergebnisse beziehen sich immer auf ausreichende Grundgesamtheiten.
[200] Es ist natürlich zu berücksichtigen, daß lediglich ein Teil dieser Vereine schon annähernd 10 Jahre alt ist. Zwei Drittel sind jedoch wenigstens älter als 5 Jahre.

überschaubaren ‚Sportgemeinschaften'[201] besteht. Fast ein Viertel aller Vereine (21%) hat weniger als 75 Mitglieder und nahezu die Hälfte (44%) lediglich bis zu 150 Mitglieder.

Der Zusammenhang zwischen Vereinsgröße und Größe der Gemeinde macht deutlich, daß die ‚Kleinstvereine' mit weniger als 75 Mitgliedern keineswegs für kleine Gemeinden charakteristisch sind, sondern daß im Gegenteil diese Vereine besonders häufig in Großstädten über 100 000 Einwohner auftreten, wo sie etwa ein Viertel aller Vereine ausmachen (27%)[202].

Es erhebt sich die Frage, ob diese Erscheinung als ein funktionales Gegengewicht zu sozialen Differenzierungsprozessen in den Städten betrachtet werden muß[203], oder ob andere Bestimmungsgründe hierfür verantwortlich zeichnen. Unserer Ansicht nach handelt es sich hierbei jedoch um ein rein statistisches Problem. Unter der Annahme eines linearen Zusammenhanges zwischen der absoluten Nachfrage nach bestimmten Sportarten und wachsender Einwohnerzahl einer Gemeinde bilden rein sachlich bedingte Anforderungen einer Sportart, wie z. B. sehr spezielle Anlagen, etwa bei Schießen oder Kegeln, Restriktionen, die einem Anwachsen des Vereins über eine bestimmte Größe hinaus entgegenstehen. Dies macht zwangsläufig bei der allein aufgrund des umfangreicheren Mitgliederpotentials größeren Nachfrage in Großstädten eine erhöhte Anzahl kleinerer Organisationen notwendig.

Ein weiterer Grund für das häufige Vorkommen von Kleinstvereinen in Städten ist das Auftreten ganz spezieller, ausgefallener Sportarten, für die sich nur ein sehr begrenzter Kreis von Personen interessiert, so daß rein vom Potential der Mitglieder keine oder noch keine größeren Organisationen auftreten können. Ein Beleg hierfür ist der hohe Anteil von ca. 30% ‚sonstige Sportarten' unter den Kleinstvereinen[204] in Großstädten.

Da der größte Teil aller Vereine mit weniger als 75 Mitgliedern nur eine Sportart anbietet (84%), kristallisieren sich ganz bestimmte Sportarten heraus, die vorwiegend in solch kleinen Vereinen organisiert sind[205]. Die wesentlichsten hiervon sind

- Radsport   (68%)[206]
- Luftsport   (64%)
- Kegeln   (54%)
- Tischtennis   (54%)
- Schießen   (49%)

---

[201] Gemeinschaft eben im Sinne der Definition von TÖNNIES, der im Unterschied zu der als rationaler Zweckverband charakterisierten „Gesellschaft", der Gemeinschaft das Gefühl der Zusammengehörigkeit, gegenseitigen Vertrauens und gemeinsamen Wollens zuschreibt. Jedoch selbst für den Kleinstverein von heute scheint eine Erweiterung des Begriffes Gemeinschaft im Sinne des WEBER'schen Terminus „Vergemeinschaftung" sinnvoll, der auch innerhalb der „Gemeinschaft" zweckrationale Orientierungen einzelner oder sogar aller Mitglieder der Gemeinschaft in bestimmten Bereichen zuläßt. Vgl. TÖNNIES, F.: Gemeinschaft und Gesellschaft. Berlin 1922.
Vgl. WEBER, M.: Wirtschaft und Gesellschaft, a. a. O., 22.

[202] Eine Ausnahme hiervon bildet Hamburg, das mit 7% einen ausgesprochen geringen Anteil kleiner Vereine aufweist. (Vgl. Anhang *Tabelle 19*).

[203] Vgl. PFLAUM, R.: Der Verein als Produkt und Gegengewicht sozialer Differenzierung, a. a. O.

[204] In Anlehnung an die Bestandserhebungen des DSB wurden in der vorliegenden Untersuchung nur die 30 zahlenmäßig wichtigsten Sportarten explizit erfaßt; die übrigen Sportarten rangieren unter der Kategorie ‚sonstiges'.

[205] Vgl. Anhang *Tabelle 16*, Einzweckvereine in unterschiedlichen Sportarten nach ihrer Verteilung innerhalb der angegebenen Vereinsgrößenklassen.

[206] D. h. 68% der Einzweck-Radsportvereine haben bis zu 75 Mitglieder.

Andere Sportarten dagegen zeigen nur geringe Affinität zu kleinen Vereinen; nahezu die Hälfte aller Schwimmvereine (Einzweckvereine) zum Beispiel betreut jeweils mehr als 500 Mitglieder[207].

Unter dem obengenannten Gesichtspunkt eines Einflusses der potentiellen Nachfrage auf die Größe des Vereins wäre zu erwarten, daß in Gebieten mit einem hohen Anteil an Kleingemeinden mit ihrem geringen Mitgliederreservoir auch viele kleine und kleinste Vereine auftreten.

Es läßt sich jedoch zumindest für die Kleinstvereine kein einheitlicher Trend innerhalb der Gebietseinheiten der Landessportbünde erkennen. Während Hamburg den mit Abstand niedrigsten Anteil an Kleinstvereinen aufweist (7%), zeigt Berlin, ebenfalls Vertreter der Kategorie Großstadt, mit 28% eine deutliche Überrepräsentanz. (Die Kleinstvereine in Berlin streuen nach Sportart ganz unspezifisch und sind auch keine Neugründungen).

Auch in einigen anderen Landesverbänden ergeben sich zum Teil erhebliche Disproportionen zwischen ihrem Anteil an Kleingemeinden (−2000 Einwohner) und dem Auftreten von Kleinstvereinen. Dies gilt insbesondere für Schleswig-Holstein und Bayern mit vergleichsweise vielen Landgemeinden und einem geringen Anteil an Kleinstvereinen[208] und in umgekehrter Weise für Nordrhein-Westfalen und Hessen[209].

Offensichtlich sind für die Existenz von Vereinen dieser Größenordnung sach- und nachfragespezifische Einflußfaktoren doch eher von Bedeutung als das allgemeine Mitgliederpotential und lassen den besonders kleinen Verein (−75 Mitglieder) in erster Linie als Merkmal der Vereinsszene in Großstädten erscheinen.

Wir haben an dieser Stelle die Erscheinungsform des ‚Kleinstvereins' vorab und etwas ausführlicher behandelt, da diese in der von uns gebildeten Kategorie der Kleinvereine, die bis zu 300 Mitgliedern reicht, eine Sonderstellung einnimmt, die bei der gemeinsamen Behandlung mit den übrigen Kleinvereinen verdeckt worden wäre. Die Struktur- und Verteilungsdaten der übrigen Vereinsarten sind Inhalt der nachfolgend ausführlich behandelten Themenbereiche.

Eines der aufschlußreichsten Merkmale unter dem makroskopischen Aspekt der Sportvereinsstruktur in der Bundesrepublik ist die Gemeindegröße, deren strukturbestimmender Einfluß Thema des folgenden Abschnittes ist.

5.2.2 Die Gemeindegröße als Determinante der Vereinsstruktur

Historisch gesehen, erscheint das Vereinswesen als eine typisch städtische Erscheinung. Seiner Entstehung ging als Folge der fortschreitenden Industrialisierung die Auflösung der ständischen Ordnung mit ihrer umfassenden Bindung des Individuums in das bestehende

---

[207] Vgl. Anhang *Tabelle 16*, Einzweckvereine in unterschiedlichen Sportarten nach ihrer Verteilung innerhalb der angegebenen Vereinsgrößenklassen.
[208] Vgl. Anhang *Tabelle 17*, Verteilung der Kleingemeinden (−2000 Einwohner) und Kleinstvereine (−75 Mitglieder) nach Landessportbünden.
[209] Die Vergleichszahlen wurden dem Statistischen Jahrbuch von 1973 entnommen (d. h. Daten von 1972), da die veränderten Zahlen nach der Verwaltungs- und Gebietsreform, die zum Teil noch nicht einmal abgeschlossen ist, keine aussagefähige Gegenüberstellung mehr erlauben. Es wird hierbei unterstellt, daß sich trotz der Verschiebungen in der Verwaltung die Einwohner- und Siedlungsstruktur der meisten Kleingemeinden nicht wesentlich verändert hat.

soziale Gefüge voraus[210]. Die hiermit verbundenen Prozesse sozialer Differenzierung vor allem in den Städten, einhergehend mit der Ablösung ständischer Normstrukturen, schufen die Voraussetzung für die Entwicklung des Vereinswesens als Ausgleich für die entstehende Verhaltensunsicherheit des Individuums.

Da zu dieser Zeit eine Orientierung des einzelnen lediglich an den Verhaltensmustern der direkten Umgebung möglich war, kam dem Verein als zentralem Ort der Kommunikation und Interaktion eine wesentliche Funktion der Vermittlung von Verhaltenssicherheiten zu.

Heute sind neben dem unmittelbaren persönlichen Kontakt andere kommunikative Systeme wie Radio, Fernsehen und Presse für die Vermittlung von Verhaltensorientierungen von Bedeutung, so daß der Verein in diesem Bereich an Gewicht verloren hat.

Die Ergebnisse einiger anderer Untersuchungen zum Phänomen des Vereinswesens[211], wie auch die der vorliegenden Erhebung, haben gezeigt, daß der Schwerpunkt vereinsgebundener Freizeitaktivität, speziell im Bereich des Sports, heute nicht in den größeren Städten, sondern vorwiegend im kleinstädtischen und dörflichen Milieu zu finden ist[212]. Die historisch gesehen wohl bedeutsamen Funktionen des Vereins für den im Prozeß der Ausdifferenzierung begriffenen urbanen Raum haben sich jedoch in einer Weise gewandelt, die die Vereinsmitgliedschaft kaum mehr als typisch städtisches Verhaltensmuster erkennen läßt.

Die Diskussion an dieser Stelle auf den Antagonismus Stadt-Land zu reduzieren, erscheint uns nicht geboten[213]. Diese *historisch* durchaus sinnvolle Gegenüberstellung soziologisch bedeutender Strukturbegriffe erweist sich heute als problematisch, da wohl kaum noch von unabhängigen Daseinsbereichen gesprochen werden kann[214], und die funktionale Abhängigkeit aller Lebensbereiche in unserer Gesellschaft einen Gegensatz von Stadt und Land geradezu ausschließt [215].

Rein formal steht diesem Gegensatz das Konzept der Gebietsreform in jüngster Zeit entgegen, wonach größere Gebietseinheiten verwaltungsmäßig zusammengelegt wurden und

---

[210] Zur Entstehung des Vereinswesens
vgl. PFLAUM, R.: Die Vereine als Produkt und Gegengewicht sozialer Differenzierung. In: WURZBACHER, G./PFLAUM, R.: Das Dorf im Spannungsfeld industrieller Entwicklung. Stuttgart 1954.
CONZE, W.: Der Verein als Lebensform des 19. Jahrhunderts. In: Die Innere Mission 50 (1960).
SIEWERT, H.-J.: Ansätze zu einer Soziologie des Vereins. (Unveröffentlichte Magisterarbeit.) Tübingen 1971.

[211] Vgl. HAHN, A.: Vereine. In: BERGSTRÄSSER, A. u.a. (Hrsg.): Soziale Verflechtung und Gliederung im Raum Karlsruhe. Karlsruhe 1965, 150.
DUNCKELMANN, H.: Lokale Öffentlichkeit. Stuttgart 1975, 109.

[212] Zu einer ausführlichen Diskussion der Einflüsse des Wohnortes und des Wohnens auf Vereinsmitgliedschaften vgl. SCHLAGENHAUF, K.: Sportvereine in der Bundesrepublik Deutschland – Teil I, a.a.O., 162–167.

[213] Eine ausführliche Diskussion und Kritik des „Stadt-Land-Kontinuum"-Konzeptes findet sich bei DEWEY, R.: Das Stadt-Land-Kontinuum. In: ATTESLANDER, P. und HAMM, B.: Materialien zur Siedlungssoziologie. Köln 1974.

[214] Zum Prozeß der Verflechtung ländlicher und städtischer Lebensräume als „Folge des fortschreitenden Abbaues der eigentümlich räumlichen und sozialen Abgeschlossenheit des dörflichen Zusammenhanges"
vgl. LINDE, H.: Zur sozialökonomischen Struktur und soziologischen Situation des Dorfes. In: Das Dorf – Gestalt und Aufgabe ländlichen Zusammenlebens. Schriftenreihe für ländliche Sozialfragen 11 (1954).
LINDE, H.: Persönlichkeitsbildung in der Landfamilie. In: Soziale Welt 10 (1959) 4, 299.
FRANK, B.: Soziale Determinanten . . . a.a.O., 126ff.

[215] Vgl. MEYER, K.: Agrarprobleme bei der Begegnung von Stadt und Land. In: Landesgruppe Niedersachsen/Bremen der Deutschen Akademie für Städtebau und Landesplanung (Hrsg.): Grünflächen in der Stadtregion.

auch Anliegergemeinden der Städte, zum Teil mit durchaus ländlichem Charakter, zur Eingemeindung gelangten, so daß eine Zuordnung zu den oben genannten Kategorien über das Merkmal der Gemeindegröße kaum noch möglich erscheint.

Um *detaillierte* Aussagen über das Verhältnis von sozialem Gefüge und Freizeitengagement machen zu können, wäre es deshalb notwendig, Merkmale der allgemeinen Siedlungsstruktur sowie andere verhaltensrelevante Sachgegebenheiten mit zu erfassen[216]. Dies war in der vorliegenden Untersuchung aus forschungsstrategischen Gesichtspunkten jedoch nicht möglich[217]. Die Erhebung lediglich der Einwohnerzahl des Ortes, in dem sich der entsprechende Verein befindet, bedeutet unter soziologischen Gesichtspunkten zwar eine gewisse Einschränkung, erscheint aber für eine Ermittlung *allgemeiner* struktureller Determinanten des Sportvereinswesens durchaus ausreichend.

Schaubild 7 (vgl. nachfolgende Seite) gibt uns zunächst einen Überblick über die Verteilung der Gemeindegrößenklassen in der Bundesrepublik und deren Anteil an der Gesamtzahl der Vereine. Berücksichtigt man zusätzlich die unterschiedlichen durchschnittlichen Mitgliederzahlen in den – je nach Ortsgröße – verschieden häufig auftretenden Vereinsarten, so scheint zunächt die Konzentration der Sportvereine in den größeren Gemeinden zuzunehmen, was die Hypothese vom Verein als typisch städtische Erscheinung unterstützen würde.

Hier spielt uns jedoch die Lorenzkurve[218] als Maß für die relative Konzentration einen Streich, indem aus ihrem Verlauf nicht das Gewicht der Gemeindegrößenklassen für die Verteilung der Gesamtbevölkerung abzulesen ist. Aus *Schaubild 8* erst wird ersichtlich, daß, gemessen am Anteil der Gesamtbevölkerung, die Sportvereinsmitglieder in Gemeinden bis zu 10 000 Einwohnern überrepräsentiert sind, während die mittleren und größeren Städte zunehmend geringere Sportvereinsmitgliedschaften aufweisen[219].

Die Disproportion im Organisiertheitsgrad zwischen Kleingemeinden und größeren Städten beweist, daß die Vorstellung vom ‚Verein als typisch städtische Erscheinung' überholt ist. Auf die einzelnen Begründungszusammenhänge wird an dieser Stelle nicht näher eingegangen, da dieses Thema im ersten Teil der Untersuchung ausführlich behandelt wurde[220].

Aus organisatorischer Sicht bleibt jedoch die Frage offen, ob der in den größeren Gemeinden festgestellte Überhang an nicht vereinsgebundener Sportaktivität Ausdruck einer veränderten Erwartungshaltung gegenüber Sport und Verein ist, oder ob nicht möglicherweise ein Mangel an Sportvereinen und damit verbunden das Fehlen entsprechender Sportanlagen stärker ins Gewicht fällt.

Inwieweit das quantitative Vereins- und Anlagenangebot in Gemeinden unterschiedlicher Größe Einfluß auf die entsprechenden Beteiligungsraten an vereinsgebundener Sportaktivität

---

[216] Unter dem Hinweis auf die Bedeutung von ‚Sachen' für das soziale Verhalten von Individuen innerhalb der Gemeinde kritisiert LINDE das auf der „banalen Eigenschaft" der räumlichen Endlichkeit basierende Konzept der Gemeindesoziologie und fordert in der Begriffsbildung des „Soziotops" eine Einbeziehung der „technischen Substanz" und ökologischen Struktur" eines begrenzten Siedlungsgebietes in die Analyse der internen sozialen Beziehungsgefüge. Vgl. LINDE, H.: Sachdominanz in Sozialstrukturen. Tübingen 1972.
[217] Im Rahmen dieser schriftlichen Erhebung zum Thema Sportverein war schon allein unter dem Gesichtspunkt einer zumutbaren Interviewlänge bei einem derart umfangreichen Problemkatalog eine ausführliche Ermittlung der Wohnsituation und Siedlungsstruktur ausgeschlossen.
[218] Vgl. MENGES, G./SKALA, H. J.: Statistik 2 – Daten. Opladen 1973, 365 ff.
[219] Dieses Ergebnis korrespondiert mit den Befunden der ersten Hauptuntersuchung. Vgl. hierzu SCHLAGENHAUF, K.: Sportvereine in der Bundesrepublik Deutschland – Teil I, a.a.O., 164.
[220] Vgl. SCHLAGENHAUF, K.: Sportvereine in der Bundesrepublik Deutschland – Teiul I, a.a.O., 162–167.

Schaubild 7 Lorenzkurve: Zusammenhang von Gemeindegröße und Vereins- bzw. Mitgliederverteilung des Deutschen Sportbundes.

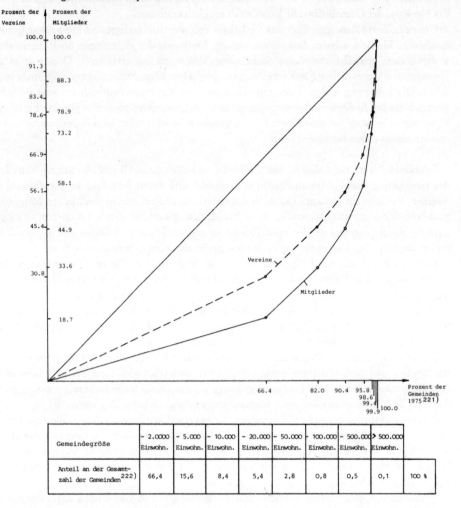

Gemeindegröße	- 2.0000 Einwohn.	- 5.000 Einwohn.	- 10.000 Einwohn.	- 20.000 Einwohn.	- 50.000 Einwohn.	- 100.000 Einwohn.	- 500.000 Einwohn.	> 500.000 Einwohn.	
Anteil an der Gesamtzahl der Gemeinden[222]	66,4	15,6	8,4	5,4	2,8	0,8	0,5	0,1	100 %

Quelle: Funktionsträgerstichprobe

nimmt, läßt sich aus dem vorliegenden Material nicht ableiten, da hierzu eine speziell darauf ausgerichtete Untersuchung notwendig wäre. Die Ausstattung mit Sporthallen und Sportplätzen in den Landesverbänden Hamburg, Bremen und Berlin gegenüber den übrigen Landesverbänden läßt jedoch, bezogen auf die jeweilige Wohnbevölkerung, eine Unterversorgung mit

---

[221] Die Werte repräsentieren jeweils die aufaddierten prozentualen Anteile der einzelnen Gemeindegrößenklassen an der Gesamtheit aller Gemeinden.
Beispiel: in 82% aller Gemeinden befinden sich 33,6% aller Mitglieder des DSB. Die 82% aller Gemeinden setzen sich zusammen aus den Gemeinden bis 2 000 Einwohner (66,4%) und denen zwischen 2 000 und 5 000 Einwohner (15,6%).

[222] Die Werte geben den jeweiligen Anteil der einzelnen Gemeindegrößenklassen an der Gesamtzahl aller Gemeinden an (vgl. Statistisches Jahrbuch 1976).

Schaubild 8 Verteilung von Gesamtbevölkerung und Sportvereinsmitgliedern nach Gemeindegrößenklassen (1975).

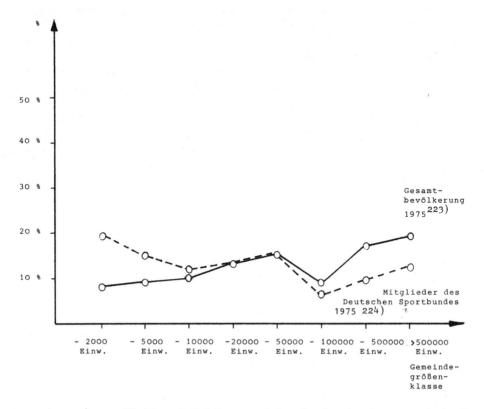

Sportanlagen erkennen[225]. Dieses Defizit kann zumindest als Hinweis auf *eine* Ursache für die geringeren Sportvereinsmitgliedschaften in größeren Gemeinden gewertet werden.

Als gesichert kann jedoch gelten, daß sich hauptsächlich im städtischen Bereich unter den Vereinsmitgliedern ein eher sachorientierter, d. h. überwiegend an der Ausübung sportlicher Aktivität interessierter Anspruch an den Verein entwickelt hat[226].

Diese veränderte Einstellung zum Verein erlaubt zumindest in größeren Städten die Abwicklung des Sportbetriebes in organisatorischen Großgebilden mit Mitgliederzahlen, die an die Größe von mittleren Industrieunternehmen heranreichen, während in den Kleingemeinden schon allein des Mitgliederpotentials wegen andere Vereinsarten favorisiert sind.

---

[223] *Quelle:* Statistisches Jahrbuch 1976 für die Bundesrepublik Deutschland, 57.
[224] *Quelle:* Funktionsträgerstichprobe.
Die Werte berechnen sich aus den durchschnittlichen Mitgliederzahlen der einzelnen Vereinsarten und deren jeweiligem Anteil in den unterschiedlichen Gemeindegrößenklassen.
[225] Bezogen auf die verfügbaren m² Sporthallen und Sportplätze pro Kopf der Bevölkerung weisen Hamburg, Bremen und Berlin nahezu ohne Einschränkung die schlechteste Situation innerhalb aller Landesverbände auf. Vgl. DEUTSCHE OLYMPISCHE GESELLSCHAFT (Hrsg.): Erhebung über den Bestand an Erholungs-, Spiel- und Sportanlagen – Sportstättenstatistik in der Bundesrepublik Deutschland.
Vgl. STATISTISCHES BUNDESAMT (Hrsg.): Statistisches Jahrbuch 1976.
[226] Vgl. SCHLAGENHAUF, K./TIMM, W.: The Sport Club ... a.a.O., 9–30.

Zusätzlich führt die spezifische Sportartennachfrage in den einzelnen Gemeindekategorien zu deutlichen Unterschieden in der Verteilung der einzelnen Vereinsarten[227].

Besonders auffällig ist der Unterschied bei den hauptamtlich und rein ehrenamtlich geführten Großvereinen. Während die ‚Hauptamtlichen' sich vornehmlich auf die Großstädte konzentrieren (55% dieser Vereine befinden sich in Städten über 100 000 Einwohner), haben die ehrenamtlich geführten Großvereine ihren Schwerpunkt in Gemeinden zwischen 10 000 und 50 000 Einwohner (53% aller ehrenamtlichen Großvereine sind in dieser Gemeindekategorie vertreten); es handelt sich hierbei um den typischen, monopolistischen Turn- und Sportverein mittelstädtischer Prägung.

Für den vermehrten Einsatz bezahlter Kräfte in Verwaltung und Organisation des Großvereins in größeren Städten ist die zunehmende Sachorientierung der Vereinsmitglieder in diesen Gebieten verantwortlich, die sich negativ auf die Bereitschaft zur Mitarbeit im Verein auswirkt und somit diese Maßnahmen in vielen Fällen notwendig macht. Hinzu kommt, daß diese Vereine, aufgrund einer durchschnittlich um 40% höheren Mitgliederzahl als in ehrenamtlichen Großvereinen[228], einen erheblich größeren Verwaltungs- und Organisationsaufwand zu bewältigen haben.

Die typische Erscheinungsform des Vereins in Kleingemeinden (−2000 Einwohner) ist in erster Linie der allgemeine Turn- und Sportverein mit mehreren Abteilungen sowie der Kleinverein mit nur einer Sparte, vornehmlich in der Sportart Fußball. Während die Kleinvereine erst in den Großstädten über 100 000 Einwohner wieder an Bedeutung gewinnen, hier jedoch eher als Vereine in sehr speziellen Sportarten, dominieren in den Klein- und Mittelstädten (2000−50000 Ew.) Vereine mittlerer Größe mit einer oder mehreren Abteilungen.

Das häufige Auftreten kleiner Vereine in Prestigesportarten schon in Gemeinden ab 2000 Einwohner zeigt deutlich den augenblicklichen Trend zu den sozial attraktiven Sportarten als statusvermittelndes Verhaltensmuster in der Freizeit auf[229]. Darüber hinaus spiegelt sich hierin die „Stadtflucht" der gehobenen Schichten wider, d. h. das Ausweichen in die kleineren Gemeinden des suburbanen Raumes[230].

Die zeitlich wenig koordinierte und vor allem in den einzelnen Bundesländern nach unterschiedlichen Kriterien vorgenommene Gebietsreform erschwert eine exakte Aussage über die Vereinsstruktur in den einzelnen Gemeindekategorien. Dementsprechend können die in den einzelnen Landessportbünden beobachteten Unterschiede in der Verteilung der Vereinsarten nur bedingt auf die unterschiedlichen Siedlungsstrukturen dieser Gebiete zurückgeführt werden[231].

Mit Ausnahme der Prestigevereine, die keinen einheitlichen Trend aufweisen, läßt sich bezüglich der Vereinsgröße ein deutliches Nord-Süd-Gefälle erkennen. Nicht nur die Stadtstaaten und Großstädte Hamburg, Bremen und Berlin, sondern auch Schleswig-Holstein und Niedersachsen tendieren zu größeren Vereinen als die weiter südlich gelegenen Landesverbände. Es ist an dieser Stelle kaum zu beurteilen, inwieweit außer den vorhandenen Einflüssen der unterschiedlichen Siedlungsstrukturen möglicherweise auch bevölkerungsspezifische

---

[227] Vgl. Anhang *Tabelle 18*, Verteilung der Vereinsarten (I−VIII) nach Gemeindegrößenklassen.
[228] Vgl. Anhang *Tabelle 3*, Relative Häufigkeit und durchschnittliche Mitgliederzahlen der einzelnen Vereinsarten.
[229] Über ein Drittel dieser Vereine wurde nach 1965 gegründet.
[230] Vgl. KLEIN, H.-J.: Gesellschaftliche Bestimmungsgründe räumlicher Bevölkerungsverteilung, Vorstellungsbilder und Verhaltensmuster. In: LAMMERS, G. (Hrsg.): Verhalten in der Stadt. Karlsruhe 1977, 307−334.
[231] Vgl. Anhang *Tabelle 19*, Verteilung der unterschiedlichen Vereinsarten nach Landessportbünden.

Orientierungen und Verhaltensweisen bestimmten Formen der sportlichen Gesellung den Vorzug geben und andere vielleicht eher ausschließen.

Insgesamt gesehen haben die Ausführungen deutlich gemacht, daß dem allgemeinen Trend zu größeren Sportvereinen in einigen Bereichen Grenzen gesetzt sind, und daß dementsprechend auch die mittleren und vor allem kleinen Vereinsorganisationen unter bestimmten Voraussetzungen von maßgeblicher Bedeutung sind.

Zum einen ist ihr Gewicht bestimmt durch das allgemein begrenzte Mitgliederpotential im kleinstädtischen und ländlichen Bereich, zum anderen durch sportartenspezifische Sachanforderungen von Anlagen und Geräten, unabhängig von geographischer Lage und Gemeindegröße. Ein dritter Begründungszusammenhang ist die Befriedigung der Nachfrage nach neuen oder wenig verbreiteten Sportarten überwiegend in größeren Gemeinden. Letztlich sind auch sportartenspezifische und traditionelle Orientierungen für die Relevanz von kleineren Vereinsorganisationen in der heutigen Vereinsszene mit verantwortlich.

Aus diesem Grund erschienen auch, heute wohl in dieser Art nicht mehr aktuelle Konzepte zur Entwicklung der Vereine wenig ausgewogen, in denen der Verein der 80er Jahre als hauptamtlich gemanagte und ehrenamtlich geführte Dienstleistungsgemeinschaft propagiert wurde[232]. Diese eindeutig nur auf eine bestimmte Art der Organisation ausgerichtete Sichtweise würde der Problemstellung des überwiegenden Teiles der Vereine, die hiernach kaum jemals ein ‚Sportverein 80' werden könnten, nicht gerecht; zumal die von offizieller Seite dem Verein zugeschriebenen und geforderten Funktionen bekanntermaßen nicht unabhängig von der Art der Vereinsorganisation sind.

Eine dieser Funktionen ist „die soziale Begegnung und Integration unterschiedlicher Bevölkerungsgruppen, d.h. unterschiedlicher Berufs- und Bildungsschichten, ebenso wie unterschiedlicher Lebensalter- und Geschlechtsgruppen..."[233], die im Zusammenhang mit der Frage der Mitgliederstruktur des Vereins im nachfolgenden Abschnitt für uns von Bedeutung ist.

Seit einiger Zeit ist diese Funktionszuschreibung im Sport zunehmend in den Blickpunkt der Kritik geraten[234]. Weniger von seiten der ‚linken' Sportkritiker, die nicht die Funktionen an sich bezweifeln, sondern deren Einsatz zum Erhalt der Klassengesellschaft verwerfen, als durch die Ergebnisse empirischer Untersuchungen im Bereich des Sports und des Sportvereins. HAMMERICH z.B. konzediert dem Sportverein, unter Hinweis auf einige Untersuchungen über Schichtung und Rekrutierung von Mitgliedern, die den Verein als eine Domäne der bürgerlichen Mittelschichten beschreiben, anstelle einer "... sozialen Integration, ... lediglich eine partielle Segregation"[235].

Überhaupt beziehen sich die meisten kritischen Anmerkungen auf die Integrationsfunktion des Vereins gegenüber unterschiedlichen Bevölkerungsschichten. Nachdem im ersten Teil der Untersuchung die schichtenspezifische Beteiligung am Sport und Verein ausführlich behandelt

---

[232] Vgl. GIESELER, K.: Sportplan 80 – Konzept und Ziel. Unveröffentlichtes Manuskript eines Vortrages in Barsighausen 1973, 8.

[233] WURZBACHER, G.: Der Verein in der freien Gesellschaft. In: DSB (Hrsg.): Der Verein als Träger der deutschen Turn- und Sportbewegung – Grundsatzreferate des DSB-Bundestages 1962, 7.

[234] Vgl. RÖTHIG, P. (Red.): Sportwissenschaftliches Lexikon. Schorndorf 1976³. Unter dem Begriff ‚Funktion' (S. 113) findet sich folgendes Zitat: „die dem Sport häufig als gesamtgesellschaftlich gültig zugeschriebenen Funktionen... weisen wegen der spezifischen sozialen Rekrutierung der Sportorganisationen... nur eine soziale begrenzte Gültigkeit auf und dienen primär sportpolitischer Propaganda".

[235] HAMMERICH, K.: Spielraum für den Sport. In: Anstöße 5–6 (1969), 189.

wurde[236], ebenso das Ausmaß der individuellen Integration in den Verein[237], soll im folgenden das Hauptaugenmerk auf die im oben angeführten Zitat von WURZBACHER beschriebene, gesamtgesellschaftlich integrative Wirkung des Sportvereins in bezug auf die Beteiligung aller Altersgruppen und beider Geschlechter gelegt werden.

5.2.3 Mitgliederstrukturen

Ein einfacher Vergleich der Geschlechts- und Altersstruktur der Gesamtbevölkerung mit derjenigen des Deutschen Sportbundes macht bereits deutlich, daß keineswegs von einer gleichmäßigen Beteiligung aller Bevölkerungsgruppen gesprochen werden kann[238]. Im wesentlichen sind es die „Älteren" (über 21 Jahre), die gegenüber ihrem Anteil an der Gesamtbevölkerung weniger vertreten sind[239].

Die Relation zwischen Männern und Frauen ist, wie schon dargestellt, mit zwei Dritteln zu einem Drittel noch immer deutlich gegenüber dem sonstigen etwa ausgeglichenen Verhältnis innerhalb der Bevölkerung verschoben.

Die Ungleichgewichte haben sich in den letzten Jahren spürbar verringert[240], nicht zuletzt durch den massiven Einsatz von Werbung seitens des Deutschen Sportbundes zugunsten seiner gesellschaftspolitischen Forderung ‚Sport für alle'[241]. Aufgrund dieser Maßnahmen von außen erscheint es kaum gerechtfertigt, diesen Nivellierungsprozeß einer gesamtgesellschaftlichen Integrationsfunktion des Sports „per se" zuzuschreiben.

Verfolgt man die Beteiligung einzelner Bevölkerungsgruppen an organisierter sportlicher Aktivität unter dem Gesichtspunkt struktureller Ungleichgewichte weiter, so fallen zunächst regional bestimmte Besonderheiten ins Auge[242](vgl. *Schaubild 9, Schaubild 10*).

Auffallendstes Merkmal der beiden Schaubilder ist ihre Ähnlichkeit. Es zeichnet sich jeweils ein deutliches Nord-Süd-Gefälle ab, sowohl was den Anteil der Jugendlichen als auch die Beteiligung der Frauen innerhalb der einzelnen Landessportbünde betrifft, wobei der Norden mit Ausnahme des Landessportbundes Berlin die eindeutig höchsten Beteiligungsquoten aufweist. Der hier zum Ausdruck kommende Trend ist eine Funktion der regional unter-

---

[236] Vgl. SCHLAGENHAUF, K.: Sportvereine in der Bundesrepublik Deutschland – Teil I, a.a.O. 150–159.
[237] Ebenda, 173–178.
[238] Vgl. S. 56, *Tabelle 5*, Verteilung der Gesamtbevölkerung und Sportvereinsmitglieder nach Altersklassen.
Die Altersgliederung innerhalb der Bestandserhebungen des DSB stammt offensichtlich schon aus der Zeit vor dem 2. Weltkrieg und wurde bis heute unkritisch übernommen. Der erste uns bekannte Vorschlag zur Kategorisierung der Vereinsmitglieder in dieser Weise (–14/14–18/18–21/über 21 Jahre) findet sich bei WOLFF, H.: Der Sport und seine statistischen Betrachtungen. Kassel 1930, 23. Diese Gliederung erschwert zum einen die eindeutige Zuordnung der Mitglieder, da sich die Altersgrenzen überschneiden, und erlaubt andererseits keine Unterscheidung nach dem 21. Lebensjahr, wie sie angesichts der neueren Entwicklungen dringend erforderlich wäre.
[239] Die hier nicht mögliche Differenzierung nach dem 21. Lebensjahr verdeckt, wie die Ergebnisse des ersten Teiles dieser Untersuchung zeigen, deutliche alters- und geschlechtsspezifische Entwicklungstendenzen innerhalb der Beteiligungsraten.
Vgl. SCHLAGENHAUF, K.: Sportvereine in der Bundesrepublik Deutschland – Teil I, a.a.O., 139–150.
[240] Vgl. Anhang *Tabelle 4*, Mitglieder und Vereinsentwicklung des Deutschen Sportbundes von 1965–1976 nach Altersklassen und Geschlecht.
[241] Vgl. DSB (Hrsg.): Freizeitpolitische Konzeption. Frankfurt/M. 1976.
[242] Vgl. Anhang *Tabelle 20*, Prozentuale Verteilung der Mitglieder in den Landessportbünden nach Alter und Geschlecht.

Schaubild 9   Regionale Unterschiede im Anteil der Jugendlichen (bis 18 Jahre) an der Gesamtmitgliederzahl der Vereine.

Schaubild 10   Regionale Unterschiede im Anteil der Frauen an der Gesamtmitgliederzahl der Vereine.

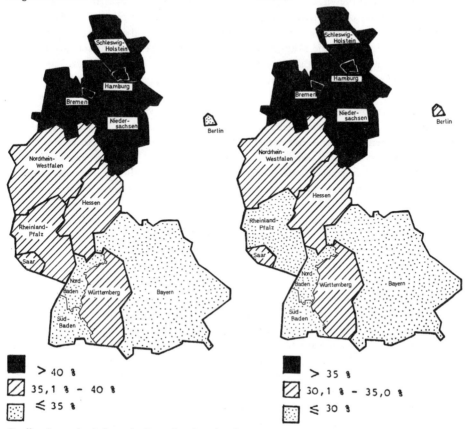

Quelle: Bestandserhebung des Deutschen Sportbundes 1976

schiedlichen Verteilung der einzelnen Vereinsarten. Im Norden finden wir ein überzufällig häufiges Auftreten von Großvereinen[243], die aufgrund ihres breitgestreuten Angebotes (vgl. Kapitel 6.1.1) für Frauen und Jugendliche besonders attraktiv sind[244, 245].

Generell erreichen Mittel- und Kleinvereine geringere Beteiligungsraten bei Frauen und Jugendlichen als Großvereine. Bei den Jugendlichen ist hier ein sehr ausgeprägter positiver Zusammenhang zwischen Vereinsgröße und Kinderanteil (−14 Jahre) beziehungsweise Jugendanteil (−18 Jahre) zu beobachten, während diese lineare Relation beim Anteil der Frauen nur eingeschränkt gilt: Hier bilden diejenigen Mittel- und Kleinvereine mit nur einer Sparte eine Ausnahme, deren Sportangebot in erster Linie Mitglieder der mittleren und gehobenen

---

[243] Vgl. Anhang *Tabelle 19*, Verteilung der unterschiedlichen Vereinsarten nach Landessportbünden.
[244] Vgl. Anhang *Tabelle 21*, Die Vereinsarten (I-VIII) nach ihrem Frauenanteil.
  Vgl. Anhang *Tabelle 22*, Die Vereinsarten (I−VIII) nach ihrem Anteil jugendlicher Mitglieder bis 18 Jahre.
[245] Die Sonderstellung von Berlin liegt darin begründet, daß neben dem für Großstädte typischen Auftreten von Großvereinen hier im Verhältnis zu anderen Großstädten ein überdurchschnittlich hoher Anteil an kleinen Vereinen zu verzeichnen ist, die deutlich geringere Beteiligungen von Frauen und Jugendlichen aufweisen.

Schichten anspricht. In diesen Prestigevereinen sind die Frauen über ihre sonstige Beteiligung im Sportverein hinaus anzutreffen[246]. Im Anteil der Jugendlichen ist jedoch kein wesentlicher Unterschied zwischen diesen und anderen Vereinen festzustellen, abgesehen davon, daß in Prestigevereinen nach dem 14. Lebensjahr der Mitgliedereinbruch geringer ausfällt als bei Vereinen in sozial weniger attraktiven Sportarten. Dies läßt darauf schließen, daß schon in diesem Alter der Sport und die Mitgliedschaft in bestimmten Vereinen als statusvermittelnd angesehen wird, neben der größeren Attraktivität dieser Vereine für ältere Jugendliche aufgrund der zahlreichen Möglichkeiten gesellschaftlicher und geselliger Kontakte.

Im Gegensatz zur regional parallel verlaufenden Beteiligung von Jugendlichen und Frauen im Verein ist für die unterschiedlichen Kategorien der Gemeindegröße kein einheitlicher Trend zu erkennen. Während mit zunehmender Gemeindegröße der Anteil weiblicher Mitglieder im Verein wächst[247], ergibt sich für die Beteiligung der Jugendlichen eine zweigipfelige Verteilung[248], d. h. einerseits steigt bei den meisten Vereinen mit zunehmender Gemeindegröße der Anteil an Jugendlichen, andererseits gewinnen in größeren Städten, wie wir gesehen haben, kleinere und kleinste Vereine in speziellen Sportarten an Bedeutung, die häufig keine oder nur wenige jugendliche Mitglieder aufweisen. In Städten über 50000 Einwohner ist der Anteil der Vereine, die keine Jugendlichen (−14 Jahre) betreuen, mit 25% doppelt so hoch wie in allen übrigen Gemeindegrößenklassen. Der entsprechende Anteil Vereine ohne *weibliche* Mitglieder in diesen Gemeinden liegt bei ca. 10%[249].

Der Zusammenhang von Gemeindegröße und Jugend- bzw. Frauenanteil im Verein erklärt sich aus der qualitativ unterschiedlichen Angebots- und Nachfragestruktur in den verschiedenen Gemeindekategorien. Der allgemein größeren Bereitschaft zum Vereinsbeitritt in ländlichen Gebieten[250] steht ein meist relativ schmales Sportangebot in eher traditionellen Sportarten, wie z. B. Fußball, Handball oder Turnen (im hergebrachten Sinne), zur Verfügung, das unter dem Gesichtspunkt der Integration von Frauen wenig attraktiv erscheint. Demgegenüber besteht in größeren Städten ein breit gefächertes Angebot vieler Großvereine, das besonders auf die Befriedigung einer weniger traditionellen Verhaltensmustern verhafteten, eher sachlich orientierten Nachfrage ausgerichtet ist und für die Beteiligung von Jugendlichen (vor allem Kindern) und Frauen bedeutend bessere Voraussetzungen bietet.

Die Ergebnisse haben gezeigt, daß die unterschiedliche Beteiligung nach Alter und Geschlecht in Gemeinden, Regionen und nach Vereinsarten im wesentlichen an das vorhandene Sportangebot gebunden ist. Die nachfolgende *Tabelle 25* (nächste Seite) gibt einen Überblick über die

---

[246] Den durchschnittlich höchsten Frauenanteil finden wir mit ca. 42% gleichermaßen bei Großvereinen (hauptamtlich und ehrenamtlich) und den Einspartenvereinen in Prestigesportarten. Die wenigsten weiblichen Mitglieder (durchschnittlich 14%) betreuen die kleinen Einspartenvereine in Nicht-Prestigesportarten.
(Klein/mehrspartig 27%, Mittel/einspartig – nicht Prestigesportarten 22%, Mittel/mehrspartig 35%)
[247] Vgl. Anhang *Tabelle 23*, Frauenanteil in Sportvereinen nach Gemeindegrößenklassen.
[248] Vgl. Anhang *Tabelle 24*, Jugendanteil in Sportvereinen nach Gemeindegrößenklassen (bis 18 Jahre).
[249] Insgesamt waren 1975 11% aller Vereine reine Männervereine gegenüber noch 20% im Jahre 1971 (vgl. HOFFMANN, A.: Die Bedeutung der Vereine für die sportliche Betätigung der Frau (Hrsg. DSB – Bundesausschuß für Frauensport. Frankfurt 1971) und sogar über 30% im Jahre 1968 (vgl. HEUSER, I.: Chancengleichheit für die Frau. In: DSB (Hrsg.): Sport und Staat – Führungsnachwuchs – Sport der Frauen und Mädchen. Frankfurt/M. 1968, 58).
Weiterhin hatten 16% aller Vereine keine jugendlichen Mitglieder unter 14 Jahren. Erweitert man die Kategorie Jugendliche auf Mitglieder bis zum 18. Lebensjahr, beträgt dieser Prozentsatz noch immer 6% (Quelle: Funktionsträgerstichprobe).
[250] Vgl. SCHLAGENHAUF, K.: Sportvereine in der Bundesrepublik Deutschland – Teil I, a. a. O., 162 ff.

Tabelle 25 Altersstruktur, Frauenanteil und Aktivenanteil in Vereinen mit nur einer Sportart.

Sportart [251]		Altersstruktur					Frauen-anteil %	[252] Aktiven-anteil %
	%	−14 J. %	−18 J. %	−21 J. %	−25 J. %	über 25 J. %		
Badminton	+) 100%	9	13	10	16	52	36	51
Basketball	x) 100%							
Boxen	+) 100%	13	15	9	12	41	2	38
Eissport	+) 100%	9	6	4	10	71	13	37
Fechten	+) 100%	20	11	4	5	60	33	44
Fußball	100%	15	12	10	13	50	5	33
Golf	+) 100%	4	7	6	8	75	39	52
Handball	+) 100%	28	21	9	13	29	25	49
Hockey	x) 100%							
Judo	100%	45	23	10	11	11	24	63
Kanu	100%	16	13	8	7	56	29	36
Kegeln	100%	3	6	4	9	78	23	69
Leichtathletik	+) 100%	31	22	11	10	26	30	40
Luftsport	100%	7	12	8	7	66	8	39
Motorsport	x) 100%							
Radsport	100%	19	11	6	7	57	19	37
Reiten	100%	18	16	9	9	48	46	40
Rollsport	x) 100%							
Rudern	+) 100%	8	24	8	6	54	19	28
Schießen	100%	5	10	7	9	69	11	31
Schwerathletik	+) 100%	16	12	8	13	51	4	29
Schwimmen	100%	45	11	5	6	33	45	42
Segeln	100%	8	10	6	6	70	22	46
Ski	100%	17	13	9	10	51	38	35
Tanzsport	100%	8	6	6	8	72	53	55
Tennis	100%	10	14	8	11	57	44	46
Tischtennis	100%	18	17	10	12	43	19	48
Turnen	100%	29	9	5	8	49	60	38
Volleyball	+) 100%	15	26	25	10	24	31	47
sonstiges	100%	8	10	7	9	66	11	49
Altersstruktur der Gesamt-bevölkerung 1975		[253] 20 %	7%	5%		[254] 68 %	52%	48%

Quelle: Statistisches Jahrbuch der Bundesrepublik Deutschland 1976
Fußnote 251−254 siehe Seite 76

Anziehungskraft, die einzelne Sportarten auf verschiedene Altersgruppen ausüben sowie über die Attraktivität für das weibliche Geschlecht[255].

Wie in jedem Fall sozialer Interaktion, so spielen auch bei der Ausübung bestimmter sportlicher Aktivitäten geschlechtsspezifische Verhaltenserwartungen eine bedeutende Rolle[256]. Einige Sportarten haben in ihrer historischen Entwicklung die traditionellen Verhaltensmuster der Gründerzeit bewahrt, wie beispielsweise das Schießen, das als ursprünglich reine Männersportart noch heute einen geringen Anteil an weiblichen Mitgliedern aufweist[257]. Andere Sportarten schließen aufgrund eines gewissen körperlichen Einsatzes, der schon in den Anfängen, aber auch heute noch als unweiblich apostrophiert wird, eine starke weibliche Beteiligung aus, wie zum Beispiel Boxen oder Schwerathletik. Ähnliches gilt auch für Sportarten, bei denen ein intensiver Körperkontakt erlaubt und/oder unausweichlich erscheint, wie bei Fußball, Eishockey oder auch Handball[258].

Daß der gesellschaftliche Wandel, wie z. B. die Loslösung vom traditionellen Rollenbild der Frau, auch die geschlechtsspezifischen Verhaltensorientierungen im Bereich des Sports berührt[259], zeigt neben dem vermehrten Auftreten von Frauen in den Sportarten Handball aber auch Fußball, die Entwicklung des Turnens, das vormals in seiner politischen Funktion als Wehrertüchtigung[260] überwiegend den Männern vorbehalten war (was noch heute im Vereinsnamen vieler Traditionsvereine zu erkennen ist: MTV = Männerturnverein), und das heute

---

[251] Die Werte für die mit +) gekennzeichneten Sportarten sind wegen geringer Besetzung mit Unsicherheiten behaftet.
Für die mit x) gekennzeichneten Sportarten kann wegen zu geringer Besetzung keine Aussage gemacht werden.

[252] Als ‚Aktive‘ gelten hierbei diejenigen Personen, die mindestens einmal pro Woche im Verein aktiv Sport treiben.

[253] Hierbei wurden nur die 5 – 14jährigen berücksichtigt.

[254] Hierbei wurden nur die bis 65jährigen berücksichtigt.

[255] Es ist zu beachten, daß die hier ausgewiesene Alters- und Geschlechtsstruktur von der Verteilung *aller* Sportvereinsmitglieder einer Sportart, wie sie von den Fachverbänden angegeben sind, abweichen kann, da es sich um Vereine mit nur einer Sportart handelt, also Unterabteilungen von Mehrspartenvereinen nicht enthalten sind.

[256] Die traditionell geringe Beteiligung der Frauen an geselligen Vereinigungen basiert auf einem Rollenbild, das der Frau von alters her ihre Bestimmung im Bereich der Familie zuwies, während das Verhalten des Mannes stärker als „durch einen reinen Gesellungstrieb" bestimmt beschrieben wird. Man ging bisweilen sogar soweit, der Frau generell „eine geringere gesellschaftsbildende Kraft" zuzuschreiben.
Vgl. SCHURZ, H.: Altersklassen und Männerbünde. Berlin 1902, 18.

[257] Aussagen zur Relation zwischen weiblichen und männlichen Mitgliedern bei einzelnen Sportarten finden sich auch bei LENK , H.: Materialien zur Soziologie des Sportvereins. Ahrensburg 1972, 24–26.

[258] Es würde unseres Erachtens allerdings zu weit gehen, wenn man der Theorie von BUYTENDIJK folgend, den größeren Anteil an Frauen in Handballvereinen (25%) gegenüber Fußballvereinen (5%) in der unterschiedlichen Bewegung des Tretens und Werfens als zwei verschiedenen Seinsweisen von Mann und Frau erklären wollte. „Das Treten unterscheidet sich wesentlich vom Werfen: einmal ist das Treten von Haus aus aggressiver als das Werfen, und zweitens gehört zum Werfen das Fangen, das heißt, das Empfangen: Zum Treten jedoch das Zurücktreten". Vgl. BUYTENDIJK , F. J.: Das Fußballspiel. Würzburg o. J. zitiert bei: FRANK, B.: Soziale Determinanten des organisierten Sportbetriebes. Dissertation Münster 1963, 47.

[259] Vgl. HEINEMANN, K.: Emanzipation durch Sport? In: DSB (Hrsg.): Chancen und Hemmnisse für Frauen im Sport. Frankfurt /M. 1976.

[260] Vgl. zum politischen Engagement des Turnens im 19. Jahrhundert ILLE, H. J.: Überblick über die Entwicklung der Turn- und Sportvereine in Deutschland von den Anfängen bis 1933. Karlsruhe 1978, 20ff.

mit nur 40% Männeranteil (in Einzweckvereinen) in erster Linie durch die Aufnahme von Turnspielen und Gymnastik eine Domäne der Frauen geworden ist.

Dieser Wandel des im Zuge des geschlechtsspezifischen Sozialisationsprozesses geprägten Rollenverständnisses der Frau hat insgesamt dazu geführt, daß in fast allen Sportarten überdurchschnittliche Zuwachsraten bei den weiblichen Mitgliedern zu verzeichnen sind[261]. Beschränkten sich 1959 noch 4/5 aller im Deutschen Sportbund aktiven Frauen auf die Sportarten Turnen, Leichtathletik, Schwimmen und Tennis[262], so ist heute dieser Anteil auf unter 70% gesunken.

Auch HEINEMANN[263] weist im Zusammenhang mit der Frage nach dem häufig zitierten „Sozialisationspotential" des Sports und einzelner Sportarten auf die Bedeutung der schichtenspezifischen Vorsozialisation hin, die, in Abhängigkeit von gegebenen Normstrukturen, den Ausschlag für die Ausübung von Sport und, weiterreichend interpretiert, für die Präferenz bestimmter Sportarten gibt.

Von ähnlichen Überlegungen gingen GRÖSSING, SPEISER und ALTENBERGER[264] aus, die bei der Untersuchung von Motiven für die sportliche Aktivität Jugendlicher eine Skala motivationaler Faktoren aufstellten. Hierbei wurde zwischen „Zentralmotiven" und „Randmotiven" unterschieden, wobei es sich bei den Zentralmotiven um „überdauernde ... nicht allein auf den Sport bezogene Beweggründe"[265] handelt, wie z. B. Leistung, Aggression, Geselligkeit; also Verhaltensmuster, die schon in der Phase der Vorsozialisation in schichtenspezifisch unterschiedlicher Ausprägung vermittelt werden. Die Ergebnisse zeigen Zusammenhänge zwischen der sozialen Schicht der Jugendlichen und bestimmten „Motiven" für sportliche Aktivitäten[266] sowie Korrelationen zwischen Motiven und der Ausübung spezieller Sportarten. Dies wiederum unterstreicht den oben angedeuteten Zusammenhang von schichtenspezifischer Vorsozialisation und ausgeübter Sportart, der noch unterstützt wird durch die Nonkorrelation zwischen Alter der Jugendlichen und Motiv für sportliche Betätigung[267].

Diese Befunde machen deutlich, welchen Einfluß gesellschaftliche Wertmaßstäbe auf die Präferenzordnungen von Jugendlichen und somit indirekt auf die Altersstruktur der Mitglieder in verschiedenen Sportarten haben. FRANK[268] verweist in diesem Zusammenhang auf den Einfluß des Schulsports bezüglich des Jugendanteils bestimmter Sportarten. Er ermittelt nach den Angaben der DSB-Bestandserhebung 1959/60 Leichtathletik, Schwimmen, Turnen, Tischtennis und Handball[269] als die Sportarten mit den höchsten Jugendanteilen, wobei er den Einbruch der Beteiligung nach dem 14. bzw. 18. Lebensjahr in diesen Sportarten dem fehlenden Einfluß des Schulsports zuschreibt. Unsere Daten[270] lassen den Trend dieser Aussagen bezüglich des Jugendanteils dieser Sportarten ebenfalls erkennen, obwohl auch gewisse Verschiebungen seit 1959 zwangsläufig stattgefunden haben, so z. B. in der Sportart Schwimmen, die heute eine wesentlich stärkere Mitgliederabnahme nach dem 14. Lebensjahr erkennen läßt. Volleyball und Judo als neu aufgekommene Sportarten haben beide ebenfalls sehr hohe Anteile an Jugendlichen, aber nur Volleyball kann von diesen beiden als echte

---

[261] Vgl. Anhang *Tabelle 8*, Mitgliederzuwachs in den einzelnen Sportarten von 1965–1976 nach Alter und Geschlecht.
[262] Vgl. FRANK, B.: Soziale Determinanten ..., a. a. O., 49.
[263] Vgl. HEINEMANN, K.: Sozialisation im Sport. In: Sportwissenschaft 4 (1974), 49–71.
[264] Vgl. GRÖSSING, S. u. a.: Sportmotivation. Wien 1974.
[265] Ebenda, 78.
[266] Ebenda, 117.
[267] Ebenda, 110.
[268] Vgl. FRANK, B.: Soziale Determinanten ..., a. a. O., 39f.
[269] Also alles typische Schulsportarten bis auf Tischtennis.
[270] Vgl. *Tabelle 25*, Seite 75.

Schulsportart bezeichnet werden. Problematisch erscheint uns die zweite Aussage von FRANK über die nachlassende Beteiligung bei Schulsportarten anschließend an das schulpflichtige Alter. Anhand der Ergebnisse des ersten Teils unserer Untersuchung erscheint dieses Nachlassen der Sportbindung, das sich sowohl in der Aktivität als auch in der Vereinsbindung niederschlägt, bedingt durch andere, gesellschaftliche oder auch lebenszyklische Umorientierungen des Heranwachsenden[271]. Der Einfluß des Schulsports auf die Interessenorientierung des Jugendlichen, aber auch auf das spätere Sportverhalten, ist unbenommen[272]. Jedoch zeigt allein die Altersstruktur anderer Nicht-Schulsportarten, wie z. B. Tennis, Kanu oder Radsport, daß der altersspezifische Mitgliederschwund nicht auf vom Schulsport beeinflußte Sportarten beschränkt ist.

Ein weiterer wichtiger Faktor, der für die Altersstruktur eines Vereins von Bedeutung erscheint, ist der Anteil der passiven Mitglieder, der je nach Sportart, Vereinsart und geographischer Lage zum Teil erhebliche Unterschiede aufweist. Um dem Problem der unterschiedlichen Auffassungen von ‚Aktiven' und ‚Passiven' in Vereinen aus dem Wege zu gehen[273], wurde hier nach dem Anteil der Mitglieder gefragt, die mindestens einmal in der Woche im Verein Sport treiben[274]. Dies führt zwangsläufig zu niedrigeren Aktivenanteilen als sie üblicherweise in anderen Untersuchungen ausgewiesen werden[275], erscheint unserer Ansicht nach jedoch als geeignetes Merkmal zur strukturellen Durchdringung des *aktiven* Sportengagements[276].

Deutliche Unterschiede ergeben sich auf der einen Seite in der Mitgliederzusammensetzung einzelner Sportarten, andererseits zwischen den verschiedenen Vereinsarten. Wir haben es hierbei selbstverständlich nicht mit unabhängigen Variablen zu tun, denn es bestehen zum Teil enge Beziehungen (wie wir noch sehen werden, vgl. 6.1.1 Vereinsartenspezifisches Sportangebot) zwischen den speziellen Vereinsarten und den dort angebotenen Sportarten.

Wie SCHLAGENHAUF nachweisen konnte[277], fällt mit zunehmender Vereinsgröße und steigender Zahl von Abteilungen die Integrationsfähigkeit des Vereins in bezug auf seine Mitglieder. Damit verbunden ist eine größere Sachorientierung der Vereinsmitglieder, d. h. eine Art Benutzerhaltung, die vorwiegend an der Ausübung sportlicher Aktivität interessiert ist und bei Beendigung dieser Aktivität oder einem Vereinswechsel die Aufgabe der Mitgliedschaft wahrscheinlicher macht, als dies in kleineren Vereinen mit weniger partieller Bindung der Mitglieder der Fall wäre.

---

[271] Vgl. BLÜCHER, V. GRAF: Die Generation der Unbefangenen. Düsseldorf-Köln 1966, 187.
[272] Vgl. SCHLAGENHAUF, K.: Sportvereine in der Bundesrepublik Deutschland – Teil I, a. a. O, 168 – 170.
LINDE, H.: Soziologie des Sports, a. a. O., 118.
[273] LENK vermutet aufgrund der Unschärfe dieses Begriffes eine Überschätzung des tatsächlichen Aktivenanteils in Vereinen. Vgl. LENK, H.: Materialien . . ., a. a. O., 29.
[274] Vgl. Fragebogen im Anhang, Frage B 1.
[275] Vgl. hierzu die Diskussion über aktives und „passives" Sportengagement (Informations- und Schauinteresse) im Verein, in: SCHLAGENHAUF, K.: Sportvereine in der Bundesrepublik Deutschland – Teil I, a. a. O., 86 – 93.
Vgl. SPECHT, K.-G.: Sport in soziologischer Sicht. In: Studium Generale 13 (1960) 1, 34.
[276] Auf diesem Wege ergibt sich innerhalb unserer Stichprobe ein durchschnittlicher „Aktivenanteil" von ca. 49%. Geht man davon aus, daß die soziale Situation der Befragung die Ergebnisse eher in der ‚gesellschaftlich erwünschten' Richtung beeinflußt, so ist möglicherweise mit einem noch niedrigeren Aktivenanteil zu rechnen. EICHLER errechnet z. B. einen Anteil von 40% regelmäßig aktiven, in Vereinen organisierten Mitgliedern.
Vgl. EICHLER, G.: Sport im Betrieb. Unveröffentlichter Zwischenbericht eines Forschungsprojektes im Auftrag des Bundesinstituts für Sportwissenschaft. Hamburg 1977, 1.
[277] Vgl. SCHLAGENHAUF, K.: Sportvereine in der Bundesrepublik Deutschland – Teil I, a. a. O., 173 – 178.

Hieraus resultieren neben den sportartenspezifischen Einflüssen die größeren Anteile an „Passiven"[278] in kleineren Vereinen, unabhängig von der Größe der Gemeinde, in der der Verein angesiedelt ist. Durchschnittlich steigt der Anteil regelmäßig sportlich aktiver Mitglieder von 40% in kleinen Einspartenvereinen stetig bis auf 60% bei hauptamtlich geführten Großvereinen[279].

Um den Einfluß der Vereinsart auszuschalten und somit das Verhältnis von aktiven zu nicht oder weniger aktiven Mitgliedern bei einzelnen Sportarten besser erfassen zu können, wurde in der nachfolgenden Tabelle eine Rangfolge der Sportarten nach der Ausprägung des Aktivenanteils erstellt, wobei ausschließlich Vereine mit nur einer Sportart Berücksichtigung fanden.

Tabelle 27   Rangfolge der Sportarten nach dem Anteil sportlich aktiver Mitglieder.

Sportart[280]	Prozent[281]
Rudern x)	28
Schwerathletik x)	29
Schießen	31
Fußball	33
Ski	35
Kanu	36
Eissport x)	37
Radsport	37
Boxen x)	38
Turnen	38
Luftsport	39
Leichtathletik x)	40
Reiten	40
Schwimmen	42
Fechten x)	44
Tennis	46
Segeln	46
Volleyball x)	47
Tischtennis	48
Handball x)	49
Badminton x)	51
Golf x)	52
Tanzsport	55
Judo	63
Kegeln	69

Quelle: Funktionsträgerstichprobe
Anmerkung: Die restlichen 4 erhobenen Sportarten wurden wegen zu geringer Besetzung nicht in die Tabelle aufgenommen.

---

[278] Vgl. Tabelle 26, Anteil sportlich aktiver Mitglieder in den einzelnen Vereinsarten.
[279] Ehrenamtlich geführte Großvereine weisen nahezu den gleichen Anteil aktiver Mitglieder auf, während die mittelgroßen Vereine mit mehreren Abteilungen bei einem Aktivenanteil von 49% genau im Durchschnitt aller Vereine liegen.
[280] Die Werte für die mit x) gekennzeichneten Sportarten sind aufgrund geringer Feldbesetzungen mit Unsicherheiten behaftet.
[281] Der hier ausgewiesene Anteil an mindestens einmal in der Woche aktiv sporttreibenden Mitgliedern beruht auf einer Schätzung dieses Anteils durch die Funktionsträger, da hierüber im Verein natürlich keine Aufzeichnungen existieren. Vgl. Fragebogen im Anhang – Frage B 1.

Wie die Tabelle zeigt, ergeben sich zwischen den einzelnen Sportarten zum Teil erhebliche Unterschiede im Anteil der regelmäßig sportlich Aktiven. Die Reihenfolge der einzelnen Sportarten zeigt jedoch keinen erkennbaren Zusammenhang mit den von uns kontrollierten Strukturvariablen, so daß dahinter andere, hier nicht belegbare, sportartenspezifische Bestimmungsgründe zu vermuten sind.

Die Daten zur Struktur und Entwicklung des Sports in der Bundesrepublik haben gezeigt, daß wir es mit einem Feld im Bereich des Freizeitverhaltens der Bürger zu tun haben, das keineswegs als fixiert und abgesteckt betrachtet werden kann. Ein ständiger Wechselwirkungsprozeß zwischen Angebot und Nachfrage bestimmt einerseits den Kreis der im Verein aktiven Sportler und andererseits die Struktur des organisatorischen Rahmens vereinsgetragener Sportaktivität.

Es ist zunächst nicht zu erwarten, daß dieser Entwicklungsprozeß zum Stillstand kommt; im Gegenteil hat der Deutsche Sportbund mit seiner langfristigen Forderung ‚Sport für alle' ein Ziel gesetzt, dessen Verwirklichung er unter aktiver Mitwirkung des Staates, mit Hilfe werblicher und gesellschaftspolitischer Maßnahmen sowie finanzieller Investitionen zu erreichen bestrebt ist.

Nach den Ergebnissen dieser Untersuchung ist die Erreichung dieses hochgesteckten Zieles unabdingbar verknüpft mit der Beseitigung der gravierenden schichtenspezifischen sowie alters- und geschlechtsspezifischen Ungleichgewichte innerhalb der Mitgliederschaft des Deutschen Sportbundes.

Ein durchschnittlicher Anteil von nur 40% regelmäßig aktiv sporttreibender Vereinsmitglieder, wie er in diesem Zusammenhang ermittelt wurde, macht jedoch deutlich, daß unter der *Prämisse* eines für jeden einzelnen notwendigen und wünschenswerten körperlichen Ausgleichs, wie sie der freizeitpolitischen Konzeption des DSB zugrunde liegt, die zu ergreifenden Maßnahmen nicht allein auf noch *zusätzlich* zu ‚mobilisierende' Sportvereinsmitglieder begrenzt sein dürfen, sondern daß auch Überlegungen notwendig werden, in welcher Weise das evidente Aktivitätsdefizit *innerhalb* der bestehenden Mitgliedschaft abgebaut werden könnte.

6. Die Angebotsstruktur des Sportvereinswesens in der Bundesrepublik Deutschland

Die nachfolgende Analyse der Angebotsstruktur steht in engem Zusammenhang mit der Verteilung und Lozierung der einzelnen Vereinsarten und führt somit die im letzten Kapitel begonnene Strukturbeschreibung der Sportvereinsorganisation in der Bundesrepublik Deutschland fort.

Das Angebot des Vereins, wie wir es im Folgenden verstehen wollen, umfaßt sowohl einen qualitativen als auch einen quantitativen Aspekt. Der qualitative Aspekt ist für den sportlichen Bereich eng verknüpft mit der Organisationsstruktur des Vereins, in diesem Falle mit der horizontalen Differenzierung, d. h. Abteilungsgliederung, die in erster Linie von der Anzahl der angebotenen Sportarten im Verein bestimmt ist. Eine zweite „Qualität" des Vereinsangebots resultiert aus der Funktion des Vereins im Bereich der Geselligkeit und ist an die Durchführung offizieller geselliger Veranstaltungen geknüpft.

Der quantitative Aspekt des Angebots soll in der jeweiligen Anzahl der einzelnen Vereinsaktivitäten im sportlichen und geselligen Bereich festgelegt sein.

6.1 DIE ANGEBOTSSTRUKTUR IM BEREICH DER SPORTLICHEN AKTIVITÄTEN

Im Zusammenhang mit der Diskussion über die Entwicklung des Sports in unserer Gesellschaft erhebt sich immer wieder die Frage, ob die vorhandene Struktur der Sportvereine in der Lage ist, die ständig zunehmende Nachfrage auf Dauer zu befriedigen. Trotz der beispielhaften Elastizität, die die Sportvereine angesichts des umfangreichen Mitgliederzuwachses der letzten Jahre bewiesen haben, schließt sich die Vermutung an, daß die im vorangegangenen Abschnitt festgestellten Beteiligungsdefizite bestimmter Bevölkerungsgruppen nicht zuletzt auf eine gewisse Einseitigkeit des Angebots vieler Vereine zurückzuführen sind[282].

Unter diesem Gesichtspunkt richtete der DSB wiederholt auffordernde Appelle an die Vereine mit derzeit noch begrenztem Angebot, das in ihnen schlummernde Potential zu aktivieren und den ihnen in immer größerem Maße „zugedachten" sozialen Aufgaben gerecht zu werden[283].

Uns soll an dieser Stelle weder der normative Aspekt solcher Aussagen beschäftigen, noch die möglichen Konsequenzen einer solchen Entwicklung gerade in den angesprochenen Funktionsbereichen Integration und Identifikation. Der folgende Abschnitt dient vielmehr der Analyse charakteristischer Sportangebote in bestimmten Vereinsarten, Gemeinden und Regionen ebenso wie der Aufdeckung von sogenannten „weißen Flecken" im Angebot der Sportvereine.

Das Sportangebot in der Bundesrepublik umfaßt eine Vielzahl unterschiedlichster Arten der sportlichen Betätigung: von der traditionsreichen, weit verbreiteten Sportart Turnen, über

---

[282] Am häufigsten steht die mangelnde Angebotsbreite vieler Einzweckvereine, vor allem in der Sportart Fußball, im Mittelpunkt der Diskussion.
Vgl. DAUME, W.: Der Verein als Träger . . ., a. a. O., 35.
[283] Vgl. PALM, J.: Sport für alle. In: DSB (Hrsg.): Jahrbuch des Deutschen Sports 1968, 20.

alteingesessene, heute in ihrer Entwicklung nahezu rückläufige Sportarten wie Boxen oder Rudern, bis hin zu neu entstandenen Nachfragearten, etwa Volleyball oder Judo[284].

Fußball ist unter den Vereinen die mit Abstand verbreitetste Sportart vor Turnen, Tischtennis und Leichtathletik. Nach den bei uns traditionell weit verbreiteten Disziplinen Handball und Schießen folgen jedoch schon so aufstrebende Sportarten wie Tennis und Volleyball.

Tabelle 28   Anteil der einzelnen Sportarten am Sportangebot der Vereine (Ein- und Mehrspartenvereine) in der Bundesrepublik (G = 3158).

Sportart[285]	Prozent
Badminton	3,0 %
Basketball	3,0 %
Boxen	1,0 %
Eissport	2,0 %
Fechten	1,5 %
Fußball	43,0 %
Golf +)	0,5 %
Handball	11,5 %
Hockey	1,0 %
Judo	4,5 %
Kanu	2,0 %
Kegeln	7,0 %
Leichtathletik	19,5 %
Luftsport	1,5 %
Motorsport +)	0,5 %
Radsport	3,0 %
Reiten	5,0 %
Rollsport +)	0,5 %
Rudern	1,0 %
Schießen	10,5 %
Schwerathletik	2,0 %
Schwimmen	9,5 %
Segeln	2,0 %
Ski	7,0 %
Tanzsport	1,5 %
Tennis	10,0 %
Tischtennis	25,5 %
Turnen	29,5 %
Volleyball	9,0 %
sonstiges	19,0 %

Quelle: Funktionsträgerstichprobe

[284] Vgl. Anhang Tabelle 8, Mitgliederzuwachs in den einzelnen Sportarten von 1965–1976 nach Alter und Geschlecht.
[285] Für die mit +) gekennzeichneten Sportarten sind die Aussagen aufgrund der relativ niedrigen Feldbesetzungen mit Unsicherheiten behaftet.

Diese Reihenfolge spiegelt natürlich nicht das Gewicht der einzelnen Sportarten innerhalb des DSB wider, da hierbei die Vereins- bzw. Abteilungsgrößen unberücksichtigt bleiben (vgl. hierzu Anhang *Tabelle 31*, Zusammenhang von Sportart und Mitgliederzahl des Vereins).

6.1.1 Vereinsartenspezifisches Sportangebot

Die diversen Sportarten, die bereits eine unterschiedliche Verbreitung aufweisen, verteilen sich zusätzlich auch ungleichgewichtig auf die einzelnen, organisatorisch verschiedenen Vereinsarten, vom kleinen Verein mit nur einer Abteilung bis hin zu vielspartigen Großgebilden.

Im Jahre 1968 betrieb nach Angaben des Deutschen Sportbundes[286] etwa die Hälfte aller Vereine nur eine Sportart. Trotz aller Bemühungen des DSB, die Vereinsorganisation in eine bestimmte Richtung zu lenken, weg vom ‚Monokulturverein' hin zu einem breiteren, alle Bevölkerungsgruppen ansprechenden Angebot[287], hat sich hieran bis heute wenig geändert.

Der von uns ermittelte Anteil an Einzweckvereinen, der mit etwa 54% sogar über dem von 1968 liegt, verdeckt jedoch eine geteilte Entwicklung: Auf der einen Seite die tatsächliche Erweiterung des Angebots bei einer Anzahl ehemaliger Einzweckvereine, auf der anderen Seite eine Reihe Neugründungen von Vereinen mit nur einer Sportart. Etwa jeder vierte Verein mit heute zwei Sportarten hat erst in den letzten 3 Jahren die zweite Sportart in sein Angebot aufgenommen[288, 289].

Demgegenüber bieten etwa drei Viertel der nach 1970 gegründeten Vereine nur eine Sportart an, überwiegend in Bereichen spezieller und sozial attraktiver Sportarten wie Tennis und Reiten.

Das Übergewicht von – aufgrund der besonderen Anlagensituation – ‚typischen' Einspartenvereinen unter den Neugründungen (vor allem in den Prestigesportarten) gegenüber dem Trend zur Angebotserweiterung bei Vereinen mit bisher nur einer Sportart zeichnet für den leichten Anstieg des Anteils an Vereinen mit eindimensionalem Sportangebot verantwortlich.

Insgesamt fanden sich nur 21% aller Vereine zwischen 1972 und 1975 bereit, ihr Sportangebot zu erweitern[290]; eine Bereitschaft, die sich jedoch in unterschiedlichem Maße auf die einzelnen Vereinsarten verteilt.

Am aktivsten waren hierbei die ehrenamtlich geführten Großvereine (56%)[291] und die Mehrspartenvereine mittlerer Größe (38%), dann erst folgten die hauptamtlich geführten Großvereine (33%) und die kleinen Mehrspartenvereine (28%). Die geringste Neigung zur Aufnahme neuer Sportarten zeigen innerhalb der Einspartenvereine die Prestigesportarten.

---

[286] Vgl. PALM, J.: Sport für alle, a.a.O., 20.
[287] Vgl. DSB (Hrsg.): Freizeitpolitische Konzeption des Deutschen Sportbundes. In: KLEIN, W. (Hrsg.): Deutsches Sporthandbuch II, 3/2, 1.
[288] Vgl. Anhang *Tabelle 29*, Erweiterung des Sportangebotes (1972–1975) in Mehrspartenvereinen.
[289] Unsere Ergebnisse lassen erkennen, daß Fußball- und Tischtennisvereine mit 28% bzw. 35% überdurchschnittlich zu dieser Entwicklung beitragen. Das bedeutet jedoch nicht, daß nicht auch andere Sportarten, über die wir aufgrund zu geringer Feldbesetzungen keine Aussagen machen können, ähnliche Tendenzen aufweisen können.
[290] 79% der Vereine gaben an, in diesem Zeitraum keine neue Sportart aufgenommen zu haben; 14% hatten ihr Angebot um eine, 7% um mehr als eine Sportart erweitert.
[291] D.h. 56% der ehrenamtlichen Großvereine haben in den letzten 3 Jahren (vor 1975) neue Sportarten aufgenommen.

Als bevorzugte Sportarten bei der Angebotserweiterung erwiesen sich:
- Volleyball   (10%)[292]
- Tischtennis   (10%)
- Turnen   (8%)
- sonstige Sportarten   (8%)
- Tennis   (5%)
- Judo   (3%)
- Leichtathletik   (3%)

Langfristig betrachtet wird diese Entwicklung zu einer stärkeren Polarisierung des Vereinswesens führen: Auf der einen Seite diejenigen Vereine, für die aufgrund sportartspezifischer und in der Hauptsache anlagenbedingter Festlegung eine Erweiterung des Sportangebots problematisch erscheint, auf der anderen Seite diejenigen, deren Konzeption eine Ausweitung des Angebots auf mehrere Sportarten erlaubt. Letzteres betrifft in erster Linie allgemeine Turn- und Sportvereine, deren Potential an Sporthallen, Freiplätzen und Mitarbeitern bei entsprechender Planung und Organisation aber auch Unterstützung von außen, eine solche Entwicklung eher gegeben erscheinen läßt, als dies bei Vereinen etwa in den Sportarten Golf, Tennis, Schießen oder Kegeln möglich wäre, bei denen die Aufnahme einer zusätzlichen Sportart die Beschaffung vollkommen anders gearteter Anlagen notwendig machen würde. Allein von daher erscheint ein deutliches Absinken des Anteils an Vereinen mit nur einer Sportart in absehbarer Zeit als unwahrscheinlich.

Der seit 1965 relativ gleichbleibende Anteil an Einzweckvereinen ist, wie wir gesehen haben, zumindest zum Teil auf bestimmte Merkmale der Sachgesetzlichkeit von Sportanlagen zurückzuführen, d. h. inwieweit diese vielseitig einsetzbar sind oder nur die Ausübung einer bestimmten Sportart gestatten.

Es gibt also Sportarten, die überwiegend in kleineren, ausschließlich auf dieses spezielle Angebot fixierten Vereinen organisiert sind und solche, die fast immer in Verbindung mit mindestens einer anderen Sportart auftreten[293, 294].

Auffallend ist, daß es nur wenige Sportarten sind, die sich dem breiten Angebot größerer Vereine entziehen oder dort im Verhältnis zu den meisten anderen Sportarten relativ selten zu finden sind[295]. Hierzu zählen in erster Linie
- Reiten
- Luftsport
- Schießen
- Radsport und
- Fußball.

Mit Ausnahme der Sportart Fußball, die häufig in kleinen und mittleren Vereinen mit zwei bis fünf Sportarten, also noch begrenztem Angebot, vertreten ist[296], sind die Vereine der

---

[292] D.h. 10% aller Vereine, die heute mehr als eine Sportart angeben, haben in den letzten 3 Jahren Volleyball in ihr Angebot aufgenommen.
[293] Vgl. Anhang *Tabelle 30*, Die Verteilung einzelner Sportarten auf Vereine mit unterschiedlich großem Sportangebot.
[294] Vgl. Anhang *Tabelle 31*, Die Verteilung einzelner Sportarten auf Vereine mit unterschiedlichen Mitgliederzahlen.
[295] Vgl. Anhang *Tabelle 32*, Die Verteilung der einzelnen Sportarten auf die nach ihrer Organisationsform unterschiedenen Vereinsarten (I – VIII).
[296] Vgl. Anhang *Tabelle 30*, Die Verteilung einzelner Sportarten auf Vereine mit unterschiedlich großem Sportangebot.

anderen obengenannten Sportarten beinahe uneingeschränkt auf ihr spezifisches Angebot festgelegt. Während für Reiten, Golf und Luftsport die überwiegende Rekrutierung der Mitglieder aus gehobenen sozialen Schichten sowie anlagenbedingte Sachgesetzlichkeiten eine Integration in Großvereine erschweren, beruht dies bei Schießen auf der von der langen Tradition bestimmten und historisch gewachsenen Unabhängigkeit dieser Sportart[297].

Entscheidend für die Organisation des Radsports überwiegend in Einspartenvereinen war die verminderte Nachfrage im Verhältnis zu anderen Sportarten gerade zu der Zeit, als die Entstehung der Großvereine mit ihrer speziellen Nachfrageorientierung anderen Sportarten, wie z. B. Turnen, zu hohen Zuwachsraten verhalf[298]. Die zunehmende Orientierung der mittleren und großen Mehrspartenvereine an der Freizeitsportnachfrage ist es auch, die Fußball in dieser Kategorie von Vereinen weniger häufig erscheinen läßt. Die ‚typische' Organisationsform für diese Sportart ist nicht, wie häufig fälschlicherweise angenommen, der Einzweckverein, sondern der kleine bis mittelgroße Verein mit mehreren Abteilungen.

Zu den oben genannten Sportarten, die nur selten in Großvereinen anzutreffen sind und als ‚typische' Kleinvereine mit meist nur einer Abteilung zu charakterisieren sind, gesellt sich der Kanu-Sport, der einerseits in besonders ausgeprägter Weise die Organisationsform des Einzweckvereins bevorzugt, andererseits jedoch auch in den Angeboten der Großvereine überrepräsentiert ist[299].

Als ausgesprochene ‚Großvereinssportarten' hingegen können
- Badminton
- Basketball
- Fechten und
- Judo

bezeichnet werden[300]. In diesem Zusammenhang wird deutlich, daß die Vereinsform des ehrenamtlichen Großvereins trotz einer durchschnittlich niedrigeren Abteilungszahl (geringere formale Gliederung) ein breiteres Angebotsspektrum aufweist als der hauptamtlich geführte Großverein[301].

Mittelgroße Vereine (300—1000 Mitglieder) mit mehreren Abteilungen sind in der Variationsbreite ihres Angebotes dem Großverein ähnlicher als dem kleinen Mehrspartenverein, obwohl sich in bezug auf die durchschnittliche Anzahl angebotener Sportarten Klein- und Mittelvereine weniger unterscheiden[302]. Dies deutet darauf hin, daß es in der Entwicklung eines allgemeinen Turn- und Sportvereins zunächst eine bestimmte ‚Basisnachfrage' zu befriedigen gilt, auf der aufbauend dann die Möglichkeit der Variation zusätzlicher Sportangebote eher gegeben ist als in Vereinen, in denen sogenannte ‚Grundsportarten' noch fehlen. Diese Entwicklung kann natürlich nicht unabhängig von der Angebotssituation im näheren

---

[297] Vgl. DUNCKELMANN, H.: Lokale Öffentlichkeit. Stuttgart 1975, 81—85.
[298] Es ist jedoch denkbar, daß zum gegenwärtigen Zeitpunkt der Radsport aufgrund der internationalen Erfolge einiger deutscher Radfahrer im Begriff ist, sich den Zugang zum stärker nachfrageorientierten Angebot der größeren Vereine zu verschaffen.
[299] Vgl. Anhang *Tabelle 32*, Die Verteilung der einzelnen Sportarten auf die nach ihrer Organisationsform unterschiedenen Vereinsarten (I—VIII).
[300] Nach den Ergebnissen der *Tabelle 32* sind hierzu noch die Sportarten Boxen und Hockey zu rechnen, deren prozentuale Verteilung aufgrund der relativ geringen Besetzung jedoch mit Unsicherheiten behaftet ist.
[301] Vgl. Anhang *Tabelle 30*, Die Verteilung einzelner Sportarten auf Vereine mit unterschiedlich großem Sportangebot.
[302] Die durchschnittliche Anzahl angebotener Sportarten beläuft sich bei Großvereinen auf 6,0 / Mittelvereinen auf 3,9 / Kleinvereinen auf 2,3 (bezogen auf Mehrspartenvereine).

Umfeld des Vereins gesehen werden und gilt deshalb hauptsächlich für kleinere Gemeinden mit einem begrenzten Vereinsangebot.

Die Tatsache, daß bestimmte Sportarten in einzelnen Vereinsarten häufiger zu finden sind als in anderen[303], wirft die Frage auf, ob nicht auch aufgrund entwicklungsgeschichtlicher oder nachfragespezifischer Gegebenheiten bestimmte Kombinationen von Sportarten häufiger auftreten als andere. SCHLAGENHAUF hat im ersten Teil der Untersuchung eindeutige Affinitäten zwischen einzelnen Sportarten in bezug auf das gemeinsame Auftreten bei aktiv Sporttreibenden beschrieben[304]. Gemeinsame Ausübung einzelner Sportarten läßt jedoch noch nicht auf gemeinsame organisatorische Bindungen innerhalb von Sportvereinen schließen.

Betrachten wir das Sportangebot in Vereinen mit mehreren Abteilungen, dann finden sich die deutlichsten organisatorischen Affinitäten, wie bereits nach ihrem Anteil an Vereinen mit mehreren Sportarten zu erwarten war (vgl. Anhang, *Tabelle 30*), zwischen den „typischen" Großvereinssportarten:

                Basketball – Fechten   (4,4)[305]
                Fechten   – Judo   (4,4)
                Judo   – Basketball (3,7).

Hinzu kommen organisatorische Bindungen einiger Sportarten, die nicht auf der umfassenden Angebotsvielfalt größerer Vereine beruhen.

Hier wäre an erster Stelle die traditionell bedingte Verbindung von Hockey und Tennis zu nennen, die überhaupt den stärksten Affinitätsgrad (4,8) innerhalb unserer Stichprobe aufweist. Es folgen mit ähnlich hohem Wert:

                Kanu   – Skilaufen (4,1)
                Kegeln   – Schießen   (3,6).

Für die häufige organisatorische Verbindung von Kegeln und Schießen spricht außer der besonderen Geselligkeitsorientierung beider Sportarten vor allem ein Gesichtspunkt der Sachgesetzlichkeit von Sportanlagen. Sowohl Schießstätten als auch Kegelbahnen treten häufig in Verbindung mit gastronomischen Betrieben auf, die nicht selten auch über beide Anlagenarten verfügen.

Die organisatorische Verbindung von Sportarten kann in gewisser Weise als „gerichtet" angesehen werden. Während z. B. in 58% der Hockeyvereine, in welchen nicht ausschließlich diese Sportart ausgeübt wird, zusätzlich Tennis gespielt wird, haben umgekehrt lediglich 8% der Vereine mit Tennisabteilungen auch Hockey in ihrem Angebot[306]. Diese „Richtung" des Zusammenhanges ist eine Funktion der relativen Häufigkeit der einzelnen Sportarten[307]. Im

---

[303] Vgl. Anhang *Tabelle 32*, Die Verteilung der einzelnen Sportarten auf die nach ihrer Organisationsform unterschiedenen Vereinsarten (I – VIII).

[304] Vgl. SCHLAGENHAUF, K.: Sportvereine in der Bundesrepublik Deutschland – Teil I, a. a. O., 75 – 77.

[305] Vgl. Anhang *Tabelle 33*, Organisatorisch bedingte Affinitäten zwischen den einzelnen Sportarten in Vereinen, die mehr als eine Sportart anbieten. Die *genaue Erklärung* der Klammerwerte findet sich bei Tabelle 33 im Anhang.

[306] Vgl. Anhang *Tabelle 34*, Die Häufigkeit des gemeinsamen Auftretens unterschiedlicher Sportarten in Mehrspartenvereinen.

[307] D. h., wenn von 100 Sportvereinen 80 Fußball und 40 Tischtennis anbieten, folgt daraus, daß 20 Vereine sowohl Fußball als auch Tischtennis betreiben. Bezogen auf die Anzahl der Fußballvereine sind dies 25%, bezogen auf die Tischtennisvereine jedoch 50%. Dies läßt sich als eine intensivere Bindung von Tischtennis an Fußball interpretieren als umgekehrt von Fußball an Tischtennis. Wir haben diese Art der Bindung deshalb als ‚quasi-gerichtet' bezeichnet, da sie statistisch zwangsläufig immer dann entsteht, wenn Sportarten eine unterschiedliche Verbreitung aufweisen.

Falle von Tennis und Hockey ist für diese „Schiefe" im Bindungsverhältnis die in den letzten Jahren erfolgte Nachfrageveränderung verantwortlich. Die steigende Beliebtheit von Tennis gegenüber Hockey führte zur Aufnahme dieser Sportart in das Angebot vieler Großvereine und bewirkte somit die in *Tabelle 33* erkennbare Affinität der Sportart Tennis zu den meisten „Großvereinssportarten". (Vgl. hierzu auch *Tabelle 32*, Die Verteilung der einzelnen Sportarten auf die nach ihrer Organisationsform unterschiedenen Vereinsarten [I–VIII]).

Beschränkt man die Betrachtung auf Vereine, die jeweils nur zwei Sportarten anbieten, so verändert sich dieses einseitige Bindungsverhältnis zugunsten einer wesentlich stärkeren, beiderseitigen Affinität.

Die sich heute noch abzeichnende organisatorische Affinität zwischen Tennis und Hockey macht sichtbar, welche Bedeutung Traditionen und historische Entwicklungen auch für gegenwärtige Strukturen besitzen. Einige andere Beispiele sollen diesen entwicklungsgeschichtlichen Zusammenhängen nachgehen.

Sommer- und Wintersportarten erscheinen aufgrund ihrer saisonalen Abhängigkeit als Ergänzungssportarten innerhalb eines Vereins besonders geeignet. Diese Komplementärfunktion der Sportarten Kanufahren und Skilaufen hat dazu geführt, daß schon der Touristenverein „Die Naturfreunde" als Teil der Arbeitersportbewegung bevorzugt jene Sportarten betrieb[308], deren organisatorische Verbindung sich auch im vorliegenden Material bestätigt.

Die Leichtathletik zum Beispiel entwickelte sich in Deutschland in den Anfängen nicht in eigenen Vereinen[309], sondern wurde zunächst frei oder als Abteilung in den schon bestehenden Turn- und Fußballvereinen betrieben. Dies findet seinen Niederschlag in dem sehr hohen Anteil (über zwei Drittel) der alten Vereine (vor 1918 gegründet) innerhalb derjenigen Sportorganisationen, die heute nur Turnen und Leichtathletik anbieten. Bei der Kombination von Fußball und Leichtathletik liegt der überdurchschnittliche Teil der Gründungen (40%) zwischen 1918 und 1945.

Nach dem ersten Weltkrieg (1919) begann in den Vereinen der damaligen ‚Deutschen Sportbehörde für Leichtathletik' die Gründung von Frauen- und Handballabteilungen[310]. Die Tatsache, daß wir noch heute, fast 60 Jahre später, nach einer sicherlich stürmischen Entwicklung im Bereich der Sportvereine eine überdurchschnittlich häufige organisatorische Verbindung dieser Sportarten feststellen können[311], verdeutlicht, zusammen mit den anderen Beispielen, die gelegentlich langfristige Wirkung verbands- und vereinspolitischer Entscheidungen.

Eine Verbindung von Turnen und Schwimmen als Folge des Aufrufes der Deutschen Turnerschaft an ihre Vereine aus dem Jahre 1893[312], Schwimmabteilungen zu gründen, läßt sich in Vereinen mit begrenztem Angebot jedoch heute nicht mehr nachweisen.

Nachdem schon die geringe Bandbreite im Sportangebot kleinerer Mehrspartenvereine auf die Existenz einer gewissen ‚Basisnachfrage' im Sport schließen ließ, brachte die nähere

---

[308] Vgl. UEBERHORST, H.: Frisch, frei, stark und treu: Die Arbeitersportbewegung in Deutschland 1893–1933. Düsseldorf 1973, 113.

[309] Vgl. SAURBIER, B.: Geschichte der Leibesübungen. Frankfurt/M. 1976, 190.
Vgl. EICHEL, W.: Die Körperkultur in Deutschland von 1789 bis 1917. Berlin 1965, 250.

[310] Vgl. DIEM, C. (Hrsg.): Jahrbuch der Leibesübungen 1931. Berlin 1931, 80.
Vgl. DIEM, C. (Hrsg.): Vereine und Verbände für Leibesübungen. Berlin 1923, 196.

[311] Vgl. Anhang *Tabelle 33*, Organisatorisch bedingte Affinitäten zwischen den einzelnen Sportarten in Vereinen, die mehr als eine Sportart anbieten.

[312] Vgl. NEUENDORF, E.: Die Deutsche Turnerschaft 1860–1936. Berlin 1936, 114.

Analyse der organisatorischen Bindung einzelner Sportarten einen weiteren Beleg für diese Vermutung.

Begrenzt auf Vereine mit einem *schmalen Sportangebot* von zwei, maximal drei Sportarten, erkennen wir deutliche Zusammenhänge zwischen einigen, man könnte sagen, „Grundsportarten".

Hierzu gehören:

- Fußball
- Handball
- Leichtathletik
- Tischtennis und
- Turnen[313].

Die stärksten Beziehungen finden sich innerhalb dieser Sportarten zwischen:

Handball – Turnen
Fußball – Tischtennis
Fußball – Turnen
Turnen – Leichtathletik.

Die Tatsache, daß die Zwei- oder Dreispartenvereine mit diesen Sportartenkombinationen vorwiegend in kleineren Gemeinden auftreten, unterstreicht das Vorhandensein einer ‚Basisnachfrage' nach bestimmten ‚Grundsportarten'[314]. Erst aufbauend auf diesen oder einigen dieser Sportarten gesellen sich bei Erweiterung des Angebots „typische", wie wir sie oben bezeichnet haben, „Großvereinssportarten", wie Basketball, Fechten oder Judo hinzu. Hieraus erklärt sich auch die deutliche Affinität dieser Sportarten untereinander.

Der Begriff der ‚Basisnachfrage' ist jedoch insofern mißverständlich, als er dahingehend interpretiert werden könnte, als existiere unabhängig vom vorhandenen Sportangebot eine Art ‚Bedürfnis' der Bevölkerung nach eben diesen Grundsportarten. Diese Schlußfolgerung widerspricht jedoch unserem bereits dargelegten Verständnis von Sportaktivität als einem sozial determinierten Verhaltensmuster, das neben der Ausprägung durch selektive Vermittlungsprozesse[315] auch durch die Wechselwirkung zwischen Angebot und Nachfrage bestimmt ist.

6.1.2 Leistungsanforderungsspezifische Differenzierungen im Sportangebot der Vereine

Neben der Anzahl unterschiedlicher Sportarten, die innerhalb eines Vereins betrieben werden können, ist für den Aufforderungscharakter des Vereinsangebots mitentscheidend, welche allgemeine Orientierung diesem Angebot zugrundeliegt. Das heißt, ob in einer

---

[313] Die zwischen Fußball und Handball (0,9) sowie Fußball und Leichtathletik (0,9) in *Tabelle 33* (Anhang) ausgewiesenen negativen Zusammenhänge erklären sich aus der unterschiedlichen Integration dieser Sportarten in das Angebot von großen und mittleren Vereinen mit mehreren Sparten (vgl. hierzu auch Anhang *Tabelle 30*).

[314] Diese Annahme wird dadurch erhärtet, daß Vereine mit nur einer Sportart, die ihr Angebot erweitern, bestimmte Sportarten vorziehen. Von den Fußballvereinen haben sich hierbei 42% für Turnen und 26% für Tischtennis entschieden. Für diese These spricht ebenfalls der relativ hohe Anteil an Vereinen, der in den letzten 3 Jahren gerade diese „Basissportarten" aufgenommen hat.
Vgl. hierzu Anhang *Tabelle 35*, Anteil der einzelnen Sportarten an der Erweiterung von Vereinsangeboten zwischen 1972 und 1975.

[315] Zur näheren Erläuterung der „Selektionshypothese" als Erklärungszusammenhang für die Ausprägung individuellen Sportverhaltens vgl. LINDE, H.: Zur Soziologie des Sports – Versuch einer empirischen Kritik soziologischer Theoreme. In: PLESSNER/BOCK/GRUPE: Sport und Leibeserziehung. München 1967, 103–121.

speziellen Sportart der Übungsbetrieb eher auf Wettkampf- und Leistungssport ausgerichtet ist oder ob mehr Wert auf eine allgemeine, weniger an Leistung orientierte sportliche Aktivität gelegt wird. Gerade im Zuge des Bemühens um neue potentielle Mitglieder spielt die Art und Ausprägung der durch ein spezielles Angebot geforderten Leistung eine wichtige Rolle für die Neigung einzelner Bevölkerungsgruppen zum Vereinsbeitritt. Zum einen sind hiervon all jene berührt, für die, aufgrund bestimmter Rollenerwartungen, aber auch physischer Begrenzungen, einzelne Sportarten (Leistungsanforderungen) weniger geeignet erscheinen (im wesentlichen Frauen, Kinder, Ältere und Behinderte), zum anderen diejenigen, die aufgrund ihres sozialen Status nicht uneingeschränkt den auf Leistung und Leistungsvergleich abgestimmten Normen und Werten der Mittelschicht verpflichtet sind[316].

Da durch die spezifischen Leistungsanforderungen des traditionellen Sportangebotes bestimmte Personengruppen nur unzureichend angesprochen werden konnten, galt in den letzten Jahren das Bemühen des DSB dem Aufbau und der Erweiterung eines „Breitensportangebotes", das alle Bevölkerungsgruppen gleichermaßen erfassen soll[317]. Hinter dem freizeitpolitischen Konzept des Deutschen Sportbundes „Sport für alle"[318] verbirgt sich eine, wenn auch nicht exakt operationale, so doch schon differenziertere Dreiteilung sportlicher Aktivität in:
– Spitzensport
– Breitensport
– Freizeitsport.

Die durchaus sinnvolle Trennung von Breiten- und Freizeitsport beruht auf dem Merkmal der Wettkampforientierung und umgeht somit das vieldiskutierte, aber ungelöste Problem der Abgrenzung von Leistungssport und sonstiger sportlicher Aktivität[319].

Für unsere Zwecke der Unterscheidung grober Strukturmerkmale bot sich an, die zwar weniger differenzierte, jedoch weithin geläufigere Trennung in Wettkampf- und Leistungssport einerseits und allgemeinen Sportbetrieb (Freizeitsport) andererseits zur Grundlage der Fragestellung zu machen[320].

Das Problem der allgemeinen Zielorientierung von Vereinen, das wir an anderer Stelle noch näher behandeln werden (vgl. Kap. 10), stellt sich am einfachsten in solchen Sportvereinen dar,

---

[316] Vgl. HEINEMANN, K.: Sozialisation im Sport. In: Sportwissenschaft (1974) 4,57.
[317] Vgl. DEUTSCHER SPORTBUND (Hrsg.): Charta des Deutschen Sports. Frankfurt 1968, 36.
[318] Vgl. DEUTSCHER SPORTBUND (Hrsg.): Freizeitpolitische Konzeption des Deutschen Sportbundes. Frankfurt/M. 1976.
[319] Vgl. zur Problematik von Leistung und Leistungsbewertung im Sport, die hier nicht näher behandelt werden soll:
LENK, H.: Leistungssport. In: DSB (Hrsg.): Charta des Deutschen Sports. Frankfurt 1968, 49–59.
HEINEMANN, K.: Leistung, Leistungsprinzip, Leistungsgesellschaft. In: Sportwissenschaft (1975) 2.
AUSSCHUSS DEUTSCHER LEIBESERZIEHER (Hrsg.): Sozialisation im Sport. VI. Kongreß für Leibeserzieher, 10.–13. Okt. 1973 in Oldenburg. Schorndorf 1974.
GRUBE, F. u. RICHTER, G. (Hrsg.): Leistungssport in der Erfolgsgesellschaft. Hamburg 1973.
LENK, H.: Leistungssport: Ideologie oder Mythos? Stuttgart 1972.
GEBAUER, G.: „Leistung" als Aktion und Präsentation. In: Sportwissenschaft (1972) 2, 182–203.
[320] Die entsprechende Frage lautete: „Würden Sie sagen, daß in Ihrem Verein mehr Gewicht auf den Wettkampf- und Leistungssport oder auf den allgemeinen Sportbetrieb gelegt wird?" (Vgl. Fragebogen im Anhang, Frage A 18). Im weiteren Verlauf der Arbeit wird die Kategorie ‚Wettkampf- und Leistungssport' meist nur mit ‚Wettkampfsport' bezeichnet.

die nur in einer Abteilung organisiert sind. Hier lassen sich am ehesten die Unterschiede zwischen den einzelnen Sportarten aufzeigen[321].

Bei komplexeren Angebotsstrukturen in Vereinen mit mehreren Abteilungen erscheint eine generalisierende Aussage wesentlich schwieriger, wenn man annimmt, daß in den einzelnen Sparten jeweils unterschiedliche, sportartenspezifische Orientierungsmuster vorhanden sind. Nach *unserer* Ansicht jedoch zeichnen für die bestimmte Ausrichtung eines Mehrspartenvereins auf Wettkampf- und Leistungssport oder Freizeitsport weniger die sportartenspezifischen Orientierungen innerhalb des Vereins als Summe verantwortlich, als eher strukturbedingte Variablen der Organisation. Auf der einen Seite ist hierbei die Größe und Komplexität der Organisation von Bedeutung, die in gegenseitiger Abhängigkeit Einfluß auf den Anspruch der Mitglieder an die Organisation nehmen[322], auf der anderen Seite der Grad der Rationalität von Entscheidungsprozessen, mitgeprägt durch den Einsatz bezahlter Kräfte in der Vereinsorganisation[323].

Auf dem Hintergrund dieser Annahmen erscheint es sinnvoll, einer Analyse unterschiedlicher Orientierungsmuster in bezug auf Wettkampf- und Leistungs- oder Freizeitsport die nach obigen Merkmalen als analytische Kategorien gebildeten *Vereinsarten* zugrunde zu legen (vgl. zur Kategorienbildung des Merkmals Vereinsart Seite 38—40) (vgl. *Tabelle 37*, Seite 91).

Etwa ein Drittel aller Vereine nimmt für sich in Anspruch, in erster Linie Wert auf den Wettkampf- und Leistungssport zu legen. Dieser allgemeine Befund erfährt innerhalb der einzelnen Arten von Vereinen jedoch erhebliche Differenzierungen. Als am meisten „leistungsorientiert" erweisen sich die kleinen und mittelgroßen Einspartenvereine, jedoch nur in den weniger prestigebesetzten Sportarten; während umgekehrt gerade die Vereine in Prestigesportarten sich am ehesten als Organisation des Freizeitsports verstehen, wenn auch ein nicht unerheblicher Teil dieser Vereine sich gleichermaßen dem Wettkampfsport verpflichtet sieht. Es treten hier natürlich aufgrund der Einspartenorganisation hauptsächlich die sportartspezifischen Orientierungsmuster zutage (vgl. Anhang, *Tabelle 36*).

Im Gegensatz zu den kleinen und mittleren Mehrspartenvereinen, die sich überwiegend als freizeitsportorientiert bezeichnen, bieten die Großvereine, sowohl haupt- als auch ehrenamtlich geführte, innerhalb ihres umfangreichen Angebots weiten Raum für den Freizeitsport sowie den Wettkampf- und Leistungssport (vgl. hierzu Kapitel 10.2.1, Sporterfolg als Merkmal der Organisationsleistung).

---

[321] Vgl. Anhang *Tabelle 36*, Orientierungsschwerpunkte (Wettkampf- und Leistungssport/Freizeitsport) in Einzweckvereinen unterschiedlicher Sportarten.
Die Befunde dürfen an dieser Stelle nicht zu apodiktisch interpretiert werden. Sie dienen eher einer *groben* Unterscheidung von einzelnen Sportarten. Der Grund hierfür sind die Ungenauigkeiten der Ergebnisse aufgrund der subjektiven Einschätzung der Funktionsträger. Hinzu kommt der Einfluß von durch gesellschaftliche Werturteile ausgelösten Identifikationsmechanismen mit dem Verein. Deutliches Beispiel hierfür sind die wohl überhöhten Nennungen von Leistungssportorientierung gerade in Sportarten wie Kegeln, Tischtennis und Schießen, die, gemeinhin eher als „Ausgleichs- und Geselligkeitssportarten" apostrophiert, den Leistungscharakter ihrer Disziplin zu unterstreichen suchen.

[322] Es muß davon ausgegangen werden, daß die Chance einer gleichartig homogenen Orientierung an Wettkampf und Leistung abnimmt, je mehr Mitglieder ein Verein besitzt und somit zunehmend der Verschiedenheit des individuellen Leistungsvermögens und der Motivation zu sportlicher Aktivität ausgesetzt ist.

[323] Vgl. SCHLAGENHAUF, K. und TIMM, W.: The Sport Club as a Social Organization. In: International Review of Sport Sociology 11 (1976) 2, 9—30.
Eine Abhandlung ähnlichen Inhalts existiert als unveröffentlicher Vortrag zum International Seminar for Sociology of Sport in Heidelberg 1975.

Tabelle 37 Orientierungsschwerpunkte (Wettkampf- und Leistungssport/Freizeitsport) in den einzelnen Vereinsarten.

Orientierungs-schwerpunkt	Anzahl der Vereine abs. %	Vereinsart[324]							
		I %	II %	III %	IV %	V %	VI %	VII %	VIII %
eher Wettkampfsport	956 = 31%	17 (−14)	20 (−11)	29 (−2)	46 (+15)	27 (−4)	40 (+9)	18 (−13)	18 (−13)
unentschieden	707 = 23%	41 (+18)	37 (+14)	23 (0)	21 (−2)	21 (−2)	21 (−2)	31 (+8)	25 (+2)
eher Freizeitsport	1449 = 46%	42 (−4)	43 (−3)	48 (+2)	33 (−13)	52 (+6)	39 (−7)	51 (+5)	57 (+11)
Vereine zusammen	3112 =100%	100% = 52	100% = 100	100% = 654	100% = 93	100% = 1022	100% = 912	100% = 51	100% = 228

In Klammern Abweichungen vom entsprechenden Randprozentwert

$G = 3112$; $X^2 = 104$; $w(X^2) = 100\%$; $CK = 0.22$

Quelle: Funktionsträgerstichprobe

Vereinsart:
- I – Groß/hauptamtlich
- II – Groß/ehrenamtlich
- III – Mittel/mehrspartig
- IV – Mittel/einspartig (ohne Prestigesportarten)
- V – Klein/mehrspartig
- VI – Klein/einspartig (ohne Prestigesportarten)
- VII – Mittel/einspartig (nur Prestigesportarten)
- VIII – Klein/einspartig (nur Prestigesportarten)

Als eine der *wesentlichsten* Einflußgrößen auf die spezifische Orientierung eines Vereins muß nach unseren Erfahrungen die individuelle Ausrichtung und Interessenlage von Einzelpersonen angesehen werden, die aufgrund hohen persönlichen Engagements, sowohl zeitlich als auch sachlich, in sehr vielen Vereinen die Leitlinien der Vereinspolitik bestimmen. Diese ‚Personenorientierung', wie wir sie in Kapitel 2.3.4 in dem dort vorgestellten organisationssoziologischen Konzept bezeichnet haben, ist eine der strukturbestimmenden Determinanten der Leistungssportentwicklung in der Bundesrepublik (vgl. hierzu auch Kapitel 10.1, Das Vereinsziel als Maßstab der Organisationsleistung des Sportvereins).

Da ‚Personenorientierung' jedoch kein offen zutage tretendes Merkmal der Vereinsorganisation darstellt und oft nur durch intensive Gespräche mit Funktionsträgern oder durch teilnehmende Beobachtung zu ermitteln ist, entzieht sie sich der Erfassung durch die *schriftliche Erhebung* als Instrument der massenstatistischen Datengewinnung und somit auch der näheren Analyse in der vorliegenden Arbeit. Die Behandlung dieses Phänomens muß daher nachfolgenden Untersuchungen zum Problem der Zielorientierung und Führung im Sportverein anempfohlen werden.

---

[324] Erklärung der Variablen ‚Vereinsart' siehe Seite 38–40.

6.1.3 Zusätzliche Sportangebote für spezielle, weniger integrierte Personengruppen

Nicht alle Vereine jedoch, die sich als ‚freizeitsportorientiert' bezeichnen, verfügen neben dem sportartenspezifischen Übungsbetrieb über ein zusätzliches Angebot für bisher am Sport weniger beteiligte Gruppen innerhalb der Bevölkerung, die überwiegend ein Sachinteresse an nicht nur sportartengebundener, sondern eher allgemeiner sportlicher Betätigung aufweisen[325].

Entgegen der Angabe des Deutschen Sportbundes aus dem Jahre 1968, wonach damals etwa zwei Drittel aller deutschen Turn- und Sportvereine Abteilungen im Sinne des ‚Zweiten Weges'[326] hatten, und trotz ständiger Empfehlungen an die Vereine, gerade diese Art des Sportangebotes zu intensivieren[327], bietet beinahe die Hälfte aller deutschen Turn- und Sportvereine *keine* derartigen Veranstaltungen an (44%)[328].

Tabelle 38   Relative Häufigkeit spezieller Zusatzangebote in den Vereinen (Mehrfachnennungen, G = 3187).

Kinderturnen	26 %
Sport für Mutter und Kind	10 %
Sport für die ganze Familie	7 %
Sport für ausländische Arbeitnehmer	1 %
Sport für Behinderte	3 %
Sport für ältere Menschen	11 %
Trimm-Dich-Veranstaltungen	16 %
Veranstaltungen zum Erwerb des Sportabzeichens	19 %
Volksläufe	7 %
regelmäßige Veranstaltungen für Nichtmitglieder	5 %
sonstige Spezialveranstaltungen	18 %

Quelle: Funktionsträgerstichprobe

---

[325] Etwa 40% dieser Vereine konnten keine Angaben über angebotene Zusatzveranstaltungen im obigen Sinne innerhalb ihres Vereines machen.

[326] Als Zusatzangebote des ‚Zweiten Weges' gelten z. B. Veranstaltungen für Hausfrauen und berufstätige Frauen, Gymnastik für Männer, Altensport, Abnahme des Sportabzeichens, Familiensport, Kinderturnen, Sport für Mutter und Kind etc.
Vgl. PALM, J.: Sport für alle. In: DSB (Hrsg.): Jahrbuch des Sports. Frankfurt 1968, 25.

[327] Vgl. DSB (Hrsg.): Charta des Deutschen Sports. In: KLEIN, W.: Deutsches Sporthandbuch II/1, 2.
DSB (Hrsg.): Entschließung über den „Zweiten Weg". Ebenda, II/2, 1.
DSB (Hrsg.): Memorandum zur Aktion „Trimm dich durch Sport". Ebenda, II/3.1,3.
DSB (Hrsg.): Freizeitpolitische Konzeption. Ebenda, II/3.2,4.
DAUME, W.: Der Verein..., a. a. O., 35.

[328] Hierin bestätigt sich der Eindruck von LENZ-ROMEISS, die in der internen Struktur der Sportverbände und Vereine trotz breit angelaufener Freizeitsport-Kampagnen nach wie vor eine Ausrichtung auf Leistungs- und Wettkampfsport erkennt.
Vgl. LENZ-ROMEISS, F.: Freizeitpolitik in der Bundesrepublik. Göttingen 1975, 152.

Am weitesten verbreitet neben einem speziellen Angebot für Kinder sind Veranstaltungen des Freizeitsports (z. B. „Trimm Dich") und Veranstaltungen zum Erwerb des Sportabzeichens. Am wenigsten fortgeschritten ist der Versuch der Integration und sozialen Betreuung von Randgruppen. Kaum ein Prozent der Vereine verfügt über eigenständige Angebote für ausländische Arbeitnehmer, aber auch Versehrte und Behinderte sind bisher in nur geringem Umfang in den Sportangeboten berücksichtigt.

Unter dem Gesichtspunkt der organisatorischen Verankerung dieses Sportangebotes für spezielle, bisher weniger beteiligte Bevölkerungsgruppen zeigt sich eine weitgehende Disproportionalität zwischen den einzelnen Vereinsarten[329]. Ohne Ausnahme sind unter den Großvereinen die verschiedenen Zusatzangebote bei weitem am häufigsten vertreten, mit einigen Unterschieden zwischen haupt- und ehrenamtlich geführten Vereinen. Der hierauf basierende straffe Zusammenhang zwischen Organisationsform des Vereins und Ausprägung des Zusatzangebotes (d. h. wieviele verschiedene Zielgruppen angesprochen werden) besteht unabhängig von der Größe der Gemeinden, in der sich der Verein befindet. Danach scheinen ehrenamtlich geführte Großvereine sich insgesamt intensiver um ein Angebot für spezielle Gruppen zu bemühen, als hauptamtlich geführte. Innerhalb der übrigen Vereinsarten zeigt sich deutlich eine geringere Neigung von Einspartenvereinen gegenüber Mehrspartenvereinen, solche speziellen Angebote zu verwirklichen. Die Ursache hierfür liegt unter anderem in der stärkeren Leistungs- und Wettkampforientierung dieser Vereine, die häufig mit einer Festlegung auf bestimmte, sportartenspezifische Anlagen verbunden ist (z. B. bei Tennis, Radsport, Schießen, Golf etc.), deren Sachgegebenheiten die Durchführung einiger der genannten Angebote von vornherein ausschließen.

Hinzu kommt, und das gilt auch für kleinere Mehrspartenvereine, ein Mangel an speziell hierfür ausgebildeten Mitarbeitern zur Betreuung dieser Übungsangebote.

Unter der Zielvorstellung ‚Sport für alle', das bedeutet Einbeziehung aller bisher weniger beteiligten Bevölkerungsgruppen, erscheint das Zusatzangebot in den Vereinen von vorrangiger Bedeutung. Eine allgemeine Erweiterung des Sportangebots in den gängigen Sportarten und ungezielte Werbemaßnahmen zur Erhöhung der Sportnachfrage führen nur zu unbedeutenden Änderungen in der sozialen Zusammensetzung der Sporttreibenden; zu sehr sind die an einzelne Sportarten gekoppelten Verhaltenserwartungen im Bewußtsein der Gesamtbevölkerung verhaftet. Die eingeschränkte Möglichkeit der umfassenden Verbreitung solcher „erweiterten Angebote" in allen Vereinen läßt es allerdings fraglich erscheinen, ob allein auf dem Weg der Integration dieser Zusatzangebote in schon vorhandene Vereinsorganisationen ein Ausgleich bisher noch offensichtlicher Defizite, z. B. bei Frauen, Älteren und unteren Schichten, annähernd zu erreichen ist[330].

Am schwierigsten erscheint auf diesem Wege des zusätzlichen Sportangebots die stärkere Einbeziehung der unteren sozialen Schichten lösbar zu sein, da deren allgemein geringeres Aktivitätsniveau nicht durch eine zielgruppengerichtete Ansprache, wie etwa beim Frauen-

---

[329] Vgl. Anhang *Tabelle 39*, Zusätzliche Angebote des Vereins für spezielle Zielgruppen in den einzelnen Vereinsarten in Prozent.
[330] Bemühungen dahingehend sind jedoch in fast allen Landesverbänden zu beobachten. So zum Beispiel in den Broschüren des Württembergischen Landessportverbandes:
– Plan zur Förderung des Freizeitsports in Baden-Württemberg,
– Breitensportplan-Turnen und Sport für alle – des Schwäb. Turnerbundes,
  in welchen Hinweise und Erläuterungen zur Aktivierung des Freizeitsports in den Vereinen zu finden sind.

oder Seniorensport, zu beheben ist. Aufgrund der schichtenspezifisch unterschiedlichen Ausrichtung der einzelnen Sportarten muß jedoch, je nach Angebotsstruktur der einzelnen Vereinsarten, mit Abweichungen im Aufforderungscharakter dieses Sportangebotes auf die einzelnen sozialen Schichten der Bevölkerung gerechnet werden, so daß für den einzelnen Verein durch eine entsprechende Angebotspolitik ein Ausgleich in der sozialen Schichtung seiner Mitglieder am ehesten zu erreichen wäre.

Nachfolgend sollen die einzelnen Vereinsarten daraufhin miteinander verglichen werden, inwieweit der Aufforderungscharakter ihres Sportangebotes alle sozialen Schichten erfaßt.

Vereine, die jeweils nur eine Sportart anbieten, werden an dieser Stelle nicht mit in die Betrachtung einbezogen, da die ‚soziale Spannweite' ihres *Angebotes* gleich Null ist[331], d. h. hier wirkt als Einflußgröße auf die Schichtenstruktur der Mitglieder nur die eine angebotene Sportart.

Die Ergebnisse zeigen, daß selbst das Angebot der Großvereine nicht immer alle sozialen Schichten erfaßt; nur etwa zwei Drittel dieser Vereine bieten Sportarten aus allen von uns gebildeten Kategorien an, wobei ehrenamtlich geführte Großvereine aufgrund der größeren Variationsbreite ihres Angebotes über eine höhere soziale Spannweite verfügen als die hauptamtlichen Vereine gleicher Größe.

In der Gruppe der Mehrspartenvereine mittlerer Größe sinkt der Anteil der Vereine mit ‚größter sozialer Spannweite' auf etwa ein Drittel ab und Kleinvereine beschränken ihr Angebot im wesentlichen auf Sportarten aus den beiden unteren Kategorien der nach sozialem Status der Mitglieder geordneten Sportarten.

Das bedeutet, daß Sportarten, die überwiegend von Mitgliedern der mittleren und gehobenen Schichten betrieben werden, soweit sie überhaupt in Mehrspartenvereinen zu finden sind, vornehmlich in Großvereinen und in begrenztem Maße auch in mittelgroßen Vereinen angeboten werden.

Es ist hierbei nicht auszuschließen, daß diese Ergebnisse zum Teil auf einer bewußten Angebotspolitik beruhen, vor allem in kleineren Vereinen, deren Einschränkungen im Angebot überwiegend im Bereich der sogenannten ‚Prestige-Sportarten' zu finden sind. Die Integration dieser Sportarten in eine bereits bestehende Organisation ist einerseits nicht immer erwünscht, andererseits aufgrund spezieller und kostspieliger Anlagen häufig auch nicht möglich. Hinzu kommt, daß in kleineren Gemeinden, in welchen die eine oder andere Sportart schon als Einspartenverein vertreten ist, eine Aufnahme dieser Sportart in das Angebot eines lokalen Mehrspartenvereins aufgrund eines zu geringen Nachfragepotentials oftmals nicht angebracht erscheint.

Was, wie wir gesehen haben, für die mangelnde Integration sozial attraktiver Sportarten in kleinen Mehrspartenvereinen gilt, ist in umgekehrter Weise auch für das Angebot der mittleren und großen Vereine in bezug auf weniger prestigebesetzte und von der Nachfrage her weniger attraktive Sportarten festzustellen. Das bedeutet aber, daß, beeinflußt von der Vereinsstruktur eines räumlich begrenzten Gebietes, einzelne Bevölkerungsgruppen häufiger, andere dagegen weniger häufig als Mitglieder eines Sportvereins anzutreffen sind.

---

[331] Bei der Bildung des Merkmals ‚soziale Spannweite' wurden die einzelnen Sportarten nach dem sozialen Status ihrer Mitglieder in drei Kategorien eingeteilt (hierzu dienten die Daten der ersten Hauptuntersuchung – vgl. SCHLAGENHAUF, K.: Sportvereine in der Bundesrepublik Deutschland – Teil I, a. a. O., 150–159.

Je nachdem, welche Kategorien das Angebot eines Mehrspartenvereins umfaßt, ergibt sich eine Ausprägung des Merkmals ‚soziale Spannweite', wobei das Auftreten von Sportarten aus allen drei Kategorien im Angebot eines Vereins als größte Spannweite in bezug auf den Aufforderungscharakter für unterschiedliche soziale Schichten gewertet wurde.

6.1.4 Quantitative Aspekte des Sportangebotes

In den bisherigen Betrachtungen stand überwiegend der qualitative Aspekt des Sportangebotes im Mittelpunkt. Will man jedoch die Bedeutung einzelner Sportarten oder Vereinsorganisationen bezüglich ihres Beitrages zur Deckung der Sportnachfrage beurteilen, gewinnt die quantitative Ausprägung des Angebotes an Wichtigkeit.

In den einzelnen Sportarten sind für die Zahl der zur Verfügung gestellten und betreuten Sportstunden verschiedene Einflußgrößen von Bedeutung, so daß der reine Vergleich durchschnittlicher Übungsstundenangebote in Stunden pro Woche zu Fehlschlüssen verleiten könnte[332]. Der unterschiedliche Regelungscharakter der sportartenspezifischen Anlagen erschwert den rein quantitativen Vergleich der wöchentlich angebotenen Übungsstunden zwischen beispielsweise den Sportarten Radfahren oder Skilaufen, beides relativ Anlagen-ungebundene Sportarten, und etwa Handball oder Turnen, die beide dem Einfluß begrenzter Übungszeiten unterliegen. Zusätzlich erhalten wir auch keine Aussagen über die in den einzelnen Übungsstunden maximal mögliche wie auch tatsächliche Anzahl betreuter Sportvereinsmitglieder, so daß ein absoluter Vergleich nur beschränkt Aussagen über die Effizienz[333] des Angebots zuläßt. Entsprechend wenig aussagekräftig ist der Vergleich zwischen den einzelnen Sportarten, der lediglich die Prestigesportarten mit einem überdurchschnittlichen Übungsstundenangebot ausweist. Hieraus jedoch spricht vor allem die sportartbedingte geringe Anzahl möglicher Teilnehmer an den einzelnen Übungsstunden.

Tabelle 41 Durchschnittliche Mitgliederzahl und angebotene Übungsstunden pro Woche nach Vereinsarten (G = 3122).

Vereinsart	Prozentuale Verteilung	Durchschnittl. Mitgliederzahl	Faktor [334]	Durchschnittl. Anzahl aktiver Mitglieder [335]	Faktor [334]	Durchschnittl. angebotene Übungsstunden pro Woche	Faktor [334]
Groß/hauptamtlich	1,7 %	1994	19,0	1200	28,6	101	12,6
Groß/ehrenamtlich	3,2 %	1424	13,6	822	19,6	64	8,0
Mittel/mehrspartig	21,0 %	523	5,0	257	6,1	29	3,6
Mittel/einspartig	4,6 %	448	4,3	180	4,3	24	3,0
Klein/mehrspartig	32,8 %	160	1,5	67	1,6	11	1,4
Klein/einspartig	36,7 %	105	1,0	42	1,0	8	1,0

Quelle: Funktionsträgerstichprobe

---

[332] Vgl. *Tabelle 40*, Quantitative Ausprägung des Angebots an betreuten Übungsstunden und geselligen Veranstaltungen in Einzweckvereinen unterschiedlicher Sportarten.
[333] Vgl. zum Problem der Effizienz und Effektivität von Sportorganisationen: LÜSCHEN, G.: Policy and System Performance in National Sport Organizations. Vortrag auf dem 5th International Seminar for Sociology of Sport. Heidelberg 1975, 7.
[334] Bedeutet den auf die kleinste durchschnittliche Quote bezogenen Wert jeder Kategorie. Z. B. 1994 : 105 = 19,0, d.h. Vereinsart I (Groß/hauptamtlich) hat 19 mal soviel Mitglieder wie Vereinsart VI (Klein/einspartig).
[335] Bezieht sich auf die Personen im Verein, die mindestens einmal in der Woche im Verein Sport treiben.

Aussagefähiger für die obige Fragestellung als die Unterschiede in den einzelnen Sportarten erscheint die Intensität des Sportangebotes in den unterschiedlichen Vereinsarten. Es ist selbstverständlich, daß sich auch im Angebot der Vereine mit mehreren Abteilungen der Einfluß der verschiedenen Sportarten bemerkbar macht. Insgesamt ist die Durchschnittsbildung hier sicherlich weniger problematisch als bei der Kategorie der Einzweckvereine, in der wesentlich höhere Varianzen auftreten, und der gebildete Durchschnittswert nur als hypothetisches Konstrukt zum Vergleich der Sportarten betrachtet werden darf.

Der Vergleich der durchschnittlichen Mitgliederzahlen mit dem quantitativen Sportangebot in den einzelnen Vereinsarten macht deutlich, daß mit zunehmender Vereinsgröße und Komplexität des Angebots die Relation von angebotenen Übungsstunden zu aktiven, regelmäßig zu betreuenden Mitgliedern immer ungünstiger wird. Dies bedeutet, daß in den Übungsstunden größerer Vereine durchschnittlich mehr Mitglieder betreut werden, als in kleineren Vereinen.

Unter der Einschränkung, daß bestimmte Sportarten größere Gruppen in den Übungsstunden generell nicht zulassen oder betreute Übungsstunden weniger notwendig machen, kann hier ein Kriterium für die Effizienz der einzelnen Vereinsarten in bezug auf die Bewältigung der Sportnachfrage angenommen werden. Unter diesem Aspekt erscheint der ehrenamtlich geführte Großverein als die „ökonomischste" Form der Vereinsorganisation. (Vgl. hierzu Kapitel 12.)

Die allgemeine Verteilung des Übungsstundenangebots in den einzelnen Vereinsarten[336] verdeutlicht und präzisiert den positiven Zusammenhang von Größe bzw. Komplexität der Organisation und dem Angebot an betreuten Übungsstunden. Der größte Teil der Vereine ohne Übungsstundenangebot findet sich erwartungsgemäß innerhalb der kleinen Vereine mit nur einer Abteilung. Für das quantitative Gefälle (im Übungsstundenangebot) bei Mittel- und Kleinvereinen ist nach unseren Ergebnissen die organisatorische Gliederung (Spartenzahl) von deutlich geringerem Einfluß als die absolute Mitgliederstärke des Vereins. Das heißt, daß ein Verein mittlerer Größe, auch wenn er nur eine Abteilung hat, im Durchschnitt mehr Übungsstunden anbietet, als ein kleiner Verein mit mehreren Abteilungen.

Eine Bewertung der Leistungsfähigkeit von Vereinen *allein* aufgrund dieser Ergebnisse würde der Vielgestaltigkeit des Vereinswesens kaum gerecht werden können. Es blieben zu viele Faktoren unberücksichtigt, vor allem im Bereich der Funktionen, die den verschiedenen Vereinsarten in unterschiedlichem Maße zugeschrieben werden, und die neben dem Angebot an Übungsstunden für das einzelne Mitglied von Bedeutung sein können.

6.2 DIE ANGEBOTSSTRUKTUR DER VEREINE IM BEREICH DER GESELLIGKEIT

Zwei der wichtigsten dieser, dem Verein zugeschriebenen Funktionen sind die soziale Vermittlung und die Integration.

Sozialisationsfunktion und Integrationsfunktion des Vereines meint die, aufgrund der regelmäßigen Interaktion der Mitglieder und der Konfrontation des einzelnen mit der sport- und organisationsbedingten Regelhaftigkeit ermöglichte Vermittlung sozialer Verhaltensmu-

---

[336] Vgl. *Tabelle 42*, Übungsstundenangebot in den einzelnen Vereinsarten.

ster, Wert- und Normstrukturen sowie die Entwicklung eines Gemeinschaftsbewußtseins unter den Mitgliedern des Vereins[337].

Von zentraler Bedeutung erscheint in diesem Zusammenhang das in den Vereinen vorhandene Angebot an geselligen Veranstaltungen. Wo immer in der Literatur von Vereinen die Rede ist, erhalten wir Hinweise auf die Bedeutung der Geselligkeit im Verein. Unterschiedlich sind jedoch die Meinungen über den Stellenwert, den die Geselligkeit im Verhältnis zum sportlichen Angebot einnimmt; während auf der einen Seite die Geselligkeit, die von SIMMEL als eine „Spielform der Vergesellschaftung"[338] ohne eigentlichen Inhalt nur „aus der Form und den Formen des Miteinander und Füreinander bestehend"[339] beschrieben wird, als gesonderter, bisweilen dominierender Zweck des Vereins dargestellt[340], ja vereinzelt sogar als das einzige Ziel betrachtet wird[341], weisen andere Autoren auf einen Rückgang der Geselligkeit hin[342] und machen für die Teilnahme am Verein zunehmend „Sachinteressen" verantwortlich.

Im Gegensatz zur 1. Hauptuntersuchung, in der über die Aussagen von Mitgliedern das gesellige Engagement, differenziert nach formalen, halbformalen und informellen Anlässen ermittelt wurde[343], müssen sich hier die Aussagen auf das formale Angebot an geselligen Veranstaltungen seitens des Vereins beschränken.

In bezug auf die Häufigkeit angebotener geselliger Veranstaltungen seitens des Gesamtvereins[344] decken sich die Angaben der Mitglieder ziemlich genau mit denen der Funktionsträger. Durchschnittlich handelt es sich um ca. 3 Veranstaltungen pro Jahr, wobei lediglich die Einspartenvereine in einigen Prestigesportarten ein offensichtlich größeres Gewicht auf das Angebot an geselligen Veranstaltungen legen[345]. Insgesamt sinkt mit der, bei SCHLAGENHAUF beobachteten, geringeren Neigung zur Teilnahme an formaler Vereinsgeselligkeit bei größeren und organisatorisch komplexeren Vereinsarten auch das durchschnittliche Geselligkeitsangebot dieser Vereine. Diese Ergebnisse lassen nicht entscheiden, welche Kausalbeziehung zwischen Angebot und Nachfrage an geselligen Veranstaltungen existiert: Ist für das Interesse der Mitglieder die Vielfalt eines breiten Angebots verantwortlich oder richtet sich der Verein mit seinen Veranstaltungen nach dem Interesse der Mitglieder? Dem ohnehin schon größeren Angebot an geselligen Veranstaltungen in Kleinvereinen steht ein, von seiten der Funktionsträger attestiertes, noch größeres Interesse der Mitglieder gegenüber, welches das vorhandene Angebot als nicht ausreichend erscheinen läßt.

---

[337] Mit der Diskussion der Begriffsinhalte sowie einer Überprüfung dieser, dem Verein zugeschriebenen, in letzter Zeit jedoch häufiger infrage gestellten Funktion beschäftigt sich SCHLAGENHAUF ausführlich im ersten Teil der Untersuchung. Hierauf soll an dieser Stelle deshalb nicht näher eingegangen werden. Vgl. SCHLAGENHAUF, K.: Sportvereine in der Bundesrepublik Deutschland – Teil I, a.a.O., 173 ff.
[338] SIMMEL, G.: Grundfragen der Soziologie. Berlin/Leipzig 1917, 56.
[339] SIMMEL, G.: Soziologie der Gesellschaft. Verhandlungen des 1. Deutschen Soziologentages. Tübingen 1911, 13 – 14.
[340] Vgl. KROCKOW, C. Graf von: Die Bedeutung des Sports in der modernen Gesellschaft. In: Sport und Leibeserziehung (1967), 83 – 94.
[341] Vgl. CRON, H.: Niedergang des Vereins. In: 19 Merkur 133 (1959), 265.
[342] Vgl. LENK, H.: Materialien . . ., a.a.O., 96.
SCHLAGENHAUF, K.: Sportvereine in der Bundesrepublik Deutschland – Teil I, a.a.O., 94.
BLÜCHER, V. Graf: Die Generation der Unbefangenen. Düsseldorf-Köln 1966, 182.
[343] Vgl. SCHLAGENHAUF, K.: Sportvereine in der Bundesrepublik Deutschland – Teil I, a.a.O., 93 – 104.
[344] Gesamtverein bedeutet die oberhalb der einzelnen Abteilungen fungierende „Dachorganisation" des Vereins, in diesem Fall die von dieser Dachorganisation durchgeführten geselligen Veranstaltungen, ohne diejenigen der einzelnen Abteilungen.
[345] Vgl. Anhang *Tabelle 40*, Quantitative Ausprägung des Angebots an betreuten Übungsstunden und geselligen Veranstaltungen in Einzweckvereinen unterschiedlicher Sportarten.

Diese offensichtlich größere Bindungsbereitschaft der Mitglieder von kleineren Vereinen spiegelt die von LENK[346] getroffene Unterscheidung von totalem und partiellem Engagement wider, wobei die eher partielle Bindung der Mitglieder von Großvereinen das dort durchschnittlich geringere Angebot an geselligen Veranstaltungen ausreichend macht.

Die Geselligkeit in Form zumeist traditioneller Weihnachtsfeiern, Sommerfeste etc. als Art der Vergesellschaftung zwischen dem privaten Bereich und der Öffentlichkeit hat ihren Platz in nahezu allen Vereinen des Deutschen Sportbundes (97%).

Überdies entdecken wir neben der offiziellen Geselligkeit eine hauptsächlich an den Übungsbetrieb gekoppelte, informelle Art des geselligen Beisammenseins, die vor allem vom zeitlichen Aufwand her eine weitaus größere Bedeutung für das einzelne Mitglied besitzt[347].

Mit Sicherheit kann gesagt werden, daß die Reduktion der Vereinsfunktion auf das gesellige Element allein einer realen Grundlage entbehrt, daß andererseits aber die fortschreitende Sachorientierung der sportlich Aktiven die Vereinsgeselligkeit keineswegs gänzlich verdrängt hat, sondern vor allem der informellen Geselligkeit noch immer, möglicherweise sogar wieder zunehmend, ihr Platz innerhalb des Vereinsengagements eingeräumt wird.

6.3 GEMEINDESPEZIFISCHE ANGEBOTSSTRUKTUREN

Die eben angeschnittene Frage nach der Wechselwirkung von Angebot und Nachfrage im Bereich der Geselligkeit läßt sich selbstverständlich auch auf das *sportliche Angebot* des Vereins im Verhältnis zur Anspruchssituation seines sozialen Umfeldes übertragen.

Die festgestellten Abweichungen in der Organisationsneigung sowie der Einstellung zu sportlicher Aktivität allgemein und im speziellen in unterschiedlichen Siedlungsstrukturen[348] werfen für uns in diesem Zusammenhang die Frage nach gemeindespezifischen Angebotsmerkmalen auf.

Es geht uns hierbei in erster Linie um die Darstellung von – die Aktivität der jeweiligen Bevölkerung vorbestimmenden – Angebotsstrukturen und -defiziten, ohne hierbei auf Begründungszusammenhänge, seien sie entwicklungsgeschichtlich oder sozioökonomisch determiniert, eingehen zu wollen. In Ermangelung spezieller Daten zur Siedlungsstruktur sowie eines allgemein anerkannten Konzeptes zur Klassifikation von Gemeinden nach der Größe soll uns hier, von den Unterschieden im Material geleitet, eine grobe Unterscheidung in:
– Klein- und Landgemeinden (bis 2 000 Einwohner)
– Kleinstadt (über 2 000 bis 20 000 Einwohner)
– Mittelstadt (über 20 000 bis 100 000 Einwohner)
– Großstadt (über 100 000 Einwohner)
zur Darstellung der Ergebnisse dienen.

Im Zuge allgemeiner Differenzierungsprozesse in unserer Gesellschaft hat das Dorf als ursprünglich natur- und bodenverbundene Siedlungs- und Wohngemeinschaft[349] sicher eine der größten Veränderungen aller Siedlungsformen vollzogen und ist daher auch häufig unter

---

[346] Vgl. LENK, H.: Materialien..., a.a.O., 99–114.
[347] Vgl. SCHLAGENHAUF, K.: Sportvereine in der Bundesrepublik Deutschland – Teil I, a.a.O., 100–104.
[348] Ebenda, 162–167.
[349] Vgl. TENHUMBERG, H.: Grundzüge im soziologischen Bild des westdeutschen Dorfes. In: Schriftenreihe für ländliche Sozialfragen 7, Hannover 1952.

dem Gesichtspunkt des sozialen Wandels zum Gegenstand von Untersuchungen und theoretischen Erörterungen geworden[350]. Im Zusammenhang mit dieser Umorientierung konstatiert FRANK eine evidente Krise des Vereinslebens in Landgemeinden, die sich in einem Desinteresse der Landbevölkerung am Sport sowie in ihrer „Führungskrise" äußert[351].

Das Stadium einer Krise setzt in jedem Falle einen vorausgegangenen besseren Ausgangszustand voraus. Die von FRANK beklagten Angebotsdefizite wie auch die negativen Einstellungen zum Sport sind unseres Erachtens jedoch keine neue Erscheinung, und es ist deshalb angebracht, wenn man von einer Krise des Vereinslebens in Landgemeinden spricht, zumindest die Sportvereine auszunehmen, zumal gerade in den Klein- und Landgemeinden die Mitgliedschaftsquote in Sportvereinen deutlich höher ausfällt als z. B. in größeren Städten[352]. Selbst der dort beobachtete Rückgang sonstiger Vereinsaktivitäten erscheint eher als ein gesamtgesellschaftliches Phänomen[353], wenn auch auf dem Lande durch das Fehlen eines, dem städtischen Bereich vergleichbaren Freizeitangebotes hieraus eine Mangelsituation entstanden sein könnte.

Im Jahrbuch des Sports 1968 findet sich die Bemerkung: „Das sportliche Leben in vielen Dörfern, Kleinstädten und Stadtbezirken ist einseitig. Denn etwa 50% der bestehenden Turn- und Sportvereine betreiben nur eine Sportart"[354]. Betrachten wir diese Aussage etwas näher, so stellen wir fest, daß sie einer Einschränkung bedarf. Nach unseren Ergebnissen – und die Relationen haben sich seit 1968 nur unwesentlich verschoben, wie der Vergleich der Anteile an Vereinen mit nur einer Sportart zeigt (ca. 50% [1968] gegenüber 54% [1975]), ist es zwar richtig, daß das Sportangebot in Klein- und Landgemeinden wenig Abwechslung bietet, jedoch handelt es sich bei der *Begründung* dieser Einseitigkeit um einen statistischen Fehlschluß. Denn nicht etwa der Anteil der Vereine mit nur einer Sportart ist für den durchaus richtigen Tatbestand des schmalen Angebotes in Dörfern und Kleinstädten verantwortlich – er ist im Gegenteil gerade hier sogar niedriger als im Durchschnitt (48% gegenüber 54% im Durchschnitt) –, sondern das Fehlen von Mittel- und Großvereinen, die mit ihren breiten Angebotspaletten in Großstädten die „Einseitigkeit" eines dort sogar überdurchschnittlich hohen Anteils an Einspartenvereinen ausgleichen.

Die „typische" Vereinsform in Kleingemeinden ist der Verein mit 2 oder 3 Sportarten. Ein Viertel aller Vereine in Landgemeinden hat weniger als 100 Mitglieder und nur etwa jeder siebte mehr als 300.

Die dominierende Sportart in diesen Gemeinden ist zweifellos der Fußball[355]. Über zwei Drittel der hier ansässigen Vereine betreiben Fußball, knapp die Hälfte davon wiederum als einzige Sportart, d. h. etwa ein Drittel aller Vereine in Gemeinden unter 2 000 Einwohner sind reine Fußballvereine[356].

---

[350] Vgl. LINDE, H.: Zur sozialökonomischen Struktur und soziologischen Situation des deutschen Dorfes. In: Das Dorf – Aufgabe ländlichen Zusammenlebens. Schriftenreihe für ländliche Sozialfragen (1954), 5–24.
WURZBACHER, G./PFLAUM, R.: Das Dorf im Spannungsfeld industrieller Entwicklung. Stuttgart 1954.
[351] Vgl. FRANK, B.: Soziale Determinanten ..., a.a.O., 131.
[352] Vgl. SCHLAGENHAUF, K.: Sportvereine in der Bundesrepublik Deutschland – Teil I, a.a.O., 162–167.
[353] Ebenda, 42 ff.
[354] PALM, J.: Sport für alle, a.a.O., 20.
[355] Vgl. hierzu auch HOFFMANN, A.: Die Bedeutung der Vereine für die sportliche Betätigung der Frau. (Hrsg.: DSB, Bundesausschuß für Frauensport), Frankfurt 1971, 12.
[356] Die Überrepräsentierung von Fußball im Sportangebot der Vereine erstreckt sich auch noch auf Gemeinden bis zu 5 000 Einwohnern (49%). Darüber bleibt der Anteil an Vereinen mit Fußball im Angebot relativ konstant bei ca. 30%.

Daß die oben gemachte Aussage vom einseitigen Sportangebot in Dörfern und Kleinstädten richtig ist, zeigt die Verteilung des Sportartenangebotes in den einzelnen Gemeindegrößenklassen[357]. Hiernach sind es lediglich die Sportarten Turnen, Tischtennis und Schießen, die neben Fußball in Kleingemeinden überrepräsentiert sind. Eine rapide Veränderung in dieser Hinsicht ist kaum zu erwarten, da in diesen Gemeindegrößenklassen sowohl unter den Abteilungsgründungen zwischen 1972 und 1975[358] als auch bei den Vereinsgründungen nach 1965 wiederum die schon vorhandenen Sportarten dominieren[359].

Die wichtigste Konsequenz dieses eingeschränkten Sportangebotes in Kleingemeinden ist die mangelnde Beteiligung der Frauen in den Sportvereinen[360]. Häufiger als in anderen Gemeinden finden sich hier Vereine ohne weibliche Mitglieder (15%)[361], und in über zwei Dritteln ist höchstens jedes dritte Mitglied eine Frau.

Für diesen Strukturmangel in Klein- und Landgemeinden zeichnet *allein* die Vorherrschaft von Fußball als Sportart mit einem der niedrigsten Frauenanteile verantwortlich (vgl. Anhang, *Tabelle 25*). Vernachlässigt man die Vereine mit Fußball im Sportangebot, so läßt sich kein Zusammenhang zwischen Größe der Gemeinde und Frauenanteil des Vereins mehr nachweisen (W (X^2) = 14,9% / CK = +0,3). Dies bedeutet aber, daß für die häufig festgestellte, geringe Beteiligung der Frau auf dem Lande nicht etwa eine dem Sport gegenüber negative Grundeinstellung, sondern hauptsächlich das mangelnde Angebot an alternativen Betätigungsmöglichkeiten im Sportbereich verantwortlich zu machen ist[362].

Das eingeschränkte Angebot im Bereich des Frauensports allgemein erstreckt sich auch auf das Angebot für gemischte Gruppen, Behinderte, ältere Menschen etc. Lediglich das Kinderturnen und die Veranstaltung von Volksläufen sind als Zusatzangebot in den Vereinen kleinerer Gemeinden häufiger zu finden. Beinahe die Hälfte der Vereine jedoch beschränkt sich auf das allgemeine sportartenspezifische Angebot.

Entgegen der bisweilen geäußerten Auffassung von der geringen Beteiligung der Jugend des Dorfes am Sport[363] schließen dort nach unseren Befunden vergleichsweise weniger Vereine die Jugendlichen ganz aus ihrem Angebot aus[364]. Zwar deutet der niedrige Prozentsatz an

---

[357] Vgl. Anhang *Tabelle 43*, Anteil der unterschiedlichen Sportarten am Vereinsangebot in verschiedenen Gemeindegrößenklassen.

[358] Insgesamt haben in den Kleingemeinden mit 16% unterdurchschnittlich viele Vereine neue Abteilungen in diesem Zeitraum gegründet (durchschnittlich 20%).

[359] Der Anteil dieser dominierenden Sportarten an den Neugründungen insgesamt geht jedoch zurück. Zwischen 1966 und 1970 machten Fußball, Schießen und Tischtennis allein 80% der neugegründeten Vereine aus (Fußball 58% [+27%], Schießen 10% [+3%] und Tischtennis 12% [+4%]). Von 1970 bis zum Erhebungszeitpunkt (Mitte 1975) schrumpfte der Anteil von Fußball auf 32%, der von Schießen blieb mit ca. 9% etwa gleich, und Tischtennis ging auf 9% zurück.

[360] Vgl. Anhang *Tabelle 23*, Frauenanteil in Sportvereinen nach Gemeindegrößenklassen.

[361] Der 1968 seitens des DSB vermutete Anteil von mindestens 33%, höchstens 45% aller Vereine ohne weibliche Mitglieder scheint deutlich zu hoch, da sich diese Aussage an den Werten von Rheinland-Pfalz orientierte, das auch noch heute überdurchschnittlich viele reine Männervereine aufweist. Dennoch hat sich seither eine erhebliche Veränderung ergeben, da nach unseren Ergebnissen (1975) lediglich noch ca. 12% aller Vereine keine weiblichen Mitglieder in ihren Reihen hatten.
Vgl. PALM, J.: Sport für alle, a.a.O., 21.

[362] Dieser Befund bestätigt die Feststellung von W. DAUME auf dem Bundestag des Deutschen Sportbundes von 1962, worin er nicht allein das Fehlen eines für Frauen ebenso attraktiven Spieles wie Fußball für Männer als Rechtfertigung der geringen Beteiligung der Frauen am Sport gelten läßt, sondern hier das mangelnde Angebot für Frauen und Mädchen in Vereinen mitverantwortlich macht.
Vgl. DAUME, W.: Der Verein als Träger ..., a.a.O., 22.

[363] Vgl. FRANK, B.: Soziale Determinanten ..., a.a.O., 131.

[364] Nur etwa 13% dieser Vereine haben keine Jugendlichen bis zum Alter von 14 Jahren und nur ca. 4% keine bis zu 18 Jahren in ihren Reihen und liegen damit unter dem Durchschnitt aller Vereine.

Jugendlichen im Verhältnis zur Gesamtmitgliederzahl (die Hälfte der Vereine hat einen Jugendanteil bis 18 Jahre zwischen 10 und 30%) auf eine geringe Beteiligung hin, doch ist diese durch den überdurchschnittlich hohen Anteil an älteren passiven Mitgliedern in diesen Vereinen bedingt[365].

Die aufgezeigten Defizite im Bereich des reinen Freizeitsports können als Hinweis auf eine relativ ausgeprägte Wettkampforientierung der Vereine in Klein- und Landgemeinden gewertet werden. Ein Beleg hierfür ist auch der unterdurchschnittliche Anteil an Vereinen ohne jede Wettkampfmannschaft (8%). Trotz dieser Wettkampforientierung ist das quantitative Angebot der Vereine an Übungsstunden, die von Trainern und Übungsleitern betreut werden, gering. Fast 10% der Vereine bieten überhaupt keine solchen Übungsstunden an und bei weiteren 17% beläuft sich das Angebot auf 2 Stunden pro Woche. Nahezu vier Fünftel dieser Sportvereine stellen maximal 10 betreute Übungsstunden in der Woche für ihre Mitglieder bereit.

Die wenigen angebotenen Übungsstunden machen deutlich, daß das Sportangebot in kleinen Gemeinden nicht nur von der Variationsbreite her als unzureichend bezeichnet werden muß, sondern daß darüber hinaus der Umfang und die Qualität der Betreuung zu wünschen übrig läßt.

Neben dem Sportangebot spielte traditionell die Geselligkeit gerade in den Klein- oder Landgemeinden eine wichtige Rolle innerhalb des Vereins und darüber hinaus für die gesamte Gemeinde. Heute jedoch hat der Sportverein, ebenso wie die anderen freiwilligen Vereinigungen innerhalb des Dorfverbandes, im Zuge der „partiellen Dorfentfremdung"[366] sowie allgemeiner Desintegrationstendenzen durch geselligkeitssubstituierende Unterhaltungs- und Informationsquellen in dieser Hinsicht an Bedeutung verloren. Diese Tatsache dokumentiert sich in dem geringen Unterschied, der zwischen dem Angebot an geselligen Veranstaltungen in Kleingemeinden und größeren Siedlungseinheiten zu Tage tritt. Knapp die Hälfte der Vereine führt im Jahr zwischen 3 und 5 Veranstaltungen durch und liegt hiermit nur geringfügig über dem Durchschnitt in allen Gemeindegrößenklassen.

Die beschriebene Angebotssituation in Kleingemeinden, die gekennzeichnet ist durch eine weitgehende Mangelsituation sowohl in der Quantität als auch in der Qualität, hebt sich deutlich von denjenigen der übrigen Gemeindekategorien ab, die sich, entsprechend dem unterschiedlichen Mitgliederpotential graduell abgestuft, von der Struktur her wesentlich ähnlicher sind.

Dies gilt vor allem für die Variationsbreite des Sportartenangebotes[367]. Während Fußball und Turnen als typische Sportarten kleiner Gemeinden mit wachsender Gemeindegröße anteilmäßig zurückgehen, finden die meisten anderen Sportarten, an die Größe des Ortes gebunden, zunehmende Verbreitung.

Das Sportangebot in Kleinstädten (2000–20000 Einwohner) ist einerseits geprägt durch den Verein mittlerer Größe (300–1000 Mitglieder) mit 5 und mehr Abteilungen, andererseits

---

[365] 62% der Vereine in Kleingemeinden gegenüber 48% im Durchschnitt haben weniger als 40% aktive Mitglieder (hierbei wurde als „Aktivität" die mindestens 1mal wöchentliche sportliche Betätigung angenommen).
[366] Vgl. LINDE, H.: Zur sozialökonomischen Struktur und soziologischen Situation des deutschen Dorfes, a.a.O., 18.
[367] Vgl. Anhang *Tabelle 43*, Anteil der unterschiedlichen Sportarten am Vereinsangebot in verschiedenen Gemeindegrößenklassen.

durch kleine Einspartenvereine, vorwiegend in den Prestigesportarten. Die Orte bis 20 000 Einwohner können in bezug auf die Entwicklung des Sportangebotes in den letzten Jahren als die aktivsten innerhalb der Gemeindekategorien bezeichnet werden. Gegenüber ihrem Anteil von 29,4% an der Gesamtzahl der Gemeinden[368] können sie für sich über 40% der Vereinsneugründungen nach 1970 in Anspruch nehmen[369]. Zusätzlich sind hier auch die meisten Angebotserweiterungen von Vereinen durch die Aufnahme neuer Sportarten zu finden. Ein weiterer Hinweis auf diese Aktivität ist auch das gegenüber kleineren Gemeinden bedeutend größere Zusatzangebot für spezielle Zielgruppen, das etwa dem der Mittelstädte gleichkommt, das der Vereine in Großstädten im Durchschnitt jedoch übertrifft[370]. Die erheblich größere Angebotspalette vor allem in den Prestigesportarten bewirkt in den Kleinstädten schon eine bedeutend höhere Beteiligung der Frauen[371], die, unterstützt durch die stetige anteilmäßige Abnahme von Fußball mit zunehmender Ortsgröße, weiter steigt. Deutlich höher als in Klein- und Landgemeinden ist dadurch auch der Jugendanteil im Verein, denn schon über die Hälfte der Vereine hat mehr als ein Drittel Jugendliche und Kinder in seinen Reihen.

Im Gegensatz zum Übungsstundenangebot, das mit zunehmender Ortsgröße im Zusammenhang mit der veränderten Vereinsstruktur steigt, wächst das Angebot an formeller Geselligkeit, d. h. an offiziellen geselligen Veranstaltungen des Gesamtvereins, nicht parallel mit einem breiteren Sportangebot, sondern nimmt mit steigender Gemeindegröße je nach Vereinsart in unterschiedlichem Maße ab[372].

Die Vereine und das Sportangebot in Mittel- und Großstädten finden ganz entgegen ihrer Bedeutung für die Bewältigung der Sportnachfrage der Gesamtbevölkerung eine deutlich geringere Beachtung in der Literatur, als vergleichsweise die soziologisch und entwicklungsgeschichtlich zweifelsohne interessantere Kategorie der Klein- und Landgemeinden[373]. Immerhin werden in diesen Gemeinden (Mittel- und Großstädten), die zwar nur 4,2% aller Gemeinden unseres Landes ausmachen, ca. 42% aller DSB-Mitglieder in Vereinen betreut.

Im wesentlichen finden wir Informationen über die Beteiligungsraten im Sport- und Freizeitbereich[374] und gelegentliche Äußerungen über Zunahme und Angleichung des Sport-

---

[368] Vgl. STATISTISCHES BUNDESAMT (Hrsg.): Statistisches Jahrbuch 1976 der Bundesrepublik Deutschland. Wiesbaden 1976.
[369] Deutlich wird hier der zunehmende Trend zu den Prestigesportarten sichtbar. Schon zwischen 1966 und 1970 waren Tennis und Reiten mit 20% bzw. 11% der Neugründungen erheblich überrepräsentiert, jedoch stieg nach 1970 (bis Mitte 1975) dieser Anteil bei Tennis auf 30% und bei Reiten geringfügig auf ca. 12%.
[370] Vgl. Anhang *Tabelle 44*, Zusatzangebot der Vereine für spezielle Zielgruppen in den einzelnen Gemeindegrößenklassen.
[371] Nur 9% der Vereine haben keine weiblichen Mitglieder, und ca. 45% der Vereine mehr als 40%. Gleichzeitig mit der prozentualen Abnahme von Fußball steigt auch der Anteil der aktiv Sporttreibenden und somit auch derjenige der Frauen und Jugendlichen (vgl. Anhang *Tabelle 25*).
[372] Die stärkste Abnahme ist bei Großvereinen und Mittelvereinen mit mehreren Sparten zu beobachten. Eine Ausnahme machen die Mittelvereine mit nur einer Sparte, bei denen – bedingt durch den hohen Anteil an Prestigesportarten – sogar eine leichte Zunahme an geselligen Veranstaltungen mit wachsender Gemeindegröße zu beobachten ist.
[373] Die Klein- und Landgemeinden machen zwar ca. zwei Drittel aller Gemeinden in der Bundesrepublik aus, in denen allerdings nur 8,3% der Bevölkerung repräsentiert sind. Umgekehrt wohnen in den 4,2% der Gemeinden (Mittel- und Großstädte) fast 60% der Gesamtbevölkerung.
[374] Vgl. hierzu SCHLAGENHAUF, K.: Sportvereine in der Bundesrepublik Deutschland – Teil I, a.a.O., 162–167.

angebots mit wachsender Gemeindegröße[375]. Unter dem Gesichtspunkt des Ausgleichs von Beteiligungsdefiziten erscheint es jedoch geboten, der Organisations- und Angebotsstruktur gerade dieser Gemeinden eine gewisse Aufmerksamkeit zukommen zu lassen.

Durch die Vielfalt der angebotenen Sportarten, die, wie wir gesehen haben (vgl. Anhang, *Tabelle 32*), häufig Affinitäten zu bestimmten Arten der Organisation aufweisen, treffen wir in den Mittel- und Großstädten auf eine organisatorisch bedingte Polarisierung des Sportangebots: einerseits auf spezialisierte Einzweckvereine, andererseits auf Mittel- und Großvereine mit mindestens 5 Sportarten[376]. Hierbei können wir eine zunehmende Integration sozial unterschiedlich bewerteter Sportarten innerhalb einer Organisation feststellen, wie sie in Kleinstädten in nur geringerem Maße vorhanden ist und in Landgemeinden fast gänzlich fehlt. Daneben ist jedoch auch ein gegenläufiger Effekt der Segregation zu beobachten, der durch eine zunehmende schichtenspezifische Abgrenzung in Einzweckvereinen hervorgerufen wird.

Konnten wir in den Kleinstädten eine rege Entwicklung des Sportangebots beobachten, so präsentiert sich die nächstgrößere Gemeindekategorie, die Mittelstädte (20 000 – 100 000 Einwohner), mit der geringsten Zuwachsrate an Vereinen nach 1970 und den wenigsten Abteilungsgründungen in den letzten 3 Jahren (vor 1975)[377]. Dieser Trend trifft, wenn auch nicht so ausgeprägt, auch für das Sportangebot in Großstädten zu. Man hätte vermuten können, daß die schon vorhandenen Organisationen dort früher weniger ausgelastet waren und somit die Aufnahme zusätzlicher Sportnachfrage ohne die Neugründung oder Erweiterung von Vereinen möglich war; jedoch berichten überdurchschnittlich viele Vereine in diesen Gemeinden von einer Stagnation oder sogar Abnahme des Mitgliederbestandes[378].

Das zusätzliche Sportangebot für spezielle Bevölkerungsgruppen, welches überwiegend von größeren Vereinen getragen wird, konzentriert sich in den Großstädten entsprechend den Formalisierungstendenzen bei großen und hauptamtlich geführten Organisationen auf organisatorisch integrierte Aktivitäten, d. h. z. B. feste Abteilungen für Mutter und Kind, während die Vereine in Städten mittlerer Größe weniger formalisierte und institutionalisierte Angebote wie Trimm-Dich-Veranstaltungen, Volksläufe und die Abnahme des Sportabzeichens bevorzugen[379].

Die beiden wesentlichsten Merkmale des Sportangebotes in Mittel- und Großstädten sind zum einen die zunehmende Einbeziehung aller gesellschaftlichen Gruppierungen, angefangen bei den Jugendlichen über die Frauen bis hin zu den sozialen Randgruppen, zum anderen die organisatorische Polarisierung zwischen Einzweckvereinen und Großorganisationen mit vielen Abteilungen. Ein weiterer Aspekt ist die unterproportionale Entwicklung des Sportangebotes, sowohl bei der Gründung neuer Vereinsorganisationen als auch bei der Aufnahme neuer Sportarten in schon bestehende Vereine, gegenüber der Entwicklung in Kleinstädten.

Nicht entschieden werden kann hier, ob es sich dabei um eine Stagnation der Nachfrage in Großstädten gegenüber einem Nachholbedarf in Kleinstädten handelt. Gegen letzteres spricht die mit abnehmender Gemeindegröße ohnehin zunehmende Mitgliedschaftsquote, die ein

---

[375] Vgl. HOFFMANN, A.: Die Bedeutung der Vereine ..., a.a.O., 10.
[376] Vgl. Anhang *Tabelle 45*, Vereine nach der Zahl der von ihnen angebotenen Sportarten in unterschiedlichen Gemeindegrößenklassen.
[377] In Mittel- und Großstädten haben 82% der Vereine in den letzten 3 Jahren keine neue Sportart in ihr Angebot aufgenommen.
[378] Dies betrifft in erster Linie die einspartigen Mittel- und Kleinvereine in den nicht prestigebesetzten Sportarten.
[379] Vgl. Anhang *Tabelle 44*, Zusatzangebot der Vereine für spezielle Zielgruppen in den einzelnen Gemeindegrößenklassen.

gewisses Defizit qualitativer Art, d. h. in bestimmten Angebotsarten, vor allem Prestigesportarten, jedoch nicht ausschließt. Als Trend steht zu erwarten, daß durch diese Entwicklung die Disproportionalität in der vereinsgetragenen Sportaktivität zwischen den kleinen Gemeinden mit höherer Beteiligungsrate und den größeren Städten mit relativ weniger Mitgliedschaften zunimmt.

6.4 REGIONALE UNTERSCHIEDE IN DER ANGEBOTSSTRUKTUR

Die betrachteten Unterschiede im Sportangebot einzelner Gemeindekategorien haben durch deren verschieden häufiges Vorkommen innerhalb der Bundesländer einen wichtigen Einfluß auf das regionale Sportangebot. Dies führt zu dem schon erwähnten „Nord-Süd-Gefälle" in der Beteiligung der Frauen und Jugendlichen in Abhängigkeit von der jeweiligen Vereinsstruktur (vgl. 5.2.3) sowie zu einem ebensolchen Verlauf im Anteil der aktiven Mitglieder an der Gesamtmitgliederzahl innerhalb der Landessportbünde[380]. Ein weiterer Faktor, der das sportliche Bild innerhalb einer begrenzten Region prägt, ist ihre geographische und landschaftliche Eigenart, die beispielsweise in Bayern das Skilaufen und in Schleswig-Holstein das Segeln zu einer favorisierten Sportart macht. Hinzu kommen jedoch hierdurch nicht erklärbare Unterschiede im Sportangebot der einzelnen Landesverbände, deren Ursprung möglicherweise in organisatorisch qualitativen oder nachfragespezifischen Einflußmerkmalen zu suchen ist[381].

In engem Zusammenhang mit der Verteilung der unterschiedlichen Vereinsarten (vgl. Anhang, *Tabelle 15*) steht auch die durchschnittliche Angebotsbreite innerhalb der Landessportbünde. Obwohl in allen Gebieten das eindimensionale Sportangebot den größten Anteil der Vereine ausmacht, bestehen gerade hierbei die deutlichsten Unterschiede innerhalb der Landessportbünde (vgl. *Schaubild 11*, Seite 105)[382].

Aufgrund der zum Teil anlagenbedingt geringeren Neigung der Einzweckvereine, neue Sportarten in ihr Angebot aufzunehmen, können sich langfristig deutlich unterschiedliche Entwicklungen in den einzelnen Landessportbünden abzeichnen. Diejenigen Verbände mit einem hohen Anteil an Einzweckvereinen könnten in ihrer Entwicklung gegenüber denjenigen zurückbleiben, in welchen die wesentlich flexibleren und zur Erweiterung des Angebotes eher bereiten Mittel- und Großvereine stärker vertreten sind. Diese Entwicklungstendenz zeigt sich in *Tabelle 49*[383] und macht deutlich, daß sich die festgestellten strukturellen Unterschiede zwischen den einzelnen Landesverbänden in Zukunft noch vergrößern werden.

Ebenso wie die Beteiligung der Frauen und Jugendlichen und der Anteil an aktiven Vereinsmitgliedern eine Funktion der Vereinsstruktur in den verschiedenen Gebieten ist, können wir auch bei der Frage nach der Wettkampf- und Freizeitsportorientierung jenes

---

[380] Vgl. Anhang *Tabelle 46*, Anteil der aktiven Mitglieder an der Gesamtmitgliederzahl des Vereins nach Landessportbünden.
[381] Vgl. Anhang *Tabelle 47*, Überbesetzungen (+) und Unterbesetzungen (−) von Sportarten in den einzelnen Landessportbünden.
[382] Vgl. Anhang *Tabelle 48*, Vereine nach der Breite ihres Sportangebots in den einzelnen Landessportbünden.
[383] Vgl. Anhang *Tabelle 49*, Vereine nach der Zahl der zwischen 1972 und 1975 neu aufgenommenen Sportarten in den einzelnen Landessportbünden.

Nord-Süd-Gefälle beobachten, das, durch den Anteil an größeren Vereinen verursacht, im Norden eine zunehmende Freizeitsportorientierung erkennen läßt[384].

Hiervon beeinflußt, konzentrieren sich im Süden die wenig formalisierten, unregelmäßigen Zusatzangebote der Vereine, wie Volksläufe oder Veranstaltungen für Nichtmitglieder, während im Norden die eher für Großvereine typischen, organisatorisch verankerten Angebote für Kinder und Familie überrepräsentiert sind[385].

In bezug auf die generelle Neigung zu zusätzlichen, nicht spezifisch sportartgebundenen Veranstaltungen sind innerhalb der Landesverbände keine signifikanten Unterschiede zu erkennen.

Schaubild 11
Anteil der Vereine mit zusätzlichen Veranstaltungen für spezielle Gruppen in den einzelnen Landessportbünden.

Schaubild 12
Anteil der Vereine mit nur einer Sportart nach Landessportbünden.

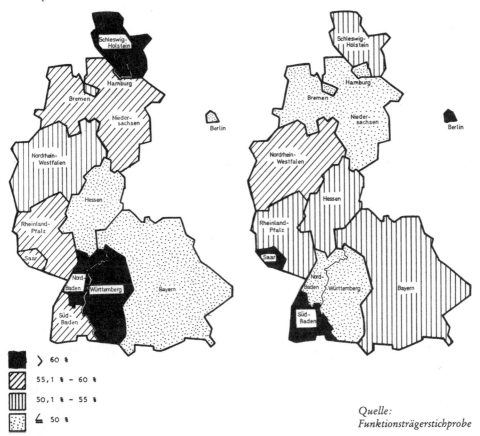

Quelle: Funktionsträgerstichprobe

---

[384] Ausnahmen bilden hierbei Württemberg, das einen hohen Anteil sowohl an leistungs- und wettkampforientierten als auch an freizeitsportorientierten Vereinen aufweist, und Berlin, das mit seinen vielen Einspartenvereinen stärker in Richtung Leistungssport orientiert ist.

[385] Vgl. Anhang *Tabelle 50*, Überbesetzungen bei Zusatzangeboten des Vereins für spezielle Zielgruppen nach Landessportbünden.

Schaubild 13
Übungsstundenangebot der Vereine in den einzelnen Landessportbünden (Durchschnittswerte).

Schaubild 14
Angebot an geselligen Veranstaltungen des Gesamtvereins in den einzelnen Landessportbünden (Durchschnittswerte).

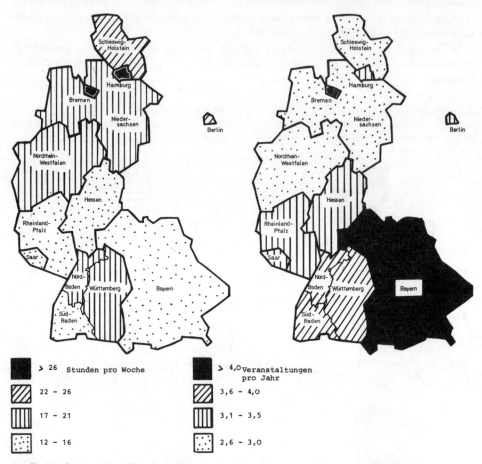

Quelle: Funktionsträgerstichprobe

Als Einflußvariablen für die Ausprägung des Zusatzangebotes in den Landesverbänden gelten in erster Linie der Anteil der diesbezüglich weniger engagierten Einzweckvereine im Verhältnis zur übrigen Vereinsstruktur, die Gemeindestruktur, die Wettkampf- und Freizeitsportorientierung der Vereine sowie die Verteilung der Sportarten innerhalb der Landesverbände.

Ähnlichen Einflußfaktoren ist auch das wöchentliche Übungsstundenangebot in den Vereinen der einzelnen Landessportbünde unterworfen; jedoch fällt hier in überwiegendem Maße der Anteil an Groß- und Mittelvereinen ins Gewicht, so daß wir erneut deutlich ein Nord-Süd-Gefälle feststellen können[386]. Genau in umgekehrter Richtung verläuft die Ausprägung

---

[386] Vgl. *Schaubild 13*, Übungsstundenangebot der Vereine in den einzelnen Landessportbünden (Durchschnittswerte).

des Angebotes an geselligen Veranstaltungen im Verein[387], wobei hier die relativ geringen Unterschiede im Anteil der einzelnen Vereinsarten den Zusammenhang alleine nicht zu erklären vermögen.

Im Gegenteil bestätigt sich an dieser Stelle die vermutlich mentalitätsbedingte Affinität zu vereinsgebundener Geselligkeit im süddeutschen Raum, unabhängig von der Organisationsform des Vereins.

Den zum Teil erheblichen Unterschieden im Angebot des Vereins, die wir bei verschiedenen Vereinsarten, Gemeindegrößen und Regionen feststellen konnten, liegt in erster Linie die Organisationsform des Vereins zugrunde. Mit ihr verknüpft ist die Breite des Angebotes, die spezielle Orientierung in bezug auf Wettkampfaktivität oder Freizeitsport, die Beteiligung von Jugendlichen und Frauen sowie das Angebot für bestimmte, im Sport sonst weniger beteiligte Bevölkerungsgruppen. Lange Zeit erschien die Organisationsform des Vereins, in Jahrzehnten gewachsen, als eine relative Konstante, deren Veränderung und Erweiterung oftmals althergebrachte Traditionen, aber auch das Selbstverständnis, eine Art soziale Einrichtung zum quasi „Nulltarif" sein zu müssen, entgegenstanden.

Der neu entstandene Nachfrageboom im Sport zwang den Verein, um den Erhalt seiner gesellschaftlichen Position zu sichern, zu einer Öffnung gegenüber dem Anspruch der Allgemeinheit, wodurch sich ein Wandel in Angebot und Organisation vollzog. Nicht überall hat, wie wir gesehen haben, dieser Wandel in ausreichendem Maße stattgefunden; dennoch erscheint das Angebot des Vereins heute zunehmend als eine Funktion der Nachfrage, deren Veränderung in Zukunft ein rasches Reagieren der Vereinsorganisation erwarten läßt.

---

[387] Vgl. *Schaubild 14* (S. 106), Angebot an geselligen Veranstaltungen des Gesamtvereins in den einzelnen Landessportbünden (Durchschnittswerte).

7. Die Anlagenstruktur der Sportvereine

7.1 DIE BEDEUTUNG VON SPORTANLAGEN ALS VERHALTENSRELEVANTE ARTEFAKTE

Auf dem Internationalen Kongreß für Sportstättenbau und Bäderanlagen in Köln 1969 sprach OMMO GRUPE[388] von einem determinierenden Einfluß der Anlagen und Einrichtungen auf den Sport insgesamt sowie auf seine spezielle Ausprägung und Entwicklung. Er erwähnt im gleichen Zusammenhang MITSCHERLICH, der die Sportanlagen als „Prägestöcke" bezeichnet hat[389] sowohl in ihrer Wirkung auf das aktuelle Sportverhalten als auch auf die Entwicklungsmöglichkeiten im Sport. Diese Wirkung auf das Handlungsfeld Sport ist nun nicht beschränkt auf die reine Quantität der Sportnachfrage, sondern erstreckt sich vor allem auf den qualitativen Aspekt, die spezifische Ausprägung der Nachfrage; d. h., der Aufforderungscharakter einer Vereinsanlage ist mitentscheidend für dort betriebene Sportarten und somit auch für die soziale Zusammensetzung der Mitglieder.

Die verhaltensrelevante, um nicht zu sagen, determinierende Bedeutung sogenannter Artefakte[390] findet ihre besondere Würdigung in einem Ansatz von LINDE, der den „Sachen"[391] eine gesellschaftsstrukturierende Funktion zuschreibt, und für den „Sachverhältnisse Grundelemente der Struktur menschlicher Vergesellschaftung sind und daher auch – abweichend von den derzeit dominierenden Social-System-Konzepten[392] – eine Grundkategorie der soziologischen Analyse dieser Vergesellschaftung sein sollten"[393].

LINDE zeigt eindrucksvoll die Schwächen und Verkürzungen eines die Verhaltensrelevanz von „Sachen" ausklammernden soziologischen Konzeptes am Beispiel der Gemeindesoziologie auf[394] und fordert, gerade für den Bereich der empirischen Forschung, eine weitgehende Berücksichtigung der „... in Sachen angelegten und (der) mit der Sachaneignung wie mit dem Sachgebrauch (seitens des Individuums) akzeptierten Regelungen"[395].

Die Analyse unseres Datenmaterials erlaubte es nicht, in direkter Weise Aussagen über den verhaltensregelnden Einfluß von Sportanlagen zu machen, da wir auf der einen Seite zwar über Angaben zur Anlagensituation des Vereins verfügen, uns auf der anderen Seite jedoch die zur

---

[388] Vgl. GRUPE, O.: Standortbestimmung und künftige Perspektiven im Bau von Sportstätten und Freizeitanlagen. In: Intern. Arbeitskreis Sportstätten (Hrsg.): Protokoll zum Internationalen Kongreß Sportstättenbau und Bäderanlagen. Köln 1969, 16.

[389] Ebenda, 22.

[390] Artefakte = das durch menschliches Können Geschaffene (vgl. Der Große Duden – Fremdwörterbuch. Mannheim 1966², 69).

[391] LINDE definiert ‚Sachen' (Artefakte) als „im Unterschied zu natürlichen Dingen – alle Gegenstände, die Produkte menschlicher Absicht und Arbeit sind".
LINDE, H.: Sachdominanz in Sozialstrukturen. Tübingen 1972, 11.

[392] Die Bedeutung von Sachen und Sachverhältnissen für die Soziologie war, wie LINDE aufzeigt, in einigen (frühen) Ansätzen der soziologischen Forschung durchaus erkannt worden, wie z. B. bei MARX oder DURKHEIM (vgl. LINDE, S. 13 ff.), jedoch im Zuge der Entwicklung zu ‚Systemansätzen' im sozialwissenschaftlichen Bereich als eine Größe des „Environments" aus der direkten Betrachtung sozialer Bezüge ausgegliedert worden.

[393] LINDE, H.: Sachdominanz in Sozialstrukturen. Tübingen 1972, 81.

[394] Vgl. LINDE, H.: Sachdominanz ..., a.a.O., 19 ff.

[395] Ebenda, 82.

Aufdeckung solcher Interdependenzen notwendigen Informationen über entsprechende Verhaltensmuster der Mitglieder auf diesem Weg der Vereinsanalyse[396] nicht zugänglich waren. Dennoch lassen sich indirekt über die Strukturdaten des Vereins (Frauenanteil, Jugendanteil, Mitgliederentwicklung etc.) Aussagen machen über einerseits verhaltenssteuernde Einflüsse der Sachaggregate auf die Organisation und Entwicklung des Vereins und andererseits über den „Anziehungs- und Aufforderungscharakter"[397] von Sportanlagen auf bestimmte Kategorien von Sporttreibenden.

Es gilt jedoch im folgenden zu beachten, daß die Aussagen zur Anlagenstruktur der Sportvereine nicht auf der Basis speziell ermittelter Bestände und Auslastungen, sondern auf der Einschätzung der Funktionsträger bezüglich der Anlagensituation des Vereins beruhen.

7.2 DIE ALLGEMEINE ANLAGENSITUATION

Die Mitgliederzahlen des Deutschen Sportbundes haben sich in den letzten 10 Jahren von 7,7 Millionen (1966) auf ca. 14 Millionen (1976) nahezu verdoppelt. Jeder einzelne dieser neu hinzugekommenen Sportler ist Mitglied in einem oder mehreren Vereinen. Die Sportaktivität in anderen, mit dem Verein konkurrierenden Organisationen, wie kommerziellen Instituten oder Volkshochschulen, fällt zahlenmäßig kaum ins Gewicht[398].

Verantwortlich für diese Sonderstellung der Vereine im Bereich des organisierten Sports[399] ist zu einem wesentlichen Teil die weitgehende Monopolstellung im Bereich der Sportanlagen, sei es als Eigentum, erworben durch den langjährigen materiellen und ideellen Einsatz vieler Vereinsmitglieder, oder sei es durch die traditionell höchste Priorität bei der Vergabe von Übungszeiten in öffentlichen Einrichtungen.

Trotz größter Anstrengungen der Vereine selbst hätte der Sportboom der letzten Jahre kaum in den vorhandenen Vereinsstrukturen aufgefangen werden können, wenn nicht von staatlicher Seite der Bau und die Erweiterung vereinseigener Anlagen gefördert und wenn nicht zusätzlich in großem Umfang öffentliche Einrichtungen erstellt und den Vereinen zugänglich gemacht worden wären. Das vermehrte Engagement der öffentlichen Hand begann etwa 1960, als mittels des ‚Goldenen Planes'[400] Bund, Länder und Gemeinden die Beseitigung

---

[396] Es handelt sich bei den hier ausgewerteten Daten, wie in Kapitel 2. beschrieben, um eine schriftliche Befragung unter Funktionsträgern von Vereinen.

[397] Vgl. BLECKEN, F.: Wissenschaftliche Beiträge zur Funktion des Sports und der Sportstätten in der heutigen Gesellschaft. In: Das Gartenamt 22 (1973), 78.

[398] Vgl. SCHLAGENHAUF, K./TIMM, W.: Der Sportverein ..., a.a.O., 8.

[399] Aufgrund dieser Sonderstellung sind die Vereine in den letzten Jahren zunehmend in den Blickpunkt des öffentlichen Interesses gerückt. Sowohl von seiten des DSB als auch der politischen Parteien wird dem Sportverein als dem Hauptträger sportlicher Aktivität in unserem Lande und seinen speziellen Problemen vermehrte Aufmerksamkeit entgegengebracht.
Vgl. hierzu: DSB (Hrsg.): Zur Situation des Sportvereins in der Bundesrepublik Deutschland. Frankfurt 1977 (Bericht zum gleichnamigen Symposium des Wissenschaftlichen Beirates des DSB).
CDU (Hrsg.): Argumente, Dokumente, Materialien – laufende Nr. IV/1 und Bestell-Nr. 252. (Berichte zu den Vereinshearings der CDU 1971 und 1973).
BUNDESMINISTERIUM DES INNERN (Hrsg.): Dritter Sportbericht der Bundesregierung. Bonn 1976, 107–112.
SCHMIDT, H.: „Haltet mir die Vereine hoch". In: DSB (Hrsg.): DSB-Info 48 (1975), 3–4.
Auszüge aus der Rede des Bundeskanzlers anläßlich der 25-Jahr-Feier des DSB.

[400] Auf der Grundlage des 1959 von der Deutschen Olympischen Gesellschaft (DOG) in Zusammenarbeit mit dem Deutschen Städtetag festgestellten Anlagenfehlbestandes sah der ‚Goldene Plan', verteilt auf eine Laufzeit von 15 Jahren, eine Gesamtinvestitionssumme von ca. 6,3 Milliarden DM vor, die nach einem Schlüssel von 5:3:2 auf Länder, Gemeinden und Bund verteilt werden sollte. (Vgl. DOG [Hrsg.]: Memorandum zum Goldenen Plan für Gesundheit, Spiel und Erholung. Frankfurt 1960).

von Defiziten im Sportanlagenbereich in Angriff nahmen. Obwohl die tatsächlichen Investitionen im Rahmen des ‚Goldenen Planes' die ursprünglich veranschlagte Summe bei weitem überstieg (vgl. Seite 133), traf 1976 die ‚ad-hoc-Kommission Freizeit und Breitensport' der Deutschen Sportkonferenz die Feststellung, daß „angesichts des außerordentlichen Zuwachses von Sporttreibenden ... die Sportstättenförderung ein vorrangiges Ziel bleiben (müsse)"[401] und empfahl weiterhin eine Analyse der Anlagensituation zur Schaffung von Prioritäten bei neuen Förderungsmaßnahmen.

Tabelle 51 Grundverteilung und quantitative Beurteilung der den Vereinen zur Verfügung stehenden Anlagen (G = 3050).

Art der Anlage	Anlagen-verteilung 3050=100 %	Beurteilung [402]		
		ausreichend	nicht ausreichend	
Sporthallen	2042=67 %	53 %	47 %	100 %
Sportplätze	1924=63 %	67 %	33 %	100 %
Leichtathletikanlagen	786=26 %	57 %	43 %	100 %
Schwimmbad	694=23 %	56 %	44 %	100 %
sonstige sportbedingte Anlagen	793=26 %	65 %	35 %	100 %
Umkleideräume	1770=58 %	69 %	31 %	100 %
eigenes Vereinsheim	1285=42 %	70 %	30 %	100 %

Quelle: Funktionsträgerstichprobe

Unsere Ergebnisse zeigen, daß trotz aller Bemühungen der letzten Jahre die Sportanlagen, und hierbei hauptsächlich die Sporthallen, den noch immer größten Engpaß bei der Bewältigung des Sportbetriebes in den Vereinen darstellen. Mehr als ein Drittel aller Vereine (37%) beurteilte seine Sportanlagen auf einer „Schulnotenskala" (von eins bis fünf) mit ausreichend bis mangelhaft. Über die schlechte Situation klagen in erster Linie diejenigen Vereine, denen Sportanlagen überwiegend in gemeinsamer Nutzung mit anderen Vereinen zugänglich sind,

---

[401] DSB (Hrsg.): Sportstättenbau als Pflichtaufgabe. In: DSB-Info 40 (1976), 7.
[402] Die Prozentuierung erfolgt jeweils auf die Anzahl der Vereine, denen die entsprechende Anlage zur Verfügung steht.

unabhängig davon, ob unentgeltlich oder gegen Miete[403]. Insgesamt stehen den Vereinen in weniger als der Hälfte der Fälle (47%) in ausreichendem Maße Anlagen zur Verfügung.

Von den Vereinen, die Angaben über ihre räumliche Ausstattung machen, besitzen bei weitem *nicht alle* Anlagen aus qualitativ unterschiedlichen Funktionsbereichen (sportlicher Bereich, Geselligkeitsbereich, sanitärer Bereich).

Tabelle 52 Verfügung der Vereine über Anlagen aus unterschiedlichen Funktionsbereichen (G = 1958).

Anlagenausstattung	Prozentuale Verteilung
keine Sportanlagen (A)	3 %
nur Sportanlagen (B)	30 %
Sportanlagen und Umkleideräume (C)	28 %
Sportanlagen und Vereinsheim [404] (D)	10 %
Sportanlagen und Umkleideräume und Vereinsheim [404] (E)	29 %
insgesamt	100 %

Quelle: Funktionsträgerstichprobe

7.3 VEREINSARTEN- UND SPORTARTENSPEZIFISCHE ANLAGENKONSTELLATIONEN

Bei denjenigen Vereinen, die nur Zugang zu Sportanlagen haben, handelt es sich in erster Linie um Kleinvereine mit einem eindimensionalen Sportangebot in Sportarten wie Kegeln, Radsport, Reiten, Schießen, Schwimmen und sonstigen, nicht speziell erfaßten Disziplinen. Sie sind nicht, wie man hätte vermuten können, typisch für Kleingemeinden, wo die Vereine neben den Sportanlagen zumindest Umkleideräume, aber häufig auch eigene Vereinsheime besitzen[405], sondern finden sich eher in Mittel- und Großstädten. Die Anlagenprobleme dieser

---

[403] 42% der Vereine stehen die Anlagen (überwiegend) in gemeinsamer Nutzung mit anderen Vereinen zur Verfügung und knapp die Hälfte genießt den Vorteil, die Anlagen größtenteils unentgeltlich frequentieren zu können. Jeweils ein Viertel besitzt (überwiegend) eigene Anlagen bzw. entrichtet Miete oder Pacht für die Benutzung (vgl. hierzu auch HOFFMANN, A.: Die Bedeutung der Vereine für die sportliche Betätigung der Frau [Hrsg. Deutscher Sportbund – Bundesausschuß Frauensport]. Frankfurt/M. 1971, 30).

[404] Die Differenz an Vereinen mit eigenem Vereinsheim (3%) gegenüber *Tabelle 51* ergibt sich aus den Vereinen, die zwar über ein Vereinsheim, aber über keine Sportanlagen verfügen.

[405] Z. B. verfügt jeweils ein Drittel der Mehrspartenvereine unter 300 Mitglieder neben den Sportanlagen über Umkleideräume bzw. Umkleideräume und eigenes Vereinsheim.

Vereine liegen weniger im Bereich der Sporthallen als bei der ausreichenden Verfügbarkeit von Sportplätzen. Da es sich fast ausschließlich um nicht eigene, sondern gemietete Anlagen handelt, berühren wir hier das Problem der ausreichenden Zurverfügungstellung und richtigen Lozierung von Sportanlagen in größeren Gemeinden, auf das an anderer Stelle noch näher eingegangen werden soll.

Kennzeichnend für die Anlagenkonfiguration ‚Sportanlage in Kombination mit einem Vereinsheim' ist ebenfalls die Lage in Mittel- oder Großstädten bei Vereinen mit nur einer Sportart (Klein- und Mittelvereine). Die Tatsache, daß es sich hierbei meist um eigene Anlagen mit alleiniger Nutzung handelt, läßt in dieser Kategorie von Vereinen den hohen Anteil an Prestigesportarten erkennen. Auch bei diesen Vereinsorganisationen bestehen die Schwierigkeiten eher in der Beschaffung von Sportplätzen (Freiluftanlagen) als bei Hallenkapazitäten.

Die übrigen Anlagenkonstellationen (D und E) sind typisch für den Mehrspartenverein auch schon in Kleingemeinden, wobei Anlagen aus allen Funktionsbereichen (Konstellation E) bei Mehrspartenvereinen mittlerer Größe bedeutend häufiger anzutreffen sind (44%) als in Kleinvereinen mit mehreren Sparten (27%)[406].

Der Vergleich zwischen Vereinen mit nur einer Sportart und solchen mit breitem Angebot zeigt deutlich, daß diese „Monokulturvereine"[407] aufgrund häufig sehr spezieller Anforderungen an Sportanlagen (Kegeln, Schießen, Radfahren, Reiten etc.) bei allen gängigen Anlagenarten unterrepräsentiert sind[408]. Innerhalb der übrigen Vereine verfügen erst wieder die größeren mit einem breitgefächerten Angebot über solche speziellen Anlagenarten.

Allgemein ist die Anlagensituation in Einspartenvereinen nach Angaben der Funktionsträger günstiger zu beurteilen als in Vereinen mit breitem Sportangebot. Während erstere häufiger über den Mangel an Sportplätzen klagen, erscheint in Mehrspartenvereinen die Kapazität an Sporthallen als wichtigstes Problem. Unabhängig davon, ob ein Verein eine oder mehrere Sportarten anbietet, nehmen die Anlagenprobleme mit steigender Mitgliederzahl des Vereins zu[409]; die Reihenfolge der dringendsten Probleme ändert sich jedoch nicht.

Sportartenspezifische Unterschiede in bezug auf die Anlagensituation sind nur durch die Gegenüberstellung verschiedenartiger Einzweckvereine zugänglich, da spezielle Aussagen über die Verhältnisse innerhalb der Abteilungen von Mehrzweckvereinen kaum zu erfassen sind. Das bedeutet, daß sich diese Befunde nicht ohne weiteres auf Abteilungen von Mehrzweckvereinen in diesen Sportarten übertragen lassen.

Die Anlagensituation in den einzelnen Sportarten ist gekennzeichnet durch die speziellen sachbedingten Anforderungen der Disziplinen und dementsprechend von einer Vielfalt, die zu beschreiben in diesem Rahmen kaum sinnvoll erscheint. Anstelle einer detaillierten, breit angelegten, aber wenig ergiebigen Darstellung von Einzelergebnissen soll an dieser Stelle lediglich die Anlagensituation einiger weniger Sportarten exemplarisch aufgezeigt werden.

Der ungeheure Aufschwung im Tennissport hat offensichtlich dazu geführt, daß wir innerhalb der Tennisvereine eine äußerst negative Anlagensituation antreffen, und zwar sowohl im Bereich der Hallen als auch der Plätze; abgesehen von der Tatsache, daß über die

---

[406] Vgl. Anhang *Tabelle 53*, Anlagenkonstellation in den Vereinsarten (I—VIII).

[407] Der Begriff ‚Monokulturverein' entstammt einer Abgrenzung des DSB und meint diejenigen Vereine, die nur eine Sportart anbieten. Wir werden im folgenden aus Gründen der Abkürzung des kompletten Ausdrucks gelegentlich auf diesen Begriff zurückgreifen. Vgl. DSB (Hrsg.): Der Deutsche Sportbund – ein Milliardenunternehmen. In: DSB-Info 23/75, 1—2.

[408] Vgl. Anhang *Tabelle 54*, Anlagenausstattung von Vereinen mit unterschiedlicher Angebotsbreite (Zahl angebotener Sportarten).

[409] Z. B. bezeichnen 60% der Vereine bis 300 Mitglieder ihre Sporthallen als ausreichend gegenüber 43% der Mittelvereine (300—1000 Mitglieder) und 38% der Großvereine.

Hälfte der reinen Tennisvereine über keine Halle verfügt. Ebenfalls Engpässe im Bereich der Sporthallen bestehen bei Fußball- und Skivereinen[410], deren saisonabhängiger Bedarf an Sporthallen[411] – sie benutzen die Sportanlagen überwiegend unentgeltlich – sicherlich häufig mit dem Vergabemodus bei städtischen Einrichtungen (häufig werden die Sportstunden ganzjährig vergeben) in Konflikt gerät und so zu den beobachteten Kapazitätsschwierigkeiten führt. Von den reinen Fußballvereinen, die Zugang zu *Sporthallen* haben (60%), bestätigen die Hälfte (51%) Engpässe bei diesen Anlagen, während durchschnittlich weit weniger Vereine (mit nur einer Sportart) über nicht ausreichende Sporthallen klagen (38%). *Sportplätze* hingegen erscheinen lediglich bei einem Drittel der Fußballvereine als nicht ausreichend, während sie für Skisportvereine allgemein weniger von Bedeutung sind.

In bezug auf die Situation der Anlagen im sanitären Bereich (Umkleideräume, Duschen, Toiletten) läßt sich für Einzweckvereine lediglich bei Fußball und Tennis eine gewisse Mangelsituation belegen, während in der Ausstattung mit Vereinsheimen allein Fußball relativ schlecht abschneidet[412]. Bei Tennis hingegen, als der Sportart mit einem der höchsten Anteile an Vereinsheimen[413], werden diese überwiegend als ausreichend bezeichnet.

Trotz der quantitativ schlechten Ausstattung der Tennisvereine mit *Sport*anlagen fällt deren Beurteilung seitens der Funktionsträger, die, wie schon angedeutet, in der Hauptsache auf die Qualität der Einrichtungen abzielt, unter allen in dieser Untersuchung ausreichend repräsentierten Sportarten am besten aus[414]. Demgegenüber werden die Sportanlagen bei Fußballvereinen mit am schlechtesten bewertet.

Wie man schon erkennen konnte, teilt sich der Einfluß der Sportart auf die Anlagensituation eines Vereins in zwei Bereiche auf: zum einen wird durch die spezifischen Anforderungen einer Sportart die Konfiguration der Sportanlagen bestimmt, d. h. welche Arten von Anlagen dem Verein zur Verfügung stehen müssen, zum anderen beeinflußt die nach Sportarten unterschiedliche Gesellungsneigung den Bedarf an Vereinsheimen. In nahezu allen Prestigesportarten (mit Ausnahme von Reiten), in denen Geselligkeit und gesellschaftlicher Kontakt fester Bestandteil der Mitgliedsrolle ist, sind eigene Vereinsheime häufig anzutreffen. Nicht weniger Vereinsheime finden sich bei Sportarten wie Kanu oder Schießen, für deren Ausübung der Besitz eines eigenen Boots- oder Schützenhauses eine nahezu unumgängliche Sachanforderung bedeutet.

Darüber hinaus verfügen auch die Vereine mit typischen Mannschaftssportarten wie Fußball oder Handball überdurchschnittlich häufig über eigene Vereinsheime. Bei diesen Vereinen ist die Einrichtung ‚Vereinsheim' einerseits aufgrund der oft zentralen Position

---

[410] In allen anderen in diesem Zusammenhang von uns berücksichtigten Sportarten verfügt der größere Teil der Vereine in ausreichendem Maße über Sporthallen. Die Aussagen beziehen sich nur auf die Sportarten, die in unserer Stichprobe unter den Einzweckvereinen ausreichend repräsentiert sind.

[411] Die Ergebnisse einer empirischen Untersuchung zur Sportstätten-Richtplanung in der Schweiz weisen die saisonalen Schwankungen im Bedarf an Sporthallen bei Fußballvereinen und Vereinen anderer Sportarten aus. Hiernach frequentieren Fußballclubs Sporthallen vornehmlich in den Monaten Januar bis März.
Vgl. SCHIFFER, J. u. a.: Sportstätten-Richtplanung. Berichte des Forschungsinstituts Nr. 20 – Eidgenössische Turn- und Sportschule. Magglingen 1977, 91.

[412] Zu den Sportarten, denen eine positive Situation im Bereich der Vereinsheime bescheinigt werden kann, zählen: Kanu, Reiten, Rudern, Schießen, Segeln und Tennis.

[413] Vgl. Anhang *Tabelle 55*, Anteil der Vereine mit eigenem Vereinsheim und Beurteilung der Anlagenkapazität in Einzweckvereinen unterschiedlicher Sportarten.

[414] Vgl. Anhang *Tabelle 56*, Bewertung der Anlagenqualität in Einzweckvereinen unterschiedlicher Sportarten.

dieser Vereine im öffentlichen Leben kleiner und kleinster Gemeinden von Bedeutung, andererseits wegen einer traditionell großgeschriebenen Geselligkeitsneigung in diesen Sportarten vor allem im Anschluß an Trainings- und Wettkampfaktivitäten[415].

Nur selten sind Vereine mit geringen Mitgliederzahlen im Besitz eines eigenen Vereinsheimes. Dies zeigt sich deutlich bei den Sportarten Kegeln, Radsport und Tischtennis, die eine ausgeprägte Affinität zu besonders kleinen Organisationen aufweisen[416]. Bei Kegeln ist zweifellos auch die institutionelle Bindung der Anlagen an gastronomische Betriebe mit dafür verantwortlich, daß ein eigenes Vereinsheim für diese Vereine nur eine untergeordnete Rolle spielt.

Welche Bedeutung die Existenz eines eigenen Vereinsheimes für das Geselligkeitsverhalten im Verein hat, belegt SCHLAGENHAUF in der ersten Hauptuntersuchung[417]. Er unterstreicht damit erneut die Relevanz von Sachaggregaten für die Ausprägung sozialer Verhaltensmuster in unserer Gesellschaft[418].

Der Besitz von vereinseigenen Anlagen, sei es Vereinsheim oder Sportanlagen, ist innerhalb der Einzweckvereine ein deutliches Privileg der Prestigesportarten. Der Großteil der anderen Vereine in weniger prestigebesetzten Sportarten (z. B. Fußball, Radsport, Schwerathletik, Schwimmen, Tischtennis, Turnen oder Skisport) ist aufgrund der anders gelagerten Finanz- und Eigentumsverhältnisse darauf angewiesen, möglichst ohne finanzielle Gegenleistung die Anlagen der Gemeinden in Anspruch zu nehmen[419].

Tabelle 57 Beurteilung der Sportanlagen (qualitativer Aspekt) in den einzelnen Vereinsarten (I – VIII) (G = 3014).

	Vereinsart								
	I	II	III	IV	V	VI	VII	VIII	
Beurteilung der Sportanlagen [420] (Mittelwert)	2,6	2,9	3,1	3,1	3,1	3,0	2,1	2,7	$W(x^2)$ = 100% CK=0,18

Quelle: Funktionsträgerstichprobe

---

[415] Die Ergebnisse der ersten Hauptuntersuchung zeigen die Bedeutung der Wettkampfaktivität für die Beteiligung an vereinsgebundener Geselligkeit auf.
Vgl. SCHLAGENHAUF, K.: Sportvereine in der Bundesrepublik Deutschland – Teil I, a.a.O., 93–104.
[416] 39% der Einzweck-Kegelvereine haben weniger als 50 Mitglieder. Bei Radsport beträgt dieser Anteil 35%, bei Tischtennis 29%.
[417] Vgl. SCHLAGENHAUF, K.: Sportvereine in der Bundesrepublik Deutschland – Teil I, a.a.O., 103.
[418] Vgl. LINDE, H.: Sachdominanz ..., a.a.O.
[419] Den Vereinen mit nur einer Sportart stehen Anlagen ‚überwiegend unentgeltlich' zur Verfügung in den Sportarten: Tischtennis 78%, Radsport 72%, Ski 64%, Schwerathletik 63%, Fußball 57%, Turnen 56%, Schwimmen 54%.
[420] Die Beurteilung erfolgte im Rahmen einer abschließenden Gesamtbeurteilung des Vereins durch die Funktionsträger, wobei den einzeln zu bewertenden Teilbereichen Werte einer vorgegebenen Schulnotenskala (1–5) zugeordnet werden konnten. Vgl. Anhang: Fragebogen – Frage D 1
  I   – Groß/hauptamtlich   V   – Klein/mehrspartig
  II – Groß/ehrenamtlich   VI – Klein/einspartig (ohne Prestigesportarten)
  III – Mittel/mehrspartig   VII – Mittel/einspartig (Prestigesportarten)
  IV – Mittel/einspartig (ohne Prestigesportarten)   VIII– Klein/einspartig (Prestigesportarten)

Korrespondierend hierzu verfügen die Vereine in Prestigesportarten nahezu ausschließlich allein über ihre Anlagen (91%), während in den meisten anderen Sportarten, es sei denn, es handelt sich um sehr spezielle Anlagen, wie etwa bei Schießen, die gemeinsame Benutzung mit anderen Vereinen die Regel ist.

Der wichtigste sportartenspezifische Einfluß auf die Struktur und die Situation der Vereinsanlagen ist, wie wir gesehen haben, bestimmt durch die speziellen Anforderungen der unterschiedlichen Sportarten an die benötigten Anlagen sowohl im Bereich sportlicher wie auch nichtsportlicher Aktivitäten.

Der Einfluß der Sportarten ist es auch, der einen Großteil der Varianz in der Beurteilung der Anlagensituation zwischen Einspartenvereinen in den Prestigesportarten und den übrigen Vereinsarten ausmacht.

Bei dieser Beurteilung, bei der in erster Linie die qualitative Ausstattung und der Komfort der zur Verfügung stehenden Anlagen bewertet wird, erzielen die Vereine in Prestigesportarten und die hauptamtlich geführten Großvereine das beste Ergebnis, während die schlechtere Beurteilung in den anderen Vereinsarten keine großen Unterschiede aufweist. Betrachtet man jedoch die verfügbare Kapazität der Sportanlagen für sich (Sporthallen, Sportplätze), dann erweisen sich die Mittel- und Großvereine gegenüber den Kleinvereinen als deutlich im Nachteil[421]. Die größten Engpässe im Bereich der Sporthallen bestehen in ehrenamtlich geführten Großvereinen (zwei Drittel dieser Vereine berichten von einer nicht ausreichenden Versorgung mit Hallen) und mittelgroßen Vereinen in Prestigesportarten (60%). Diese Prestigevereine sind es auch, die am häufigsten über mangelnde Kapazität an Sportplätzen klagen; der Anteil unter ihnen (58%), der die zur Verfügung stehenden Plätze als nicht ausreichend bezeichnet, ist nahezu doppelt so hoch wie in allen übrigen Vereinen[422].

Anders als bei den Sporthallen erscheint die Verfügbarkeit von Leichtathletikanlagen (etwa ein Viertel aller Vereine benutzt Leichtathletikanlagen) in Großvereinen meist ausreichend gewährleistet, während in Kleinvereinen hier offensichtliche Probleme auftreten. Dies betrifft in der Hauptsache den Verein in kleineren Gemeinden (bis 5 000 EW), der zwar über einen Sportplatz, jedoch nicht oder nur über unzureichend ausgebaute Leichtathletikanlagen verfügt und meist Fußball als Hauptsportart anbietet. Unter diesem Aspekt gewinnt die Frage nach der Kapazitätsauslastung von Sportanlagen an Bedeutung. Hiernach erscheint die alleinige Nutzung eines Sportplatzes durch einen Fußballverein, wie dies in sehr vielen kleineren Gemeinden der Fall ist, unter ökonomischen Gesichtspunkten keine sinnvolle Lösung. Die Ergänzung eines solchen Fußballplatzes durch Leichtathletikanlagen könnte die Nutzung dieser Einrichtung durch eine größere Zahl von Interessenten bei besserer zeitlicher Auslastung ermöglichen und gleichzeitig für die Vereine einer Vielzahl kleiner Gemeinden die Möglichkeit einer Angebotserweiterung eröffnen. Die Nutzung eines auf diese Weise erweiterten Anlagenangebotes erfordert jedoch häufig, wie dies viele solcher leerstehenden Anlagen zeigen, organisatorische und werbliche Aktivitäten des Vereins, um gleichzeitig eine Erweiterung der Nachfrage in den neu angebotenen Sportarten zu erreichen.

Im Gegensatz zu den bisher beschriebenen Anlagen treten in den einzelnen Vereinsarten, soweit sie über Umkleideräume oder ein Schwimmbad verfügen, keine signifikanten Unterschiede bezüglich deren Kapazität auf. Durchschnittlich bezeichnen etwa zwei Drittel aller

---

[421] Es werden hier nur die Vereine betrachtet, denen entsprechende Anlagen zur Verfügung stehen. Der jeweilige Anteil der einzelnen Anlagenarten innerhalb der Gesamtzahl der Vereine einer Vereinsart wird aus *Tabelle 58* ersichtlich. Vgl. Anhang *Tabelle 58*, Anlagenausstattung in den unterschiedlichen Vereinsarten (I – VIII).

[422] Unter ‚Sportplätze' fallen in diesem Zusammenhang auch Tennisplätze, Reitplätze etc.

Vereine (69%) ihre Umkleidemöglichkeiten als ausreichend, während etwa die Hälfte der Vereine (57%) mit den zur Verfügung stehenden Schwimmanlagen zufrieden ist[423].

Ein weiteres Merkmal funktionaler Differenzierung, das neben der Ausstattung mit unterschiedlichen Sportanlagen für das Handlungsfeld Sportverein von Bedeutung erscheint, ist, wie schon bei den verschiedenen Sportarten festgestellt, das für den Geselligkeits- und Integrationsbereich des Vereins relevante Vorhandensein eines eigenen Vereinsheimes.

Wie SCHLAGENHAUF feststellt, hat „das Fehlen einer solchen Lokalität oder auch ihre von den Mitgliedern als weniger ideal empfundene Ausstattung einen stark dämpfenden Einfluß auf die Geselligkeitsbeteiligung nach den Sportstunden"[424]. Geht man davon aus, daß dem Sportverein eine wichtige Funktion der gesellschaftlichen Integration und sozialen Vermittlung zukommt, so muß ein Anteil von nur 42% Vereinen mit eigenem Vereinsheim[425] angesichts des obigen Befundes als eine strukturbedingte Mangelerscheinung angesehen werden.

Dies um so mehr, als die Vereinsarten, die hiervon besonders betroffen sind – nämlich die kleinen und mittelgroßen Vereine mit mehreren Abteilungen[426] – über die Hälfte aller in unserem Land vereinsgebundenen Sporttreibenden repräsentieren.

Die Frage des eigenen Vereinsheimes ist offensichtlich zuerst ein finanzielles Problem, da sich die Vereine, denen weder ein Vereinsheim noch Umkleideräume zur Verfügung stehen, fast ausschließlich aus Kleinvereinen rekrutieren, die sich gemäß ihrer geringen Mitgliederzahlen, aber auch wegen extrem niedriger Beiträge (vgl. *Tabelle 67*) selten in der Lage sehen, ohne erhebliche Unterstützung von außen, sei es durch Mäzene, Verbände oder die Gemeinde zu einem Vereinsheim zu gelangen.

Ohne jede Unterstützung der Gemeinden, die ja nicht erst bei der Erstellung von vereinseigenen Anlagen einsetzt, sondern ihren Hauptbeitrag in der unentgeltlichen Zurverfügungstellung gemeindlicher Einrichtungen hat, wäre ein Großteil unserer Vereine, und nicht nur der Kleinvereine, heute kaum existenzfähig.

Lediglich ein Viertel aller Vereine ist im Besitz von überwiegend vereinseigenen Anlagen. Ein weiteres Viertel benutzt seine Sportanlagen vorwiegend zur Miete, und etwa der Hälfte, also den restlichen Vereinen, entstehen für den Sportbetrieb in Einrichtungen der Gemeinde keine Kosten. Mit Ausnahme der Vereine in Prestigesportarten, welche meist über eigene Anlagen in alleiniger Nutzung verfügen (vgl. Seite 113, 114), profitiert mindestens die Hälfte aller übrigen Vereinsarten in hohem Maße von der kostenlosen Bereitstellung gemeindlicher Einrichtungen, die meist jedoch mit anderen Benutzergruppen geteilt werden müssen. Als insgesamt begünstigte Vereinsarten erweisen sich hierbei die ehrenamtlich geführten Großvereine und die Mittelvereine mit einem breiten Angebot[427].

Dies erscheint jedoch insofern gerechtfertigt, als wir es hier mit jenen Vereinen zu tun haben, die aufgrund ihrer „ökonomischen" Arbeitsweise und ihres hohen Anteils an aktiven

---

[423] Diese Aussagen beziehen sich jeweils nur auf diejenigen Vereine, die die entsprechenden Anlagenarten nutzen.
[424] SCHLAGENHAUF, K.: Sportvereine in der Bundesrepublik Deutschland –Teil I, a.a.O., 103.
[425] Vgl. Anhang *Tabelle 58*, Anlagenausstattung in den unterschiedlichen Vereinsarten (I–VIII).
[426] Unter den Vereinen, die eigene Vereinsheime besitzen, bezeichnen besonders die einspartigen Mittel- und Kleinvereine ihr Vereinsheim als nicht ausreichend, während in allen anderen Vereinsarten, hauptsächlich den mittelgroßen Einspartenvereinen, diese Anlagenart überwiegend als ausreichend bewertet wird.
[427] Vgl. Anhang *Tabelle 59*, Verfügungsverhältnis der Vereinsanlagen nach Vereinsart (I–VIII).

Mitgliedern wesentlich zur Deckung der aktiven Sportnachfrage beitragen (vgl. Seite 197, *Tabelle 99*, der Anteil der einzelnen Vereinsarten [I−VIII] an der Deckung der Sportnachfrage nach ausgewählten Meßziffern).
Die übrigen, hauptamtlich geführten Großvereine verfügen in höherem Maße über vereinseigene Anlagen und beanspruchen somit in geringerem Umfang, sowohl gemietet wie auch unentgeltlich, Einrichtungen der Gemeinde.

7.4 DIE ANLAGENSITUATION DES VEREINS ALS DETERMINANTE DER MITGLIEDERSTRUKTUR UND VEREINSENTWICKLUNG

Wenn wir nach den Befunden, vor allem im Bereich der Angebotssituation des Sportvereins, davon ausgehen können, daß die Anlagenstruktur und Anlagensituation einen determinierenden Einfluß auf die „Qualität" der Sportausübung innerhalb des Vereines selbst und darüber hinaus auf die Nachfragesituation in seinem sozialen Umfeld hat, so ist zu vermuten, daß wir bei der Analyse der Mitgliederstruktur und Entwicklung des Vereins ebenfalls auf einen von den Vereinsanlagen ausgehenden Einfluß stoßen.

Den deutlichsten Hinweis erhalten wir in dieser Richtung bei der Betrachtung des Frauen- und Kinderanteils in Vereinen unterschiedlicher Anlagenstruktur. Die Sportarten Turnen und Gymnastik, die im Frauen- und Kindersport dominieren, sind in erster Linie an die Verfügung über Sporthallen gebunden. Dementsprechend finden sich in Vereinen ohne Zugang zu Sporthallen nur wenige Frauen und Kinder, da selbst die Existenz eines Sportplatzes höchstens saisonbedingt, und hierbei auch nur in begrenztem Maße, einen Ersatz darstellen könnte. Umgekehrt hat die zunehmende Sportaktivität gerade dieser Bevölkerungsgruppe (vgl. Anhang *Tabelle 4*) überall dort, wo Hallen zur Verfügung standen, einen Nachfragedruck erzeugt, der umgehend zu einem Engpaß bei diesen Anlagen führte[428].

Insgesamt erscheinen die Sporthallen als die am stärksten verhaltens- und strukturdeterminierenden Sachgegebenheiten innerhalb der Vereinsorganisation. Vor allem ihr Fehlen erweist sich als ein wichtiger Grund für eine stagnierende oder gar rückläufige Mitgliederentwicklung im Verein.

Dieses Fehlen sogenannter ‚Basiseinrichtungen'[429], wie Sporthallen oder Sportplätze, ist in erster Linie ein Merkmal von Vereinen in Sportarten, die ganz spezielle Anforderungen an ihre Anlagen richten, wie etwa Tennis oder Schießen. Der strukturdeterminierende Charakter dieser meist unifunktionalen Anlagen äußert sich nun weniger in deren Einfluß auf die Entwicklung der Mitgliederzahlen, wie wir dies z. B. bei der Verfügung über Sporthallen beobachten konnten, sondern hauptsächlich in der Bereitschaft der Vereine, das Angebot durch zusätzliche Sportarten zu erweitern. Ein solcher Entschluß würde die Erstellung völlig neuer, anders gearteter Anlagen notwendig machen, was neben einer erheblichen finanziellen Belastung gravierende Konsequenzen für die Struktur und Organisation des Vereines mit sich bringen würde.

---

[428] In den Vereinen, die Engpässe im Bereich der Sporthallen angeben, finden wir die höchsten Anteile an Frauen und Kindern, wie auch die stärksten Mitgliederzunahmen und Abteilungsneugründungen.

[429] Zu den ‚Basiseinrichtungen' für den Freizeitsport rechnen PAECH und RASE Turnhallen, Sportplätze und Schwimmbäder. Vgl. PAECH, E.-M./RASE, W.-D.: Versorgungssituation der Kreise mit Basiseinrichtungen für Freizeitsport. In: Raumforschung und Raumordnung 35 (1977) 1/2, 63−68.

Dieser Einfluß von Sachgegebenheiten auf die Angebotsstruktur der Vereine, unterstützt von dem zunehmenden Trend in der Sportnachfrage gerade zu solchen Sportarten, deren Anlagen überwiegend unifunktionalen Charakter haben, läßt es fraglich erscheinen, ob wir in Zukunft mit einem Konzept des ‚breiten Angebots' in ‚allen Vereinen' auskommen oder ob nicht die Möglichkeit bestimmter funktionaler Differenzierungen im Vereinswesen, d. h. einerseits Mehrzweckvereine, andererseits Vereine mit anlagenbedingt begrenztem Angebot, in entwicklungspolitische Überlegungen und Förderungsmaßnahmen stärker einbezogen werden müßte als bisher[430].

7.5 DIE ANLAGENSITUATION IN UNTERSCHIEDLICHEN GEMEINDEGRÖSSENKLASSEN

Das Problem der Sportanlagen oder Freizeitanlagen allgemein ist, wie bereits angedeutet, nicht allein eine Frage der Quantität. Für ihre „Funktionalität" sind zusätzlich noch weitere Gesichtspunkte von Bedeutung, wie etwa die qualitative Ausstattung, die Konfiguration unterschiedlicher Funktionselemente[431] (Sport – Geselligkeit – Freizeit) und nicht zuletzt der Standort der Anlage.

Jeder dieser Aspekte hat seine eigene Bedeutung und findet somit auch seinen Niederschlag in der öffentlichen Diskussion sowie der Literatur. Nicht immer lassen sich die in diesem Zusammenhang geäußerten Meinungen vereinbaren, zumal dann nicht, wenn aus der Vielzahl der funktional unterschiedlichen Anforderungen an eine Sportanlage ein Aspekt herausgenommen und daraus die Legitimation einer bestimmten Art der Anlagenkonzeption abgeleitet wird.

So fordert ROSKAM ein im Wandel der Sportnachfrage – vom Wettkampfsport zum Freizeitsport – notwendiges „Umdenken in der Planung"[432]: Sportstätten müssen attraktiv sein, „damit sie eben (einem eher sachorientierten Publikum, Anm. d. Verf.) Spaß machen"[433]. Im gleichen Zusammenhang empfiehlt er die Ansiedlung von Sportzentren in Benutzernähe sowie in Naherholungsgebieten. In ähnlicher Weise plädieren KOHL[434], bezugnehmend auf die besondere Situation der Arbeiter, sowie PALM[435] und ALTEKAMP[436] gegen vereinzelte Anlagen und für kombinierte, in die jeweiligen Wohngebiete integrierte Freizeitzentren.

---

[430] So beinhaltet zum Beispiel eine der Grundleitlinien des ‚Goldenen Planes' die vermehrte Förderung von kombinierten und vielseitig nutzbaren Anlagen, ungeachtet der Tatsache, daß die Anlagen einzelner Sportarten diesen Anforderungen nicht genügen können. Vgl. hierzu: Deutsche Olympische Gesellschaft (Hrsg.): Der Goldene Plan in den Gemeinden. Frankfurt/M. 1962², 36.
[431] Vgl. SCHLAGENHAUF, K.: Sportvereine in der Bundesrepublik Deutschland – Teil I, a. a. O., 103.
[432] ROSKAM, F.: Zu Planung und Bau von Sportanlagen. In: Sportwissenschaft 6 (1976) 4, 400.
[433] Ebenda, 400.
[434] Vgl. KOHL, H.: Freizeitpolitik. Frankfurt 1976, 51.
[435] Vgl. PALM, J.: Sport für alle, a. a. O., 32.
[436] Vgl. ALTEKAMP, K.: Freizeitorientierter Sportstättenbau.
In: DIECKERT, J. (Hrsg.): Freizeitsport. Düsseldorf 1974, 149 – 160.
Vgl. auch GRUPE, O.: Standortbestimmung und künftige Perspektiven im Bau von Sportstätten und Freizeitanlagen. In: Intern. Arbeitskreis Sportstätten (Hrsg.): Protokoll zum Internationalen Kongreß Sportstättenbau und Bäderanlagen, Köln 1969, 24.

Den Empfehlungen dieser Autoren liegen in erster Linie Überlegungen der Sportmotivation und des Aufforderungscharakters von Anlagen zugrunde. Demgegenüber erheben andere[437] die Funktion des Vereins und somit seiner Anlagen als integrativer Faktor zwischen unterschiedlichen sozialen Schichten zur Grundlage ihrer Argumentation. Nach ihrer Meinung läßt sich durch die Ansiedlung der Sportstätten in den Wohngebieten selbst nicht die angestrebte Integration sozialer Schichten erreichen, sondern im Gegenteil eher eine Art sozialer Segregation[438], so daß sie eine Ansiedlung der Sportanlagen im Grenzbereich „zwischen unterschiedlich strukturierten, jedoch in sich sozial-homogenen Stadtteilen" vorschlagen[439].

Die Schaffung attraktiver integrierter Sport- und Freizeitzentren jedoch bringt neben dem Problem eines großen, zusammenhängenden Raumbedarfes auch das der zentralen Lozierung mit sich. Da, wie SCHIFFER bei einer Untersuchung in der Schweiz feststellen konnte[440], die kritische Distanz zu einer Sportstätte bei ca. 20 Minuten Wegstrecke liegt, erscheinen diese zentralisierten Sportstätten gegenüber vereinzelten, kleineren Anlagen nicht immer als die bessere Lösung.

Die Gegenüberstellung macht deutlich, daß es für die Erstellung „funktionsgerechter" Sport- und Freizeitanlagen nach dem heutigen Stand der Forschung kein Patentrezept geben kann, zumal nicht nur der Standort innerhalb einer Gemeinde, sondern auch die Art der Gemeinde selbst von Bedeutung für die Anforderungen ist, die an eine Sportanlage gestellt werden. Diesem Umstand tragen auch die Leitlinien zur Bedarfsermittlung von Turn-, Spiel- und Sportstätten im Rahmen des ‚Goldenen Planes' Rechnung, welche besonders auf die Berücksichtigung der Siedlungsstruktur und Verkehrslage der Gemeinde zur Vermeidung von Fehlplanungen hinweisen[441]. Der ‚Goldene Plan', der 1960 ins Leben gerufen und nach 15-jähriger Laufzeit 1975 abgeschlossen wurde, hatte die Aufgabe, strukturelle Schwächen und Ungleichgewichte der deutschen Sportszene im Anlagenbereich zu beseitigen. Ob dieses Ziel erreicht wurde und ob die „weißen Flecken"[442] des Sportangebots hierdurch weitgehend getilgt werden konnten, kann und soll nicht Gegenstand unserer Analyse sein, da es nach Anlage der Untersuchung nicht möglich erscheint, Defizite im Anlagenbereich in Stückzahlen, Quadratmetern oder Kubikmetern umbauten Raumes wiederzugeben. Die im Rahmen der vorliegenden Untersuchung erhobenen Daten sind jedoch geeignet, aufbauend auf den Aussagen der Vereine, die Anlagensituation in Gemeinden unterschiedlicher Einwohnerzahl zu charakterisieren.

Nach den Vorstellungen der DOG benötigt „... die vereins- und gruppengebundene, wie auch die nichtorganisierte Bevölkerung ... für die sportliche Betätigung entsprechende Anlagen, und zwar sowohl für die regelmäßigen Übungsstunden als auch für leistungssport-

---

[437] Vgl. hierzu BLECKEN, F.: Wissenschaftliche Beiträge ..., a.a.O., Teil IV, 79.
BAHRDT, H.-P.: Humaner Städtebau. In: HENNIS, W. (Hrsg.): Zeitfragen 4. Hamburg 1968.
SCHMIDT-RELENBERG, N.: Soziologie und Städtebau. Stuttgart 1968.
[438] Vgl. zum Begriff der ‚sozialen Segregation':
HAMMERICH, K.: Spielraum ..., a.a.O., 189.
[439] BLECKEN, F.: Ebenda, 79.
[440] Vgl. SCHIFFER, J. u.a.: Sportstätten Richtplanung, a.a.O., 19.
[441] Vgl. DEUTSCHE OLYMPISCHE GESELLSCHAFT (Hrsg.): Der Goldene Plan in den Gemeinden. Frankfurt/M. 1962², 38. Die Deutsche Olympische Gesellschaft (DOG) ließ sich damit von der Sachgesetzlichkeit und Verhaltensrelevanz struktureller Gegebenheiten leiten, deren Existenz in der neueren Soziologie zu Unrecht eine eher randständige Bedeutung zugemessen wird.
Vgl. LINDE, H.: Sachdominanz ..., a.a.O.
[442] Vgl. PALM, J.: Sport für alle, a.a.O., 20.

liche Veranstaltungen. Soweit von diesen Gruppen Turnhallen benötigt werden, kann der Bedarf durch die Mitbenutzung von Schulturnhallen ... weitgehend gedeckt werden"[443, 444].

Eine derart allgemeine Aussage bedarf unseres Erachtens jedoch gewisser Einschränkungen. Auf der einen Seite variieren mit der Gemeindegröße generell die Sportvereinsmitgliedschaften in der Bevölkerung[445], auf der anderen Seite ergeben sich aufgrund sportartenspezifischer Nachfrageunterschiede in den einzelnen Gemeindegrößenklassen deutliche Differenzen bezüglich der benötigten Hallenanlagen[446].

In Kleingemeinden, deren Sportangebot überwiegend auf den Fußballsport ausgerichtet ist (vgl. 6.3 Gemeindespezifische Angebotsstrukturen), sind die Vereine in erster Linie auf Sportplätze angewiesen, die ihnen hier, da sie für andere Sportarten nur begrenzt einsetzbar sind, in ausreichendem Maße zur Verfügung stehen[447]. Aufgrund der geringeren Nachfrage an Hallensportarten bringt das begrenzte Hallenangebot in diesen Gemeinden keine bedeutenderen Engpässe mit sich, als dies in größeren Städten der Fall ist; durchschnittlich bezeichnet fast die Hälfte aller Vereine (47%) die von ihnen genutzten Sporthallen als nicht ausreichend. Unzureichend erscheint in Kleingemeinden jedoch die Ausstattung der Sportplätze mit Leichtathletikanlagen sowie die Verfügbarkeit von Schwimmanlagen.

Außerhalb des Bereiches sportlicher Aktivität können wir gerade in Kleingemeinden, in welchen der Verein traditionell eher eine integrative Funktion erfüllt und wo die Bereitschaft der Mitglieder zu einer nicht nur sachorientierten Bindung noch stärker ausgeprägt ist als in größeren Gemeinden[448], eine akute Unterversorgung mit Vereinsheimen feststellen[449], und selbst die vorhandenen Einrichtungen erscheinen in den meisten Fällen nicht ausreichend in bezug auf die an sie gestellten Anforderungen. In diesen Gemeinden sind deshalb die örtlichen Gastronomiebetriebe, die hier noch in stärkerem Maße als in größeren Städten einen Kristallisationspunkt geselliger Kontakte darstellen, für die Vereine von großer Bedeutung, da diese

---

[443] DEUTSCHE OLYMPISCHE GESELLSCHAFT (Hrsg.): Der Goldene Plan ..., a.a.O., 29.
[444] Auf dieses Konzept der Funktion von Sportanlagen für schulische Zwecke einerseits und Vereinssport andererseits sind die von der DOG unter Mitarbeit verschiedener anderer Institutionen (Dt. Städtetag/Dt. Städte- und Gemeindebund/Dt. Landkreistag/Dt. Sportbund und Landessportbünde) entwickelten Richtlinien für die Schaffung von Erholungs-, Spiel- und Sportanlagen festgelegt, in welchen für neuzuschaffende Anlagen jeweils ein schulnaher Standort gefordert wird. Die Problematik eines solchen Konzeptes liegt in dem Konflikt zwischen den bürokratischen Verwaltungsstrukturen staatlicher Institutionen und den Ansprüchen der Sportvereine, die sich gerade durch ein Minimum an formalen Handlungsregulativen auszeichnen. Dies verdeutlicht sich in der ständigen Forderung der Vereine und des DSB, vorhandene Anlagenkapazitäten in öffentlichen Einrichtungen mittels unbürokratischer Lösungen an Wochenenden den Vereinen zugänglich zu machen. Auf das Problem ‚brachliegender' Sportanlagen an Wochenenden verweist auch SCHIFFER u.a. im Zusammenhang einer Analyse der Belegung von Sportanlagen in der Schweiz.
Vgl. SCHIFFER, J. u.a.: Sportstätten Richtplanung, a.a.O., 50.
Vgl. DEUTSCHE OLYMPISCHE GESELLSCHAFT (Hrsg.): Richtlinien für die Schaffung von Erholungs-, Spiel- und Sportanlagen – III. Fassung. Frankfurt 1976.
[445] Vgl. SCHLAGENHAUF, K.: Sportvereine in der Bundesrepublik Deutschland – Teil I, a.a.O., 164.
[446] Dieser Problematik wird in den Richtlinien zur Bedarfsplanung von Sportanlagen insofern Rechnung getragen, als auf die Bedeutung der „fachlichen Gliederung" der ortsansässigen Vereine sowie der strukturellen Besonderheiten einer Gemeinde hingewiesen wird. Vgl. DOG (Hrsg.): Der Goldene Plan, a.a.O., 27–29.
[447] Vgl. Anhang *Tabelle 61*, Anteil der Vereine mit Engpässen bei den genutzten Anlagen nach Gemeindegrößenklassen.
[448] Vgl. SCHLAGENHAUF, K.: Sportvereine in der Bundesrepublik Deutschland – Teil I, a.a.O., 84.
[449] Vgl. Anhang *Tabelle 60*, Anteil der Vereine mit Zugang zu verschiedenen Anlagenarten nach Gemeindegrößenklassen.

zumindest zum Teil die Funktion der fehlenden speziellen Vereinsheime zu übernehmen in der Lage sind.

Von der finanziellen Belastung her, die für die Benutzung von Sportanlagen zu tragen ist, stellen sich die Vereine in Kleingemeinden am besten; über die Hälfte verfügt unentgeltlich und zum großen Teil alleine über Einrichtungen der Gemeinde[450]. Wir finden in diesen Gemeinden den Sportverein noch häufig in einer Art Monopolstellung, in der er, politisch gut repräsentiert (im Gemeinderat), noch immer ausreichende Aufmerksamkeit und gesellschaftliche Geltung für sich in Anspruch nehmen kann[451]. Dennoch, und entgegen den Äußerungen über einzelne Anlagenarten, fällt die Bewertung der den Vereinen zur Verfügung stehenden

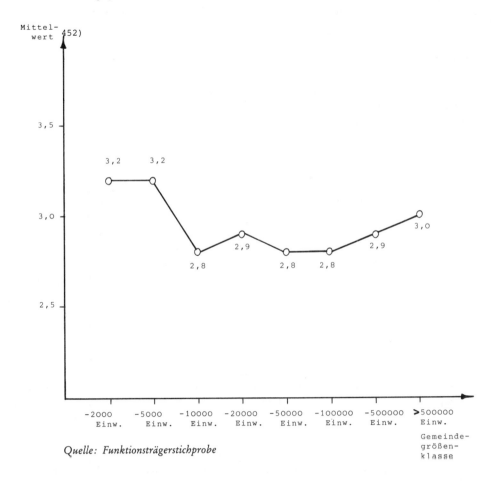

Schaubild 15 Beurteilung der Sportanlagensituation (qualitativer Aspekt) in unterschiedlichen Gemeindegrößenklassen (G = 3055).

Quelle: Funktionsträgerstichprobe

---

[450] Vgl. Anhang *Tabelle 62*, Verfügungsverhältnisse der genutzten Anlagen nach Gemeindegrößenklassen.

[451] Bei diesem typischen ‚Monopolverein' in Kleingemeinden handelt es sich meist um einen mittelgroßen Verein (300–1000 Mitglieder) mit Fußball als Hauptsportart, jedoch mindestens zwei weiteren Sportarten.

[452] Die Mittelwerte entstammen einer Bewertungsskala von 1–5, wobei 1 die beste Bewertung darstellt.

Sportanlagen seitens der Funktionsträger gegenüber den anderen Gemeindekategorien (mit Ausnahme der nächstgrößeren, bis 5000 Einwohner) einigermaßen ungünstig aus.

Diese schlechte Bewertung angesichts einer quantitativ relativ günstigen Anlagensituation resultiert vor allem aus der mangelnden Qualität der zur Verfügung stehenden Anlagen im Verhältnis zu größeren, dieserorts nicht vorkommenden Sport- und Freizeitzentren, wie wir sie in mittleren und größeren Städten antreffen.

Eine allgemeine Charakterisierung der Anlagensituation in Kleingemeinden müßte von einer, im Verhältnis zu den Anforderungen quantitativer Art, positiven Gesamtbeurteilung ausgehen. Als symptomatisch für die Anlagenkonstellation eines Vereins könnte die ausreichende Verfügbarkeit von Sportanlagen (hauptsächlich Sportplätze) in Verbindung mit hinreichenden Umkleideräumen jedoch ohne eigenes Vereinsheim betrachtet werden.

Nicht berücksichtigt und auch nicht abgeschätzt werden können bei dieser „Durchschnittsbetrachtung" alle jene Kleingemeinden, in denen keine Sportvereine existieren und die zumindest 1968[453] in der Bundesrepublik noch relativ zahlreich waren.

Betrachtet man die Verteilung der verschiedenen Anlagenarten in den übrigen Gemeindekategorien[454], so läßt sich kaum ein linearer Zusammenhang feststellen. Zu sehr spielen hierbei Faktoren eine Rolle, die nicht gleichmäßig mit der Veränderung der Gemeindegröße variieren, ja, die nicht einmal für alle Arten von Gemeinden relevant erscheinen. Hier wäre in erster Linie die Nachfragestruktur zu nennen, die in Abhängigkeit von der sozialen Schichtung der Bevölkerung die Anlagensituation einer Gemeinde beeinflußt. Als Beispiel hierfür soll uns die besonders ins Auge fallende, geringe Anzahl von Vereinen mit Sportplätzen und Leichtathletikanlagen in Gemeinden insbesondere zwischen 50000 und 100000 Einwohnern dienen. Die nähere Analyse zeigt, daß wir es hier mit einer Nachfrage im Bereich des Sports zu tun haben, die in erhöhtem Maße dem Einfluß von Werten und Normen der mittleren und gehobenen sozialen Schichten unterliegt. Dies äußert sich in einer spezifischen Vereinsstruktur, in der zum einen die größeren Vereine mit einem eher sachorientierten Publikum, zum anderen Einspartenvereine in den Prestigesportarten dominieren. Zwangsläufig treten die für kleinere Gemeinden bis 5000 Einwohner typischen Anlagenarten, Sportplätze und Leichtathletikanlagen, in den Hintergrund. Zusätzlich kommt in diesen Gemeinden noch eine andere, auch für alle Großstädte typische Art der Nachfrage hinzu, nämlich die nach speziellen, weniger traditionsreichen Sportarten, für deren Institutionalisierung im Angebot kleiner Gemeinden dort die entsprechende Nachfrage fehlt[455] und die sich hier in einem hohen Anteil , sonstiger Sportanlagen' äußert.

Für eine hinreichende Begründung der Sonderstellung der Gemeinden zwischen 50000 – 100000 Einwohnern innerhalb des aufgezeigten Trends fehlen an dieser Stelle genauere Daten über Siedlungs-, Gewerbe- und Sozialstruktur dieser Gemeinden. Es ist zu vermuten, daß es sich hier um den Typ der aufstrebenden Mittelstadt handelt, deren Wirtschafts- und Sozialstruktur den Trend zu den sozial attraktiven Sportarten begünstigt und

---

[453] Vgl. PALM, J.: Sport für alle, a. a. O., 20.
Heute ist der Anteil kleiner Gemeinden in der Bundesrepublik nominell deutlich geringer als noch 1968, da im Zuge der kommunalen Neugliederung eine Reihe von Kleingemeinden verwaltungsmäßig in größere Gebietseinheiten integriert wurden. Dies änderte jedoch nur wenig an deren spezifischer Siedlungsstruktur und ebenso an der dortigen Verbreitung von Sportvereinen.

[454] Vgl. Anhang *Tabelle 60*, Anteil der Vereine mit Zugang zu verschiedenen Anlagenarten nach Gemeindegrößenklassen.

[455] Wobei hier natürlich wiederum die Frage offenbleibt, welcher der beiden Einflußfaktoren in der Beziehung zwischen Angebot und Nachfrage von größerer Bedeutung ist.

somit die traditionellen Sportaktivitäten wie Leichtathletik, Turnen und Fußball ihrem Anteil nach zunehmend in den Hintergrund drängt.

Die Anlagensituation in Großstädten zeigt ähnliche Züge wie die der eben beschriebenen Gemeindekategorie, wobei die aufgezeigte Polarisierungstendenz in Großvereine einerseits und Einzweckvereine andererseits sich mit zunehmender Ortsgröße noch ausgeprägter darstellt, sich innerhalb der Einzweckvereine jedoch nicht hauptsächlich auf die Prestigesportarten beschränkt.

Ein herausragender Mangel in großstädtischen Ballungszentren (> 500 000 EW) besteht offensichtlich in der nicht ausreichenden Verfügbarkeit von Schwimmeinrichtungen[456]. Eine *ausreichende* Versorgung mit Schwimmanlagen in zumutbarer Entfernung zum Verein ist jedoch in Großstädten aufgrund der räumlichen Begrenzung häufig nicht zu erreichen.

Für alle Vereine, sowohl in Großstädten als auch in Kleingemeinden, ist neben der Verfügbarkeit über qualitativ und quantitativ ausreichende Anlagen auch die finanzielle Belastung von Bedeutung, die diesen ausreichenden Zugang sichert. Diese Belastung ist nun davon abhängig, inwieweit dem Verein eigene Anlagen zur Verfügung stehen, oder in welchem Umfang er auf die Einrichtungen der Gemeinde, im wesentlichen der städtischen Schulen, angewiesen ist; zusätzlich, und hier wird der Einfluß der Gemeindegröße deutlich, von der Bereitschaft und der Möglichkeit der Kommunen, Sportanlagen kostenlos zur Verfügung zu stellen. Am günstigsten stellen sich die Vereine in Kleingemeinden bis 2000 Einwohner, von denen mehr als die Hälfte (53%) ohne Entgelt die Anlagen der Gemeinde nutzt[457]. Dennoch gibt es offenbar noch eine nicht geringe Anzahl von Gemeinden, in denen selbst die kleinen Vereine nur gegen Miete die gemeindlichen Einrichtungen benutzen können[458].

In der deutlich negativsten Situation befinden sich die Vereine in Großstädten (über 100 000 EW), von denen über ein Drittel Pacht oder Miete für die benötigten Anlagen zu entrichten hat; allerdings ist hier auch der Anteil der Vereine am niedrigsten, die vorwiegend über vereinseigene Anlagen verfügen.

In engem Zusammenhang mit den Eigentumsverhältnissen der jeweils genutzten Anlagen steht die Entscheidungsmöglichkeit des Vereins über Zeitpunkt und Dauer der Nutzung. Anlagen, die Eigentum des Vereins sind, werden beinahe ausschließlich vom Verein allein genutzt[459], während gemietete oder kostenlos zur Verfügung gestellte Anlagen fast immer mehreren Interessengruppen zur Verfügung stehen. Lediglich in Kleingemeinden (bis 5 000 Einwohner) sind den Vereinen die Anlagen, selbst die gemieteten und unentgeltlich zur Verfügung gestellten, überwiegend zur alleinigen Nutzung überlassen. Es handelt sich hierbei in vielen Fällen um den in kleineren Gemeinden häufig anzutreffenden monopolistischen allgemeinen Turn- und Sportverein, der sich in bezug auf Sportanlagen keiner örtlichen Konkurrenz ausgesetzt sieht. In allen anderen Gemeindekategorien liegt der Anteil der Vereine, die die Anlagen mit anderen Benutzergruppen teilen, relativ konstant bei ca. 50%.

---

[456] Vgl. Anhang *Tabelle 61*, Anteil der Vereine mit Engpässen bei den genutzten Anlagen nach Gemeindegrößenklassen.

[457] Vgl. Anhang *Tabelle 62*, Verfügungsverhältnisse der genutzten Anlagen nach Gemeindegrößenklassen.

[458] 22% der Vereine in Kleingemeinden benutzen die Sportanlagen überwiegend gegen Miete. Da angenommen werden kann, daß in der gleichen Kleingemeinde selten unterschiedliche Praktiken herrschen (außer vielleicht bei den Prestigevereinen, die in diesen Gemeinden jedoch nicht häufig vorkommen und zudem meist eigene Anlagen besitzen), muß auf einen ähnlich hohen Anteil an Gemeinden geschlossen werden, der generell Gebühren für die Benutzung seiner Anlagen erhebt.

[459] Fast 90% der Vereine, die überwiegend eigene Anlagen besitzen, nutzen diese in der Hauptsache allein.

Die Lage der einzelnen Vereinseinrichtungen und Funktionseinheiten zueinander ist im wesentlichen bestimmt durch den Anteil gemieteter oder zur Verfügung gestellter Anlagen. „Vereinseigene" Anlagen sind in der Regel auf einem zusammenhängenden, begrenzten Gelände konzentriert, im Gegensatz zu den Sportanlagen in anderen Nutzungsverhältnissen, die, häufig gebunden an staatliche Institutionen wie die örtlichen Schulen, nicht auf einem Gelände, sondern eher verstreut vorzufinden sind[460].

Im allgemeinen erscheint die räumliche Anordnung der Sportanlagen als eine Funktion der Vereinsgröße sowie der Eigentumsverhältnisse des Vereins; je größer und komplexer eine Vereinsorganisation ist, desto eher benötigt sie zusätzlich fremde Anlagen zur Ausfüllung des Sportangebotes und desto eher wird eine räumliche Trennung der Übungsstätten wahrscheinlich. In diesem Sinne zeigen sich auch keine Unterschiede in den einzelnen Gemeindegrößenklassen. Großvereine jedoch neigen in Großstädten eher zu einer Anlagenkonzentration als in Klein- und Mittelstädten (bis 50000 Einwohner). Diese Diskrepanz ist in der unterschiedlichen Entwicklung in diesen beiden Gemeindekategorien begründet. Während in Großstädten die Städteplanung in der Konzeption von Sport- und Freizeitzentren Großvereine auch anlagenmäßig fördert und neu entstehen läßt, ist diese Vereinsart in den kleineren Städten häufig aus der Fusion schon bestehender Vereinsorganisationen hervorgegangen, die beim Zusammenschluß jeweils die eigenen oder angestammten, meist nicht zusammenliegenden Sportanlagen mit in die neue Organisation einbrachten.

Die in diesem Abschnitt aufgezeigten Mißverhältnisse von Anlagenangebot und Sportnachfrage in den verschiedenen Gemeindegrößenklassen haben zum einen deutlich gemacht, in welchem Maße Sachgegebenheiten Einfluß gewinnen auf soziale Verhaltensweisen innerhalb der Organisation Sportverein sowie auf deren Struktur und Organisation selbst, zum anderen, daß eine globale Sportstättenbedarfsermittlung, die undifferenziert von Kubikmetern Sporthallen und Quadratmetern Sportplätze pro Kopf der Bevölkerung ausgeht, lediglich allgemeinen Orientierungscharakter haben kann. Zur praxisbezogenen Analyse und nachfragegerechten Konzeptionierung der Sportanlagen in den Gemeinden bedarf es jedoch zusätzlich einer Berücksichtigung der aktuellen Nachfragesituation in der Gemeinde – wie dies heute schon in einigen Gemeinden in Form von Sportstättenleitplänen geschieht [vgl. Bundesinstitut für Sportwissenschaft (Hrsg.): Sportstätten-Leitplanung, Bau und Folgekosten. Schriftenreihe Sport- und Freizeitanlagen P 1/75] – sowie bestimmter definierter Zielvorgaben für die künftig angestrebte Entwicklung dieser Nachfrage, die durch eine entsprechende Anlagenpolitik gefördert werden kann.

7.6 REGIONALE ANLAGENSITUATION UND STAATLICHE FÖRDERUNGSMASSNAHMEN IM SPORTSTÄTTENBAU IM RAHMEN DES ‚GOLDENEN PLANES'

Die Mitgliederentwicklung des Deutschen Sportbundes nach seiner Gründung am 10. Dezember 1950[461] ließ schon bald erkennen, daß das noch vorhandene Anlagenpotential nicht annähernd ausreiche, die neu entstehende Sportnachfrage in den bestehenden Vereinsorganisationen aufzufangen. Schon 1959 initiierte die Deutsche Olympische Gesellschaft

---

[460] 85% der „vereinseigenen" Anlagen befinden sich auf einem Gelände, gegenüber 64% bzw. 56% bei gemieteten und unentgeltlich zur Verfügung gestellten Einrichtungen.

[461] Vgl. STRYCH, E.: Der westdeutsche Sport in der Phase der Neugründung 1945–1950. Stuttgart 1975, 73.

(DOG) eine Ermittlung des Sportanlagenbestandes in der Bundesrepublik Deutschland, deren Ergebnisse die Grundlage für den von der DOG in Zusammenarbeit mit dem Deutschen Städtetag und in Übereinstimmung mit dem Deutschen Sportbund (DSB) vorgelegten ‚Goldenen Plan' zur Förderung des Sportstättenbaues bildeten[462].

Der ermittelte und für DOG und DSB alarmierende Fehlbestand an Sporteinrichtungen führte zu dem Aufruf an alle „verantwortlichen Persönlichkeiten in der Bundesrepublik Deutschland, diesen Notstand zu beheben"[463]. Dieser Appell war explizit an die Bundesregierung, die Länder und Gemeinden sowie alle politischen Parteien gerichtet, ihren Beitrag zu leisten für die „Gesundung und Gesunderhaltung des Volkes"[464]. In dieser ‚Bestandsaufnahme' wurden erstmals von offizieller Seite des deutschen Sports alle diejenigen gesellschaftlichen Leistungen und Funktionen des Sports reklamiert, die wir im wesentlichen noch heute in der freizeitpolitischen Konzeption des Deutschen Sportbundes sowie den Parteiprogrammen aller demokratischen Parteien wiederfinden. Zur Unterstützung ihrer Forderungen an die Regierung und sonstige staatliche Institutionen wurde hierbei in etwas überspitzter Form die Gefahr des „allmählichen biologischen Verfalls"[465] und der „biologischen Degeneration"[466] der Gesellschaft heraufbeschworen, „die auf Dauer die Erfüllung aller zukünftigen sozialen, kulturellen und wirtschaftlichen Aufgaben in Frage stellen muß"[467].

Die Interessenvertretung des deutschen Sports stieß damals mit ihren Vorstellungen und Ansprüchen an den Staat und die Gesellschaft auf ein weitgehend sportideologisches Vakuum im Bereich der politischen Parteien. Der Sport, im Dritten Reich in besonderer Weise in die Pflicht des Staates genommen und nach dem Kriege von seiten der Alliierten stets mit Argwohn beobachtet, hatte in der politischen Diskussion des Nachkriegsdeutschlands wohl auch im Bewußtsein anderer, dringlicherer Aufgaben noch keinen festen und vor allem keinen breiten Raum eingenommen. So berichten BRUNS und DIECKERT im Rahmen einer Analyse von Parteiprogrammen und politischen Dokumentationen erst Anfang der sechziger Jahre (ab 1962) von ersten offiziellen sportpolitischen und sportprogrammatischen Äußerungen in den demokratischen Parteien[468]. Zwar gab es schon vorher ein finanzielles Engagement des Staates im Sport, woraus die Verfasser des ‚Goldenen Planes' auch die Zuständigkeit des Staates zur Beseitigung der aufgezeigten Defizite ableiteten[469] und im gleichen Zusammenhang auf den Anspruch auf Ersatz von Kriegsfolgeschäden[470] im Sportanlagenbereich hinwiesen; es erscheint jedoch offensichtlich, daß die politische Öffentlichkeit, in Ermangelung eigener Konzepte von den Sportorganisationen in Zugzwang gesetzt, die Argumente zur Rechtfertigung des Sports als gesellschaftspolitische Aufgabe uneingeschränkt zu übernehmen bereit war, so daß BRUNS und DIECKERT ihren Versuch, die sportpolitischen Leitsätze der verschiedenen Parteien zu diskutieren, mit der lapidaren Feststellung beschließen konnten: „Auffal-

---

[462] Vgl. DEUTSCHE OLYMPISCHE GESELLSCHAFT (Hrsg.): Der Goldene Plan in den Gemeinden. Frankfurt 1962².

[463] DOG (Hrsg.): Memorandum zum ‚Goldenen Plan' für Gesundheit, Spiel und Erholung. Frankfurt 1960, 1.

[464] Ebenda, 1.

[465] DOG (Hrsg.): Memorandum . . ., a.a.O., 1.

[466] Ebenda, 5.

[467] Ebenda, 5.

[468] Erste Stellungnahme der SPD anläßlich des SPD-Parteitages in Köln 1962. Erste Stellungnahme der CDU/CSU bei der Berliner Sportkonferenz 1963. Erste Stellungnahme der FDP in der ersten großen Anfrage der Fraktionen FDP und CDU/CSU zur Sportpolitik (Bundestagsprotokoll) 1967.
Vgl. BRUNS, W./DIECKERT, J.: Die Stellung der politischen Parteien Deutschlands zu Sport und Leibeserziehung. In: Leibeserziehung 12 (1969), 397–400.

[469] Vgl. DOG (Hrsg.): Memorandum . . ., a.a.O., 7.

[470] Ebenda, 8.

lend ist die inhaltliche und zum Teil verbale Übereinstimmung der Sportprogramme"[471]. Der Inhalt aller Parteiprogramme spiegelt praktisch nichts anderes wider als die im ‚Goldenen Plan' entwickelten und später in der ‚Charta des Deutschen Sports'[472] festgeschriebenen Grundlagen sportpolitischer Legitimation.

Der später bis in die heutigen Tage von seiten des DSB immer wieder beschworenen Gefahr der Gängelung des Sports durch den Staat ging also genau umgekehrt zunächst eine Inpflichtnahme des Staates durch den Sport voraus. Dem Staat selbst wiederum bietet die zunehmende Funktionalisierung des Sports eine ausreichende Legitimation zur Investition von Steuergeldern in die Förderung des Sports[473] und den Bau der hierzu notwendigen Anlagen. In diesem stabilen Gleichgewicht der Argumente, in dem „sich gegenseitig versichert wird, wie gut man seine Funktion ausfüllt – der eine (Staat) gibt Geld und der andere (Sport) spart Geld ein durch seine gesellschaftspolitisch bedeutsamen Aktivitäten"[474, 475] – sieht WEICHERT die Widerspruchslosigkeit im sportpolitischen Bereich begründet, die sich in den statischen Parteiprogrammen niederschlägt, „die zwischen 1964 und 1973 kaum eine Entwicklungstendenz aufweisen und die sowohl in ihrer zeitlichen Abfolge als auch ihrer parteilichen Urheberschaft fast austauschbar sind..."[476].

Das intensive finanzielle Engagement des Staates über einen Zeitraum von nunmehr über 20 Jahren seit Beginn des ‚Goldenen Planes' hat zweifellos dazu geführt, daß die Sportorganisation, in dem Umfang wie sie heute existiert, in ein starkes finanzielles Abhängigkeitsverhältnis gegenüber dem Staat geraten ist. Insofern kann man SEMDER zustimmen, wenn er von einer Dominanz des Staates in der „Wechselbeziehung Sport – Staat"[477] spricht. Die Folgerung jedoch, der Staat könne deshalb willkürlich die Bedeutung des Sports für sich, also für die Gesellschaft, bestimmen[478], widerlegt sich aus SEMDERS eigener Erkenntnis, daß die sportliche Aktivität dem Normen- und Wertesystem der Gesellschaft unterliegt und darauf gleichzeitig stabilisierend wirkt, demzufolge jedoch nicht ohne weiteres zur freien staatlichen Disposition stehen kann.

---

[471] BRUNS, W./DIECKERT, J.: Die Stellung..., a.a.O., 398.
[472] Vgl. DSB (Hrsg.): Charta des Deutschen Sports. Frankfurt 1968.
[473] Es kann an dieser Stelle nicht auf die Diskussion um die Prioritäten bei der Förderung von Breiten- und Leistungssport eingegangen werden, die gerade im Zusammenhang mit der zunehmend funktionellen Denkweise im Sport entstanden ist.
[474] Zu diesem Schluß kommt WEICHERT im Anschluß an eine quantitative sowie qualitative Analyse sportpolitischer Aussagen der Parteien des Deutschen Bundestages.
WEICHERT, W.: Analyse sportpolitischer Aussagen in Dokumenten der Parteien des Deutschen Bundestages. Unveröffentlichtes Manuskript. Gießen 1973, 25.
[475] Auf einen weiteren, äußerst wichtigen Grund für die Förderung des Sports durch den Staat, der nicht aus dem Bereich der gesellschaftlichen Funktionen stammt, verweist FISCHER, H., der den Versuch unternimmt, neben den Ausgaben des Staates für den Sport auch die Einnahmen zu erfassen, die dem Staat durch das sportliche Engagement der Bevölkerung wieder zufließen. Er betrachtet hierbei im wesentlichen Steuereinnahmen und Einnahmen aus verschiedenen Arten von Sportwetten. Wenn die Analyse insgesamt als doch sehr oberflächlich betrachtet werden muß, vor allem im Bereich der zunächst vielversprechenden Ankündigung einer ‚Cost-Benefit-Analysis' im Zusammenhang mit dem Goldenen Plan, so erscheint die Überlegung als solche anerkennenswert und ist als Anstoß für weitere, umfassendere Untersuchungen auf diesem Gebiet zu begrüßen.
Vgl. FISCHER, H.: Finanzielle Aspekte des Sports in der Bundesrepublik Deutschland. Dissertation Innsbruck 1969.
[476] WEICHERT, W.: Analyse..., a.a.O., 26.
[477] Vgl. SEMDER, M.: Organisationssoziologische Lotstudie des Deutschen Sportbundes und seiner Mitgliedsorganisationen. Dissertation Kiel 1977, 115–117.
[478] Ebenda, 117.

Die Bereitschaft von Bund, Ländern und Gemeinden zum Abbau von Mangelsituationen und regionalen Disproportionen im Bereich der Sportanlagen hat seine Grundlage im Bundesbaugesetz von 1960, in dem die Gemeinden zur „Schaffung der erforderlichen Anlagen für Erholung, Spiel, Sport und Gesundheit"[479] angehalten werden, sowie dem Raumordnungsgesetz von 1965 mit der Verpflichtung des Bundes und der Länder, „in allen Gebieten der Bundesrepublik Deutschland gesunde Lebens- und Arbeitsbedingungen sowie ausgewogene wirtschaftliche, soziale und kulturelle Verhältnisse zu erhalten, zu verbessern und zu schaffen"[480].

Zur Erfüllung dieser Aufgabe im Bereich des Sports veranschlagten Bund, Länder und Gemeinden 1965 eine auf 15 Jahre zu verteilende Investitionssumme von 6,3 Milliarden DM, basierend auf den von der DOG vorgelegten Berechnungen zum Ausgleich vorhandener

Tabelle 63 Bevölkerungsverteilung sowie geplante und realisierte Investitionsanteile im Rahmen des ‚Goldenen Planes' nach Landessportbünden.

Landessportbünde	Bevölkerungs- verteilung 1960[481] %	Errechneter Finanzmittel- bedarf Goldener Plan 1960[482] %	Restbedarf Goldener Plan 1968[483] %	Gesamtinvest. der Länder im Rahmen des Goldenen Planes von 1960–1975 %[484]
Baden-Württemberg	13,7	11,2	11,6	12,8
Bayern	16,9	13,3	11,0	18,4
Rheinland-Pfalz	6,1	5,2	4,8	4,7
Hessen	8,5	7,8	8,2	9,8
Saarland	1,9	1,9	1,9	1,5
Nordrhein-Westfalen	28,3	34,6	33,8	29,6
Niedersachsen	11,9	13,1	14,8	5,7
Hamburg[485]	3,3	2,9	2,9	5,4
Bremen[485]	1,3	1,2	1,0	2,8
Schleswig-Holstein	4,1	4,0	5,1	2,3
Berlin[485]	4,0	4,8	4,8	6,9
insgesamt	100,0 %	100,0 %	100,0 %	100,0 %

[479] Bundesbaugesetz vom 23. 6. 1960, zitiert in: DOG (Hrsg.): Der Goldene Plan in den Gemeinden. Frankfurt 1962², 20.
[480] Raumordnungsgesetz § 2 vom 8. April 1965, zitiert bei: RASE, W. D./PAECH, E. M.: Klassifizierung der Kreise der Bundesrepublik Deutschland nach ihrer Versorgung mit Basis-Freizeiteinrichtungen. In: SPÄTH, H.: Fallstudien Cluster-Analyse. München/Wien 1977, 134.
[481] *Quelle:* Statistisches Jahrbuch 1973, 34.
[482] *Quelle:* DOG (Hrsg.): Memorandum zum Goldenen Plan, a. a. O., 9.
[483] *Quelle:* DOG (Hrsg.): Zweites Memorandum zum Goldenen Plan, a. a. O., 12.
[484] *Quelle:* unveröffentlichte Aufstellung der DOG.
[485] Bei den Investitionen der Stadtstaaten sind die Finanzierungsanteile ‚Gemeinden' enthalten.

Sportanlagendefizite[486]. Da diese Berechnungen anhand festgelegter Normwerte für notwendige Sportanlagen pro Kopf der Bevölkerung vorgenommen worden waren, läßt sich heute aus dem Vergleich von geplanter Investitionssumme pro Bundesland und dem Anteil der dort damals seßhaften Wohnbevölkerung ganz allgemein die frühere Anlagensituation in den einzelnen Landesverbänden rekonstruieren[487].

Der Vergleich der notwendigen Mittel zur Beseitigung von Anlagendefiziten mit dem Anteil der Gesamtbevölkerung (1960) weist die schlechteste Ausgangssituation zu Beginn des ‚Goldenen Planes' für das Land Nordrhein-Westfalen aus. Ebenfalls negativ gegenüber dem Durchschnitt ist für das Jahr 1960 die Situation in Niedersachsen und Berlin zu beurteilen. Der Zwischenstand des ‚Goldenen Planes' nach 7 Jahren Sportanlagenförderung macht die unterschiedlichen Anstrengungen in den einzelnen Gebieten deutlich (vgl. *Tabelle 63*, Errechneter Bedarf 1960/Restbedarf 1968).

Besonders positiv verlief die Entwicklung in Bayern, während sowohl in Niedersachsen als auch in Schleswig-Holstein nur wenig Anstrengungen zur Verbesserung des „statistischen Verhältnisses von Sportanlagen in m^2 oder m^3 pro Kopf der Bevölkerung" unternommen worden waren[488].

Die Gesamtinvestitionen des ‚Goldenen Planes' waren ursprünglich mit 50% : 30% : 20% auf Länder, Gemeinden und Bund verteilt worden. Eine genaue Gegenüberstellung der aufgewendeten Mittel, getrennt nach Investoren, mit den Ausgangssituationen im Bereich der Sportanlagen muß aufgrund der Tatsache entfallen, daß es nach unseren Ermittlungen keine Stelle in der Bundesrepublik gibt, die genaue Auskunft darüber erteilen könnte, welche Mittel, getrennt nach Bund, Ländern und Gemeinden, in den einzelnen Landesverbänden zum Bau von Sportanlagen zur Verfügung stehen und standen. Stellvertretend sollen uns die Ausgaben der Länder, die ohnehin den größten Anteil der Investitionen ausmachen, die Proportionen der Förderung verdeutlichen[489].

Die Angaben zeigen, daß sich die tatsächlichen Investitionen kaum an dem ursprünglich errechneten Bedarf orientieren. Ein allgemeines Prinzip in der Abweichung von den Aus-

---

[486] Ein Vergleich der staatlichen Investitionen für den Sport zwischen den Ländern Frankreich, DDR und Bundesrepublik Deutschland findet sich bei PFETSCH, F. R. u. a.: Leistungssport und Gesellschaftssystem. Schorndorf 1975, 80/164.
Ebenso ein Vergleich der Ausstattung dieser Länder mit Sportanlagen (ebenda, 91/172).

[487] Geht man von einer gleichen Situation in allen Bundesländern aus, so müßten die Investitionen zur Erweiterung der Anlagenkapazitäten den jeweiligen Anteilen der Bevölkerung in den Bundesländern an der Gesamtbevölkerung Deutschlands entsprechen. Eine geringere Investitionsrate deutet auf eine relativ gute, eine höhere auf eine relativ schlechte Ausgangssituation im Anlagenbereich hin.

[488] Bei diesen Betrachtungen wurden die Bevölkerungsverschiebungen in den einzelnen Bundesländern nicht berücksichtigt, die jedoch sehr wenig ins Gewicht fallen in bezug auf den Anteil der Einwohner eines Bundeslandes an der Gesamtbevölkerung.

[489] Die Angaben entstammen einer Information der Deutschen Olympischen Gesellschaft und werden im Abschlußbericht zum vollendeten ‚Goldenen Plan' veröffentlicht werden. Schwierig zu ermitteln sind Angaben über die Förderung von Sportanlagen seitens des Bundes, da nach dem Ressortprinzip diversen Ministerien die Möglichkeit der Förderung des Sportanlagenbaues gegeben ist. (Vgl. Dritter Sportbericht der Bundesregierung, Bonn 1976.) Nahezu unzugänglich oder nicht existent sind Informationen über die Ausgaben der Gemeinden im Bereich der Sportförderung, getrennt nach Bundesländern. Es existieren zwar Angaben über die Sportausgaben der einzelnen Gemeinden aus dem Jahre 1974 (vgl. Deutscher Städtetag [Hrsg.]: Statistisches Jahrbuch Deutscher Gemeinden. Köln 1975, 216–239), die jedoch nach fernmündlicher Auskunft nicht nach Ländern zusammengefaßt sind oder werden können, geschweige denn liegt eine derartige Aufstellung über einen längeren Zeitraum vor. Vgl. zum Problem der Datenbeschaffung im Bereich staatlicher Investitionen auch: PFETSCH, F. R. u. a.: a. a. O., 80.

gangswerten ist dabei nicht zu erkennen. In Bayern z. B., das über eine gute Ausgangsposition verfügte, wurde anteilmäßig erheblich mehr investiert als ursprünglich geplant (18,4% gegenüber 13,3%)[490], in Nordrhein-Westfalen jedoch blieb die Förderung des Landes trotz schlechtester Anlagensituation hinter den geplanten Investitionen zurück (29,6% gegenüber 34,6%)[491]. Dieser Umstand verdeutlicht die Problematik, die sich bei der Konfrontation theoretisch errechneter Bedarfswerte mit der Förderungspraxis ergibt. Die Berechnungen zu Beginn des ‚Goldenen Planes' (1960) gingen implizit von einer Gleichverteilung der sportlichen Aktivität über das gesamte Bundesgebiet aus, indem bestimmte Richtwerte pro Kopf der Bevölkerung mit dem vorhandenen Bestand aufgerechnet wurden[492]. Der Vergleich der Bevölkerungsverteilung von 1960 mit den Mitgliederanteilen der Landessportbünde an der Gesamtmitgliedschaft des DSB zeigt jedoch deutliche regionale Unterschiede im Aktivitätsgrad der Bevölkerung auf, die bestimmt sind durch die Siedlungs- und Sozialstruktur sowie geographische Eigenheiten der einzelnen Regionen[493]. Diese hatten zur Folge, daß überall dort, wo eine höhere Vereinsbeteiligung der Bevölkerung vorlag, zwangsläufig mehr Sportanlagen zur Verfügung standen und somit das berechnete Investitionsvolumen geringer ausfallen mußte[494]. Die Bedarfsberechnungen zum ‚Goldenen Plan' waren also weniger an den Bedürfnissen der Vereine orientiert, als allgemein an einem flächendeckenden Anlagenangebot. Dies hatte jedoch den Vorteil, daß in bisher „schwachen Gebieten" in bezug auf sportliche Aktivität mit der Zurverfügungstellung der sachlichen Voraussetzungen eine Sportnachfrage geschaffen wurde, die den bestehenden Disproportionen in der Verteilung der Bevölkerung und der Sportvereinsmitglieder entgegenwirkte. Es ist zu beobachten, daß in nahezu allen Gebieten (ohne Stadtstaaten: siehe Anmerkung 494), in denen die tatsächlichen Investitionsanteile der Länder im Rahmen der Gesamtinvestitionen des ‚Goldenen Planes' über dem entsprechenden Anteil der Bevölkerung lagen, der Anteil der DSB-Mitglieder von 1960 bis 1975 zugenommen hat und umgekehrt[495]. Diese Entwicklung kann nicht auf die Bevölkerungsverschiebungen innerhalb der Bundesrepublik zurückgeführt werden, die ohnehin nicht von allzu großem Gewicht sind, da z. B. in Baden-Württemberg trotz positiver Wanderungsbilanz der Anteil der DSB-Mitglieder zurückgegangen ist, während umgekehrt in Nordrhein-Westfalen trotz Einwohnerrückgang ein Anstieg zu verzeichnen war[496].

Interessant erschiene an dieser Stelle eine differenzierte Analyse der Ausgangssituation und Entwicklung innerhalb des Investitionszeitraumes (‚Goldener Plan') nach den einzelnen Anlagenarten: Sporthallen, Sportplätzen, Freibädern, Hallenbädern etc. Das vorhandene Datenmaterial läßt einen solchen Versuch als wenig sinnvoll erscheinen. Die drei vorliegenden

---

[490] Vgl. *Tabelle 63* (Seite 127), Bevölkerungsverteilung sowie geplante und realisierte Investitionsanteile im Rahmen des ‚Goldenen Planes' nach Landessportbünden.
[491] Ebenda.
[492] Vgl. DOG (Hrsg.): Der Goldene Plan in den Gemeinden. Frankfurt 1962², Anhang, 15.
[493] Vgl. Anhang *Tabelle 64*, Wohnbevölkerung, Sportvereinsmitglieder und Investitionen der Länder im Rahmen des ‚Goldenen Planes' in den einzelnen Landessportbünden.
[494] Bei dieser Betrachtung können die Stadtstaaten Hamburg, Bremen und Berlin keine Berücksichtigung finden, da in ihren Investitionen außer dem Länderanteil auch der Finanzierungsbeitrag der Gemeinde enthalten ist.
[495] Vgl. Anhang *Tabelle 64*, Wohnbevölkerung, Sportvereinsmitglieder und Investitionen der Länder im Rahmen des ‚Goldenen Planes' in den einzelnen Landessportbünden.
[496] Ebenda.

Untersuchungen aus den Jahren 1959/60[497], 1971 und 1977[498] sind, nach Meinung von Fachleuten, weder zuverlässig genug noch als ausreichend vergleichbar zu beurteilen, als daß sie zur Grundlage von detaillierten Aussagen über die Anlagenentwicklung herangezogen werden könnten[499].

Da sich, wie schon erwähnt, die Bedarfs- und Investitionsrechnungen der DOG weniger an den Bedürfnissen der Vereine als vielmehr an nachfragefördernden allgemeinen Anlagenangeboten orientierten, fehlte es bislang an Informationen qualitativer Art über die Anlagensituation der Vereine in den einzelnen Landessportbünden.

Aufgrund sportartenspezifischer Ansprüche an Sportanlagen ist es immer nur ein bestimmter Prozentsatz an Vereinen, der über eine spezielle Anlagenart verfügt. Innerhalb der einzelnen Landessportbünde variiert dieser Anteil aufgrund regionaler Unterschiede in der Nachfrage nach bestimmten Sportarten sowie der Vereinsstruktur, die wiederum abhängig ist z. B. von der Siedlungsstruktur und der sozialen Schichtung der Einwohner.

Wichtiger als die Information, wieviele Vereine Zugang zu einer speziellen Art von Anlage haben, ist für die Beurteilung der Anlagensituation in einem Bundesland unter dem Gesichtspunkt gezielter Förderungsmaßnahmen die Frage nach der Funktionalität der bestehenden Einrichtungen; d. h., inwieweit diese seitens der Vereine in bezug auf die an sie gestellten qualitativen und quantitativen Anforderungen als ausreichend beurteilt werden oder nicht[500].

Nach den Angaben der Vereine, die entsprechende Anlagen benutzen, existieren die meisten Engpässe in bezug auf:

- Sporthallen in: Württemberg, Rheinland-Pfalz, Hamburg,
- Sportplätze in: Württemberg, Hamburg, Berlin,
- Leichtathletikanlagen in: Bayern, Hamburg,
- Schwimmbäder in: Hessen, Schleswig-Holstein[501],
- Umkleideräume in: Hamburg, Bremen, Berlin,
- Vereinsheime in: Saar, Bremen, Schleswig-Holstein,
- sonstige Anlagen in: Nordbaden, Rheinland-Pfalz, Bremen.

---

[497] 1959/60 erste gemeinsame Untersuchung der DOG und des Deutschen Städtetages, zitiert in: DOG (Hrsg.): Der Goldene Plan . . . a. a. O., 10.

[498] Vgl. Deutscher Städtetag/Deutscher Landkreistag/Deutscher Städte- und Gemeindebund (Hrsg.): Infrastruktureinrichtungen – Ergebnisse einer Erhebung kommunaler Spitzenverbände. Köln/Bonn/Düsseldorf 1973, 36–65.

[499] Anhand der Daten aus der Untersuchung von 1971 haben RASE und PAECH mittels eines statistischen Clusterverfahrens eine Klassifizierung der Kreise in der Bundesrepublik Deutschland nach ihrer Versorgung mit Basisfreizeiteinrichtungen (Turnhallen, Sportplätze, Freibäder, Hallenbäder) vorgenommen. Leider haben sie versäumt, die Werte für die Kreise zu einem Gesamtwert für einzelne Bundesländer zu aggregieren, so daß ihre Aussagen kaum zum Vergleich mit unseren Daten herangezogen werden können.

Vgl. PAECH, E. M./RASE, W. D.: Versorgungssituation der Kreise mit Basiseinrichtungen für Freizeitsport. In: Raumforschung und Raumordnung, April (1977) 1/2, 63–68.

Vgl. RASE, W. D./PAECH, E. M.: Klassifizierung der Kreise der Bundesrepublik Deutschland nach ihrer Versorgung mit Basis-Freizeiteinrichtungen, in: SPÄTH, H.: Fallstudien Cluster-Analyse. München 1977, 133–146.

Einige weitere Hinweise auf die regionale Versorgung mit Freizeiteinrichtungen finden sich in:
LOGON (Hrsg.): Freizeiteinrichtungen in der Bundesrepublik 1980 – Band III: Sport und Spiel, München 1974.

BUNDESMINISTERIUM FÜR RAUMORDNUNG, BAUWESEN UND STÄDTEBAU (Hrsg.): Raumordnungsbericht 1974. Bonn-Bad Godesberg 1975, 102–103.

[500] Vgl. Anhang *Tabelle 66*, Anteil der Vereine mit Engpässen bei den genutzten Anlagen nach Landessportbünden.

[501] Die übrigen hohen Werte sind für eine Interpretation aufgrund zu geringer Feldbesetzung nicht geeignet.

Tabelle 65 Die Vereine nach ihrem Zugang zu verschiedenen Anlagenarten in den einzelnen Landessportbünden.

Anlagenart Landessportbünde	Sporthallen %	Sportplätze %	Leichtathletikanlagen %	Schwimmbad %	Umkleideräume %	Vereinsheim %	sonst. Sportanlagen %
Baden-Nord	72	65	31	23	62	59	24
Baden-Süd	64	63	26	22	56	46	19
Württemberg	74	67	37	30	60	57	23
Bayern	60	79	25	20	66	45	23
Rheinland-Pfalz	66	65	20	22	56	44	24
Hessen	63	59	25	23	57	42	25
Saarland	67	50	27	25	55	35	25
Nordrhein-Westf.	70	57	23	21	54	33	27
Niedersachsen	72	67	32	26	64	38	27
Hamburg	79	53	9	21	58	44	26
Bremen	57	57	9	19	48	57	33
Schleswig-Holstein	60	51	28	21	50	44	42
Berlin	54	37	15	17	37	56	44
Vereine insgesamt	2042 = 67 %	1924 = 63 %	786 = 26 %	694 = 23 %	1770 = 58 %	1285 = 42 %	793 = 26 %
	$W(x^2)$=99,99% CK=0,17	$W(x^2)$=92,07% CK=0,14	$W(x^2)$=100% CK=0,19	$W(x^2)$=96,86% CK=0,14	$W(x^2)$=99,99% CK=0,17	$W(x^2)$=100% CK=0,21	$W(x^2)$=99,79% CK=0,15

Quelle: Funktionsträgerstichprobe

Die Investitionen für den Bau von Anlagen können für die jeweilige Anlagensituation der Vereine nicht allein verantwortlich zeichnen, wie das Beispiel von Niedersachsen zeigt. Trotz einem, im Verhältnis zum ursprünglich berechneten Fehlbestand (13,1% : 1960, vgl. *Tabelle 63*, Seite 127), geringen Investitionsanteil im Rahmen des ‚Goldenen Planes' (5,7%), beurteilen die Vereine Niedersachsens, gemessen am Durchschnitt in allen Anlagenarten, ihre Situation als eher ausreichend. Ein weiteres Beispiel ist Nordrhein-Westfalen, das 1960 die mit Abstand schlechteste Ausgangssituation hatte und trotz geringerem Investitionsanteil als ursprünglich geplant überdurchschnittlich viele Vereine mit zufriedenstellender Anlagensituation aufweist[502].

Diese Diskrepanzen lassen auf unterschiedliche Strategien in der Förderungspraxis einzelner Bundesländer und ihrer Gemeinden schließen. Das Konzept des flächendeckenden Anlagenangebotes fördert die Belange der Vereine nicht in dem Maße, wie das durch gezielte, nachfrageorientierte Investitionen möglich ist. Investitionen auf der Grundlage flächendeckender Bereitstellungskalküle sind kurzfristig betrachtet nicht so effizient und müssen eher unter dem Gesichtspunkt langfristiger Nachfrageentwicklung betrachtet werden, da nicht zu erwarten ist, daß überall, wo der Anlagenbestand auf Normwerte pro Kopf der Bevölkerung erweitert wird, mit einer entsprechenden Nachfrage gerechnet werden kann.

In der Praxis erscheint es nun unumgänglich, beide Arten der Sportanlagenförderung zu betreiben, wobei in Gebieten mit unterdurchschnittlichem Aktivitätsgrad der Bevölkerung (vgl. Anhang, *Tabelle 64*) einem flächendeckenden Förderungskonzept der Vorzug zu geben wäre. Dieser Empfehlung liegt zum einen der hier geführte Nachweis der nachfragefördernden Funktion von flächendeckend kalkulierten Investitionen zugrunde, zum anderen der Hinweis von RASE und PAECH, wonach 10% der Bevölkerung wegen „nicht richtiger Anlagen"[503] dem Sport fernbleiben.

Die abschließend zu stellende Frage nach der Wirksamkeit oder ‚Ökonomie' der staatlichen Investitionen erscheint mit Hilfe der augenblicklich vorliegenden Informationen nicht beantwortbar. Soweit sie auf die Erfüllung von Normangeboten pro Kopf der Bevölkerung abzielen, kann hierzu die erneute Bestandsaufnahme im Sportanlagenbereich, wie sie von der DOG im vergangenen Jahr vorgenommen wurde[504], einige Hinweise liefern. Der Vergleich des heutigen Bestandes mit den angestrebten Sollzahlen zu Beginn des ‚Goldenen Planes' zeigt, daß das Angestrebte, in Absolutwerten gesehen, übererfüllt worden ist, im einen Fall mehr, im anderen weniger[505]. Inzwischen jedoch haben sich die Voraussetzungen zur Berechnung des angestrebten Zieles bedeutend verändert. Die ehemals gültigen Richtwerte zur ausreichenden Versorgung mit Sportanlagen, denen ebenfalls Normwerte der sportlichen Aktivität der Bevölkerung zugrunde lagen, haben heute angesichts der sprunghaften Entwicklung im Sport keine Gültigkeit mehr. Sowohl Bevölkerungsverschiebungen als auch vor allem unterschiedliche Entwicklungen in Qualität und Quantität der Nachfrage in den einzelnen Landesverbänden tragen ein übriges dazu bei, einen Vergleich der Investitionspolitik zwischen den verschiedenen Bundesländern zu erschweren. Hinzu kommt, daß in Betrachtungen dieser Art der qualitative Aspekt von Sportanlagen unberücksichtigt bleiben müßte, der jedoch für den Aufforderungscharakter von Anlagen und damit für die Entwicklung der Sportnachfrage von nicht geringer Bedeutung ist.

---

[502] Vgl. Anhang *Tabelle 66*, Anteil der Vereine mit Engpässen bei den genutzten Anlagen nach Landessportbünden.
[503] RASE, W. D./PAECH, E. M.: Klassifizierung der Kreise ..., a.a.O., 134.
[504] Vgl. DEUTSCHE OLYMPISCHE GESELLSCHAFT (Hrsg.): Erhebung über den Bestand an Erholungs-, Spiel und Sportanlagen – Sportstättenstatistik in der Bundesrepublik Deutschland (Stand 1. 1. 1976). Frankfurt 1978.
[505] Vgl. DSB (Hrsg.): DSB-Info, Der Goldene Plan übererfüllt. Dezember 1976.

8. Die Finanzsituation des Vereins

Der 1960 im Rahmen des ‚Goldenen Planes' zur Behebung des Anlagenfehlbestandes in der Bundesrepublik Deutschland errechnete Finanzbedarf hätte, verteilt auf die Laufzeit von 15 Jahren, eine jährliche öffentliche Investitionssumme (Bund, Länder und Gemeinden) von ca. 420 Millionen DM bedeutet[506]. Das tatsächliche Investitionsvolumen belief sich jedoch im Durchschnitt auf ca. 1,15 Milliarden jährlich; unter Berücksichtigung der Teuerungsraten ist dies immer noch etwa das Doppelte des ursprünglich veranschlagten Betrages (real ca. 8,46 Millionen DM pro Jahr)[507].

Die Vereine selbst gaben 1975 für den Bau von Sportanlagen ca. 206 Millionen DM aus[508], d. h. gerade etwa den vierten Teil der öffentlichen Aufwendungen[509].

Dennoch stellen diese Ausgaben, die etwa 17% der Gesamtausgaben der Vereine ausmachen, zusammen mit den übrigen anlagenbedingten Aufwendungen für
- Unterhaltung und Betrieb von Sportanlagen　　　　　　　　　　ca. 129 Millionen (11%)
- Miete und Kostenerstattung für die Benutzung von Sportanlagen in fremdem Besitz
　　　　　　　　　　　　　　　　　　　　　　　　　　　　　ca. 43 Millionen (4%)

mit insgesamt beinahe einem Drittel der Gesamtausgaben der Vereine[510] einen wesentlichen Dispositionsfaktor innerhalb des Vereinsbudgets dar, der von entscheidender Bedeutung für die allgemeine Situation des einzelnen Vereins ist.

Im Gegensatz zu der von MARPLAN durchgeführten Finanz- und Strukturanalyse wurde bei der vorliegenden Untersuchung darauf verzichtet, im Bereich der Finanzsituation differenziertere Zahlen über Einnahmen und Ausgaben der Vereine zu erheben. Zum einen hätte dies im Rahmen eines derart viele Problemkreise berührenden Erhebungsbogens eine nicht vertretbare Belastung der Auskunftsperson bedeutet, zum anderen erschien uns, aufgrund der in vielen Expertengesprächen gemachten Erfahrung, der Aussagewert solcher eher „zweifelhafter" Angaben zu gering, als daß die hierdurch zwangsläufig provozierte Minderung des Rücklaufes hätte in Kauf genommen werden können. „Zweifelhaft" deshalb, weil, wie wir wissen, in einem Großteil der Vereine diese Daten nicht in entsprechend aufbereiteter Form vorliegen und keinesfalls speziell für eine solche Erhebung erstellt würden, und außerdem auch in vielen Vereinen solche Angaben keinen Einblick in das tatsächliche Finanzgebaren erlauben. Wir haben uns aus diesen Gründen darauf beschränkt, weniger problematische Merkmale, meist qualitativer Art, zu erfragen, die zwar keine Aussagen in absoluten Zahlen erlauben, aber für den Vergleich spezieller Untergruppen innerhalb der Stichprobe geeignet erscheinen.

---

[506] Vgl. DOG (Hrsg.): Memorandum ..., a. a. O., 7.
[507] Vgl. SCHERER, A.: Goldener Plan auf goldenem Boden. In: DSB (Hrsg.): DSB-Info 49/76, 5.
[508] Vgl. MARPLAN: Finanz- und Strukturanalyse des Deutschen Sports. Unveröffentlichter Forschungsbericht. Offenbach 1975.
　　　Wenn diese Daten nach unserer Ansicht aufgrund methodischer Schwierigkeiten sowie der Problematik des zu erhebenden Themenbereichs auch große Unsicherheiten aufweisen müssen, so erscheinen sie uns dennoch geeignet, Aussagen über Proportionen und Größenordnungen im Bereich der Vereinsfinanzen wiederzugeben.
[509] Da es sich bei den staatlichen Investitionen um Durchschnittswerte von 1960 bis 1975 handelt, diese jedoch real stetig zugenommen haben, dürfte für 1975 dieser Anteil noch niedriger ausfallen.
[510] Vgl. MARPLAN: a. a. O.

Die ‚Finanzsituation' des Vereins ist neben der Möglichkeit ausreichender Talentförderung der Bereich, der im Rahmen der abschließenden Gesamtbeurteilung des Vereins[511] durch die befragten Funktionsträger am schlechtesten eingeschätzt wird.

Zusammen mit den Beitragseinnahmen, die den wichtigsten Posten auf der Einnahmenseite des Vereins ausmachen und deren Anteil am Gesamthaushalt den Grad der Unabhängigkeit des Vereins von zusätzlichen Finanzmitteln bestimmt, sind die anlagenbedingten Kosten als gewichtigster Faktor der Passivseite der Vereinsbilanz der „kalkulatorische Eckpfeiler" der Vereinsfinanzen. Hauptsächlich in kleineren Vereinen erweisen sich eigenerstellte Anlagen mit ihren Finanzierungsproblemen und Folgekosten[512] als eine starke Belastung für den Finanzhaushalt, was sich innerhalb dieser Analyse in einer schlechten Beurteilung der finanziellen Situation des Vereins niederschlägt. Die Kosten ehrgeiziger Bauprojekte machen meist eine Inanspruchnahme umfangreicher Drittmittel notwendig, die häufig eine ökonomische Relation von Eigenmitteln (im wesentlichen Beitragseinnahmen) und Fremdkapital gefährden.

Tabelle 67   Anteil der Vereine, die über verschiedene zusätzliche Finanzmittel außer den Mitgliedsbeiträgen verfügen (G = 3052, Mehrfachnennungen).

Spenden von Mitgliedern und Förderern	61 %
Zuschüsse des Landessportverbandes und der Fachverbände	44 %
Zuschüsse der Gemeinde	59 %
Zuschüsse von Land oder Bund	10 %
Einnahmen aus geselligen Veranstaltungen	52 %
Zuschauereinnahmen	43 %
Einnahmen aus Plakatwerbung incl. Vereinszeitungsinseraten	10 %
Werbeeinnahmen aus Firmenverträgen	3 %
Einnahmen aus Pacht/Miete/Kapital	10 %
sonstige Einnahmen	9 %

Quelle: Funktionsträgerstichprobe

---

[511] Vgl. Anhang, Fragebogen: Frage D 1.
[512] Ähnliche Probleme stellen sich auch der öffentlichen Hand als Investoren im Sportanlagenbereich. WILLI WEYER bezifferte die Folgekosten staatlicher Investitionen im Jahre 1975 auf 800 Millionen DM und somit höher als die Neuinvestitionskosten dieses Jahres. Vgl. WEYER, W.: Mehr Aktive – höhere Anforderungen. In: DSB (Hrsg.): DSB-Info 49/1977, 1.

8.1 VEREINSARTEN- UND SPORTARTENSPEZIFISCHE FINANZSITUATION

8.1.1 Die Beitragssituation

Der Finanzbedarf eines Vereins ist, wie schon angedeutet, abhängig von den benötigten Anlagen (Erstellungskosten, Erhaltungskosten, Mietkosten) sowie dem quantitativen und qualitativen Sportangebot (Anzahl angebotener Übungsstunden, Übungsleiter, Trainer etc.). Die Variablen sind wiederum eng korreliert mit der Vereinsart, aber auch mit den im einzelnen angebotenen Sportarten. Bestimmte Sportarten, vor allem in den Prestigesportvereinen, erfordern sehr spezielle, nur für diese Sportart verwendbare Anlagen, die deshalb auch in geringerem Umfang von Fördermaßnahmen der Gemeinden profitieren. Diese Vereine sind darauf angewiesen, die hohen finanziellen Belastungen in der Hauptsache über die Mitgliedsbeiträge aufzufangen, die gegenüber den anderen Vereinsarten deswegen als sehr hoch bezeichnet werden können.

Wie *Tabelle 68* zeigt, hat sich trotz eingehender Appelle des Deutschen Sportbundes schon seit mehr als 10 Jahren die Beitragssituation nicht entscheidend verändert[513]. Noch immer verlangt ein Viertel aller Vereine Beiträge bis zu DM 1.50 pro Monat; bei Kleinvereinen sogar ein Drittel. Gerade im Bereich der zumutbaren finanziellen Aufwendungen für die Vereinsmitgliedschaft halten sich im Gegensatz zum übrigen Freizeitkonsum, wo längst – nicht zuletzt aufgrund gezielter Werbemaßnahmen der Industrie – ein an Qualität, modischem Chic und damit verbundenem sozialen Prestige orientiertes Verbraucherbewußtsein ein erhebliches finanzielles Engagement bewirkt, hartnäckig die Vorstellungen vom Sportverein als einer quasi sozialen Einrichtung, die dem einzelnen möglichst unentgeltlich zugänglich sein muß. An Hinweisen auf die im Vergleich zur Kaufkraft heute viel niedrigeren Beiträge als z. B. vor dem 1. Weltkrieg fehlt es nicht[514], jedoch scheint es an konkreten Anhaltspunkten zu mangeln, welche Beitragshöhe denn heutzutage zumutbar sei und welche Kosten des Vereins über die Beiträge zu decken sein müßten, um einen „ökonomischen" Vereinsbetrieb zu gewährleisten. Nachweislich stehen die Funktionsträger gerade in den Vereinen mit niedrigen Beiträgen zeitgemäßen Entwicklungen im Vereinswesen weniger aufgeschlossen gegenüber als die Mitglieder selbst und scheuen sich, aus Angst vor möglichen Vereinsaustritten, notwendige Beitragserhöhungen durchzuführen[515].

Unsere Ergebnisse lassen jedoch durchaus die Bereitschaft der Mitglieder erkennen, den Leistungen des Vereins angepaßte Beiträge zu akzeptieren; auch das Argument der unzumutbaren finanziellen Belastungen bei Mehrfachmitgliedschaften, vor allem in Kleingemeinden, entbehrt jeglicher Grundlage[516].

---

[513] Vgl. DAUME, W.: Der Verein ..., a. a. O., 25.
LENK, H.: Materialien ..., a. a. O., 89.
[514] Vgl. DAUME, W.: ebenda, 25.
HOFFMANN, K.: Zeitgemäße Vereinsbeiträge. In: DSB (Hrsg.): DSB Info 13/77, 1.
[515] Vgl. FISCHER, H.: Finanzielle Aspekte des Sports in der Bundesrepublik Deutschland. Unveröffentlichte Dissertation Innsbruck 1969, 34.
TIMM, W.: Die Organisation von Sportvereinen – Konflikte, Finanzsituation, Führung. In: DSB (Hrsg.): Zur Situation des Sportvereins in der Bundesrepublik Deutschland. Veröffentlichung zum Symposium des Wissenschaftlichen Beirats, Frankfurt 1977, 38–39.
[516] Die Untersuchungen ergaben eine durchschnittliche Mitgliedschaftsquote von 1,33, die nach Gemeindegrößenklassen keine signifikanten Unterschiede aufweist.
Vgl. SCHLAGENHAUF, K.: Sportvereine in der Bundesrepublik Deutschland – Teil I, a. a. O., 53–54.

Tabelle 68 Die Vereinsarten (I–VIII) nach der Höhe ihres monatlich erhobenen Erwachsenenbeitrages.

Erwachse-nen-beitrag	Anzahl der Vereine abs. %	Vereinsart [517]							
		I %	II %	III %	IV %	V %	VI %	VII %	VIII %
– 1 DM	296= 10%	0 (–10)	1 (–9)	2 (–8)	3 (–7)	14 (+4)	15 (+5)	0 (–10)	2 (–8)
– 1,5 DM	431= 14%	0 (–14)	3 (–11)	10 (–4)	16 (+2)	17 (+3)	19 (+5)	0 (–14)	2 (–12)
– 2 DM	452= 15%	0 (–15)	7 (–8)	15 (0)	11 (–4)	17 (+2)	17 (+2)	0 (–15)	3 (–12)
– 2,5 DM	455= 15%	4 (–11)	12 (–3)	21 (+6)	14 (–1)	16 (+1)	14 (–1)	0 (–15)	3 (–12)
– 3 DM	354= 11%	8 (–3)	17 (+6)	18 (+7)	17 (+6)	11 (0)	9 (–2)	0 (–11)	3 (–8)
– 4 DM	249= 8%	17 (+9)	20 (+12)	15 (+7)	17 (+9)	6 (–2)	5 (–3)	0 (–8)	2 (–6)
– 5 DM	258= 8%	21 (+13)	28 (+20)	10 (+2)	7 (–1)	6 (–2)	7 (–1)	8 (0)	11 (+3)
– 8 DM	199= 6%	31 (+25)	11 (+5)	5 (–1)	7 (+1)	5 (–1)	6 (0)	8 (+2)	11 (+5)
– 15 DM	250= 8%	13 (+5)	1 (–7)	2 (–6)	7 (–1)	6 (–2)	5 (–3)	25 (+17)	44 (+36)
> 15 DM	140= 4%	6 (+1)	0 (–5)	2 (–3)	1 (–4)	2 (–3)	3 (–2)	59 (+54)	19 (+14)
Vereine zusammen	3084=100%	100% = 52	100% = 99	100% = 652	100% = 93	100% = 1016	100% = 895	100% = 51	100% = 226
In Klammern Abweichungen vom entsprechenden Randprozentwert	$G = 3084$; $x^2 = 1483$; $W(x^2) = 100$ %; $R = 0,10$; $CK = 0,61$								

Quelle: Funktionsträgerstichprobe
Vereinsart: I – Groß/hauptamtlich
             II – Groß/ehrenamtlich
             III – Mittel/mehrspartig
             IV – Mittel/einspartig (ohne Prestigesportarten)
             V – Klein/mehrspartig
             VI – Klein/einspartig (ohne Prestigesportarten)
             VII – Mittel/einspartig (nur Prestigesportarten)
             VIII – Klein/einspartig (nur Prestigesportarten)

[517] Erklärung der Variablen ‚Vereinsart' siehe Seite 38–40.

Mit Ausnahme der Prestigesportarten, beispielsweise Tennis, bei denen die Beiträge bisweilen sehr hoch ausfallen, sieht auch LENK[518] ganz allgemein in der Beitragshöhe keine Barriere gegen einen Vereinsbeitritt; ebensowenig wie in der Erhöhung des Beitrages einen gewichtigen Anlaß zum Austritt aus dem Verein.

Im Breitensportplan des Schwäbischen Turnerbundes findet sich ein Hinweis, welche Kosten eines Vereins üblicherweise mittels der Beitragseinnahmen gedeckt werden sollten[519]. Das muß immerhin als ein erster lohnenswerter Versuch angesehen werden, dem Verein Anhaltspunkte für seine Budgetierung in die Hand zu geben, wenn der Vorschlag auch noch als wenig strukturiert und differenziert angesehen werden muß. In diesem Bereich fehlt es nach unserer Kenntnis an einigen betriebswirtschaftlich orientierten Untersuchungen zur Finanzsituation des Vereins, möglichst in unterschiedlichen Vereinsarten, deren Aufgabe die Erarbeitung von „Vereinskennzahlen" sein müßte, an denen sich z. B. auch die Beitragsbemessung orientieren könnte.

Der vom Deutschen Sportbund unternommene Versuch, den Vereinen in einem Handbuch für Organisationsleiter[520] Grundlageninformationen zur besseren Gestaltung der Vereinsorganisation zu liefern, ist noch in den Anfängen begriffen, umfaßt aber schon eine Reihe wichtiger Hinweise. Für den Bereich der Beitragsbemessung jedoch beschränkt sich die Information neben dem Hinweis auf die soziale Aufgabe des Vereins auf wenig konkret verwertbare Aussagen[521].

Einen Versuch, Druck auf die Vereinsbeiträge auszuüben, enthalten die ‚Rahmenrichtlinien zur Ausbildung und Förderung des nebenamtlichen Übungsleiters'[522], die eine Bezuschussung des Vereins von einem monatlichen Mindestbeitrag von DM 1.50 für Erwachsene und DM 0.50 für Jugendliche abhängig macht. Dies sind Beiträge, die nach unserer Ansicht als unzeitgemäß bezeichnet werden müssen und die von den Vereinen in der Praxis zum Teil noch dadurch umgangen werden, daß bei gleichem Beitragsaufkommen weniger Mitglieder an den Landessportbund gemeldet werden. Einige Landesverbände haben sich der Kostenentwicklung im Sportbereich jedoch schon angepaßt und die bezuschussungsfähigen Mindestbeiträge auf DM 3.50 (Rheinland-Pfalz) bzw. DM 4.– (Nordrhein-Westfalen) für Erwachsene festgesetzt[523].

Für den Finanzbedarf eines Vereins und somit für die Höhe des Beitrages sind in erster Linie sportartenspezifische Merkmale ausschlaggebend: zum einen der Grad der Abhängigkeit von aufwendigen, sehr speziellen Anlagen und Geräten und zum anderen die maximal

---

[518] Vgl. LENK, H.: Materialien ..., a.a.O., 89.
[519] Vgl. SCHWÄBISCHER TURNERBUND (Hrsg.): Der STB-Breitensportplan – Turnen und Sport für alle. Stuttgart 1976, 7.
[520] Vgl. DEUTSCHER SPORTBUND (Hrsg.): Materialien für Organisationsleiter. Frankfurt 1977.
[521] Dringend erforderlich wären u. E. innerhalb dieses Handbuches einige systematische Beispiele für eine Kostenträger- und Kostenstellenrechnung, wie sie in Großvereinen schon gelegentlich praktiziert wird, die jedoch auch dem kleineren Verein ohne großen Aufwand wichtige Hinweise auf seine Kosten- und Ausgabenstruktur vermitteln kann und somit z. B. eine kostengerechte Beitragsbemessung ermöglicht.
[522] Vgl. KLEIN, W.: Deutsches Sportbuch – Band I. Wiesbaden 1977, II/8, 3.
[523] Vgl. HOFFMANN, K.: Zeitgemäße Vereinsbeiträge. In: DSB (Hrsg.): DSB-Info 43/77, 1.

mögliche Anzahl Sporttreibender pro Übungseinheit[524]. Diese ‚sportartenspezifischen Kosten' – so resümiert PFETSCH – sind vom Individuum zu finanzieren und schlagen sich in den Beiträgen nieder, die schon den in Frage kommenden Bevölkerungskreis abstecken[525]. In bezug auf die sich in entsprechenden Vereinsbeiträgen niederschlagenden sportartenspezifischen Kosten können wir – auch aufgrund der von uns ermittelten Beitragssätze in den einzelnen Sportarten[526] – dieser Aussage zustimmen. Die schichtenspezifische Eingrenzung einzelner Sportarten – wenn auch nicht ausschließlich, wie PFETSCH einschränkt – den sportartbedingten Kosten zuzuschreiben, bedeutet jedoch die Vernachlässigung eines unserer Ansicht nach wichtigen Aspektes. Das Engagement „gesellschaftlicher Kostenträger" (PFETSCH)[527], das traditionell bestimmten Sportarten und somit Anlagenarten Vorrang einräumt, ist mit dafür verantwortlich, daß wir zwischen ‚billigen' und ‚teuren' Sportarten unterscheiden. Allgemeine Turn- und Sportvereine könnten ihren Sportbetrieb bei weitem nicht so kostengünstig gestalten, wenn sie ohne die Zurverfügungstellung gemeindlicher Einrichtungen oder staatlicher Baukostenzuschüsse auskommen müßten, wie dies in den Prestigesportarten häufiger der Fall ist. Insofern wohnt der wie auch immer entstandenen und zu rechtfertigenden Präferenzstruktur staatlicher Förderungsmaßnahmen in bezug auf die Errichtung, Zurverfügungstellung und Subventionierung von Sportanlagen eine Eigendynamik inne, auf die teilweise die schichtenspezifische Ausdifferenzierung der Sportvereinsszene zurückzuführen ist. Zweifellos entspringt diese Förderungspräferenz für multifunktionale Sportanlagen wie Turnhallen und Sportplätze neben traditionellen vor allem ökonomischen Überlegungen, da hier mehrere Sportarten auf einer Anlage betrieben werden können und sich zusätzlich eine Verbindung zum Schulsport herstellen läßt. Dies ändert jedoch nichts an der beschriebenen Tatsache finanziell unterschiedlicher Ausgangssituationen bei einzelnen Sportarten, deren mögliche Beseitigung besonders unter der Zielsetzung, schichtenspezifische Unterschiede im Sport zu nivellieren, zu Überlegungen Anlaß geben könnte.

Durch die besondere finanzielle Situation der Prestigevereine finden wir in dieser Vereinsart auch die höchsten Kinder- und Jugendbeiträge. Betrachten wir jedoch die Relationen zwi-

---

[524] Neben dem sportartenspezifischen Einfluß auf den Mitgliedsbeitrag zeigt sich eine weitere Einflußgröße, die bedingt ist durch strukturelle oder organisatorische Gegebenheiten. Wir konnten feststellen, daß einspartige Fußballvereine mittlerer Größe höhere Beiträge erheben als kleine, unabhängig vom Sporterfolg, der, wie wir noch sehen werden, einen Einfluß auf die Mitgliedsbeiträge ausübt. Die einleuchtendste Erklärung hierfür ist das Auftreten bestimmter Kostenarten, die nicht linear mit der Vereinsgröße variieren, sondern in Form einer Sprungfunktion, z. B. wenn ab einer bestimmten Mitgliederzahl eine zusätzliche Sportanlage notwendig wird, die nicht sofort voll ausgelastet werden kann.
(Die Überprüfung des obigen Zusammenhanges muß auf die Sportart Fußball beschränkt bleiben, da keine andere Sportart bei den Einspartenvereinen innerhalb unserer Stichprobe so ausreichend repräsentiert ist, daß die notwendigen mehrdimensionalen Tests gesicherte Ergebnisse liefern könnten).
[525] Vgl. PFETSCH, F. R. u. a.: Leistungssport und Gesellschaftssystem. Schorndorf 1975, 15.
[526] Vgl. Anhang *Tabelle 69*, Durchschnittliche Monatsbeiträge und Beitragsanteil am Gesamthaushalt bei Einzweckvereinen in unterschiedlichen Sportarten.
[527] Vgl. PFETSCH, F. R. u. a.: Leistungssport, a. a. O., 15.
Es wäre in diesem Zusammenhang darauf hinzuweisen, daß der von PFETSCH gewählte Terminus ‚gesellschaftlicher Kostenträger', mit dem er wohl das finanzielle Engagement staatlicher Institutionen umschreiben wollte, zu Mißverständnissen führen könnte. Üblicherweise wird unter dem aus der Betriebswirtschaftslehre geläufigen Begriff ‚Kostenträger' das kostenverursachende Produkt oder die erbrachte Leistung verstanden und nicht die Institution, Organisation oder Stelle, die die im Zuge einer Leistungserstellung anfallenden Kosten übernimmt.
Vgl. WÖHE, G.: Allgemeine Betriebswirtschaftslehre, Berlin, Frankfurt 1965, 466.

schen Erwachsenen-, Jugend- und Kinderbeiträgen, die in den einzelnen Vereinen erhoben werden (vgl. Anhang *Tabelle 70*), so erscheinen diese vom Betrag her hohen Kinder- und Jugendbeiträge in den Prestigevereinen, gemessen am Beitrag der Erwachsenen, als relativ niedrig (unter 50%). Dies liegt darin begründet, daß ein gleich hoher Anteil, wie er bei den meisten anderen Sportarten üblich ist, selbst in Familien der mittleren und gehobenen Schichten, vor allem bei mehreren Kindern, eine unverhältnismäßig hohe Belastung darstellen würde.

In den meisten Nicht-Prestigesportarten liegt der durchschnittliche Jugend- und Kinderbeitrag fast durchweg unter DM 2.–. Es stellt sich dabei die Frage, ob mit diesem Betrag auch nur annähernd die zur Finanzierung des Übungsbetriebes notwendigen Einnahmen erreicht werden können, zumal feststeht, daß Jugendliche aufgrund der größeren Häufigkeit ihrer sportlichen Aktivität, aber vor allem wegen der hohen Wettkampfbeteiligung, dem Verein wesentlich höhere Kosten verursachen als ein erwachsenes Mitglied[528]. HÖLLEIN spricht aufgrund einer Untersuchung von 120 Sportvereinen in Rheinland-Pfalz und Hessen von Mehrkosten, gemessen am Beitrag der Jugendlichen, zwischen 44 und 268%[529]. Diese Problematik wird bisher am ehesten in Großvereinen, aber auch schon in mittelgroßen Vereinen mit mehreren Abteilungen erkannt, die häufiger nach den Prinzipien betriebswirtschaftlicher Kostenrechnung verfahren (Kostenstellen-/Kostenträgerrechnung) und die Kinder- und Jugendbeiträge denen der Erwachsenen weitgehend angenähert haben[530]. Nahezu zwei Drittel der Kleinvereine hingegen erheben noch immer einen Kinderbeitrag von bis zu DM 1.– pro Monat.

Die betrachteten Beitragsrelationen sind in Verbindung mit dem – je nach Sportart unterschiedlichen – Beitragssatz für den Anteil des Beitragsaufkommens am Gesamthaushalt des Vereins ebenso bestimmend wie die nicht allein in den Händen des Vereins liegende Möglichkeit, über zusätzliche Mittel zu verfügen.

Trotz der unterschiedlichen Möglichkeiten der Vereine, auf zusätzliche Finanzmittel zurückzugreifen (vgl. Anhang *Tabelle 72*), variiert der durchschnittliche Beitragsanteil von etwa 48% in den einzelnen Vereinsarten nur geringfügig. Deutlich höher liegt der Anteil lediglich in Großvereinen und den Einzweckvereinen in Prestigesportarten.

---

[528] Vgl. HÖLLEIN, W.: Jugendsport für Vereine oft ein Verlustgeschäft. In: DSB (Hrsg.): DSB-Info 46/76, 1.
[529] Vgl. HÖLLEIN, W.: Auch Jugendabteilungen belasten das Vereinskonto. In: DSB (Hrsg.): DSB-Info 33/77.
[530] Vgl. Anhang *Tabelle 70*, Die Höhe des Kinderbeitrages, gemessen am Beitrag der Erwachsenen nach Vereinsarten.

Schaubild 16 Durchschnittlicher Beitragsanteil am Gesamthaushalt nach Vereinsarten (G = 3 045).

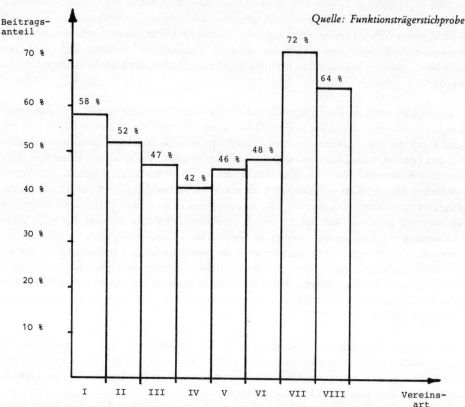

Vereinsart:
I   – Groß/hauptamtlich
II – Groß/ehrenamtlich
III – Mittel/mehrspartig
IV – Mittel/einspartig (ohne Prestigesportarten)
V   – Klein/mehrspartig
VI – Klein/einspartig (ohne Prestigesportarten)
VII – Mittel/einspartig (nur Prestigesportarten)
VIII– Klein/einspartig (nur Prestigesportarten)

Die Information über den Beitragsanteil des Vereins am Gesamthaushalt machte es möglich, über die Mitgliederzahlen und die Vereinsbeiträge in den jeweiligen Altersgruppen das Haushaltsvolumen des Vereins zu bestimmen, ohne die ‚ungern' beantwortete Frage direkt stellen zu müssen (vgl. *Tabelle 71*, Seite 141).

Mit Ausnahme der Prestigevereine, die in erster Linie aufgrund ihrer hohen Beiträge, auf die sie in größerem Maße als alle anderen Vereinsarten angewiesen sind, über ein relativ umfangreiches Budget verfügen, zeigt sich in den übrigen Vereinsarten entsprechend der unterschiedlichen Mitgliederzahlen ein deutliches Gefälle im Haushaltsvolumen zwischen den Großvereinen und den Kleinvereinen mit nur einer Abteilung. Auffallend ist der erhebliche Unterschied zwischen den hauptamtlich und ehrenamtlich geführten Großvereinen, der nicht allein mit deren durchschnittlich geringeren Mitgliederzahl zu erklären ist (vgl. hierzu Kapitel 12).

Entsprechend den jeweils unterschiedlichen Anteilen, die die einzelnen Vereine mit ihren Beitragseinnahmen decken, bleiben zum Teil erhebliche Beträge, die die Vereine aus anderen zusätzlichen Mitteln beschaffen müssen.

Tabelle 71   Monatliches Gesamthaushaltsvolumen in den einzelnen Vereinsarten (G = 2910).

Vereinsart	durchschnittliches Gesamthaushaltsvolumen pro Monat [531]	durchschnittlicher Beitragsanteil	durchschnittliche Haushaltsdeckungslücke pro Monat (gerundet) [532]
I	DM 20 900,-	58 %	DM 8 800,-
II	DM 8 600,-	52 %	DM 4 100,-
III	DM 3 700,-	47 %	DM 2 000,-
IV	DM 3 900,-	42 %	DM 2 300,-
V	DM 1 300,-	46 %	DM 700,-
VI	DM 800,-	48 %	DM 400,-
VII	DM 12 800,-	72 %	DM 3 600,-
VIII	DM 3 000,-	64 %	DM 1 100,-

Quelle: *Funktionsträgerstichprobe*

Vereinsarten I–VIII siehe *Schaubild 16*, Seite 140

8.1.2 Die Verwendung ‚zusätzlicher' Finanzmittel

Die vom Betrag her höheren Mittel, die in größeren Vereinen neben den Beitragseinnahmen aufgebracht werden müssen, um den Haushalt auszugleichen, machen es notwendig, daß diese Vereine alle angesprochenen Arten zusätzlicher Finanzmittel in höherem Maße beanspruchen als kleinere Vereine[533]. Eine Ausnahme hiervon bilden die Einnahmen aus geselligen und sportlichen Veranstaltungen, die in hauptamtlich geführten Großvereinen weniger häufig anzutreffen sind und wodurch die Freizeitsportorientierung dieser Vereine sowie die vorwiegend instrumentelle Einstellung ihrer Mitglieder dokumentiert wird.

Am weitesten verbreitet ist, mit nur geringfügigen Unterschieden zwischen den einzelnen Vereinsarten, die Verfügbarkeit von Spendenmitteln, sei es von seiten der Mitglieder oder von dritten Personen[534], während zusätzliche Einnahmen aus Werbung und Anlagenkapital relativ wenigen Vereinen, vorwiegend den großen, vorbehalten bleiben.

Als die nächst wichtigste Einnahmequelle treten insgesamt die Zuschüsse der Gemeinden in Erscheinung (59%), und erst nach den Einnahmen aus geselligen Veranstaltungen (52%) folgen die offiziellen Zuschüsse der Verbände (44%) und die Zuschauereinnahmen (43%).

Bei den Prestigevereinen wird deutlich, daß sie ihre Haushaltsdeckungslücken stärker als alle anderen Vereine aus Spendenmitteln finanzieren. Unter ihnen fällt besonders der geringe

---

[531] Das von uns errechnete Gesamthaushaltsvolumen kann dadurch etwas zu hoch ausfallen, daß keine Familien- und Passivenbeiträge berücksichtigt werden konnten. Dies stellt für unsere Aussagen jedoch keine Einschränkung dar, da die Interpretation dieses Datums, wie auch der meisten anderen, nicht auf den absoluten Wert abhebt, sondern lediglich die Relationen zwischen einzelnen Untergruppen innerhalb des Datenmaterials beurteilt.
[532] Die Haushaltsdeckungslücke ist der Restbetrag, der in den einzelnen Vereinsarten jeweils nicht durch die Beitragseinnahmen gedeckt werden kann.
[533] Vgl. Anhang *Tabelle 72*, Anteil der Vereine, die über zusätzliche Finanzmittel (außer Vereinsbeiträgen) verfügen nach Vereinsarten.
[534] Durchschnittlich verfügen zur Deckung ihrer Haushaltslücken 61% aller Vereine über Spendenmittel. Vgl. Anhang *Tabelle 72*, Anteil der Vereine, die über zusätzliche Finanzmittel (außer Vereinsbeiträgen) verfügen, nach Vereinsarten.

Anteil an Vereinen auf, der über Einnahmen aus sportlichen und geselligen Veranstaltungen verfügt, die – laut MARPLAN – durchschnittlich immerhin ca. 20% der Vereinseinnahmen ausmachen[535]. Dies erscheint um so bemerkenswerter, als gerade diese Vereine, häufig sogar als „Gesellschaftsvereine" bezeichnet, die meisten Veranstaltungen geselliger Art anbieten. Offenbar wird der formellen Geselligkeit[536] in diesen Vereinen ein anderer Stellenwert zugemessen, als dies in den übrigen Vereinen der Fall ist. Im Zusammenhang mit der schichtenspezifischen Orientierung des Mitgliederanspruchs erscheint die formelle Geselligkeit hier weniger als eine Zusatzaktivität, mit deren Hilfe der Verein finanziell unterstützt werden soll, sondern eher als Teil des Vereinszieles selbst, wenn sie auch nicht explizit als solches deklariert ist. Aus diesem Selbstverständnis heraus folgt das meist unentgeltliche oder höchstens kostendeckende Angebot dieser Vereine an geselligen Veranstaltungen.

Die geringere Förderung der Prestigevereine durch gemeindliche Zuschüsse unterstreicht die oben gemachte Aussage von der unterschiedlichen finanziellen Ausgangssituation bei verschiedenen Vereinen, obwohl hier nur die direkten finanziellen Maßnahmen betrachtet werden und nicht die indirekte Unterstützung durch die Erstellung und Zurverfügungstellung (auch gegen Miete) von Turn- und Sporthallen oder Sportplätzen, die den bei weitem größeren Teil der Förderung durch öffentliche Institutionen ausmacht.

Die verschiedenen Arten der Finanzmittelbeschaffung zeigen ebenso, wie wir das schon bei Sportarten oder Anlagenarten beobachten konnten, gewisse Affinitäten untereinander. Dies betrifft jedoch nur etwa 80% der Vereine, denn neben einigen wenigen Vereinen (4%), die sich ausschließlich durch ihre Beiträge finanzieren[537], können weitere 16% nur über Einnahmen aus *einer* der zusätzlichen Finanzierungsarten verfügen[538], und etwa ein Viertel der Vereine nimmt gerade *zwei* der angegebenen zehn Möglichkeiten für sich in Anspruch.

Unter den Finanzierungsmöglichkeiten, die häufig gemeinsam mit mehreren anderen auftreten, finden sich die stärksten Zusammenhänge zwischen Werbeeinnahmen (Plakatwerbung, Firmenwerbung) und Zuschauereinnahmen. Diese Art der Finanzierung ist kennzeichnend für Fußballvereine (vor allem mittlerer Größe), die etwa vier Fünftel der Vereine mit dieser Einnahmenkombination ausmachen; hinzu kommen Reitervereine (5%), deren Beitragsanteil am Gesamthaushalt aufgrund solcher Zusatzeinnahmen wesentlich geringer ist, als dies sonst in Prestigesportarten der Fall ist (vgl. Anhang *Tabelle 69*).

Während zuschauerwirksame Veranstaltungen und damit auch Zuschauereinnahmen nahezu eine notwendige Bedingung für das Vorhandensein von Werbeeinnahmen darstellen, erscheinen sie jedoch nicht gleichzeitig als hinreichende Voraussetzung für diese; d. h. die Mehrzahl der Vereine mit Zuschauereinnahmen verfügt nicht über Finanzmittel aus Werbung. Es handelt sich hierbei um kleine Vereine ohne große sportliche Erfolge, im wesentlichen in der Sportart Fußball[539], aber auch Handball und Turnen. Das Fehlen solcher Werbeeinnahmen läßt in diesen Vereinen die Einnahmen aus geselligen Veranstaltungen neben dem

---

[535] Vgl. MARPLAN: Finanz- und Strukturanalyse ..., a. a. O., 18–27.
[536] Zur Unterscheidung von formeller, halb formeller und nicht formeller Geselligkeit im Verein vgl. SCHLAGENHAUF, K.: Sportvereine in der Bundesrepublik Deutschland – Teil I, a. a. O., 93–104.
[537] Hierbei handelt es sich in erster Linie um kleine und mittlere Einspartenvereine in Prestigesportarten sowie andere einspartige Kleinvereine in Nicht-Prestigesportarten.
[538] Davon verfügt ein Viertel nur über Spenden, ein weiteres Viertel nur über Zuschüsse der Gemeinde, gefolgt von Einnahmen aus geselligen Veranstaltungen (18%) sowie Zuschüssen des Landessportbundes und der Fachverbände (13%).
[539] Insgesamt haben 80% der Vereine, die über Zuschauereinnahmen verfügen, keine Einnahmen durch Werbung. Von den verbleibenden 20%, die sowohl Zuschauer- als auch Werbeeinnahmen haben, stellen die Fußballvereine den größten Anteil (80%).

Beitragsaufkommen und den Zuschauereinnahmen zur nächsthäufigsten Einnahmequelle zum Ausgleich des Vereinshaushalts werden.

Von deutlichem Einfluß auf die Finanzlage sind die sportlichen Ambitionen, die der Verein mit dem Auftreten seiner Sportler und Mannschaften verbindet[540]. Unabhängig von der Vereinsart nimmt mit dem Sporterfolg auch das Haushaltsvolumen des Vereins zu. Dies macht sich besonders in kleineren Vereinen bemerkbar, bei denen der höhere Finanzmittelbedarf durch Erfolgsambitionen in erster Linie zu Lasten eines höheren Mitgliederbeitrages geht[541], zum anderen vermehrt durch Spenden und Zuschüsse der Landessportbünde und der Fachverbände getragen wird. Der Zusammenhang von Sporterfolg und Mitgliederbeitrag verdeutlicht die wichtige Funktion des Freizeitsportes für den Wettkampf- und Leistungssport: Mit den Mitteln des relativ kostengünstigen Freizeitsportes (sportliche Aktivität ohne Wettkampf) ist es vielen Vereinen erst möglich, den finanziell wesentlich aufwendigeren Wettkampf- und Leistungssport zu betreiben.

Welcher der beiden Einflußfaktoren beim Zusammenhang von Sporterfolg und Finanzmittelbedarf Ursache und welcher Wirkung ist, läßt sich nicht eindeutig entscheiden. Vermutlich ist in den meisten Fällen das Eintreten sportlicher Erfolge der Ausgangspunkt eines Wechselwirkungsprozesses zwischen Finanzbedarf und Sporterfolg, denn nur selten, und dann hauptsächlich in den höheren Ebenen sportlicher Leistung, entspringt der Erfolg eines Vereins einer bewußten Planung der Vereinsführung, an deren Anfang finanzielle Investitionen stehen.

8.2 DIE GEMEINDEGRÖSSE ALS DETERMINANTE DER FINANZSITUATION DES VEREINS

Im Zusammenhang mit den Zuwendungen der Gemeinden an die Vereine spielt der Sporterfolg eine gewichtige Rolle. Zunächst erfahren ganz allgemein in kleineren und mittleren Orten anteilmäßig deutlich mehr Sportvereine Unterstützung durch die Gemeinde als in größeren[542], unabhängig von der Art des Vereins und auch seinen Leistungsambitionen. In Großstädten (über 500000 Einwohner) jedoch, in denen die große Zahl der Vereine eine derart breite Streuung der Finanzzuschüsse unmöglich macht, sinkt der Anteil der von seiten der Gemeinde unterstützten Vereine um die Hälfte[543]. Das überproportionale Auftreten ‚erfolgreicher' Vereine unter den bezuschußten macht deutlich, daß vor allem in den großen Städten die sportliche Leistung ein Hauptauswahlkriterium für die Vergabe städtischer Mittel darstellt.

Durch den niedrigeren Anteil der Vereinsbeiträge am Gesamthaushalt bei Vereinen kleinerer Gemeinden (bedingt durch die niedrigen Beiträge) entsteht, im Vergleich zu den Vereinen größerer Städte, eine relativ höhere Haushaltslücke, die überwiegend durch Spenden, Zuschüsse der Gemeinde sowie Einnahmen aus sportlichen und geselligen Veranstaltungen gedeckt wird. Das angesprochene Problem zeitgemäßer Beiträge erscheint hier von besonderer Bedeutung.

---

[540] Der Sporterfolg eines Vereins mißt sich an der jeweils höchsten Ebene, auf der sportliche Erfolge des Vereins angegeben werden (keine Erfolge/lokale, Kreis-/Verbands-/nationale/internationale Ebene).
[541] Der Zusammenhang von Sporterfolg und Vereinsbeiträgen (Erwachsene/Jugendliche/Kinder) ist stabil, sowohl gegen die Vereinsart als auch die Gemeindegröße.
[542] Bis zu einer Einwohnerzahl von 100000 liegt der Anteil an Vereinen, die Zuschüsse der Gemeinden erhalten, relativ konstant bei etwa zwei Dritteln.
[543] Gleichzeitig nimmt der Anteil an Vereinen, die sich nur aus Beiträgen finanzieren, stetig ab.

Tabelle 73 Die Vereine nach den monatlich erhobenen Vereinsbeiträgen für Erwachsene in den einzelnen Gemeindegrößenklassen. Quelle: Funktionsträgerstichprobe

Erwachsenenbeitrag	Anteil der Vereine abs. %	Gemeindegrößenklasse							
		- 2000 Einw.	- 5000 Einw.	- 10000 Einw.	- 20000 Einw.	- 50000 Einw.	- 100000 Einw.	- 500000 Einw.	> 500000 Einw.
- 1 DM	307= 10%	19 (+9)	10 (0)	7 (-3)	7 (-3)	3 (-7)	6 (-4)	2 (-8)	2 (-8)
- 1,5 DM	434= 14%	27 (+13)	18 (+4)	10 (-4)	7 (-7)	5 (-9)	3 (-11)	2 (-12)	2 (-12)
- 2 DM	453= 14%	19 (+5)	20 (+6)	15 (+1)	14 (0)	11 (-3)	9 (-5)	7 (-7)	4 (-10)
- 2,5 DM	462= 15%	17 (+2)	18 (+3)	19 (+4)	12 (-3)	17 (+2)	12 (-3)	11 (-4)	3 (-12)
- 3 DM	361= 12%	8 (-4)	12 (0)	13 (+1)	18 (+6)	14 (+2)	13 (+1)	13 (+1)	9 (-3)
- 4 DM	252= 8%	3 (-5)	4 (-4)	7 (-1)	11 (+3)	15 (+7)	12 (+4)	15 (+7)	12 (+4)
- 5 DM	267= 8%	2 (-6)	6 (-2)	9 (+1)	10 (+2)	12 (+4)	12 (+4)	20 (+12)	16 (+8)
- 8 DM	198= 6%	2 (-4)	3 (-3)	4 (-2)	5 (-1)	9 (+3)	9 (+3)	12 (+6)	21 (+15)
- 15 DM	250= 8%	2 (-6)	7 (-1)	11 (+3)	11 (+3)	9 (+1)	15 (+7)	11 (+3)	15 (+7)
> 15 DM	145= 5%	1 (-4)	2 (-3)	5 (0)	5 (0)	5 (0)	9 (+4)	7 (+2)	16 (+11)
Vereine zusammen	3129=100%	100 % = 970	100 % = 457	100 % = 332	100 % = 336	100 % = 364	100 % = 151	100 % = 245	100 % = 274
In Klammern Abweichungen vom entsprechenden Randprozentwert		$G = 3129$; $x^2 = 1042$; $W(x^2) = 100$ %; $R = 0,50$; $CK = 0,53$							

Obwohl die Beiträge bei einem Großteil der Vereine generell sehr niedrig sind, gilt dies für kleine Gemeinden im besonderen[544]. Im Durchschnitt beläuft sich der Anteil der Vereine, die

---

[544] Unabhängig von der Vereinsart, ebenso wie vom sportlichen Erfolg des Vereins, steigt mit zunehmender Gemeindegröße auch der Beitrag. Dies gilt sowohl für den Beitrag, den Erwachsene zu entrichten haben, als auch für den der Jugendlichen und Kinder.

bis zu DM 2.50 Monatsbeitrag für Erwachsene verlangen, auf ca. 50%, in Kleingemeinden (−2000 Einwohner) jedoch fallen über vier Fünftel aller Vereine unter diese Beitragsgrenze.

Keineswegs parallel zu den Erwachsenenbeiträgen entwickeln sich die Beitragssätze für Jugendliche und Kinder in den einzelnen Gemeindegrößenklassen. Während mit zunehmender Gemeindegröße, unabhängig von der Vereinsart, das Verhältnis des Jugendbeitrages zum Erwachsenenbeitrag tendenziell sinkt, nimmt der Anteil des Kinderbeitrages, gemessen am Beitrag der Erwachsenen, zu. Dieser Zusammenhang spiegelt in erster Linie die unterschiedliche Nachfragesituation in den Gemeinden wider. In größeren Städten ist der Anteil der Kinder (−14 Jahre) im Verein deutlich höher als in kleineren Gemeinden. Demgegenüber sind die älteren Jugendlichen gerade in Großstädten besonders schwach repräsentiert. Dieses Ungleichgewicht der Nachfrage in größeren Städten schlägt sich, gemessen am Erwachsenenbeitrag, in relativ niedrigen Vereinsbeiträgen für Jugendliche (über 14 Jahre) nieder, trotz bekannt höherer Kosten gerade in dieser Altersgruppe und in verhältnismäßig hohen Beiträgen für Kinder unter 14 Jahren. Diese Beitragspolitik unterstreicht das zunehmend an der Nachfrage orientierte ökonomische Kalkül vor allem der größeren Vereine in diesen Gemeinden.

In kleineren Gemeinden dagegen erscheint die Beteiligung der Jugendlichen und des Nachwuchses (−21 Jahre) nicht in dem Maße problematisch, so daß hier geringere Unterschiede in der Relation zwischen Jugend-, Kinder- und Erwachsenenbeiträgen auftreten[545]. Hierbei spielt das unterschiedliche Potential an konkurrierenden Freizeitaktivitäten gerade für Jugendliche im Entwicklungsalter eine entscheidende Rolle, das in kleineren Gemeinden weniger ausgeprägt ist und somit der Sportvereinsmitgliedschaft einen höheren Stellenwert einräumt als in größeren Gemeinden.

8.3 REGIONALE ASPEKTE DER FINANZSITUATION DES VEREINS

Neben dem beschriebenen Einfluß von Sportart, Vereinsart und Gemeindegröße auf die Beitragshöhe in den einzelnen Vereinen läßt sich zusätzlich ein regionaler Unterschied erkennen. Unabhängig von den anderen Einflußvariablen müssen Vereinsmitglieder im Norden der Bundesrepublik höhere Beiträge bezahlen als in den vergleichbaren Vereinen der südlicher gelegenen Landesverbände. Dies gilt sowohl für die Erwachsenenbeiträge als auch für die Jugend- und Kinderbeiträge, wenn auch das Gefälle bei den Beitragssätzen der Erwachsenen am stärksten erscheint[546]. Im übrigen ist der ausgeprägte Zusammenhang zwischen regionaler Verteilung der Vereine und erhobenem Mitgliedsbeitrag eine Funktion der unterschiedlichen Vereinsstruktur, die im Norden einen Trend zu größeren Vereinsorganisationen aufweist (vgl. Anhang *Tabelle 15*).

Die hieraus resultierenden, niedrigeren Beitragseinnahmen der Vereine in südlich gelegenen Landesverbänden schlagen sich in einem ebenfalls geringeren Anteil der Beiträge am Gesamthaushalt des Vereins nieder, da nicht davon ausgegangen werden kann, daß mit sinkenden Beitragseinnahmen auch die Kosten des Vereinsbetriebes geringer würden. Die entstehenden Deckungslücken werden bei den stärker wettkampfsport-, gleichzeitig aber geselligkeitsorientierten Vereinen im süddeutschen Raum[547] in erster Linie durch Zuschauereinnahmen und

---

[545] Die Altersgruppen zwischen 15 und 18 Jahren bzw. zwischen 19 und 21 Jahren sind in kleineren Gemeinden anteilmäßig stärker vertreten als in größeren Städten.
[546] Vgl. Anhang *Tabelle 74*, Die Vereine nach ihren monatlich erhobenen Beitragssätzen in den einzelnen Landessportbünden.
[547] Vgl. hierzu Kapitel 6.4.

Einnahmen aus geselligen Veranstaltungen gedeckt[548]. Umgekehrt ist das durch ein weniger leistungs- und wettkampfsportorientiertes Angebot des Vereins und die weniger geselligkeitsorientierte Nachfrage der Mitglieder bedingte Fehlen von Zuschauereinnahmen und Mitteln aus geselligen Veranstaltungen möglicherweise die Ursache, die in den nördlich gelegeneren Landesverbänden höhere Mitgliederbeiträge der Vereine notwendig macht.

Unter Berücksichtigung der ermittelten Befunde erscheint der Vereinsbeitrag, unabhängig von der Vereinsart, speziellen Sportarten und Einflüssen der Siedlungsstruktur, als der wichtigste Bestimmungsfaktor für die finanzielle Situation eines Vereins. Im wesentlichen Maße ist die Beitragshöhe, wie wir vor allem bei den Prestigesportvereinen sehen konnten, bestimmt von den anlagenbedingten Kosten, die die Vereine aufzubringen haben. Im Durchschnitt muß der einzelne Verein mehr als die Hälfte der eingenommenen Beiträge für die Bereitstellung der benötigten Anlagen wieder ausgeben[549]. Hierin sind die Ausgaben für den Bau, die Unterhaltung sowie die Anmietung von Anlagen enthalten.

An diesen Punkten, den allgemein niedrigen Beiträgen besonders in kleinen Gemeinden und den die Vereine stark belastenden Anlagenkosten, hätten Maßnahmen anzusetzen, die sowohl die qualitative als auch die quantitative Verbesserung des Sportangebotes für die Bevölkerung zum Ziel haben.

Einen letzten gewichtigen Hinweis auf die Bedeutung eines angemessenen Beitrages liefern die Vereine selbst, indem sie eindeutig und unabhängig von der Art des Vereines ihre finanzielle Situation mit zunehmendem Beitragsanteil am Gesamthaushalt und damit verbundener Unabhängigkeit von Drittmitteln als günstiger beurteilen.

---

[548] Dies gilt unabhängig von der Vereinsart.
[549] Der von MARPLAN ermittelte durchschnittliche Anteil von 32% anlagenbedingter Kosten in den Vereinen dürfte aufgrund der Praxis der Vereine, weniger Mitglieder als tatsächlich vorhanden an die Verbände zu melden, wodurch auch die Beitragseinnahmen geringer ausfallen, in Wirklichkeit etwas niedriger sein.
Vgl. MARPLAN: Finanz- und Strukturanalyse ..., a. a. O.

9. Determinanten der Organisationsstruktur von Sportvereinen

Die bisher erörterten Aspekte der Angebotsstruktur sowie der Anlagen- und Finanzsituation des Sportvereins orientierten sich an solchen Merkmalen des Vereins als Organisation, die in der Terminologie der neueren situativen Ansätze der Organisationssoziologie als Kontextvariablen der Organisationsstruktur bezeichnet werden[550], d. h. allgemeine Merkmale einerseits der Organisation und andererseits ihrer Umwelt, die auf die Ausprägung der internen Organisationsstruktur entscheidenden Einfluß haben.

Als Struktur der Vereinsorganisation wollen wir den mehr oder weniger verfestigten Rahmen bezeichnen, innerhalb dessen sich das tägliche Geschehen im Verein bewegt[551]. Hierzu gehören offizielle Vorschriften und Regelungen und weniger verbindliche Verhaltenserwartungen ebenso wie die verwaltungsmäßige und organisatorische Verteilung von Aufgaben und Verantwortung innerhalb der Organisation.

Die Organisationstheorie unterscheidet in diesem Zusammenhang zwischen
- formaler Organisationsstruktur und
- informaler Organisationsstruktur.

Diese seit den Ergebnissen der Hawthorne-Untersuchungen[552] geläufige Unterscheidung beschreibt das Phänomen des Nebeneinander von *geplanten*, hierarchisch aufgebauten Strukturen in bezug auf Kommunikation, Information und Entscheidungen innerhalb der Organisation und *ungeplanten* Strukturen, die sowohl als funktionale, aber auch als disfunktionale Elemente den Organisationsablauf wesentlich bestimmen.

Während der Erforschung des formalen Organisationsaufbaues hinsichtlich seines Einflusses auf die Leistung der Organisation allgemein weniger Schwierigkeiten entgegenstehen, da diese Merkmale meist in festgelegten Plänen, Richtlinien und Anweisungen niedergelegt sind, gestaltet sich die Untersuchung informeller Strukturen, die meist personenorientiert entstehen und, da häufig offiziell unerwünscht, von außen kaum zugänglich sind, als sehr schwierig. Dementsprechend geringer sind auch die Erkenntnisse der Organisationstheorie im Bereich der Wirkung informeller Elemente auf die Organisationsleistung gegenüber dem Einfluß formaler Strukturparameter.

Dieser Problemsituation zufolge erschien es bei Anlage der vorliegenden Untersuchung als schriftliche Erhebung unter Funktionsträgern nicht möglich, den Aspekt informeller Strukturen in befriedigender Weise in Erfahrung zu bringen. Gleiches gilt für den Verlauf von Entscheidungsprozessen im Verein, die aufgrund des geringen Vorhandenseins formaler Verhaltens- und Entscheidungsregulative nur in geringem Maße für Dritte von außen einsichtig sind. Eine Erforschung derartiger Problemstellungen, die sehr stark situativen Einflüssen

---

[550] Vgl. KUBICEK, H./WOLLNIK, M.: Zur Notwendigkeit empirischer Grundlagenforschung in der Organisationstheorie. In: Zeitschrift für Organisation 44 (1975) 6, 301– 312.
[551] MAYNTZ bezeichnet als Organisationsstruktur das „relativ beständige Ordnungsmuster der Organisation".
MAYNTZ, R.: Soziologie der Organisation. Reinbek bei Hamburg 1963, 81.
[552] Eine ausführliche Beschreibung der Ergebnisse dieser Untersuchungen, bei denen erstmals die Bedeutung nicht formal vorgegebener Normsetzung durch die Organisationsmitglieder selbst für deren tatsächliches Verhalten erkannt wurde, findet sich bei:
MAYO, E.: The Human Problems of an Industrial Civilization. New York 1933.
ROETHLISBERGER, F. J./DICKSON, W. J.: Management and the Worker. Cambridge, Mass., 1939.

unterliegen, macht u. E., um ausreichend verläßliche Informationen zu gewinnen, eine teilnehmende Beobachtung[553] notwendig, und scheint sich somit den Instrumenten massenstatistischer Erhebungen weitgehend zu entziehen.

Aus diesem Grunde gilt die nachfolgende Analyse der Organisationsstruktur des Vereins im wesentlichen den nach außen hin klar erkennbaren und operational faßbaren Merkmalen der Organisation und darüberhinaus lediglich einigen wenigen Variablen, die als Indikatoren für den Ablauf organisationsinterner Prozesse betrachtet werden können. Die Vorgehensweise ist deshalb in der Hauptsache darauf gerichtet, allgemeine Gestaltungsprinzipien im Bereich des deutschen Sportvereins zu dokumentieren, und erst in zweiter Linie an der Aufarbeitung organisationstheoretischer Erkenntnisse und empirischer Befunde für den Sportverein als freiwillige Organisation orientiert.

9.1 DIE ABTEILUNGSGLIEDERUNG ALS MERKMAL DER STRUKTURELLEN DIFFERENZIERUNG

Die intensive Suche nach gemeinsamen, grundlegenden Merkmalen von Organisationsstrukturen im Zuge der vergleichenden Organisationsforschung hat zu vielerlei unterschiedlichen Ansätzen geführt. Ihnen gemeinsam jedoch ist die Anerkennung des Prinzips der Arbeits- oder Aufgabenteilung als einem Grundelement organisatorischer Gebilde. Als solches hat es in dem Merkmal der internen Rollendifferenzierung Eingang in die Definition von Organisation als soziales Gebilde gefunden.

Unter Bezugnahme auf den der Systemtheorie entnommenen Begriff der Systemdifferenzierung[554] unterscheidet PFEIFFER zwischen der *horizontalen Differenzierung* als Merkmal der funktionalen Struktur einer Organisation und der *vertikalen Differenzierung* als Merkmal der Autoritätsstruktur[555]. Innerhalb der horizontalen Differenzierung trifft PFEIFFER eine weitere Unterscheidung zwischen:
- segmentierender und
- funktionaler Differenzierung[556].

Unter segmentierender Differenzierung soll die Verteilung gleichartiger Aufgaben an einzelne Untereinheiten verstanden werden, während mit funktionaler Differenzierung die Unterteilung einer Gesamtaufgabe in voneinander verschiedene Teilaufgaben gemeint ist.

Bezogen auf die organisatorische Struktur von Sportvereinen bedeutet etwa die Gliederung eines Vereins mit nur einer Sportart in verschiedene Unterabteilungen z. B. für Frauen, Jugendliche oder Wettkampfsportler eine *segmentierende* Differenzierung und die Unterteilung eines Mehrspartenvereines in sportartbezogene Abteilungen dagegen eine *funktionale* Differenzierung[557].

---

[553] Vgl. zur Problematik der teilnehmenden Beobachtung als Methode der Feldforschung: WIEKEN-MAYSER, M.: Techniken der empirischen Sozialforschung, Bd. 3, Erhebungsmethoden: Beobachtung und Analyse von Kommunikation. München 1974, 9—24.
[554] Vgl. IRLE, M.: Soziale Systeme. Göttingen 1963, 84—93.
[555] Vgl. PFEIFFER, D. K.: a.a.O., 54.
[556] Ebenda, 55.
[557] Die funktionale Differenzierung einer Organisation findet sich in der Literatur häufig unter dem Begriff der ‚Spezialisierung', d. h. der Erbringung spezieller Leistungen von Teilsystemen der Organisation. Vgl. KUBICEK, H./WOLLNIK, M.: Zur empirischen Grundlagenforschung in der Organisationstheorie. Arbeitspapier Nr. 2 des Seminars für allgemeine Betriebswirtschaftslehre der Universität Köln. Februar 1973, 29—32.

Bei der Abgrenzung unterschiedlicher Arten von Sportvereinen dient das Merkmal der horizontalen Differenzierung – in diesem Fall vorwiegend der funktionalen Differenzierung – als Definitionskriterium für den so bezeichneten Mehrspartenverein.

Schaubild 17   Mehrspartenvereine unterschiedlicher Größe nach der Zahl ihrer Abteilungen.

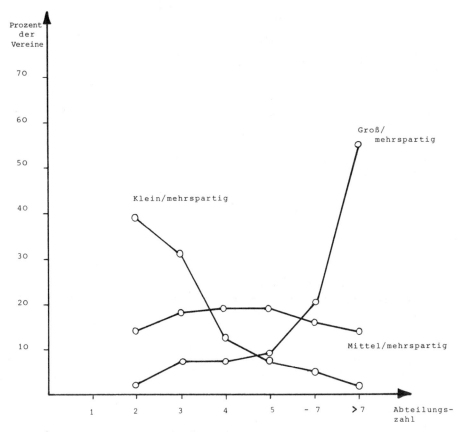

Quelle: Funktionsträgerstichprobe

Wie das Schaubild zeigt, dominieren bei Großvereinen eindeutig diejenigen mit großer leistungsspezifischer Differenzierung, d. h. mit einem breiten Sportangebot (55% haben mehr als 7 Abteilungen). Während bei den mittelgroßen Vereinen die Abteilungsdifferenzierung sehr gleichmäßig verteilt ist, verläuft bei den Kleinvereinen die Kurve reziprok; jedoch überwiegen die Vereine mit sehr kleiner Differenzierung (nur 2 Abteilungen) nicht in dem Maße, wie umgekehrt bei Großvereinen das breite Sportangebot.

Wenn auch in geringerem Umfang als bei den Mehrspartenvereinen, so existiert auch bei Vereinen mit nur einer Sportart die Möglichkeit der horizontalen Differenzierung. Abhängig von den Eigenheiten der einzelnen Sportarten handelt es sich hierbei meist um segmentierende, gelegentlich jedoch auch um weitere funktionale Differenzierungen.

Während die Abteilungsbildung bei Sportarten wie Fußball, Kegeln oder Schwimmen eher segmentierende Differenzierungen darstellt, z. B. durch die Bildung von Jugend- und Frauenabteilungen, begünstigen einige Sportarten, etwa Reiten oder Segeln, durch bestimmte anla-

Tabelle 75   Anteil der Vereine mit nur einer Sportart, aber zusätzlicher, interner Abteilungsgliederung[558].

Fußball	20 %
Kegeln	31 %
Luftsport	47 %
Radsport	30 %
Reiten	37 %
Schießen	39 %
Schwimmen	32 %
Segeln	35 %
Ski	14 %

Quelle: Funktionsträgerstichprobe

gen- oder gerätebedingte Anforderungen (Springreiten – Dressurreiten/Bootsklassen) interne funktionale Differenzierungen.

Andere Sportarten wie beispielsweise Tennis oder Tischtennis zeigen nahezu keine Neigung zu interner organisatorischer Untergliederung (jeweils 2%). Beides sind Sportarten, bei denen der gleichzeitigen Ausübung der Sportart von Mitgliedern unterschiedlichen Alters und Geschlechts rein anlagenbedingt nichts im Wege steht, ja sogar die gemeinsame Ausübung durch das Regelwerk institutionalisiert ist (z. B. Mixed).

So wie für die *funktionale* Differenzierung in erster Linie sachbedingte Gegebenheiten einer Sportart ausschlaggebend waren, folgt der Grad der *segmentierenden* Differenzierung in der Hauptsache den unterschiedlichen physischen Anforderungen einer Sportart, die sich in entsprechenden Wettkampfregeln niederschlagen (Trennung Männer – Frauen, Jugend – Ältere).

Die Tatsache der regelgebundenen, getrennten Ausübung sportlicher Aktivitäten fördert die organisatorisch segmentierende Differenzierung (z. B. Gründung von Frauen- und Jugendabteilungen), da eine räumliche und zeitliche Aufteilung des Übungsbetriebes notwendig wird, und verdeutlicht somit ein weiteres Mal die strukturdeterminierende Wirkung (in diesem Fall die Abteilungsgliederung) von Artefakten (Regelwerk, Anlagen).

9.2 DER JUGENDSPORT ALS SEGMENTIERENDE DIFFERENZIERUNG DER ORGANISATIONSSTRUKTUR

Die Gründung von Jugendabteilungen in Sportvereinen kann ausschließlich der segmentierenden Differenzierung innerhalb der Vereinsorganisation zugerechnet werden. Wenn auch in unterschiedlichster Weise institutionalisiert, so wird doch in nahezu allen Vereinen, die Jugendliche in ihren Reihen haben, deren organisatorischer Betreuung Rechnung getragen.

Die häufigste Art der organisatorischen Vertretung der Jugend in einem Verein ist der Jugendwart mit Sitz und Stimme im Vereinsvorstand (80%)[559]. Lediglich in einem Drittel der

---
[558] Es wurden nur solche Sportarten berücksichtigt, bei denen relevante Differenzierungen auftreten.
[559] Vgl. Anhang *Tabelle 76*, Stellung der Jugendvertretung in der Organisation der einzelnen Vereinsarten (I–VIII).

Vereine erfolgt jedoch die Wahl des Jugendwartes durch die Jugendlichen selbst. Der Einfluß der Jugendlichen auf die Besetzung dieses Amtes durch Stimmrecht in der Hauptversammlung des Vereins ist ebenfalls auf etwa ein Drittel der Vereine beschränkt, so daß von einer weiterführenden Mitbestimmung der Jugendlichen, wie sie von seiten des DSB im Rahmen eines angestrebten Demokratisierungsprozesses in den Vereinen gefordert wird[560], im Augenblick noch nicht die Rede sein kann[561]. Im Verhältnis zu der verbreiteten Diskussion und Darstellung der Bedeutung von qualifizierter Anleitung im Jugendsport[562] und den Fortschritten im Bereich der *sportlichen* Betreuung von Jugendlichen, die durch den vermehrten Einsatz von Übungsleitern verzeichnet werden konnten, findet das Problem der *organisatorischen* Verankerung des Jugendsports, die eine wesentliche Grundlage für die angestrebten „Ziele sportlicher Jugendarbeit"[563] darstellt, nicht die entsprechende Beachtung.

Ein weiterreichender Versuch, die Jugendlichen selbst für die Vertretung ihrer Interessen und Ansprüche in Form eines eigenen Jugendvorstandes in die Pflicht zu nehmen, wird nurmehr bei jedem zehnten Verein unternommen[564] und ist am ehesten in ehrenamtlich geführten Mittel- und Großvereinen anzutreffen. Die weniger formale und unverbindlichere Form der Interessenvertretung von Jugendlichen, der selbst gewählte Jugendsprecher, findet demgegenüber schon weitere Verbreitung in den Vereinen (28%) und ist hierbei eher typisch für Großvereine und die Vereine in Prestigesportarten.

Rein formal, d. h. von der organisatorischen Verankerung her, erscheinen die Interessen der Jugendlichen in größeren Vereinen eher gewahrt als in kleineren Vereinen. Dieser organisatorische Mangel gilt in erster Linie für kleine Einzweckvereine und auch für die Vereine in Prestigesportarten, während mit zunehmender Größe und Komplexität der Organisation die breitere organisatorische Verankerung des Jugendsports zunimmt. Hieraus eine Vernachlässigung der Interessen von Jugendlichen in kleineren Vereinen abzuleiten, erscheint jedoch problematisch, da sich dahinter in jedem Fall auch das vielfach untersuchte und oft beschriebene Phänomen wachsender Formalisierung mit zunehmender Größe und Komplexität von Organisationen verbirgt[565], und es kaum zu beurteilen ist, ob durch diese Formalisierung und Institutionalisierung die Interessenvertretung der Jugend als effektiver angesehen werden muß oder nicht.

9.3 DIE ABTEILUNGSORGANISATION ALS MERKMAL DER VERTIKALEN DIFFERENZIERUNG IM VEREIN

„Mit der Differenzierung der Organisation in Teilsysteme mit unterschiedlichen Funktionen (horizontale Differenzierung – Anm. d. Verf.) stellt sich die Frage nach den Mechanismen

---

[560] Vgl. LOEPER, U.: Thesen zum Thema Mitbestimmung. In: DSB (Hrsg.): DSB-Info 7/77.
[561] Vgl. zum Problem der Mitbestimmung Jugendlicher im Verein QUANTZ, D. R.: Sport im Verein. Düsseldorf 1975, 100–102.
[562] Vgl. hierzu DSB (Hrsg.): Materialien für Organisationsleiter. Frankfurt 1977, 2.3.
[563] Zur offiziellen Auffassung der Sportselbstverwaltung (DSB) über die Ziele und Funktionen der Jugendarbeit im Verein:
Vgl. DSB (Hrsg.): Memorandum zur Förderung sportlicher Jugendarbeit. In: DSB-Info 46/77, 3–4.
Vgl. GUTENDORF, F.: Jugendarbeit. In: DSB (Hrsg.): Materialien ..., a.a.O., 2.3.
[564] Vgl. Anhang *Tabelle 76*, Stellung der Jugendvertretung in der Organisation der einzelnen Vereinsarten (I–VIII).
[565] Vgl. CHAPIN, F. S./TSOUDEROS, J. E.: The Formalization Process in Voluntary Associations. In: Social Forces 34/1956, 342–344.
UDY, S. H.: The Comparative Analysis of Organizations. In: MARCH, J. G.: Handbook of Organizations. Chicago 1965, 693.

deren Integration . . ."[566]. Hierzu sind nun den einzelnen Teilsystemen übergeordnete Instanzen notwendig, nach deren Anweisungen einzelne Funktionsbereiche zur Erfüllung von Teilaufgaben koordiniert werden, die wiederum auf nächsthöherer Ebene zusammengefaßt, letztlich die umfassende Organisationsleistung erbringen. Die *vertikale* Differenzierung beschreibt somit den Aufbau des Entscheidungsprozesses und die hierarchische Struktur der Organisation. Obwohl wir es beim Sportverein als freiwilliger Organisation nur in sehr geringem Maße mit hierarchisch aufgebauten Strukturen zu tun haben, wie sie etwa im Bürokratiemodell bei MAX WEBER als grundlegend für die wirksame Ausübung legaler Herrschaft beschrieben werden[567], lassen sich doch Unterschiede in der Kompetenzverteilung auf einzelne Untereinheiten der Organisation ‚Verein' aufzeigen (in der Hauptsache bei Mehrspartenvereinen), die Rückschlüsse auf den Grad der Zentralität des Entscheidungsprozesses zulassen; d.h. inwieweit der Vorstand des Gesamtvereins alleine bestimmt oder welchen Einfluß die Abteilungen selbst auf sie betreffende Entscheidungen haben. Der Grad der Eigenständigkeit z. B. von Jugendabteilungen, wie wir ihn eben behandelt haben, kann als *ein* Hinweis auf die Zentralität oder Dezentralität des Entscheidungsprozesses im Verein gewertet werden. Die Ergebnisse, ebenso wie die aus anderen empirischen Organisationsstudien bekannten Befunde, lassen mit zunehmender Größe und Komplexität der Organisation eine stärker dezentrale Entscheidungsfindung erwarten[568]. Der Grad der Dezentralisierung einer Organisation soll ein Maß sein für die „durchschnittliche horizontale Autonomie . . . zwischen den Subsystemen eines organisierten Systems"[569], d.h. für die „operative Unabhängigkeit zwischen Subsystemen auf derselben hierarchischen Ebene"[570].

Schaubild 18 Anteil der Vereine mit eigenen Vorstandsgremien in allen Abteilungen bei Mehrspartenvereinen unterschiedlicher Mitgliederzahl (G = 1784).

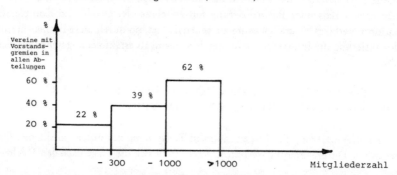

Quelle: Funktionsträgerstichprobe

---

[566] PFEIFFER, D. K.: a.a.O., 59.
[567] Vgl. zur Diskussion des Bürokratiekonzeptes von WEBER: MAYNTZ, R.: MAX WEBERS Idealtypus der Bürokratie und die Organisationssoziologie. In: MAYNTZ, R. (Hrsg.): Bürokratische Organisation. Köln/Berlin 1968, 27–35.
[568] Vgl. z.B. PUGH, D. S./HICKSON, D. J./HININGS, C. R./TURNER, C.: Dimension of Organization Structure. In: Administrative Science Quarterly 13 (1968), 82–84.
BLAU, P. M.: A Formal Theory of Differentiation in Organizations. In: American Sociological Review 25 (1970) 2, 201–218.
UDY, S. H.: The Comparative Analysis of Organizations. In: MARCH, J. G. (Hrsg.): Handbook of Organizations. Chicago 1965, 678–709.
[569] HILL, W./FEHLBAUM, R./ULRICH, P.: Konzeption einer modernen Organisationslehre, a.a.O., 9.
[570] Ebenda.

Die Autonomie einer Abteilung dokumentiert sich nach außen in der Existenz eines mit Entscheidungskompetenz ausgestatteten eigenen Vorstandsgremiums. Die Notwendigkeit der Delegation von Aufgaben und Verantwortung an die Abteilungen selbst zeigt sich überall dort, wo die Vielfalt der Funktionen und der Umfang des Mitgliederbestandes eine zentrale Betreuung und Organisation des Vereinsbetriebes unmöglich macht. Innerhalb der Mehrspartenvereine unterschiedlicher Größe besteht deshalb ein deutliches Gefälle in der Existenz von Abteilungsvorständen.

Die Ergebnisse legen es nahe, einen annähernd linearen Zusammenhang zwischen Organisationsgröße und dem Prozeß formaler organisatorischer Differenzierung zu vermuten. Die genauere Analyse jedoch zeigt, daß diese Annahme der Linearität nur für einen bestimmten Bereich der Organisationsgröße gilt. Bis zu einer Mitgliederzahl von etwa 250 bis 300 Personen nämlich liegt der Anteil an Vereinen mit eigenen Abteilungsvorständen in allen Abteilungen relativ konstant bei ca. 20%, variiert jedoch nicht stetig mit der Mitgliederzahl, sondern ist eher dem Einfluß der betriebenen Sportarten ausgesetzt. Ab diesem „Schwellenwert" aber scheint in der Zunahme der Organisationsgröße eine Eigengesetzlichkeit begründet, die eine stetige Dezentralisierung des Entscheidungsprozesses erfordert und im Falle des Sportvereins mit zunehmender Mitgliederzahl die verstärkte Schaffung eigenverantwortlicher Abteilungsorganisationen bewirkt.

Die Unabhängigkeit der Abteilung – dokumentiert durch die formale Existenz eines eigenverantwortlichen Vorstandes – gibt noch keine Auskunft darüber, welche Kompetenzen den nachgeordneten Entscheidungsgremien zukommen und welche dem Vorstand des Gesamtvereins belassen bleiben. Auch hierin, nicht nur in der Institutionalisierung dezentraler Instanzen, spiegelt sich der Grad der Autonomie der Teile vom Ganzen wider.

Die größte Unabhängigkeit der Abteilungen besteht bei der Organisation des Wettkampfsports (81%)[571], gefolgt von der Möglichkeit der selbständigen Durchführung geselliger Veranstaltungen (67%). Fast ausschließlich zentral entschieden wird die Festsetzung der Beiträge (in weniger als 10% der Vereine entscheiden die Abteilungen über die Höhe ihrer Beiträge selbst), ebenso wie allgemein die Verwendung der Finanzmittel selten von der Kontrolle und dem Einfluß des Gesamtvereins ausgenommen ist (17%). Häufiger anzutreffen ist die freie Entscheidung der Abteilungen über die Aufnahme von Mitgliedern (47%) sowie über die Benutzung der Anlagen. Insgesamt nimmt mit der Mitgliederzahl auch der Einfluß der Abteilungen auf Entscheidungen ab, die sie selbst betreffen[572], mit einer Ausnahme, der Benutzung von Anlagen. Hierbei macht sich der Einfluß der kleinen Mehrspartenvereine in Kleingemeinden bemerkbar, die häufiger in ausreichendem Maße über Sportanlagen verfügen als andere Vereine und somit auch ihren Abteilungen größere Freizügigkeit in diesem Punkt zugestehen können, als dies in größeren Vereinen möglich ist, bei denen die Kapazität von Sportanlagen das dringlichste Problem darstellt.

Faßt man die von den Abteilungen angegebenen Punkte unabhängiger Entscheidung zusammen, dann erweisen sich die ehrenamtlich organisierten Großvereine als am wenigsten zentral verwaltet, auch gegenüber den hauptamtlichen Großvereinen. Ganz erheblich ist der Unterschied zwischen Kleinvereinen und Vereinen mittlerer Größe, die im Aufbau des Entscheidungsprozesses, also dem Grad der Autonomie, den sie ihren Abteilungen gewähren, den Großvereinen noch sehr nahe kommen. Der Grund hierfür ist, wie bereits erwähnt, in dem mit der Größe nur teilweise linear variierenden Prozeß der Einrichtung formaler

---

[571] Vgl. Anhang *Tabelle 77*, Entscheidungsunabhängigkeit der Abteilungen in Mehrspartenvereinen.
[572] Vgl. Anhang *Tabelle 77*, Entscheidungsunabhängigkeit der Abteilungen in Mehrspartenvereinen.

Abteilungsorganisationen zu suchen; trotz der Schaffung von Unterabteilungen scheint es in kleineren Vereinen bis zu etwa 250 Mitgliedern noch möglich, den Vereinsbetrieb im wesentlichen zentral zu organisieren und zu verwalten.

9.4 DIE MITARBEITERSTRUKTUR DES VEREINS ALS MERKMAL DER VERTIKALEN UND HORIZONTALEN DIFFERENZIERUNG

Sowohl die Anzahl unterschiedlicher Abteilungen (horizontale Differenzierung) als auch der Grad der organisatorisch und verwaltungsmäßigen Unabhängigkeit von Abteilungen (vertikale Differenzierung) haben einen wesentlichen Einfluß auf den Umfang und die Zusammensetzung des Stabes von Personen, die mit der Wahrnehmung von Organisations-, Betreuungs- und Kontrollfunktionen im Ablauf des Vereinsbetriebes betraut sind.

In diesem Zusammenhang ist von besonderem Interesse, in welcher Weise die Struktur und die Zusammensetzung der Mitarbeiter als Indikator für die vertikale Differenzierung mit anderen Merkmalen der Vereinsorganisation variiert.

Der zur Durchführung des Vereinsbetriebes notwendige Mitarbeiterstab gliedert sich in drei Bereiche:
– Verwaltungs- und Organisationsbereich,
– Betreuungs- und Übungsbereich sowie
– Wartungsbereich.
Während für Betreuung und Training ebenso wie für die Wartung von Anlagen, Reinigung etc. in sehr vielen Vereinen finanzielle Mittel eingesetzt werden[573], bleibt der Bereich der Vereinsführung, Verwaltung und Organisation bislang nahezu ausschließlich dem Einsatz ehrenamtlicher Mitarbeiter vorbehalten.

Dem Anteil von 95,6% aller Vereine, die rein ehrenamtlich geführt und verwaltet werden, stehen 1,2% der Vereine mit einem hauptamtlichen Geschäftsführer gegenüber und lediglich 3,6%[574], die sonstige bezahlte Verwaltungs- und Organisationskräfte (Sekretärin usw.) beschäftigen; in weniger als 1% aller Vereine steht mehr als eine bezahlte Verwaltungskraft zur Verfügung.

In nahezu zwei Drittel aller Vereine umfaßt der engere Kreis der Funktionsträger[575] weniger als 10 Personen und etwa die Hälfte aller Vereine verfügt außer dem engeren Vorstandskreis über keine weiteren ehrenamtlichen Mitarbeiter.

9.4.1 Der Einsatz bezahlter Mitarbeiter in der Vereinsorganisation

Der Einsatz hauptamtlicher Geschäftsführer konzentriert sich fast ausschließlich auf die Großvereine (> 1000 Mitglieder), von denen immerhin jeder zehnte eine solche Stelle besetzt

---

[573] Z.B. beschäftigen etwa 7% der Vereine hauptamtliche Trainer, 70% nebenamtliche Trainer und Übungsleiter und 21% bezahltes Wartungspersonal.
[574] Vgl. Anhang *Tabelle 78*, Einsatz von bezahlten Kräften (hauptamtliche Geschäftsführer/sonst. Verwaltungskräfte/Wartungspersonal/hauptamtliche Trainer) in den einzelnen Vereinsarten.
Die obengenannten Werte addieren sich deshalb nicht exakt zu den in der Tabelle angegebenen 4,4% der Vereine, die überhaupt bezahlte Kräfte einsetzen, da es Vereine gibt, die sowohl einen hauptamtlichen Geschäftsführer als auch bezahltes Verwaltungspersonal beschäftigen.
[575] Der engere Kreis der Funktionsträger ist hier definiert als ‚ehrenamtliche Mitarbeiter im Gesamtvorstand (inklusive Abteilungsleiter)' – vgl. Fragebogen im Anhang: Frage B 12.

hat[576], daneben auf die mittelgroßen Vereine in Prestigesportarten (8%), die aufgrund ihrer Finanzkraft eher in der Lage sind, die hierzu notwendigen Mittel bereitzustellen. Der Einsatz bezahlter Verwaltungskräfte hingegen (z. B. Sekretärin) findet auch schon bei Mittelvereinen mit mehreren Abteilungen weitere Verbreitung, während Kleinvereine, vor allem mit nur einer Abteilung, noch nahezu ausschließlich ehrenamtlich verwaltet und organisiert werden[577]. Besonders bemerkenswert erscheint, daß bei den mittelgroßen Vereinen in Prestigesportarten die bezahlten Verwaltungskräfte etwa ebenso häufig sind (in ca. einem Drittel der Vereine) wie sonst in den Großvereinen, obwohl der verwaltungsmäßige Aufwand und die Bewältigung routinemäßiger und formeller Tätigkeiten in großen und komplexen Organisationen sicherlich bedeutend höher einzuschätzen ist. Hierin spiegelt sich neben speziellen, sportartenbedingten Anforderungen die Übertragung von Verhaltensmustern der Funktionsträger aus der Berufs- und Arbeitssphäre in ihre Amtsrolle im Verein wider[578], wodurch in Prestigevereinen, deren Mitglieder überwiegend den mittleren und gehobenen sozialen Schichten entstammen, die Erledigung von Verwaltungstätigkeiten durch speziell hierfür beschäftigte Kräfte begünstigt wird.

Von deutlichem Einfluß auf die Bereitschaft zum Einsatz bezahlter Verwaltungskräfte in der Vereinsorganisation erweist sich die Größe der Gemeinde, in welcher der Verein angesiedelt ist. Dieser Zusammenhang ist unabhängig von der Art des Vereins und hat seinen Grund vermutlich neben der traditionsgebundeneren Einstellung zum Verein in der allgemein höheren Dichte persönlicher Bekanntschaften und Kontakte in kleineren Gemeinden, die ehrenamtliche Tätigkeiten in Vereinen fast noch in die Nähe von nachbarschaftlichen Leistungen rückt und Bezahlung dafür ausschließt.

Die insgesamt beobachtete Zurückhaltung der Vereine bei der Beschäftigung von bezahlten Verwaltungskräften (nur 3,1% aller Vereine), deren Einsatz die anderen Funktionsträger von vielen zeitraubenden Kleinarbeiten freisetzen kann, erhält um so mehr Gewicht, als nahezu die Hälfte der Funktionsträger in unserer Stichprobe (vorwiegend 1. Vorsitzende) die Verwaltungstätigkeiten als den Schwerpunkt ihrer Arbeitsbelastung für den Verein angeben.

Einen wichtigen Hinweis auf die entlastende Funktion bezahlter Verwaltungskräfte finden wir auch in der Tatsache, daß die Funktionsträger rein ehrenamtlich geführter Großvereine wesentlich häufiger (61%) über Verwaltungstätigkeiten als Arbeitsbelastung klagen, als dies in hauptamtlichen Großvereinen (bezahltes Verwaltungspersonal) der Fall ist (42%)[579]. Als erstaunlich jedoch muß die überdurchschnittlich häufige Angabe von Belastungen durch Verwaltungstätigkeiten der Funktionsträger in Prestigevereinen mittlerer Größe gewertet werden – gerade in den Vereinen, die neben den hauptamtlich geführten Großvereinen am häufigsten bezahlte Kräfte beschäftigen[580]. Offensichtlich hängt dies mit der bereits erwähn-

---

[576] Die Beschäftigung eines hauptamtlichen Geschäftsführers zeigt sich auch innerhalb der Vereine über 1000 Mitglieder als eine Funktion der Größe. Während nur 4% der Vereine bis 1500 Mitglieder eine solche Stelle eingerichtet haben, steigt dieser Anteil stetig mit zunehmender Mitgliederzahl. Ab einer Größe von 2500 Mitgliedern hat dann schon jeder dritte Verein einen hauptamtlichen Geschäftsführer. Von den Vereinen unter 1000 Mitglieder verfügt weniger als 1% über einen solchen hauptamtlichen Mitarbeiter.
[577] Vgl. Anhang *Tabelle 78*, Einsatz von bezahlten Kräften (hauptamtliche Geschäftsführer/sonstige Verwaltungskräfte/Wartungspersonal/hauptamtliche Trainer) in den einzelnen Vereinsarten.
[578] Vgl. SCHLAGENHAUF, K./TIMM, W.: The Sportclub..., a.a.O., 18.
[579] Vgl. Anhang *Tabelle 88*, Schwerpunkte der Arbeitsbelastung des Vereinsvorsitzenden nach Vereinsarten (I–VIII).
[580] Nahezu jeder dritte Verein dieser Kategorie (31%) beschäftigt bezahltes Verwaltungspersonal oder einen hauptamtlichen Geschäftsführer, oder beides.

ten, schichtenspezifisch geprägten Einstellung zur freiwillig ausgeübten Amtsrolle im Verein zusammen, die von Personen mittlerer und höherer Schichten eher als eine planende, organisierende und repräsentierende betrachtet wird. Die routinemäßigen Verwaltungstätigkeiten jedoch werden als außerhalb der Funktion und somit als Belastung betrachtet.

Es muß an dieser Stelle deutlich gemacht werden, daß der Einsatz bezahlten Verwaltungspersonals in der Vereinsorganisation – in dem von uns vorgelegten theoretischen Konzept als „Professionalisierung" bezeichnet (vgl. Kapitel 2.3.4) – nicht oder nur teilweise den theoretischen Implikationen des umfassenden „Professionalisierungsbegriffs" genügt, wie er allgemein in der Soziologie Verwendung findet[581]. Die für das Vorhandensein professioneller Orientierung geforderte Ablösung von „Amtsautorität" durch auf Ausbildung, Spezialisierung und Entscheidungsrationalität beruhende „Fachautorität" bleibt im Bereich des Verwaltungspersonals beschränkt auf die rein administrativen Tätigkeiten und läßt keinen Schluß auf Professionalisierungstendenzen im Bereich der übrigen Funktionsträger zu[582].

Unabhängig vom reinen Verwaltungs- und Betreuungsbereich, in dem mit dem Konzept der lizenzierten Übungsleiter ebenso wie mit dem Bemühen um die Integration von Sportlehrern in den Vereinsbetrieb ein deutlicher Trend zur Professionalisierung (im soziologischen Sinne) erkennbar ist, muß auch für die übrigen Funktionsträger diese Tendenz bestätigt werden. Die mit steigenden Mitgliederzahlen und breiterem Angebot wachsenden Anforderungen an den einzelnen Funktionsträger – z. B. auf den Gebieten Finanzierung, Steuern, Verwaltungsrecht etc. – haben dazu geführt, daß in vielen Vereinen die Ämter vermehrt auf der Grundlage fachlicher Qualifikation der Bewerber besetzt werden[583]. Die vornehmlich aus der beruflichen Ausbildung resultierende Qualifikation von Funktionsträgern erleichtert in deutlicher Weise die Lösung spezifischer vereinsinterner Probleme[584].

Bei der Analyse freiwilliger Organisationen wird in der Literatur die Tendenz zur Professionalisierung als ein Phänomen des Entwicklungsprozesses einer Organisation charakterisiert.

Bei SILLS als Merkmal des ‚Institutionalisierungsprozesses' beschrieben[585], ist Professionalisierung bei TSOUDEROS Teil des „Cycle of formalization"[586] (Formalisierungsphase) und bei

---

[581] Vgl. zum Begriff der professionellen Orientierung: BLAU, P. M./SCOTT, W. R.: Formal Organizations, a. a. O., 60–63.

[582] Der in dem von uns vorgestellten organisationssoziologischen Konzept aufgrund des Mangels an geeigneten Merkmalen verkürzt verwendete Begriff der ‚Professionalisierung' ließe sich u. E. umfassend auf den gesamten Bereich der Funktionsträger erweitern und müßte in diesem Falle zu wesentlich deutlicheren Zusammenhängen im Sinne unseres Ansatzes führen, als dies durch das ‚schwache' Merkmal ‚bezahlte Verwaltungskräfte' aufgezeigt werden konnte.
Vgl. SCHLAGENHAUF, K./TIMM, W.: The Sportclub . . ., a. a. O.

[583] Dieses Ergebnis resultiert nicht aus den Daten der vorliegenden schriftlichen Erhebung, sondern aus den Erfahrungen zahlreicher ‚Expertengespräche' mit Funktionsträgern von Vereinen sowie aus den Resultaten eines mündlichen Pretests unter Funktionsträgern der Vereine, die in die Stichprobe der ersten Hauptuntersuchung einbezogen waren (vgl. Schaubild 2, Stichprobenplan).

[584] Eine Bestätigung dieses Zusammenhanges findet sich bei LIPSET, der ‚professionell geführten' freiwilligen Organisationen eine wirkungsvollere Vertretung der Mitgliederinteressen bescheinigt.
Vgl. LIPSET, S. M./TROW, M./COLEMAN, J.: Union Democracy, a. a. O.

[585] SILLS unterscheidet 4 organisatorische Prozesse in freiwilligen Organisationen: institutionalization, minority rule, goal displacement, goal succession.
Vgl. SILLS, D. L.: Voluntary Associations . . ., a. a. O., 367–372.

[586] TSOUDEROS beschreibt den ‚Prozeß der Formalisierung' als dem ‚Wachstumsprozeß' einer freiwilligen Organisation in einer zeitlichen Verschiebung nachgelagert.
Vgl. TSOUDEROS, J.: Organizational Growth. In: GLASER, W. A./SILLS, D. L.: The Government of Associations. New York 1966, 242–246.

KING ein Zeichen der „stable phase" (Stabilisierungsphase) einer Organisation, in der freiwillige Organisationen zunehmend professionell orientiert, bürokratisiert und konservativ werden[587].

Wenn die Ergebnisse der vorwiegend an ‚social influence organizations' orientierten amerikanischen Forschung im Bereich der freiwilligen Organisationen auch nicht ohne weiteres auf den Sportverein übertragen werden können, so bleibt dennoch zu fragen, ob und gegebenenfalls in welcher Weise, Professionalisierungstendenzen im Sportverein Einfluß auf den Vereinsbetrieb nehmen. Wie schon erwähnt, muß sich an dieser Stelle die Aussage auf den Einsatz bezahlten Verwaltungspersonals beschränken, da sich weiterreichende Auskünfte dem Instrument der schriftlichen Befragung entziehen.

Die insgesamt unter den Funktionsträgern unserer Stichprobe am negativsten empfundene Belastung durch Verwaltungstätigkeiten findet eine deutliche Abschwächung bei Vereinen mit bezahlten Verwaltungskräften, wobei sich die Aktivitäten der Funktionsträger bei Großvereinen deutlich von den Verwaltungsaufgaben, die in rein ehrenamtlich geführten Vereinen die zentrale Arbeitsbelastung darstellen, auf die Beschaffung von Finanzmitteln und auf Außenkontakte (öffentliche Ämter, Verbände) verlagern; ein wichtiger Hinweis auf die entlastende Funktion von Verwaltungskräften, deren Einsatz ein größeres Engagement der übrigen Funktionsträger in anderen Bereichen zugunsten des Vereins ermöglicht.

Inwieweit schon die Beschäftigung bezahlter Verwaltungskräfte als Merkmal der Professionalisierung Einfluß auf Bürokratisierungs- und Formalisierungstendenzen ausübt, läßt sich nicht schlüssig beantworten, da wir hierzu nur Merkmale betrachten können, die höchstens eine gewisse Indikatorfunktion aufweisen. Kein Einfluß existiert jedoch auf die Zentralität des Entscheidungsprozesses, weder auf die Bildung eigenverantwortlicher Abteilungsvorstände noch auf die Entscheidungsfreiheiten der einzelnen Abteilungen.

Nicht nachgewiesen werden konnte auch der von CHAPIN und TSOUDEROS als Merkmal des Formalisierungsprozesses beschriebene negative Zusammenhang von Mitgliederzahl und Frequenz der Vorstandszusammenkünfte[588].

Die insgesamt bessere Beurteilung der Zusammenarbeit im Vorstand bei Vereinen mit bezahlten Verwaltungskräften könnte als Hinweis dafür gewertet werden, daß von Verwaltungstätigkeiten weitgehend entlastete Funktionsträger sich möglicherweise intensiver den übrigen anstehenden Problemen des Vereins zu widmen bereit sind[589].

In welcher Weise die Beschäftigung eines hauptamtlichen Geschäftsführers andere Auswirkungen auf die Vereinsorganisation hat als der Einsatz bezahlter Verwaltungskräfte, läßt sich aufgrund der heute noch relativ selten anzutreffenden Position (nur 1,2% aller Vereine haben einen hauptamtlichen Geschäftsführer) und der somit geringen Repräsentation in unserer Stichprobe kaum beantworten. Sicher kann davon ausgegangen werden, daß der Einfluß auf die Struktur der Organisation größer sein wird; im Positiven z. B. in der Entlastung der

---

[587] Bei der Beschreibung des Lebenszyklusses sozialer Bewegungen unterscheidet KING drei Phasen: the incipient phase, the organizational phase, the stable phase.
Vgl. KING, W. C.: Social Movements in the United States. New York 1956.
[588] Vgl. CHAPIN, F. S./TSOUDEROS, J. E.: The Formalization Process in Voluntary Associations. In: Social Forces 34 (1956), 342–344.
[589] Häufig ist vor allem in kleineren Vereinen die Möglichkeit von Personen, Verwaltungstätigkeiten durch private Verwaltungskräfte zu erledigen, ausschlaggebend für die Besetzung eines Vereinsamtes. Vereinseigene Verwaltungskräfte bieten somit die Möglichkeit, rein fachliche Qualifikationsmerkmale zur Entscheidung bei der Besetzung von Vereinsämtern zu berücksichtigen.

übrigen Funktionsträger durch die Übernahme rein organisatorischer und koordinierender Funktionen, im Negativen z. B. durch den Prozeß, den SILLS mit „goal displacement" (Zielverschiebung) bezeichnet[590], und der beispielsweise durch das Bemühen des ‚Hauptamtlichen' um persönliche Statusfindung und Statussicherung bestimmt sein kann oder etwa durch die Verselbständigung von formalen Regelungen, deren Einhaltung zum Selbstzweck erhoben wird[591].

Die Diskussion um den Einsatz bezahlter Kräfte in Verwaltung und Organisation des Vereins konzentrierte sich in den letzten Jahren in verstärktem Maße auf die Position des hauptamtlichen Geschäftsführers. Es wurden Berufsbilder und Ausbildungsgänge entworfen und der ‚Hauptamtliche' dem Verein als zur künftigen Funktionsfähigkeit notwendig präsentiert. Die unter bestimmten Zielvorstellungen sicher wünschenswerte Konzeption läßt jedoch außer acht, daß, gemessen an der Vielzahl der Vereine, diese Einrichtung nur für einen sehr kleinen Kreis infrage kommt.

Für die übrigen Vereine bleibt dennoch nach unserer Erfahrung die Entlastung der Funktionsträger von zeitraubenden Verwaltungstätigkeiten das dringlichste Problem. Zu dessen Lösung erschiene u. E. die Verbreitung eines Konzeptes zum Einsatz teilzeitbeschäftigter Verwaltungskräfte ein gangbarer Weg, der für den größten Teil der Vereine auch eher finanziell realisierbar wäre.

Die Ergebnisse der vorliegenden Untersuchung zum Thema ‚Mitarbeit im Verein' legten die Vermutung nahe, daß das Problem der Überlastung von Funktionsträgern möglicherweise auch ohne den Einsatz hauptamtlicher Kräfte gelöst werden könnte. Die offensichtlich weit verbreiteten Schwierigkeiten bei der Besetzung von Vereinsämtern (drei Viertel aller Vereine geben an, Schwierigkeiten bei der Ämterbesetzung zu haben) basieren nicht zuletzt auf der geringen Beteiligung der Frauen bei der Ausübung von Funktionen im Verein[592].

Das Mißverhältnis von Männern und Frauen in der Vereinsarbeit ist geprägt von einem Rollenbild der Frau in unserer Gesellschaft, das die Frau traditionsgemäß an Heim und Familie bindet und das eine aktive außerhäusliche Betätigung nicht positiv bewertet. Daß dies nicht so sein muß, zeigt das Beispiel Amerika, wo die Frauen als Hauptträger der freiwilligen Organisationen das Engagement der Männer bei weitem übertreffen. In einer Zeit, in der sich auch bei uns die Frau immer stärker von den Einschränkungen eines überkommenen Rollenbildes zu lösen beginnt, erscheint hier ein wichtiges Potential, das, entsprechend motiviert, dazu beitragen könnte, die Probleme der Vereinsorganisation zu vermindern. Dies gilt nicht nur für das rein mengenmäßige Defizit an Funktionsträgern, sondern gerade auch für den oben erwähnten qualitativen Aspekt. Es sind nämlich gerade diejenigen Frauen im Alter zwischen 25 und 40 Jahren, deren Ausbildungspotential in der Phase nach der Familiengründung häufig brach liegt, die mit ihren Kenntnissen hauptsächlich im Verwaltungsbereich den Vereinen von Nutzen sein können. Hier wäre sicher auch die Personengruppe zu finden, die im Verein als Teilzeitbeschäftigte – bezahlt oder unbezahlt – zur Verfügung stehen könnte.

Da zudem in der Altersgruppe zwischen 26 und 35 Jahren die Bereitschaft zur Übernahme eines Vereinsamtes am größten ist (gleichermaßen bei Männern wie bei Frauen), besteht hier ein Potential, dessen Aktivierung die Bewältigung einiger Engpässe in der Vereinsorganisation verspricht. In der Tat bestätigt ein auf dieser Grundlage begonnener Versuch in einem

---

[590] Vgl. SILLS, D. L.: Voluntary Associations ..., a. a. O., 369–370.
[591] Ebenda.
[592] Vgl. TIMM, W.: Die Organisation von Sportvereinen – Konflikte, Finanzsituation, Führung. In: DSB (Hrsg.): Zur Situation des Sportvereins in der Bundesrepublik Deutschland. Frankfurt 1977, 31–47.

Großverein im süddeutschen Raum (VfL Sindelfingen) die Tragfähigkeit solcher Bemühungen.

9.4.2 Die Bedeutung der ehrenamtlichen Mitarbeit für die Vereinsorganisation

So sehr vielerorts der Einsatz hauptamtlicher Kräfte in der Vereinsorganisation propagiert und darin die Entlastung der Funktionsträger von übermäßigen Verwaltungsgeschäften gesucht wird, so sehr wird auch die Bedeutung erkannt, die der ehrenamtlichen Tätigkeit im Verein für den Fortbestand des Sportvereinswesens in unserem Land zukommt[593].

Es besteht wohl kaum ein Zweifel daran, daß allein aus ökonomischen Überlegungen die ehrenamtliche Mitarbeit im Verein die Basis des Sportvereinswesens bleiben muß. Darüber hinaus werden eben dieser ehrenamtlichen Tätigkeit Funktionen für den einzelnen wie für die Gesellschaft zugeschrieben, die, treffen sie zu, eine Alleinbewertung ehrenamtlicher Führung unter dem Gesichtspunkt der Effektivität verbieten[594]. Die Vielzahl der gerade in modernsten Großvereinen trotz bezahlter Verwaltungs- und Organisationskräfte ehrenamtlich tätigen Mitarbeiter (vgl. Seite 164, *Tabelle 81*, Durchschnittliche Anzahl von Mitarbeitern in den einzelnen Vereinsarten) unterstreicht die heutige und künftige Bedeutung der ehrenamtlichen Tätigkeit für den Verein, sei es im Vorstand, als Betreuer im Übungsbetrieb oder in sonstigen, zur Aufrechterhaltung des Vereinsbetriebes notwendigen Positionen.

Nachdem für diejenigen Funktionsträger, die den Vorstand eines Vereines ausmachen sollen, im Rahmen des Deutschen Vereinsrechts keine fest vorgeschriebenen Richtlinien bestehen[595], variiert die Anzahl der Vorstandsmitglieder von Verein zu Verein je nach der Anzahl an Abteilungen, Ausschüssen, Gremien und Zusatzfunktionen, so daß es nahezu unmöglich erscheint, den Begriff ‚Vereinsvorstand' hinreichend abzugrenzen[596]. Wie unterschiedlich dementsprechend die Anzahl der Funktionsträger in den Vorständen der einzelnen Vereinsarten ist, verdeutlicht die *Tabelle 79* im Anhang[597]. Während die Hälfte aller hauptamtlich geführten Großvereine über mehr als zwanzig ehrenamtliche Funktionsträger im Vorstand verfügt (inkl. der Abteilungsleiter), besteht gleichermaßen in der Hälfte aller kleinen Einspartenvereine der Vorstand aus höchstens 6 Personen, d.h. gerade den Ämtern, die für eine funktionsgerechte Arbeitsteilung innerhalb eines Vereinsvorstandes notwendig sind[598]. In einem Teil der Kleinvereine (20%) ist der Vorstand, sei es durch Ämterhäufung oder Nichtbesetzung einzelner Funktionen mangels geeigneter Anwärter, gerade noch durch 4 Funktionsträger repräsentiert.

Neben den Mitgliedern des engeren Vorstandes ist für das reibungslose Funktionieren der Vereinsorganisation eine Vielzahl ehrenamtlicher Mitarbeiter und Helfer notwendig, die nicht jenem Vereinsvorstand angehören oder häufig überhaupt kein offizielles Amt bekleiden, und die in vielen Fällen zahlreicher sind als der Vorstand selbst. Die Anzahl dieser Mitarbeiter erweist sich deutlich als eine Funktion der Vereinsgröße, d.h. sie ist am niedrigsten in Kleinvereinen und steigt mit der Größe und Komplexität der Organisation stetig an. Zusätzli-

---

[593] Vgl. z. B.: DSB (Hrsg.): Materialien für Organisationsleiter. Frankfurt 1977, 3.1.
[594] Vgl. HEINEMANN, K.: Ist ehrenamtliche Mitarbeit noch zeitgemäß? In: DSB (Hrsg.): DSB-Info 20/76, 2–3.
[595] Vgl. SAUTER, E./SCHWEYER, G.: Der eingetragene Verein. München 1974, 126.
[596] Vgl. LENK, H.: Zur Soziologie des Sportvereins. In: HAMBURGER TURNERSCHAFT von 1816 (Hrsg.): Der Verein. Stuttgart 1967, 275.
[597] Vgl. Anhang *Tabelle 79*, Die Vereinsarten (I–VIII) nach der Zahl der ehrenamtlichen Mitarbeiter im Gesamtvorstand (inkl. Abteilungsleiter).
[598] 1. Vorsitzender, 2. Vorsitzender, Schriftführer, Kassenwart, Sportwart, Jugendwart.

chen Einfluß hierauf nehmen, unabhängig von der Vereinsart, die Aktivitäten des Vereines in bezug auf erweiterte Sportangebote für spezielle Zielgruppen sowie die Anzahl zu betreuender Wettkampfmannschaften, nicht jedoch der Sporterfolg, wie man aufgrund der stets angenommenen Identifikations- und Integrationsfunktion des Wettkampfsports hätte vermuten können.

Als Merkmal der formalen Organisationsstruktur hat der Grad der Dezentralität des Vereins, d. h. Zahl und Grad der Unabhängigkeit von Abteilungsvorständen, entscheidenden Einfluß auf die Zahl der sonstigen ehrenamtlichen Mitarbeiter, da außer den Abteilungsleitern definitionsgemäß die übrigen Funktionsträger des Abteilungsvorstandes zu den ‚sonstigen ehrenamtlichen Mitarbeitern' rechnen[599].

Der Vielzahl der Personen, die rein ehrenamtlich für die Vereine tätig sind, stehen diejenigen gegenüber, die gegen ein Entgelt, sei es neben- oder hauptberuflich, dem Verein zur Verfügung stehen. Dies sind in erster Linie Übungsleiter, aber auch Verwaltungs- und Organisationskräfte sowie Wartungspersonal. Durchschnittlich beträgt das Verhältnis von rein ehrenamtlichen zu bezahlten Mitarbeitern 7:1. Diese Relation variiert je nach Vereinsart, wobei der größte Anteil bezahlter Mitarbeiter, wie zu erwarten, bei hauptamtlich geführten Großvereinen anzutreffen ist (Verhältnis 2:1). Mit abnehmender Größe und Komplexität der Vereinsorganisation fällt auch der Anteil bezahlter Kräfte, bis in kleinen Einspartenvereinen (nicht Prestigesportarten) die Relation nurmehr 11:1 beträgt.

9.4.3 Der Einsatz von Übungsleitern in der Vereinsorganisation

Obwohl im Zuge des Sportbooms der sechziger und siebziger Jahre die Organisation ‚Sportverein' sowohl im Anleitungs- und Betreuungsbereich als auch hinsichtlich der Verwaltungsaufgaben und ihrer organisatorischen Struktur an die Grenzen ihrer Leistungsfähigkeit stieß, war wohl in richtiger Weise von seiten der Sportselbstverwaltung der Raum sportlicher Aktivität und deren qualitativ wie quantitativ adäquate Betreuung als der dringlichere und somit in erster Linie zu fördernde Bereich erkannt worden. Aufgrund des 1962 festgestellten Fehlbestandes an Übungsleitern in allen Bereichen des Sports vertrat WILLY DAUME auf dem Bundestag des DSB 1962 ein Konzept des Nebeneinander von rein ehrenamtlichen Übungsleitern, wie sie bis zu diesem Zeitpunkt fast ausschließlich zur Verfügung standen, und neu auszubildenden Übungsleitern, die in Zusammenarbeit von öffentlicher Hand und den Vereinen selbst ein Entgelt für ihre Tätigkeit bekommen sollten[600]. 1966 wurden daraufhin vom DSB die „Rahmenrichtlinien zur einheitlichen Ausbildung, Prüfung und Vergütung nebenamtlicher Übungsleiter im Gesamtbereich des DSB" verabschiedet[601], die für lizenzierte Übungsleiter einen Vergütungszuschuß aus Landesmitteln vorsahen[602]. Trotz dieser Maßnahmen blieb in den darauffolgenden Jahren das Übungsleiterproblem von zentraler Bedeutung, da parallel zur vermehrten Ausbildung und Lizenzierung von nebenamtlichen Übungsleitern[603] auch ein ständiges Ansteigen der Sportnachfrage zu beobachten war. Obwohl zum

---

[599] Vgl. Fragebogen im Anhang: Frage B 12.
[600] Vgl. DAUME, W.: Der Verein..., a. a. O., 26−32.
[601] Vgl. KLEIN, W.: Deutsches Sporthandbuch. Wiesbaden 1977², II/8.
[602] Vgl. PALM, J.: Sport für alle, a. a. O., 29−31.
[603] PFETSCH gibt für das Jahr 1971 die Zahl der lizenzierten Übungsleiter mit 41 380 an. 1975 waren es nach MARPLAN 112 365, also nahezu das Dreifache. Im gleichen Zeitraum jedoch wurden ca. 4500

Zeitpunkt unserer Erhebungen mehr als zwei Drittel aller Vereine (70%) Angaben über nebenamtlich tätige Übungsleiter machen konnten, ist in beinahe der Hälfte aller Vereine die Betreuung des Übungsbetriebes noch immer ein zentrales Problem. Gerade in der Gruppe von Vereinen, für die schon 1962 der Einsatz nebenamtlicher Übungsleiter in erster Linie konzipiert war[604], nämlich den Kleinvereinen, findet sich noch immer der größte Teil der Sportvereine, die ihren Übungsbetrieb *ohne* den Einsatz nebenamtlicher Übungsleiter bewältigen.

Schaubild 19   Anteil der Vereine ohne *nebenamtliche Übungsleiter* in den einzelnen Vereinsarten (G = 3 122)[605].

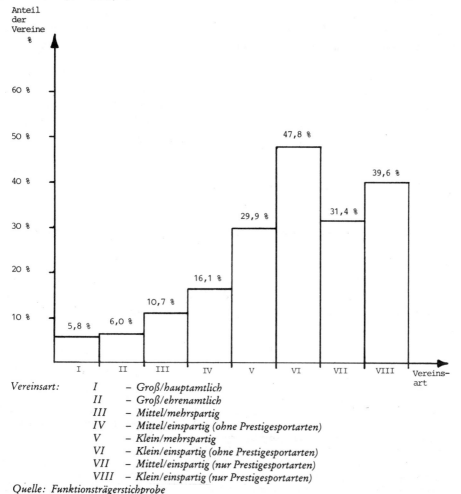

Vereinsart:
I   – *Groß/hauptamtlich*
II – *Groß/ehrenamtlich*
III – *Mittel/mehrspartig*
IV – *Mittel/einspartig (ohne Prestigesportarten)*
V   – *Klein/mehrspartig*
VI – *Klein/einspartig (ohne Prestigesportarten)*
VII – *Mittel/einspartig (nur Prestigesportarten)*
VIII – *Klein/einspartig (nur Prestigesportarten)*

Quelle: *Funktionsträgerstichprobe*

---

neue Vereine gegründet und die Mitgliederzahlen des DSB stiegen um ca. 2,5 Millionen.
Vgl. PFETSCH, F. R. u. a.: Leistungssport..., a. a. O., 177–189.
MARPLAN: Finanz- und Strukturanalyse... a. a. O., 8.
DSB (Hrsg.): Bestandserhebung des DSB 1976.

[604] Vgl. DAUME, W.: Der Verein..., a. a. O., 29.
[605] Vgl. Anhang *Tabelle 80*, Die Vereinsarten (I–VIII) nach der Zahl ihrer nebenamtlichen Übungsleiter.

Während in den Prestigesportarten offensichtlich der Fehlbestand an Übungsleitern gering ist[606], wird gerade in den kleinen Einspartenvereinen, die am häufigsten keine nebenamtlichen Übungsleiter beschäftigen (48%), der Mangel an Betreuern am deutlichsten artikuliert.

Die akute Unterversorgung mit ausgebildeten Übungsleitern im Bereich des Deutschen Sportbundes ist durch verschiedene Ursachen bedingt. Bezüglich der nebenamtlichen Übungsleiter sind die finanziellen Möglichkeiten der Bezuschussung und damit die Vergabe der Lizenzen ein beschränkender Faktor. Hinzu kommt, daß die Praxis der Lizenzvergabe, nach Landesverbänden nicht einheitlich geregelt, diejenigen Vereine (in der Regel die großen Vereine) im Vorteil sieht, die über die besten Informationen und die intensivsten Kontakte zu übergeordneten Verbandsorganisationen verfügen. Dieser Tatbestand darf nicht als eine bewußte Bevorzugung bestimmter Vereinsarten gewertet werden, sondern dokumentiert eher das Informationsdefizit und den geringeren Aktivitätsgrad kleiner Vereine, aufgrund dessen jedoch vorhandene Ungleichgewichte kaum abgebaut, sondern eher noch vergrößert werden[607].

Für die ehrenamtlichen Übungsleiter läßt sich mangels ausreichenden und verläßlichen Zahlenmaterials über mehrere Jahre nicht entscheiden, ob etwa die Konkurrenz bezahlter Übungsleiter oder der generelle Wandel zu eher sachorientierter Mitgliedereinstellung möglicherweise nicht doch zu einem relativen Rückgang dieser rein ehrenamtlichen Tätigkeiten geführt hat. Allgemein erschiene es notwendig, wollte man generell die Bereitschaft zur Übernahme von Vereinsämtern fördern, der ehrenamtlichen Mitarbeit in unserer Gesellschaft wieder einen höheren Stellenwert, wie etwa in Amerika, im Lande der „volunteers" (Freiwilligen) zu vermitteln[608]. Auf diesem Wege würde die soziale Attraktivität eines Vereinsamtes erhöht und somit weitere Personen zu aktiver Mitarbeit im Verein gewonnen. Im Falle der Übungsleiter könnten neben neu zu motivierenden Personen auch diejenigen leichter reaktiviert werden, die schon eine Ausbildung als Übungsleiter besitzen, jedoch nicht mehr aktiv tätig sind[609].

Auf diese Art wird beispielsweise auch in der DDR versucht, das dort wie bei uns relevante Problem ausreichender und ausgebildeter Übungsleiter zu bewältigen, indem die Übungsleitertätigkeit bewußt als eine „verantwortungsvolle, gesellschaftlich wertvolle, selbständige und *abrechenbare* Arbeit" herausgestellt wird[610]. Basierend auf der Kenntnis von der Bedeutung

---

[606] Hierfür sind in erster Linie sportartenspezifische Merkmale verantwortlich, die es bei Sportarten wie z. B. Golf, Reiten oder Tennis erlauben, bei einem Großteil der sportlichen Aktivitäten ohne Anleitung oder Betreuung auszukommen. Hinzu kommt, daß gerade in solchen Vereinen häufig hauptamtliche Trainer zur Verfügung stehen.

[607] PFETSCH weist in diesem Zusammenhang darauf hin, daß 1967 nur ca. 15% der in der Bundesrepublik Deutschland tätigen Sportlehrer nebenamtlich in Vereinen tätig waren, und schlägt die Aktivierung dieses Potentials als *einen* Ausweg aus der Übungsleiterknappheit vor.
Vgl. PFETSCH, F. R. u. a.: Leistungssport . . ., a. a. O., 180.

[608] WURZBACHER weist darauf hin, daß vor dem 1. Weltkrieg die „öffentliche Aktivität (in den Vereinen) eine Honoratiorenverpflichtung" war, die „mit entsprechendem Prestige honoriert" wurde, in den Jahren nach 1920 jedoch mehr und mehr dieses Prädikat verlor und schließlich fast negativ mit dem Attribut der Selbstbestätigung von in anderen Bereichen wenig erfolgreichen Personen belegt wurde.
Vgl. WURZBACHER, G./PFLAUM, R.: Das Dorf im Spannungsfeld industrieller Entwicklung. Stuttgart 1954.

[609] PFETSCH verweist 1967 auf einen Anteil von nur 32% der ausgebildeten Übungsleiter, die aktiv diese Tätigkeit ausüben.

[610] WEISS, H.: Die Gewinnung von Übungsleitern für den Übungs-, Trainings- und Wettkampfbetrieb des Deutschen Turn- und Sportbundes der DDR. In: Theorie und Praxis der Körperkultur 24 (1975) 5, 465.

personengebundener sozialer Vermittlungsprozesse werden dort drei Wege zur Gewinnung von Übungsleitern vorgeschlagen[611]:

a) *Gewinnung von Übungsleitern durch Übungsleiter,*
   wobei die Delegation von Teilaufgaben und die Vermittlung von Erfahrungen während des Übungsbetriebes die Grundlage dieses Weges darstellt.

b) *Heranführen ehemaliger Leistungssportler an die Übungsleitertätigkeit,*
   d. h. die Vermittlung didaktischer und pädagogischer Fähigkeiten an Leistungssportler schon während der aktiven Zeit, die anschließend für eine Übungsleitertätigkeit notwendig sind.

c) *Gewinnung von Eltern Jugendlicher für die Übungsleitertätigkeit,*
   hierbei soll die Identifikation der Eltern mit den Leistungen ihrer Kinder genutzt werden, die gleichzeitig zu einer Identifikation mit der Sportart führt und so eine Nutzbarmachung der erworbenen Fähigkeiten und Kenntnisse als aktive Übungsleiter möglich macht.

Um einmal wiedergewonnene Personen nicht abzuschrecken, wird ein zunächst zeitlich dosierter Einsatz als Übungsleiter empfohlen (evtl. 14-Tage-Rhythmus), der den Zugang zu einer späteren, aktiveren Mitarbeit im Verein erleichtert.

Wenn diese Vorschläge auch unter anderen gesellschaftspolitischen Voraussetzungen gesehen werden müssen, bei denen die Pflicht zur Leistung des einzelnen zum Nutzen des Kollektivs stärker im Mittelpunkt steht als individuelle und persönlichkeitsorientierte Antriebe, so könnten sie dennoch auch für den Verein im Bereich des Deutschen Sportbundes ein Hinweis für die Lösung der gleichgelagerten Probleme bei der Gewinnung von Übungsleitern innerhalb des Vereins darstellen.

Ebenso wie die ehrenamtlichen Mitarbeiter insgesamt, ist auch die Anzahl der in einem Verein tätigen nebenamtlichen Übungsleiter eine Funktion des erweiterten Sportangebots für spezielle Gruppen sowie der Wettkampforientierung des Vereins (Anzahl der Wettkampfmannschaften). Der Einfluß des Übungsleiters auf den Sporterfolg eines Vereins ist jedoch nur von begrenzter Reichweite. Sporterfolge auf der untersten Ebene (Stadt, Kreis, Bezirk) zeigen keinen Zusammenhang mit der Beschäftigung nebenamtlicher Übungsleiter, während für Sporterfolge bis zur Verbandsebene der Einsatz solcher Übungsleiter förderlich erscheint. Bei darüber hinausgehenden Erfolgsambitionen jedoch (national, international) läßt sich schon deutlich der Einfluß hauptamtlicher Trainer erkennen[612].

Wie wir es schon bei hauptamtlichen Geschäftsführern und bezahlten Verwaltungskräften beobachten konnten, sind fest angestellte Trainer ebenfalls eine Domäne der hauptamtlichen Großvereine und der Prestigevereine mittlerer Größe[613], jedoch in umgekehrten Proportionen: Hinsichtlich der Beschäftigung von hauptamtlichen Trainern liegen die mittelgroßen Vereine in Prestigesportarten mit 61% weit vor den hauptamtlich geführten Großvereinen, von welchen lediglich ein Viertel über einen solchen Trainer verfügt. Es gilt hierbei jedoch zu berücksichtigen, daß sich der Trainer in Prestigevereinen wie z. B. Golf, Reiten oder Tennis in einem ökonomisch anderen Bindungsverhältnis zum Verein befindet, als derjenige anderer Vereine. Er ist nahezu ein freier Unternehmer und finanziert sich aus dem direkten Entgelt der Vereinsmitglieder für geleistete Anleitung, während in anderen Vereinsarten der Trainer aus Mitteln des Vereines selbst bezahlt wird und den infrage kommenden Mitgliedern (meist

---

[611] WEISS, H.: Die Gewinnung von Übungsleitern für den Übungs-, Trainings- und Wettkampfbetrieb des Deutschen Turn- und Sportbundes der DDR. In: Theorie und Praxis der Körperkultur 24 (1975) 5, 465.
[612] Diese Zusammenhänge gelten unabhängig von der Vereinsart.
[613] Vgl. Anhang *Tabelle 78*, Einsatz von bezahlten Kräften (hauptamtliche Geschäftsführer/sonstige Verwaltungskräfte/Wartungspersonal/hauptamtliche Trainer) in den einzelnen Vereinsarten.

Wettkampfsportlern) ohne zusätzliches Entgelt zur Verfügung steht. In diesem Umstand ist ein wesentlicher organisatorischer Unterschied zwischen den Prestigesportarten Golf, Reiten, Tennis und anderen Sportarten begründet. Bei den genannten Sportarten beinhaltet die Mitgliedschaft im Verein lediglich die Möglichkeit der Anlagennutzung, während in den meisten anderen Sportarten der Verein mit der Mitgliedschaft auch die Verpflichtung für Anleitung, Betreuung und Training übernimmt.

Die weiteste Verbreitung unter den bezahlten Kräften (bei 21% aller Vereine) findet das zur Wartung von Anlagen und Geräten benötigte Personal[614]. Abgesehen von den anlagenintensiven Prestigevereinen, bei denen die Anlagenwartung einen hohen Arbeitsaufwand erfordert, fällt mit abnehmender Größe und Komplexität der Organisation der Einsatz bezahlter Kräfte für Wartung und Pflege. Insbesondere bei Kleinvereinen, die ihre finanziellen Möglichkeiten aufgrund häufig sehr niedriger Beiträge selbst eingeschränkt haben, findet sich bezahltes Wartungspersonal nur dann, wenn sehr wartungsintensive Sportanlagen benötigt werden.

9.4.4 Quantitative Aspekte der Mitarbeiterstruktur

Die bisher nur wenig vorhandenen, meist auf Fallstudien begrenzten Aussagen über die Zahl der in Vereinsvorständen tätigen Personen und sonstiger Mitarbeiter im Verein[615] lassen sich durch die Daten der vorliegenden Untersuchung präzisieren.

Wie zu erwarten, steigt mit zunehmender Größe und Komplexität der Organisation die Anzahl der für den Verein tätigen Personen nahezu stetig an. Der Überhang an „sonstigen" ehrenamtlichen Mitarbeitern in Großvereinen gegenüber den Vorstandsmitgliedern resultiert vorwiegend aus den Funktionsträgern in Abteilungsvorständen, die nicht Mitglieder des

Tabelle 81   Durchschnittliche Anzahl von Mitarbeitern in den einzelnen Vereinsarten (G = 3117).

Vereinsart[616]	ehrenamtliche Mitarbeiter im Vorstand (incl. Abt. leiter) abs.	sonstige ehrenamtl. Mitarbeiter abs.	nebenberufl. Übungsleiter und Trainer abs.
I	22	43	29
II	20	32	19
III	15	12	7
IV	14	8	4
V	10	5	2
VI	8	3	1
VII	8	7	2
VIII	8	3	2

Vereinsart:
I – Groß/hauptamtlich
II – Groß/ehrenamtlich
III – Mittel/mehrspartig
IV – Mittel/einspartig
     (ohne Prestigesportarten)
V – Klein/mehrspartig
VI – Klein/einspartig
     (ohne Prestigesportarten)
VII – Mittel/einspartig
     (nur Prestigesportarten)
VIII – Klein/einspartig
     (nur Prestigesportarten)

Quelle: Funktionsträgerstichprobe

---

[614] Vgl. Anhang *Tabelle 78*, Einsatz von bezahlten Kräften (hauptamtliche Geschäftsführer/sonstige Verwaltungskräfte/Wartungspersonal/hauptamtliche Trainer) in den einzelnen Vereinsarten.
[615] Vgl. z. B. LENK, H.: Materialien ..., a.a.O., 54–55.
[616] Erklärung der Variablen ‚Vereinsart' siehe Seite 38–40.

„erweiterten Vorstandes" des Gesamtvereins sind. Die Aufsummierung aller Mitarbeiter innerhalb des Vereins verdeutlicht noch einmal den engen Zusammenhang zwischen der Art des Vereins und der Anzahl der in Organisation, Verwaltung, Betreuung und Wartung tätigen Mitarbeiter[617].

9.4.5 Oligarchisierungstendenzen im Sportverein

Betrachten wir nur die absolute Zahl der im Verein tätigen Funktionsträger, so können wir ihr lediglich statistischen Wert beimessen. Dennoch stellen die Funktionsträger, seit das Problem der Führung in Organisationen Eingang in den Bereich wissenschaftlicher Forschung gefunden hat, ein zentrales Erkenntnisobjekt bei der Analyse organisatorischer Zusammenhänge dar. Zum einen beschäftigt sich die Psychologie und Sozialpsychologie mit den spezifischen Eigenschaften und Antrieben von Führungspersönlichkeiten, zum anderen sind die Auswirkungen organisatorischer Strukturen auf das Verhalten der Organisationsmitglieder Schwerpunkt der soziologischen Forschung. Unter dem letztgenannten Aspekt stellt sich für uns zunächst die Frage, welcher Zusammenhang zwischen den Funktionsträgern im Verein in ihrer Gesamtheit und dem Entscheidungsprozeß innerhalb der Organisation besteht.

Seit ROBERT MICHELS aufgrund seiner Studie (1911) zur Willensbildung in der sozialdemokratischen Partei der Kaiserzeit das „eherne Gesetz der Oligarchie" formulierte[618], das in jeder Organisation die Tendenz zur Herrschaft einer Minderheit über eine geführte Mehrheit postuliert, gilt der Anteil der Funktionsträger einer Organisation an deren Gesamtmitgliederzahl als ein Maß für demokratische Mitbestimmung bzw. Machtkonzentration innerhalb einer Organisation. Der von MICHELS als für alle Organisationen geltend formulierte Zusammenhang von Organisationsgröße und Machtkonzentration bei gleichzeitiger Abnahme demokratischer Willensbildung ist bis heute bestimmend für die wissenschaftliche Diskussion innerorganisatorischer Demokratie, wenn auch, durch die Kritik theoretischer Annahmen[619] sowie empirisch belegter Gegenbeispiele[620], das „Gesetz" zu einer „Hypothese mehr oder weniger starker *Tendenzen* zur Oligarchisierung"[621] in wachsenden Organisationen umformuliert werden mußte[622].

---

[617] Vgl. Anhang *Tabelle 82*, Die Vereinsarten (I—VIII) nach der Gesamtzahl ihrer Mitarbeiter.
[618] Vgl. MICHELS, R.: Soziologie des Parteiwesens. Stuttgart 1970².
[619] Vgl. zur Kritik und umfassenden Diskussion des Oligarchiekonzeptes NASCHOLD, F.: Organisation und Demokratie. Stuttgart 1969.
[620] Als eine der bekanntesten empirischen Kritiken an MICHELS ‚ehernem Gesetz der Oligarchie' ist die amerikanische Gewerkschaftsuntersuchung von LIPSET u. a. zu betrachten, welche die Zwangsläufigkeit des Gesetzes zwar widerlegt, die allgemeine Bedeutung des Ansatzes jedoch bestätigt. Vgl. LIPSET, S. M./TROW, M./COLEMAN, J.: Union Democracy. New York 1956.
[621] NASCHOLD, F.: Organisation und Demokratie, a. a. O., 13.
[622] SILLS bezeichnet die, nach seiner Ansicht, aus der Unmöglichkeit vollständiger Partizipation aller Mitglieder einer Organisation resultierende Tendenz zur Oligarchie als ‚minority role'. Er weist gleichzeitig darauf hin, daß MICHELS nicht der erste Sozialwissenschaftler war, der die Bedeutung oligarchischer Tendenzen in Organisationen erkannte, sondern daß schon bei WEBER (1911) eindeutige Hinweise hierauf zu finden sind.
Vgl. SILLS, D. L.: Voluntary Associations, a. a. O., 368—369.
Vgl. WEBER, M.: Geschäftsbericht. In: Verhandlungen des ersten deutschen Soziologentages vom 19.—22. Oktober 1910 in Frankfurt/M. (hrsg. von der Deutschen Gesellschaft für Soziologie). Tübingen 1911, 56.

Die Diskussion der Oligarchietheorie ergab im wesentlichen drei Bestimmungsgründe für oligarchische Tendenzen in der Organisation[623]:
a) die Tendenz zur Bürokratisierung in komplexen organisatorischen Gebilden mit den Merkmalen der Arbeitsteilung sowie hierarchisch verteilter Anordnungsbefugnis und Kontrollstruktur,
b) die ‚Statusdiskrepanz' (Rangunterschied) zwischen der Stellung des einfachen Mitglieds und des Funktionsträgers in der Organisation, die letzteren zur Ausbildung statussichernder Verhaltensmuster tendieren läßt,
c) das geringe organisationspolitische Engagement der Organisationsmitglieder.

Im ersten Teil der vorliegenden Untersuchung konnte bereits anhand der Aussagen der Vereinsmitglieder über die Teilnahme an Vereinsversammlungen und sonstige aktive Teilnahme an der Vereinsarbeit im wesentlichen der vermutete negative Zusammenhang zwischen der Größe und Komplexität der Organisation und dem aktiven Mitgliederengagement für den Sportverein nachgewiesen werden[624], d. h., daß mit wachsender Vereinsgröße die Bereitschaft der Mitglieder abnimmt, sich ehrenamtlich für den Verein zu engagieren.

Hier nun besteht die Möglichkeit zu überprüfen, inwieweit auch in Sportvereinen eine Konzentration der Entscheidungs- und Anordnungsbefugnis mit zunehmender Organisationsgröße existiert, gemessen am relativen Anteil der in Verwaltung, Organisation und Betreuung eingesetzten Funktionsträger an der Gesamtzahl der Vereinsmitglieder.

Mit Ausnahme der Vereine in Prestigesportarten, die offensichtlich eine stärkere Neigung zur Konzentration von Entscheidungsbefugnis auf wenige Personen aufweisen als andere vergleichbare Vereine[625], bestätigt sich auch für den Sportverein als freiwillige Organisation der Zusammenhang von Mitarbeiteranteil und Organisationsgröße (-Komplexität) im Sinne der Oligarchiehypothese. Der höchste Mitarbeiteranteil existiert somit in kleinen Einspartenvereinen, der niedrigste in hauptamtlich geführten Großvereinen.

BLAU beschreibt das Phänomen des mit wachsender Organisationsgröße abnehmenden Mitarbeiteranteils als zusammengesetzt aus zwei unterschiedlichen Teilaspekten; zum einen bestimmt durch die *absolute Zunahme* an Mitarbeitern bei wachsender Größe und Komplexität der Organisation, zum anderen durch die damit verbundene, *relative Abnahme* des administrativen Aufwandes, die in der Regel größer ist als der zusätzliche Bedarf an Führungskräften. BLAU erkennt jedoch an, daß ab einem bestimmten, nicht näher beschriebenen Komplexitätsgrad der Organisation der Verwaltungs- und Koordinationsaufwand überproportional zur Mitgliederzunahme einer Organisation wachsen kann[626], und erklärt hiermit die in der Literatur zum Teil widersprüchlichen Ergebnisse in bezug auf die Entwicklung des Mitarbeiteranteils bei veränderter Organisationsgröße[627]; so etwa das sogenannte „PARKINSONsche Gesetz", das unter der alleinigen Annahme eines überproportionalen Anwachsens von Verwaltungs- und Koordinationsaufwand bei gleichmäßiger Zunahme der Organisationsgröße das Wuchern eines ‚administrativen Wasserkopfes' prophezeit[628, 629].

---

[623] Vgl. LIPSET, S. M. u. a.: Union Democracy, a. a. O., 8—13.
[624] Vgl. SCHLAGENHAUF, K.: Sportvereine in der Bundesrepublik Deutschland – Teil I, a. a. O., 105—108.
[625] Vgl. *Tabelle 83*, Seite 167.
[626] Vgl. hierzu PFEIFFER, D. K.: Organisationssoziologie. a. a. O., 58—59.
[627] Vgl. BLAU, P. M./SCOTT, W. R.: Formal Organizations, a. a. O., 226.
[628] Der von KLATZKY beschriebene U-förmige Verlauf, wonach bei Organisationen mit kleinem, aber auch mit großem Differenzierungsgrad (hier Abteilungszahl) mit zunehmender Organisationsgröße der Anteil des administrativen Apparates sinkt, während er bei Organisationen mittleren Differenzierungsgrads relativ ansteigt, läßt sich in dieser Form für den Sportverein nicht bestätigen. Wohl

Tabelle 83 Prozentualer Anteil der Mitarbeiter im Verein an der Gesamtmitgliederzahl in den Vereinsarten (I – VIII).

Mit- arbeiter- anteil	Anzahl der Vereine abs. %	Vereinsart[630] I %	II %	III %	IV %	V %	VI %	VII %	VIII %
– 3 %	136 = 5%	28 (+23)	18 (+13)	7 (+2)	7 (+2)	3 (-2)	1 (-4)	25 (+20)	2 (-3)
– 5 %	442 = 14%	37 (+23)	34 (+20)	27 (+13)	30 (+16)	8 (-6)	5 (-9)	43 (+29)	16 (+2)
– 7,5 %	706 = 23%	25 (+2)	24 (+1)	35 (+12)	36 (+13)	19 (-4)	16 (-7)	22 (-1)	28 (+5)
– 10 %	581 = 19%	8 (-11)	14 (-5)	17 (-2)	13 (-6)	24 (+5)	17 (-2)	8 (-11)	19 (0)
– 15 %	587 = 19%	2 (-17)	7 (-12)	10 (-9)	10 (-9)	23 (+4)	26 (+7)	2 (-17)	18 (-1)
– 20 %	296 = 10%	0 (-10)	2 (-8)	3 (-7)	3 (-7)	12 (+2)	16 (+6)	0 (-10)	6 (-4)
> 20 %	306 = 10%	0 (-10)	1 (-9)	1 (-9)	1 (-9)	11 (+1)	19 (+9)	0 (-10)	11 (+1)
Vereine zusammen	3054 = 100%	100 % = 51	100 % = 96	100 % = 645	100 % = 91	100 % = 1001	100 % = 895	100 % = 51	100 % = 224

In Klammern Abweichungen vom entsprechenden Randprozentwert

$G = 3054$; $X^2 = 868$; $W(X^2) = 100\ \%$; $R = 0,33$; $CK = 0,51$

Quelle: Funktionsträgerstichprobe

Vereinsart:
    I   – Groß/hauptamtlich
    II   – Groß/ehrenamtlich
    III   – Mittel/mehrspartig
    IV   – Mittel/einspartig (ohne Prestigesportarten)
    V   – Klein/mehrspartig
    VI   – Klein/einspartig (ohne Prestigesportarten)
    VII   – Mittel/einspartig (nur Prestigesportarten)
    VIII   – Klein/einspartig (nur Prestigesportarten)

Ebenso wie schon im ersten Teil der Untersuchung, läßt sich auch in der vorliegenden Stichprobe die im Sinne der Theorie von MICHELS für Oligarchisierungstendenzen mitverantwortliche „organisationspolitische Apathie der breiten Mitgliederschaft"[631] aufzeigen; hier

---

    schwächt sich im mittleren Differenzierungsbereich der negative Zusammenhang ab, kehrt sich jedoch keineswegs in einen positiven um.
    Vgl. KLATZKY, S. R.: Relationship of Organizational Size to Complexity and Coordination. In: Administrative Science Quarterly 15 (1970), 428 – 438.
[629] Ein Überblick über die unterschiedlichen Ergebnisse verschiedener Untersuchungen findet sich bei: HOFFMANN, F.: Entwicklung der Organisationsforschung. Wiesbaden 1976², 261 – 264.
[630] Erklärung der Variablen, Vereinsart siehe Seite 38 – 40.
[631] NASCHOLD, F.: Organisation und ..., a.a.O., 14.

jedoch anhand des Urteils von Funktionsträgern über das Verhalten der Mitglieder: In den größeren und stärker differenzierten Vereinen beurteilen die Funktionsträger die Beteiligung der Mitglieder am Vereinsleben deutlich schlechter als in kleinen Vereinen. Diese Einschätzung des Mitgliederengagements findet ihren Niederschlag in den größeren Schwierigkeiten bei der Besetzung von Vereinsämtern in größeren Vereinsorganisationen[632]. Besonders deutlich wird dieser Zusammenhang durch die Ämterbesetzungsprobleme bei Prestigevereinen mittlerer Größe, die eine hohe Tendenz zu oligarchischer Führung aufweisen (vgl. *Tabelle 83*, Seite 167).

9.4.6 Die Sozialstruktur der Mitarbeiter im Verein

Einen besonderen Akzent erhalten die Schwierigkeiten der Ämterbesetzung in den Vereinen vor dem Hintergrund einer sehr niedrigen Beteiligung der Frauen an der Vereinsarbeit. Gemessen an ihrem Anteil an der Mitgliedschaft sind Frauen nur halb so häufig in Vereinsfunktionen anzutreffen wie Männer[633].

Die augenblickliche Situation in den Vereinen ist also gekennzeichnet durch eine geringe Beteiligung der Frauen an der Vereinsarbeit. Von der Altersstruktur her betrachtet, rekrutieren sich die Funktionsträger im Verein in erster Linie aus der Altersgruppe der 36- bis 45-jährigen und an zweiter Stelle aus Personen zwischen 46 und 55 Jahren; dies gilt sowohl bei Männern als auch bei Frauen.

Tabelle 85   Geschlechtsspezifische Unterschiede bei der Mitarbeit im Verein (G = 2769).

Bekleidung eines Vereinsamtes	Anzahl der Mitglieder abs. %	Mitglieder männlich %	weiblich %
heute	413 = 15%	18	8
früher	353 = 13%	16	6
nie	2003 = 72%	66	86
Mitglieder insgesamt	2769 = 100%	100 % = 1909	100 % = 860
		$W(x^2) = 100\%$; $CK = 0{,}29$	

Quelle: Vereinsstichprobe

---

[632] Vgl. Anhang *Tabelle 84*, Ämterbesetzungsproblem nach Vereinsarten (I–VIII).
[633] Im Gegensatz zu den meisten freiwilligen Organisationen in Amerika (vorwiegend ‚social influence organizations'), in denen die Frauen eine dominierende Rolle einnehmen, spielen Frauen in kanadischen Sportorganisationen ebenso eine untergeordnete Rolle, wenn auch nicht in gleichem Maße wie in Deutschland (Deutschland: ca. 15% – Kanada: ca. 25% Frauen in der Führung von Sportorganisationen). Zu diesem Ergebnis kommt eine der wenigen uns bekannten Untersuchungen, die sich

Betrachtet man jedoch die einzelnen Vereinsämter getrennt nach dem Alter der sie bekleidenden Personen, so zeigt sich ein deutliches Gefälle. Die Funktion des 1. Vorsitzenden hebt sich hierbei von allen anderen Ämtern im Verein ab. Gemäß ihrer Aufgabe als Repräsentant des Vereins finden wir in dieser Position vermehrt Personen, die nicht zuletzt aufgrund ihres Lebensalters und der damit verbundenen Erfahrung in der Lage sind, nach innen integrativ zu wirken und nach außen die Interessen des Vereins gegenüber Dritten eindrucksvoll zu vertreten. Entsprechend sind vier Fünftel aller Vereinsvorsitzenden über 40 Jahre alt; nahezu die Hälfte (42%) jedoch sogar älter als 50 Jahre und nur 6% jünger als 30 Jahre. Die übrigen Funktionsträger im Verwaltungs- und Organisationsbereich (2. Vorsitzender, Geschäftsführer, Finanzwart) rekrutieren sich hingegen überwiegend aus der Altersgruppe bis 45 Jahre, während naturgemäß im Bereich der sportlichen Betreuung (Sportwart, Jugendwart, Abteilungsleiter) das durchschnittliche Alter der Funktionsträger noch niedriger ist[634].

Die wenig beliebte Funktion des Schriftwartes oder Schriftführers scheint eine Art Aufstiegsposition für jüngere Vereinsmitglieder zu sein, denn hier ist sogar mehr als ein Drittel der Amtsinhaber weniger als 30 Jahre alt. Diese Vermutung wird gestützt durch die, gemeinsam mit dem zweiten Vorsitzenden, durchschnittlich geringste Verweildauer der Funktionsträger in diesem Amt. Zusammen mit der Feststellung, daß auch Frauen überzufällig häufig dieses Amt ausüben – gemessen an dem geringen Anteil von Frauen, der überhaupt ein Amt im Verein bekleidet – wird hierin das Problem der Kontinuität in der Vereinsführung deutlich, das in vielen Fällen aufgrund des Senioritätsprinzips bei der Besetzung von Vereinsämtern das Nachrücken jüngerer Vereinsmitglieder und auch der Frauen erschwert[635]. Die durchschnittlich längste Amtsdauer weisen die ersten Vorsitzenden und die Geschäftsführer von Vereinen auf[636]. Hierin dokumentiert sich das Bemühen der Vereine, sowohl in der Vereinsführung, der Vertretung nach außen als auch im Bereich der Verwaltung eine stabilisierende Kontinuität zu wahren, unterstreicht jedoch auch das aufgezeigte Problem der Integration nachrückender Altersgruppen in der Vereinsorganisation.

In mindestens jedem zehnten Verein (vorwiegend jedoch in kleinen Vereinen) erfüllen einzelne Funktionsträger die Aufgaben mehrerer Ämter gleichzeitig[637]. Es bleibt jedoch offen, ob hierfür die mangelnde Bereitschaft der Mitglieder zur Übernahme eines Amtes oder, wie gelegentlich behauptet, der Übereifer von „Funktionären"[638] verantwortlich zu machen ist.

---

    ausschließlich mit Sportorganisationen befaßt, in Kanada beim Vergleich der nationalen Sportorganisation für Schwimmen und Volleyball.
    Vgl. BRATTON, R. D.: Consensus on the Relative Importance of Association Goals and Personal Motives among Executive Members of two Canadian Sports Associations. Dissertation an der Universität Urbana/Illinois 1970.

[634] Ein Viertel der Funktionsträger im Bereich der sportlichen Betreuung ist jünger als 30 Jahre.

[635] GROSSKOPF bezeichnet das Phänomen des ‚Hochdienens' in einem anschaulichen Beitrag zur Führungspraxis im Verein als die „Ochsentour auf dem Weg nach oben".
GROSSKOPF, R.: Wem der Verein ein Amt gibt. In: HAMBURGER TURNERSCHAFT 1816 (Hrsg.): Der Verein. Stuttgart 1967, 152.

[636] Fast die Hälfte der ersten Vorsitzenden ist länger als 5 Jahre im Amt und noch ca. 20% länger als 10 Jahre. Über die Hälfte der Geschäftsführer ($\sim$ 55%) ist länger als 5 Jahre im Amt und ca. 30% länger als 10 Jahre.

[637] 8% der Funktionsträger in unserer Stichprobe übten gleichzeitig 2 Vereinsämter aus, weitere 2% mehr als 2 Ämter. Es steht zu vermuten, daß die tatsächliche Anzahl an Vereinen, in denen Ämterhäufung auftritt, wesentlich größer ist, da uns in diesem Zusammenhang lediglich die Information über *einen* Funktionsträger des jeweiligen Vereins vorliegt.

[638] Innerhalb der vorliegenden Untersuchung wurde der allgemein für Amtsträger im Verein gebräuchliche Begriff des „Funktionärs" durch den mit weniger sozial diskriminierendem Begriffsinhalt

Eine andere Art der Ämterhäufung im Sport ist die zusätzliche Übernahme einer oder mehrerer Funktionen im Bereich der Sportverwaltung der Gemeinde, des Bezirks oder des Verbandes.

Jeder dritte Vorsitzende war neben seinem Vereinsamt zusätzlich auf übergeordneten Ebenen der Sportorganisation (Stadt, Kreis, Verband oder Bund) engagiert. Gleiches gilt auch für die Funktionsträger im Betreuungs- und Übungsbereich, während vor allem Schrift- und Finanzwarte ein deutlich geringeres Engagement auf höherer Ebene aufweisen (15%).

Widersprochen werden muß an dieser Stelle der gelegentlich geäußerten Meinung, daß im Verein aus Prestigegründen häufig Führungspositionen an wenig oder gar nicht sportlich interessierte Personen mit hohem öffentlichen Ansehen vergeben werden[639]. Lediglich 2% der Vorsitzenden in unserer Stichprobe waren nie in ihrem Verein aktiv, wobei hierin noch diejenigen enthalten sind, die statt dessen in anderen Vereinen aktiv Sport getrieben haben.

Entsprechend ihrem höheren Durchschnittsalter, sind Vereinsvorsitzende weniger häufig noch sportlich aktiv (68%) als die übrigen Funktionsträger im Verein, von denen durchschnittlich wenigstens drei Viertel noch aktiv Sport treiben. Hierin unterscheiden sich die Funktionsträger nur geringfügig von der Gesamtheit der übrigen Mitglieder, unter denen der Anteil sportlich passiver im Durchschnitt ca. 30% beträgt[640].

Im Zusammenhang mit der Analyse von Führungsstrukturen stellt sich immer wieder die Frage, welche besonderen Eigenschaften den Führenden gegenüber den Geführten auszeichnen sollten und wirklich auszeichnen. Für den Sportverein hat eine Reihe von Untersuchungen in diesem Zusammenhang stets auf die schichtenspezifischen Unterschiede zwischen Vereinsmitgliedern und Funktionsträgern einerseits sowie den Zusammenhang zwischen der Ranghöhe der Vereinsämter und dem sozialen Status der Amtsinhaber andererseits hingewiesen. Als Begründung für die ‚Tatsache', daß Funktionsträger im Verein sich überwiegend aus höheren sozialen Schichten rekrutieren, wurden Argumente verschiedenster Art angeführt, wie z. B. Prestigefunktionen, größere zeitliche Dispositionsmöglichkeit, fehlende Fachkenntnis in niedrigeren sozialen Schichten, und nicht zuletzt deren Gewöhnung an Unterordnung. Die Ergebnisse der vorliegenden Untersuchung jedoch erbrachten keinen Zusammenhang in der beschriebenen Richtung. Diejenigen Vereinsmitglieder, die zum Zeitpunkt der Erhebung ein Amt im Verein innehatten, unterschieden sich in bezug auf ihre soziale Schichtzugehörigkeit nicht signifikant von den Mitgliedern, die früher ein solches Amt ausübten und denen, die nie als Funktionsträger in Erscheinung getreten waren[641].

---

belasteten Terminus ‚Funktionsträger' ersetzt. Im Laufe der Erhebungsaktion erreichte uns für diese Begriffswahl von seiten der ‚Funktionsträger' selbst, schriftlich wie mündlich, vielfältige Zustimmung. Zu einer umfassenden Analyse des Sprachgebrauchs, historischen Entwicklung und gesellschaftlichen Verortung des Begriffs ‚Funktionär' siehe: MESSNER, J.: Der Funktionär. München 1961.

[639] Vgl. CRON, H./UTERMANN, K.: Zeche und Gemeinde. Tübingen 1958, 174.
[640] Vgl. SCHLAGENHAUF, K.: Sportvereine in der Bundesrepublik Deutschland – Teil I, a.a.O., 208.
[641] Es kann an dieser Stelle nicht auf die Problematik der Abgrenzung sozialer Schichten und die Ermittlung hierfür relevanter Einflußgrößen eingegangen werden. Der hier verwendete Schichtindex beinhaltet die Merkmale Berufszugehörigkeit, Schulbildung und Einkommen der Auskunftsperson und vermeidet somit Verzerrungseffekte, wie sie bei Anwendung nur einer dieser Variablen entstehen können. Eine ausführliche Beschreibung der Indexbildung findet sich im ersten Halbband dieser Untersuchung.
Vgl. SCHLAGENHAUF, K.: Sportvereine in der Bundesrepublik Deutschland – Teil I, a.a.O., 150–152.

Die unterschiedlichen Ergebnisse lassen zwei Möglichkeiten der Interpretation zu; zum einen wäre es möglich, daß entweder unsere Ergebnisse oder diejenigen einiger anderer Untersuchungen unrichtig sind, zum anderen, daß ein Wandel in der Zusammensetzung der Funktionsträger stattgefunden hat. Eine genauere Analyse der Ergebnisse aus früheren Untersuchungen läßt vermuten, daß deren Ergebnisse wohl richtig sind, zum Teil jedoch fehlinterpretiert wurden. So etwa bei WURZBACHER-PFLAUM[642], aber auch bei LENK[643], die jeweils den Anteil der Mitglieder aus höheren sozialen Schichten in der *Vereinsführung* dem entsprechenden Anteil dieser Schichten an der *Gesamtbevölkerung* der Gemeinde gegenüberstellen und daraus eine Überrepräsentierung gehobener sozialer Schichten in der Vereinsführung folgern. Die Mitgliederzusammensetzung eines Sportvereines spiegelt jedoch, wie schon oft nachgewiesen, keineswegs die soziale Schichtenstruktur seines Umfeldes wider, da die Mitglieder der mittleren und gehobenen sozialen Schicht eine deutlich stärker ausgeprägte Affinität zu sportlicher Aktivität und Vereinsmitgliedschaft aufweisen[644], so daß die oben gezogene Schlußfolgerung nur unter Berücksichtigung der Schichtenstruktur des Gesamtvereines zulässig gewesen wäre. Trotz dieser Einschränkungen kann nicht ausgeschlossen werden, daß zu einem früheren Zeitpunkt ein stärkeres schichtenspezifisches Gefälle zwischen den Funktionsträgern und den Mitgliedern des Vereins bestanden hat, das sich im Zuge des Sportbooms der letzten Jahre und der damit verbundenen Öffnung der Vereine weitgehend ausgeglichen hat. Über ein Drittel der heutigen Funktionsträger jedenfalls setzt sich aus Arbeitern zusammen (6% ohne Ausbildung, 31% mit Ausbildung), weitere 17% aus technischen Angestellten und Beamten, während Selbständige mit 13% nur geringfügig überrepräsentiert sind[645].

Die andere, schon in früheren Untersuchungen gemachte Beobachtung einer Korrelation von Schichtzugehörigkeit und Ranghöhe der Vereinsposition jedoch findet auch in den vorliegenden Datenmaterialien eine Bestätigung, wobei allerdings kein linearer Zusammenhang zu beobachten ist, sondern der Unterschied in der Hauptsache auf der Überrepräsentierung von selbständigen Unternehmern bei den Vereinsvorsitzenden beruht. Ein solcher Zusammenhang, der offensichtlich gelegentlich in falscher Weise als Beispiel für eine Dominanz gehobener Schichten in der Vereinsführung interpretiert wird, erscheint uns doch am ehesten mit der Repräsentationsfunktion des ersten Vorsitzenden im Verein erklärt werden zu können.

Die Anforderungen, die mit einem Vereinsamt verbunden sind, z. B. Zeit, Geld, Einsatz, Eignung und vor allem Bereitschaft zur Amtsübernahme, engen heute den Kreis der möglichen Anwärter so ein, daß von echten Wahlen im demokratischen Sinne im Verein nur selten gesprochen werden kann. Meist versucht der amtierende Vorstand selbst, vorab die Personen für die jeweils zu besetzenden Positionen zu gewinnen, die in der Hauptversammlung des Vereins häufig in Ermangelung anderer Kandidaten eigentlich nur bestätigt werden. Lediglich in kleinen Vereinen werden nach den Angaben der Funktionsträger noch häufiger Positionen auf Initiative der Vereinsmitglieder selbst besetzt. Zu klein scheint das Potential an Personen, die noch bereit sind, sich für den Verein zu engagieren. In vielen Fällen ist dieses Problem

---

[642] Vgl. WURZBACHER/PFLAUM, R.: Das Dorf im Spannungsfeld industrieller Entwicklung. Stuttgart 1954, 69.
[643] Vgl. LENK, H.: Materialien . . ., a. a. O., 58.
[644] Vgl. zum Problem sozialer Schichtung im Sport und im Verein: SCHLAGENHAUF, K.: Sportvereine in der Bundesrepublik Deutschland – Teil I, a. a. O., 150–159.
[645] 1975 waren 9,2% der erwerbstätigen Bevölkerung als ‚selbständig' gemeldet. Vgl. STATISTISCHES BUNDESAMT (Hrsg.): Statistisches Jahrbuch 1976, 152.

jedoch auch eine Frage der Ansprache, denn trotz aller Klagen über eine zu geringe Mitgliederbeteiligung erklären sich immerhin fast 40% der Mitglieder bereit, „unter Umständen"[646] ein Amt zu übernehmen, und noch etwa 3% erklären ihre uneingeschränkte Bereitschaft hierzu[647]. Selbst wenn man den Unsicherheitsfaktor bei den „vielleicht"-Aussagen und auch die Interview-Situation, die sicherlich solche Aussagen beeinflußt, berücksichtigt, bliebe bei entsprechender Ansprache noch eine erhebliche Anzahl potentieller Funktionsträger übrig. Die stärkste uneingeschränkte Bereitschaft, ein Amt zu übernehmen, zeigen die Personen zwischen 26 und 35 Jahren, gleichermaßen Männer wie Frauen, während die bis 25-jährigen den höchsten Anteil der noch Unentschlossenen stellen; ein Zeichen dafür, daß auch jüngere Leute, richtig angesprochen, häufig bereit wären, sich in ihrer Freizeit für die Vereinsarbeit zur Verfügung zu stellen.

9.5 ASPEKTE DER FÜHRUNG UND DES FÜHRUNGSVERHALTENS IN SPORTVEREINEN

Die Behandlung der Führungsproblematik in Organisationen läßt entwicklungsgeschichtlich bedingt zwei unterschiedliche Schwerpunkte erkennen: die Verhaltenssteuerung der Organisationsmitglieder zum einen durch formalorganisatorische Maßnahmen (z. B. Zentralisation oder Dezentralisation des Entscheidungsprozesses), zum anderen durch unterschiedliches Führungsverhalten im direkten Interaktionsprozeß zwischen ‚Führern' und ‚Geführten'[648]. BAUMGARTEN[649] unterscheidet in diesem Sinne zwischen ‚strukturalen' und ‚motivationalen' Ansätzen des Führungsverhaltens. Unter beiden Gesichtspunkten führte die wissenschaftliche Behandlung des Führungsphänomens zu einer Verortung des Führungsverhaltens (Führungsstils) auf einem Kontinuum mit den Extrempunkten autoritär – demokratisch[650].

Bei der Untersuchung der Frage nach der Effizienz der unterschiedlichen Führungsformen zeigte sich deutlich, daß nicht generell der einen oder anderen Art zu führen der Vorzug zu geben ist, sondern daß häufig besondere Bedingungskonstellationen für den jeweiligen Erfolg eines bestimmten Führungsstiles ausschlaggebend sind. Diese sogenannten ‚situativen Ansätze' berücksichtigen zum einen Einflußfaktoren, die in Persönlichkeitsmerkmalen der am

---

[646] Die vorgegebene Frage lautete: „Wenn man heute versuchen würde, Sie in Ihrem Verein für ein Amt zu gewinnen, würden Sie das (a) auf jeden Fall ablehnen, (b) möglicherweise annehmen oder (c) bestimmt annehmen?"

[647] In diesem Zusammenhang erscheint wichtig, daß auch bei der Bereitschaft zur Übernahme eines Amtes kein Unterschied in bezug auf die soziale Schicht der Auskunftspersonen festgestellt werden konnte.

[648] IRLE verweist auf die *Problematik* dieser allgemein üblichen Gegenüberstellung von Führern und Geführten, da der einzelne Positionsinhaber im Zusammenhang unterschiedlicher Rollenerwartungen einmal als ‚Führer', ein anderes Mal als ‚Geführter' zu betrachten ist.
Vgl. IRLE, M.: Führungsverhalten in organisierten Gruppen. In: MAYER, A./HERWIG, B. (Hrsg.): Handbuch der Psychologie, Bd. 9. Göttingen 1970, 536.

[649] Vgl. BAUMGARTEN, R.: Führungsstile und Führungstechniken. Berlin/New York 1977, 25 ff.

[650] Ausgehend von LEWINS grundlegenden Arbeiten zum Führungsverhalten, in denen er zunächst drei Arten der Führung beschreibt (autoritär/demokratisch/laissez-faire), entwickelte sich im späteren Verlauf der Theoriediskussion eine Vielzahl unterschiedlicher Begriffspaare mit im wesentlichen gleichen Begriffsinhalten je nach dem Grad der Teilnahme der Organisationsmitglieder an Entscheidungsprozessen.
Vgl. hierzu BAUMGARTEN, R.: ebenda.
LEWIN, K./LIPPIT, R./WHITE, R. K.: Patterns of Aggressive Behavior in Experimentally Created „Social Climates". In: Journal of Social Psychology 10 (1939), 271–299.

Interaktionsprozeß beteiligten Organisationsmitglieder begründet sind, sowie solche der Zielvorgabe und Umweltsituation[651]. Auf eine weiter reichende, ausführliche Darstellung der Führungsstildiskussion müssen wir an dieser Stelle verzichten und verweisen auf die zu diesem Thema zahlreich vorhandene Literatur[652].

Ebenso wie für Organisationen im allgemeinen, gilt für den Sportverein im besonderen die Problematik der empirischen Ermittlung personengebundenen, individuellen Führungsverhaltens einzelner Funktionsträger und nicht individuen-bezogenem, sondern strukturbedingtem Beteiligungsgrad am Entscheidungsprozeß (Demokratie)[653]. Abgesehen von der theoretischen Problematik der Erfassung individuellen Führungsverhaltens schloß schon die gewählte Erhebungsmethode der schriftlichen Befragung eine Anwendung hierzu notwendiger Testverfahren aus. Da aber auch die Klärung innerorganisatorischer Prozesse auf dem Weg der Befragung sehr problematisch ist, beziehen sich die nachfolgenden Aussagen zur Führungsthematik im Sportverein nur auf einige Indikatoren, die geeignet sind, über den Bereich des vereinsinternen Informationsflusses und des Entscheidungsprozesses die Art der Führung im Verein zu charakterisieren.

Die Untersuchungen zum Problem der Herrschaftsverhältnisse in Organisationen bestätigen immer wieder den negativen Einfluß oligarchischer Machtverteilung auf den Prozeß demokratischer Kontrolle der Organisationsführung[654], d. h., je stärker sich die Entscheidungs- und Anordnungsbefugnis in einer Organisation auf nur wenige Personen verteilt, desto weniger ist die Möglichkeit der Einflußnahme seitens der allgemeinen Mitglieder auf anstehende Entscheidungen zu erwarten.

Die Bedeutung oligarchischer Tendenzen in der Führung für die demokratische Beteiligung der Organisationsmitglieder gilt ebenso für industrielle Organisationen wie auch freiwillige Vereinigungen, wenn hier auch nur in abgeschwächter Form. Nach den vorliegenden Ergebnissen bildet der Sportverein hierin keine Ausnahme, wie uns die Analyse des Informations- und Entscheidungsprozesses im Verein verdeutlicht[655].

Große und komplex strukturierte Vereine mit stärker oligarchischer Führung informieren ihre Mitglieder weitaus häufiger erst nachdem Entscheidungen bereits getroffen sind; zudem gehen in diesen Vereinen weit weniger häufig Vorschläge aus den Reihen der Mitglieder in den Entscheidungsprozeß ein[656]. Die als Funktion der Größe und Komplexität der Organisation aufgezeigten Tendenzen der Oligarchisierung bei gleichzeitiger Verminderung demokratischer Kontrolle gelten für alle Vereinsarten, insbesondere jedoch für Einspartenvereine. Dies bedeutet, daß sich vor allem in diesen Vereinen die Konzentration der Entscheidungs- und

---

[651] Vgl. FIEDLER, E.: Persönlichkeits- und situationsbedingte Determinanten der Führungseffizienz. In: GROCHLA, E.: Organisationstheorie, Bd. I. Stuttgart 1975, 222—246.
BURNS, T. and STALKER, G. M.: The Management of Innovation. London 1961.
[652] Vgl. NEUBERGER, O.: Führungsverhalten und Führungserfolg. In: Wirtschaftspsychologische Schriften der Universität München und Augsburg. Berlin 1976.
GIBB, C. A.: Leadership. In: LINZEY, G./ARONSON, E. (Hrsg.): The Handbook of Social Psychology. Reading/Mass. 1969^2.
STAEHLE, W. H.: Organisation und Führung sozio-technischer Systeme. Grundlagen einer Situationstheorie. Stuttgart 1973.
[653] Vgl. zur Unterscheidung von strukturbedingtem (strukturalem) und von der Organisationsstruktur unabhängigem (motivationalem) Führungsverhalten: BAUMGARTEN, R.: Führungsstile..., a.a.O., 18—20.
[654] Vgl. MAYNTZ, R./ZIEGLER, R.: Soziologie der Organisation. a.a.O., 481—582.
[655] Vgl. Anhang *Tabelle 86*, Mitgliederinformation im Entscheidungsprozeß nach Vereinsarten (I—VIII).
[656] Vgl. Anhang *Tabelle 82*, Die Vereinsarten (I—VIII) nach der Gesamtzahl ihrer Mitarbeiter.

Anordnungsbefugnis auf wenige Mitarbeiter negativ auf den Grad der demokratischen Mitbestimmung sowie das allgemeine Mitgliederengagement auswirkt.

Neben dem gemäß der Oligarchisierungshypothese größeren Mitarbeiteranteil treffen wir in Kleinvereinen häufiger auf das Merkmal der ‚Personenorientierung', wie wir es in dem von uns vorgestellten organisationssoziologischen Konzept bezeichnet haben (vgl. Kapitel 2.3.4), d. h. den zunehmenden Einfluß von Einzelpersönlichkeiten in der Vereinsorganisation, hier repräsentiert durch die Konzentration der „Vereinslast"[657] in Kleinvereinen auf die Person des 1. Vorsitzenden. Während in Mittel- und Großvereinen sich die Hauptarbeitsbelastung stärker auch auf andere Funktionsträger verteilt (Geschäftsführer, Abteilungsleiter, Sportwart etc.), steht offenbar in Kleinvereinen der 1. Vorsitzende im Mittelpunkt der Aktivitäten[658].

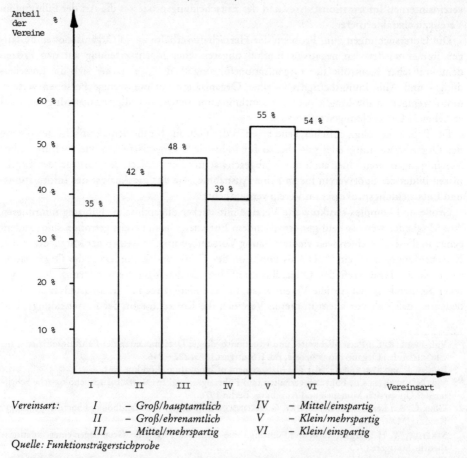

Schaubild 20 Anteil der Vereine, bei denen der 1. Vorsitzende die Hauptlast der Vereinsarbeit trägt, in den einzelnen Vereinsarten (G = 3 095).

Vereinsart: I   – Groß/hauptamtlich   IV – Mittel/einspartig
             II – Groß/ehrenamtlich   V   – Klein/mehrspartig
             III – Mittel/mehrspartig   VI – Klein/einspartig

Quelle: Funktionsträgerstichprobe

---

[657] Die Fragestellung hierzu lautete: „Auf welchem Amt liegt in Ihrem Verein die Hauptlast der Vereinsarbeit?" Vgl. im Anhang Fragebogen: Frage B 13.
[658] In diesem Zusammenhang konnte ein methodisch wie sozial-wissenschaftlich interessantes Phänomen beobachtet werden. Löste man aus der Gesamtheit der befragten Funktionsträger, die beurteilt hatten,

Die Bedeutung des Einflusses eines 1. Vorsitzenden in kleinen Vereinen dokumentiert sich deutlich in der Zusammensetzung seiner Arbeitsbelastung[659]. Während in Mittel- und Großvereinen sich die Aktivität des 1. Vorsitzenden auf Verwaltungstätigkeiten, Beschaffung von Finanzmitteln und den Kontakt zu Verbänden und Gemeinden konzentriert, erstreckt sich in Kleinvereinen (in Nicht-Prestigesportarten) sein Wirkungsfeld auch auf die Organisation des Wettkampfsportes und den allgemeinen Übungsbetrieb. Diese Art der Vereinsorganisation (ca. 62% aller Vereine sind Kleinvereine) ist gekennzeichnet durch ein geringes Maß an formal definierten Rollenerwartungen, so daß gerade hier die Möglichkeit der Einflußnahme von Einzelpersonen auf den gesamten Vereinsbetrieb besonders groß ist. Obwohl dies eine gewisse Einschränkung demokratischer Mitbestimmung bedeutet, erreichen die kleinen Vereine dennoch aufgrund ihres „Gemeinschaftscharakters" den bei weitem höchsten Grad demokratischer Mitbestimmung[660]. Noch immer sind in Kleinvereinen die Mitglieder am häufigsten über anstehende Entscheidungen frühzeitig informiert und haben auch die meiste Möglichkeit, eigene Vorschläge zu unterbreiten und zu verwirklichen. Das Fehlen fest definierter Aufgaben- und Verantwortungsbereiche in kleineren Vereinen, unterstützt durch den wenig kalkulierbaren Einfluß individueller Ambitionen einzelner Funktionsträger (Personenorientierung) schafft jedoch eine gewisse Verhaltensunsicherheit in der Vereinsführung, die sich in einer eher negativen Beurteilung der Zusammenarbeit im Vorstand dokumentiert.

Allgemein erweist sich die Beurteilung der Zusammenarbeit im Vorstand eines Vereins als ein stabiles Maß für die Funktionsfähigkeit der Vereinsorganisation. Gleich in welcher Vereinsart, wirkt sich eine gute Vorstandszusammenarbeit positiv auf die Informationspolitik des Vereins als Grundlage einer demokratischen Mitbestimmung aus und nicht zuletzt deshalb auch auf die Bereitschaft der Mitglieder, ein Amt oder eine Funktion im Verein zu übernehmen. Nicht geklärt werden kann an dieser Stelle, auf welche Weise eine gute Zusammenarbeit im Vorstand eines Vereins erreicht werden kann und wieweit hierbei der individuelle Führungsstil einzelner Funktionsträger, sei er autoritär oder demokratisch, von entscheidender Bedeutung ist.

Die bisherigen Betrachtungen über das Erscheinungsbild demokratischer Mitbestimmung im Sportverein berücksichtigten nicht die Frage, inwieweit demokratisch geführte Vereine

---

auf welchem Amt im Verein die größte Arbeitsbelastung ruhe, eine spezielle Kategorie von Funktionsträgern heraus (z. B. wie hier getestet: 1. Vorsitzender, Geschäftsführer, Schriftführer), so fiel der Anteil an Vereinen, in denen gerade dieses Amt besonders belastet war, deutlich höher aus im Durchschnitt unter Einbeziehung aller Auskunftspersonen. Hiermit wird deutlich, daß Personen, angesprochen auf Verhaltensmuster oder Anforderungsprofile ihres persönlichen Einwirkungsbereiches, sich aufgrund ausgelöster Identifikationsmechanismen stärker in für sie positivem Sinne äußern, als dies unter dem Gesichtspunkt der Neutralität – also wenn der Beurteilende kein Amt bekleiden würde – der Fall wäre. Auf das Phänomen überwiegend positiver Äußerungen in Situationen persönlicher Identifikation der Auskunftsperson hat LINDE schon im Zusammenhang mit der Diskussion um die Aussagefähigkeit allgemeiner Zufriedenheitsfragen in der empirischen Sozialforschung hingewiesen. Vgl. LINDE, H.: Soziale Determinanten der Zufriedenheit. In: Jahrbuch der Sozialwissenschaften 18 (1967), 1/2, 32–48.

[659] Vgl. Anhang *Tabelle 88*, Schwerpunkte der Arbeitsbelastung des Vereinsvorsitzenden nach Vereinsarten (I–VIII).
Besonders deutlich wird in diesem Zusammenhang wiederum die Auswirkung bezahlter Verwaltungskräfte. Vorsitzende in ehrenamtlich geführten Großvereinen sind erheblich stärker mit Verwaltungstätigkeiten belastet als die Vorsitzenden hauptamtlicher Großvereine.

[660] Demokratische Kontrolle ist generell am ehesten in kleinen Organisationen gewährleistet, in denen eine direkte Beobachtung der Entscheidungsprozesse leichter möglich ist.
Vgl. LIPSET, S. M. u. a.: Union Democracy, a. a. O., 14–15.

leistungsfähiger sind als andere. Es gilt an dieser Stelle deutlich zu machen, daß die Forderung nach „participatory democracy" (demokratische Mitbestimmung) in Organisationen allgemein und im Sportverein speziell allein auf die Beurteilung demokratischer Mitbestimmung als Selbstwert gründet und noch keine Effizienzbewertung einschließt. Dies gilt im besonderen für den deutschen Sportverein, für den nach der offiziellen Stellungnahme der Sportselbstverwaltung (DSB) die ehrenamtliche Mitarbeit im Verein unter dem Aspekt der Selbstverwirklichung des einzelnen ein Stück Selbstzweck bedeutet und gefördert zu werden verdient[661].

In bezug auf die Konsequenzen für die Leistungsfähigkeit des Vereins durch die Forderung nach mehr Demokratie, gilt es zwei Aspekte zu unterscheiden. Es kann wohl kaum in Zweifel gezogen werden, daß der Verein, sollte es gelingen, die Mitglieder zu vermehrter Mitarbeit zu bewegen, bezüglich seiner Leistungsfähigkeit profitieren würde. Die Institutionalisierung demokratischer Prozesse jedoch wirkt, nach den Ergebnissen der allgemeinen Organisationsforschung, nicht in jedem Fall positiv auf die Leistungsfähigkeit einer Organisation[662], so daß es nur bedingt gerechtfertigt erscheint, die Forderung nach mehr Demokratie im Verein mit einer größeren Leistungsfähigkeit zu begründen[663].

Die Erweiterung der Leistungsfähigkeit der Sportorganisation – sowohl im Bereich der Vereine als auch der Verbände – erscheint, angesichts des anhaltenden Zustroms an Vereinsmitgliedern in unserem Land, augenblicklich aber als das vordringlichste Problem bei der Bewältigung der Sportnachfrage. Nach den Vorstellungen des Deutschen Sportbundes soll versucht werden, ähnlich wie bereits mit dem Konzept der Übungsleiter, auch im Verwaltungs- und Organisationsbereich durch Ausbildung, Schulung und Lizenzvergabe fachliche Kompetenz, d. h. Professionalisierung, zu fördern[664]. Ergänzend zur fachlichen Qualifikation der Mitarbeiter wird die Einführung eines neuen Führungsstils propagiert, der neben der Kooperation und umfassenden Information auch eine klare Abgrenzung von Kompetenz und Verantwortung beinhalten soll[665]. Gleichzeitig soll mit den neuen Konzepten eine verstärkte Demokratisierung der Vereins- und Verbandsorganisationen angestrebt werden[666].

Zweifellos stellen die Aufrufe und Maßnahmen des Deutschen Sportbundes einen notwendigen Versuch dar, die in einigen Bereichen wenig effektiv verwalteten und organisierten Vereine und Verbände mit Ratschlägen und unterstützenden Maßnahmen besser auf die vorhandenen und ständig steigenden Anforderungen einzustellen. Doch sollte dabei nicht übersehen werden, daß die angestrebten Ziele – Steigerung der Effektivität durch Qualifizierung von Mitarbeitern (Professionalisierung) sowie durch Schaffung abgegrenzter Aufgaben-

---

[661] Vgl. BECKMANN, K.: Führung im Verein und im Verband. In: DSB (Hrsg.): Materialien für Organisationsleiter. Frankfurt 1977, 3.3.1.

[662] Vgl. NASCHOLD, F.: Organisation ..., a.a.O., 10.
Vgl. MAYNTZ, R.: Soziologie der Organisation, a.a.O., 132–135.

[663] Insofern gelten die Ausführungen zum optimalen Führungsstil für Sportvereine im Handbuch für Organisationsleiter des DSB begrenzt auf das Führungsverhalten innerhalb der Funktionsträger des Vereins, nicht jedoch für die demokratische Beteiligung der Mitglieder am Entscheidungsprozeß. Es muß jedoch zusätzlich angemerkt werden, daß, wie die situativen Ansätze zum Führungsverhalten zeigen (z. B. FIEDLER), nicht unter allen Bedingungen ein demokratischer Führungsstil optimale Leistungsfähigkeit gewährleistet, so daß eine Einschränkung oder Modifizierung des Konzeptes geboten erscheint.
Vgl. GÖRES, G.: Strukturen der Führung/Führungsstile. In: DSB (Hrsg.): Materialien für Organisationsleiter. 3.3.4.
FIEDLER, F. W.: Persönlichkeits-..., a.a.O.

[664] Vgl. WEYER, W.: Ohne qualifizierte Mitarbeiter kommen wir nicht weiter. In: DSB (Hrsg.): DSB-Info 23/76,1.

[665] Vgl. PASSLACK, H.: Führung im Team. In: DSB (Hrsg.): DSB-Info 3/77, 3–4.

[666] Vgl. WEYER, W.: ebenda.

und Verantwortungsbereiche (Bürokratisierung und Formalisierung) und die Förderung demokratischer Mitbestimmung – in jeweils unterschiedliche Richtungen führen. Die bisherigen Ergebnisse von Untersuchungen in Organisationen (industriellen und freiwilligen) haben immer wieder ergeben, daß Bürokratisierungs- und Professionalisierungstendenzen, wie sie für Organisationen mit zunehmender Größe und Komplexität charakteristisch sind, nahezu immer Einschränkung der demokratischen Kontrolle bedeuten[667].

Wie wir gesehen haben, weist der Sportverein als freiwillige Organisation diese Tendenzen in gleicher Weise auf[668]. Dies kann nun nicht zur Konsequenz haben, daß eines der angestrebten Ziele aufgegeben werden müßte, sondern erfordert lediglich ein verändertes Problembewußtsein, das nicht von den Maßnahmen zur Erreichung eines der Ziele (z. B. Qualifikation der Mitarbeiter) die gleichzeitige Lösung anderer Probleme (Demokratisierung) erwartet.

Die bisher betrachteten Zusammenhänge zwischen Tendenzen zur Oligarchisierung und demokratischer Mitbestimmung gaben keine endgültige Auskunft über den Ursache-Wirkungs-Zusammenhang dieses Phänomens. Dieser Frage kommt u. E. weder in der theoretischen noch empirischen Behandlung der Oligarchiehypothese ausreichende Aufmerksamkeit zu.

Oligarchische Führung wird allgemein als hinderlich für demokratische Kontrolle erachtet und ‚Mitgliederapathie' als Grund für die Entwicklung und Aufrechterhaltung oligarchischer Tendenzen. Nun steht wohl kaum zu erwarten, daß es sich hierbei um reine Kausalitätsbeziehungen handelt, als vielmehr um sich gegenseitig beeinflussende Entwicklungsprozesse, die aufzuzeigen sicher als sehr schwierig angesehen werden muß[669]. Dieser Versuch müßte Bestandteil von Längsschnittuntersuchungen sein und war in der vorliegenden Stichpunkterhebung, wie wohl auch bei den meisten anderen Untersuchungen zu dieser Problematik, zu keiner Zeit vorgesehen oder möglich.

---

[667] Vgl. SMITH, C./FREEDMAN, A.: Voluntary Associations. Cambridge 1972, 59.
[668] Auf den Gegensatz von demokratischer Willensbildung und der Professionalisierung in Sportorganisationen verweist ebenso SCHEUCH, E. K.: Der Sport in der sich wandelnden Gesellschaft. In: DSB (Hrsg.): Jahrbuch des Sports 1971/72. Frankfurt/M. 1972, 8.
[669] Vgl. NASCHOLD, F.: Organisation und Demokratie, a.a.O., 14.

10. Zielorientierung und ‚Leistung' des Sportvereins als soziale Organisation

Analysiert man, wie im vorangegangenen Abschnitt, die Struktur einer Organisation, so schließt sich daran logisch die Frage an, inwieweit die ermittelten Organisationsstrukturen geeignete Voraussetzungen zur Erstellung der gewünschten Organisationsleistung darstellen. Die Art und Ausprägung dieser Leistung wiederum ist in erster Linie bemessen an dem Zweck oder Ziel[670] der Organisation; erst die Festlegung eines angestrebten Zieles ermöglicht eine Entscheidung darüber, ob eine Organisation in der Verfolgung dieses Zieles als erfolgreich beurteilt werden kann oder nicht. Infolge der Bedeutung zielorientierten Handelns für die Organisation gilt diesem Merkmal, als einem der Definitionskriterien von ‚Organisation', ein weiter Bereich der Diskussion innerhalb der Organisationstheorie. Die Vielgestaltigkeit dieser Problematik schließt eine umfassende Darstellung der Theoriediskussion an dieser Stelle aus[671] und beschränkt den anschließenden Beitrag zu diesem Thema auf die für den Bereich des Sportvereins relevanten Fragestellungen.

10.1 DAS VEREINSZIEL ALS MASSSTAB DER ORGANISATIONSLEISTUNG DES SPORTVEREINS

Will man unterschiedliche Organisationen nach ihrer Leistung vergleichen, muß einerseits gewährleistet sein, daß sie die gleichen Ziele verfolgen, andererseits, daß ihr Output in irgendeiner Weise meßbar gemacht werden kann[672]. „Voraussetzung für derartige Vergleiche ist eine operative Formulierung der Ziele, so daß deren Erreichung überprüfbar ist"[673]; es ist zu ergänzen: auch eine operationale Definition der Leistungseinheit. Beides sind Forderungen, die sich für die Organisation Sportverein als schwierig erweisen. Zwar genügt der Sportverein aufgrund der Bestimmungen des deutschen Vereinsrechtes, das für den Verein die Angabe eines Vereinszweckes fordert, den Anforderungen der Zielgerichtetheit, um im Sinne der Theorie als formale Organisation zu gelten, jedoch sind die Angaben über die Ziele des Vereins meist derart allgemein formuliert[674], daß sich daraus kaum Handlungsanweisungen

---

[670] Wir schließen uns mit der synonymen Verwendung der Begriffe ‚Zweck' und ‚Ziel' einer Organisation der Auffassung von MAYNTZ an, die jedoch darauf hinweist, daß im deutschen Sprachgebrauch der Terminus ‚Zweck' gegenüber ‚Ziel' eine eher negative Beurteilung erfährt. Vor allem die kaum vorhandene Unterscheidung dieser Begriffsinhalte in der englischsprachigen Literatur läßt u. E. eine solche Gleichsetzung gerechtfertigt erscheinen.
Vgl. MAYNTZ, R.: Soziologie der Organisation, a. a. O., 58.
[671] Zu einer umfassenden Diskussion der Zielorientierung von Organisationen:
Vgl. PERROW, C.: Organizational Goals. In: International Encyclopedia of the Social Sciences (1972) 11, 305–311.
SILLS, D. L.: Voluntary Associations – Sociological Aspects, ebenda 15, 369–372.
[672] Vgl. MAYNTZ, R.: Soziologie der Organisation, a. a. O., 136.
[673] PFEIFFER, D. K.: Organisationssoziologie, a. a. O., 42.
[674] Es wird sogar empfohlen, die Angabe des Vereinszweckes schon deshalb sehr allgemein zu halten, da eine eventuelle Änderung stets der Zustimmung aller Mitglieder bedarf.
Vgl. SAUTER, E./SCHWEYER, G.: Der eingetragene Verein, a. a. O., 27.

für die Gestaltung der Vereinsorganisation ableiten lassen[675]. Durch die Orientierung an allgemeinen Mustersatzungen[676] sowie an denen anderer Vereine zeigen die einzelnen Vereinssatzungen stereotype Ähnlichkeit, mit Aussagen zum Vereinsziel wie etwa: ‚die Förderung und Pflege des Sports'. Aussagen dieses Informationsgrades erscheinen sicherlich als Maßstab für den Leistungsvergleich von Sportvereinen wenig geeignet.

Es wäre nun denkbar, daß die Vereine, entsprechend einem in der Organisationstheorie häufig beschriebenen Phänomen des Auseinanderfallens tatsächlicher und satzungsgemäß verankerter Ziele[677], diese vagen Zielvorgaben durch spezielle handlungsrelevante Orientierungen im Verein selbst ersetzen. Die Praxis und die Erfahrung einer Vielzahl von Expertengesprächen macht jedoch deutlich, daß innerhalb der Vereine eine Diskussion über die Aufgaben und Ziele des Vereins nicht stattfindet. Die Zielsetzung des Vereins kann in diesem Falle nicht, wie es LUHMANN noch der Mehrzahl der freiwilligen Organisationen zuschreibt[678], als Motivation für das Handeln der Mitglieder betrachtet werden; das einzelne Mitglied orientiert seine Aktivitäten vorwiegend an persönlichen Interessen und Zielsetzungen, die von der Verfolgung absoluten Spitzensports über Gesundheits- und Fitnesspflege bis zur Möglichkeit sozialer Kontaktaufnahme sowie ökonomischen oder politischen Zwecken reichen können.

Auch auf der Ebene der Vereinsführung werden Entscheidungen der praktischen Vereinsarbeit nicht aus einer allgemeinen Zielsetzung oder Vereinsphilosophie abgeleitet, sondern im wesentlichen von Fall zu Fall getroffen, wobei vorwiegend einfache Nützlichkeitserwägungen, gelegentlich aber auch traditionelle Orientierungen, ausschlaggebend sind.

Diesbezüglich besteht eine große Diskrepanz zwischen der Vereinspraxis, deren Entscheidungsgrundlage am ehesten mit dem Begriff des „survival goal" (Überlebensziel)[679], also einer vorwiegend am Fortbestand der Organisation orientierten Handlungsstrategie, beschrieben werden kann, und dem Bestreben der Sportselbstverwaltung (DSB), sportorganisatorische Entscheidungen auf der Basis vermehrter Funktionszuschreibung zu legitimieren[680].

Die Diskussion über die Funktion des Sports und des Vereins für das Individuum und die Gesellschaft hat den Verein bisher nicht oder nur selten erreicht, bildet jedenfalls nicht die bewußte Grundlage täglicher Vereinspolitik. Bezeichnend hierfür ist, daß über 20% der befragten Vorstandsmitglieder (Vereinsstichprobe) darüber unterschiedlicher Ansicht waren, ob in der Arbeit ihres Vereins mehr Wert auf den Wettkampf- und Leistungssport oder den Freizeitsport gelegt werde[681].

---

[675] Einige Beispiele für die satzungsgemäßen Ziele von Turnvereinen finden sich bei LENK, H.: Materialien..., a.a.O., 10—11.
[676] Z.B. die Mustersatzung im Deutschen Sporthandbuch vgl. KLEIN, W.: Deutsches Sporthandbuch. Wiesbaden 1977², V/1.2.
[677] Vgl. ZIEGLER, R.: Soziologie der Organisation – Ergebnisse der empirischen Forschung. In: KÖNIG, R.: Handbuch der empirischen Sozialforschung, Bd. II. Stuttgart 1969, 467ff.
[678] Vgl. LUHMANN, N.: Funktionen und Folgen formaler Organisation. Berlin 1964, 100.
[679] Vgl. zum Begriff ‚survival goal' PERROW, C.: a.a.O., 307.
Auf eine ähnliche Aussage treffen wir bei HOYLE, der für Sportorganisationen eine Tendenz beschreibt, „to transform their highly abstract goals into commitments which guide their day to day existence."
Vgl. HOYLE, E.: Organization..., a.a.O., 89.
[680] Vgl. DSB (Hrsg.): Charta des deutschen Sports. Frankfurt/M. 1966.
Vgl. DSB (Hrsg.): Freizeitpolitische Konzeption des Deutschen Sportbundes. Frankfurt/M. 1968.
[681] Innerhalb der Funktionsträgerstichprobe, bei der jeweils nur eine Person pro Verein befragt wurde, konnte nahezu die Hälfte der Auskunftspersonen nicht entscheiden, ob in ihrem Verein mehr Wert auf den Wettkampf- und Leistungssport oder den allgemeinen Sportbetrieb gelegt wird.

Das Fehlen fester Zielvorgaben in der Vereinsorganisation ist nun keinesfalls einseitig positiv oder negativ zu bewerten. Organisationen, die sich nicht durch fest vorgegebene, klar definierte Ziele auszeichnen, sind weitaus flexibler in der Anpassung an kurzfristige Anforderungsveränderungen[682]. Ein deutliches Beispiel hierfür ist die Sportorganisation in unserem Land selbst, die ohne tiefgreifende Veränderungen ihrer Struktur einen Sportboom vorher nicht geahnten Ausmaßes verkraften konnte[683].

Je weniger präzise das Ziel einer Organisation umrissen ist, desto mehr Spielraum ist für die Entfaltung von persönlichen Interessen und Orientierungen einzelner Funktionsträger in der Vereinsführung gegeben[684]. Der dominierende Einfluß einzelner Personen in der Vereinsführung, in dem von uns vorgestellten organisationssoziologischen Konzept als ‚Personenorientierung' bezeichnet (vgl. Kapitel 2.3.4), findet seinen Ausdruck gelegentlich in dem Auftreten sogenannter ‚Vereinsbesitzer', die aufgrund meist umfassender Aktivitäten sich in hohem Maße mit dem Verein identifizieren und diesen in sich selbst personifizieren („ich bin der einzige Verein, der . . .").

Bei Vereinen mit sehr weit gefaßter Zwecksetzung, bei denen an die Stelle klar definierter Organisationsziele, die ein Entscheidungskriterium für „die Wahl zwischen verschiedenen organisatorischen Alternativen"[685] darstellen, persönliche Einstellungen und Orientierungen einzelner Funktionsträger treten, besteht die Gefahr, daß bei anstehenden Vereinsentscheidungen nicht immer rationale Überlegungen die Grundlage der Dispositionen sind[686]. Dies hat zur Folge, daß Vereinsentwicklungen kaum kalkulierbar sind, und dies um so mehr, je weniger der Verein formal organisiert ist, d. h. in erster Linie in Kleinvereinen. Deutliches Beispiel hierfür ist die Entwicklung des *Leistungssports* in den Vereinen. Häufig ausgelöst durch unvermittelt auftretende Talente, entwickeln sich über hinzukommende persönliche Orientierung von Funktionsträgern leistungssportliche und erfolgsbezogene Ambitionen, wie wir sie in vielen leistungsstarken Vereinen kleiner und kleinster Gemeinden beobachten können, die aber mit dem Ausscheiden dieser Funktionsträger meist wieder verschwinden.

Das bedeutet jedoch, daß leistungssportspezifische Kristallisationspunkte in unserem Land häufig sehr zufällig und ungeplant entstehen, wodurch das Leistungsdefizit vor allem vergangener Jahre gegenüber den Ländern, in denen schon länger systematische Leistungssportförderung betrieben wird, zu erklären ist[687].

Vielfach wird der beschriebene Einfluß meist sehr aktiver Einzelpersonen auf den Entscheidungsprozeß des Vereins allein der Persönlichkeitsstruktur dieser Funktionsträger, deren Macht- und Geltungsbedürfnis zugeschrieben. Die Bedeutung von persönlichkeitsspezifischen Eigenschaften für die Fähigkeit, eine derartige Position einzunehmen, ist wohl unum-

---

[682] Vgl. ZIEGLER, R.: Soziologie . . ., a. a. O., 468.
MAYNTZ, R.: Soziologie der Organisation, a. a. O., 66 ff.
[683] So unspezifische Zielsetzungen wie im Sportverein bergen kaum die Gefahr der Zielerreichung und das damit verbundene Problem der Zielnachfolge in sich, wie dies z. B. bei einigen ‚social influence organizations' beschrieben wird.
Vgl. SILLS, D. L.: Voluntary . . ., a. a. O., 372.
MAYNTZ, R.: Soziologie der Organisation, a. a. O., 71 ff.
[684] Vgl. MAYNTZ, R.: ebenda, 70.
[685] HILL, W./FEHLBAUM, R./ULRICH, P.: a. a. O., 8.
[686] Ein Hinweis auf die Notwendigkeit klar definierter Ziele als Grundlage rationaler Entscheidung in freiwilligen Organisationen findet sich bei:
DUNCKELMANN, H.: Lokale Öffentlichkeit, a. a. O., 92.
[687] Inzwischen haben der Deutsche Sportbund und die Verbände diese organisatorische Schwäche erkannt und betreiben über die Errichtung von Stützpunkten und Leistungszentren gezielt Leistungssportförderung.

stritten, jedoch ist nicht auszuschließen, ja sogar sehr wahrscheinlich, daß erst bestimmte Bedingungskonstellationen, wie z. B. ein grundlegender Mangel an Mitgliederengagement innerhalb eines Vereins, die Voraussetzung für die Entwicklung einer personenorientierten Führungsstruktur darstellen.

10.2 DIE ‚LEISTUNG‘ DES SPORTVEREINS ALS ORGANISATION

Versucht man trotz der sehr vagen Zielvorgaben und der Heterogenität des Vereinswesens, wodurch schon eine deutliche Beschränkung in der Leistungsbeurteilung von Sportvereinen bedingt ist, einen Leistungsvergleich zwischen verschiedenen Vereinen, so stellt sich zunächst die Frage, worin ganz allgemein die Leistung eines Sportvereins als Organisation besteht.

LÜSCHEN z. B. betrachtet beim Vergleich nationaler Sportorganisationen den „Output" (Leistung) eines Systems unter vier Gesichtspunkten[688]:
a) den Funktionen und Leistungen der Organisation für die Gesellschaft (fidelity),
b) dem Beitrag der Organisation bezüglich der Erwartungen von Individuen, Gruppen oder der Gesellschaft an die Organisation (responsiveness),
c) dem Grad der Zielerreichung (effectiveness),
d) der Wirtschaftlichkeit der Organisation (efficiency).

Die Leistungen des Sportvereins im Bereich seiner Funktionen für die Gesellschaft und das Individuum (a + b), wie etwa die Sozialisations-, Integrations- oder Geselligkeitsfunktion, sind Merkmale, die, auch wenn sie erbracht werden, schwer beobachtbar, geschweige denn leicht quantifizier- und meßbar sind. Sie bildeten in ihrer qualitativen Ausprägung im Sportverein ein zentrales Thema im ersten Teil der vorliegenden Untersuchung[689].

Die Ermittlung der Effektivität des Sportvereins scheitert, wie oben beschrieben, an der Ungenauigkeit der Zieldefinition, die eine Ermittlung des Zielerreichungsgrades unmöglich macht.

Bliebe als letztes die Effizienz als Maßstab der Leistung einer Sportorganisation, also zum Beispiel der zur Betreuung eines Vereinsmitgliedes durchschnittlich aufgewendete Geldbetrag. Jedoch müssen auch hier erhebliche Einschränkungen in bezug auf die Aussagefähigkeit eines solchen Bewertungsmaßstabes gemacht werden. Zum einen schlagen auch hier die sportartenspezifischen Kosten für Anlagen und Betreuung zu Buche, so daß wieder nur annähernd gleichartige Organisationen verglichen werden können, und zum anderen, und dieses Problem wäre auf diesem Wege nicht zu lösen, fände die Qualität der Leistung (Anlagen und Betreuung) hierbei keine Berücksichtigung.

Das beschriebene Dilemma bei dem Versuch, die Leistung eines Sportvereins als Organisation zu ermitteln, ließ es uns angebracht erscheinen, auf komplizierte und letztlich dennoch wenig aussagefähige Leistungsermittlungen zu verzichten. Anstelle eines solchen Versuches sollen uns lediglich der Aspekt sportlicher Erfolge des Vereins sowie einige Merkmale, die dem Organisationsziel ‚Systemerhaltung‘ zuzurechnen wären, nämlich die Bewältigung systemimmanenter Spannungen und Konflikte, als Indikator für die Funktionsfähigkeit der Organisation Auskunft darüber erteilen, welche Vereine bezüglich dieser Kriterien als erfolgreicher zu betrachten sind als andere.

---

[688] Vgl. LÜSCHEN, G.: Policy and System Performance in National Sport Organizations. Paper for the 5th International Seminar for Sociology of Sport. Heidelberg 1975.
[689] Zur Diskussion und empirischen Überprüfung der dem Verein zugeschriebenen Funktionen vgl. SCHLAGENHAUF, K.: Sportvereine in der Bundesrepublik Deutschland – Teil I, a.a.O.

10.2.1 Der Sporterfolg des Vereins als Merkmal der Organisationsleistung

„Sport und Spiel sind ohne den Willen zur Leistung, ohne Wettkampf und Meisterschaft nicht denkbar"[690]. Dieser Satz aus der ‚Charta des Deutschen Sports' verdeutlicht, wie sehr sich der Sport in unserer Gesellschaft dem Leistungsgedanken verpflichtet fühlt. Nun ist sportliche Leistung ein relativer Begriff und hat deshalb in dieser weiten Auslegung die vom vereinsinternen Vergleichskampf bis hin zu absoluten Spitzenleistungen reicht, in die Grundsatzerklärung des Deutschen Sportbundes zum Leistungssport Eingang gefunden.

Ein Beleg für die enge Verknüpfung des Sports und des Wettkampfgedankens ist die Tatsache, daß lediglich 12% aller Vereine keine Wettkampfmannschaften aufzuweisen haben[691]. Da, wie LENK ausführt, in unserer Leistungsgesellschaft „nicht so sehr die wirkliche Leistung zählt, sondern eher die (soziale) Wirkung der Leistung oder gar nur der äußere Erfolg, die Publizität vermeintlicher Leistung"[692], so kann der nach außen sichtbare sportliche Erfolg eines Vereins, wenn auch kein Maßstab für die Gesamtleistung der Organisation, so doch für die Mehrzahl aller Vereine als ein Hinweis auf das Ergebnis eines Teilzieles gewertet werden. Es muß jedoch deutlich gemacht werden, daß der Sporterfolg des Vereins keinesfalls als ein Maßstab Geltung haben kann, der an alle (oder die meisten) Vereine in gleicher Weise angelegt werden könnte, da von einer großen Variationsbreite in der Bewertung dieses Teilzieles bei den einzelnen Vereinen ausgegangen werden muß[693]. Die nachfolgende Betrachtung zum Wettkampf- und Leistungssport im Verein soll aus diesem Grund lediglich der organisatorischen Verortung des institutionalisierten Leistungsvergleichs dienen und nicht der Bewertung organisatorischer Strukturen in bezug auf die Leistung ‚Sporterfolg'[694].

---

[690] DSB (Hrsg.): Charta des Deutschen Sports. Frankfurt/M. 1966, 36.

[691] Es handelt sich hierbei in erster Linie um kleinere Vereine in Sportarten wie z. B. Reiten, Skilaufen, Luftsport, Radsport, Kanu oder Turnen, bei denen das Fehlen einer Mannschaft noch nicht bedeutet, daß kein Wettkampfsport betrieben würde, so daß der Anteil an Vereinen ohne Wettkampfaktivität noch erheblich geringer sein dürfte.

[692] LENK, H.: Leistungssport. In: Deutscher Sportbeirat im DSB (Hrsg.): Charta des Deutschen Sports. Frankfurt/M. 1968, 49.

[693] Die Betrachtung sportlichen Erfolges als ein ‚Teilziel' der Organisation Sportverein, verweist auf einen organisationstheoretisch relevanten Aspekt der Ziel- oder Zwecksetzung von Organisationen, der hier im Zusammenhang mit der Problematik des Sportvereins, obwohl auch auf ihn zutreffend, nicht behandelt werden kann: den Zielkonflikt in Organisationen. Die Vorstellung einer ‚eindimensionalen' Zielsetzung in Organisationen ist längst dem Konzept divergierender, sogar kontradiktorischer Zielvorgaben (Teilziele) gewichen, so daß die Leistung einer Organisation stets als ein Optimierungsproblem bei unterschiedlichen Zielfunktionen der Organisation zu betrachten ist.
Vgl. hierzu z. B. MAYNTZ, R.: Soziologie der Organisation, a. a. O., 74 ff.
PFEIFFER, D. K.: Organisationssoziologie, a. a. O., 39 ff.
PERROW, C.: Organizational Goals, a. a. O., 305−310.
MAYNTZ, R./ZIEGLER, R.: Soziologie der Organisation, a. a. O., 471 ff.
SILLS, D. L.: Voluntary Associations, a. a. O., 369 ff.

[694] Es ist an dieser Stelle nicht beabsichtigt, auf die weitreichende Diskussion über den Leistungssport, seine Funktionen für das Individuum, den Verein oder die Gesellschaft einzugehen, da hier nur strukturelle und organisatorische Gesichtspunkte erörtert werden sollen.
Im übrigen verweisen wir auf die zahlreiche Literatur zu diesem Problembereich:
Vgl. LENK, H.: Leistungssport: Ideologie oder Mythos? Stuttgart 1974.
GRUBE, F./RICHTER, G. (Hrsg.): Leistungssport in der Erfolgsgesellschaft. Hamburg 1973.
KROKOW, G. Graf v.: Sport – Eine Soziologie und Philosophie des Leistungsprinzips. Hamburg 1974.
AUSSCHUSS DEUTSCHER LEIBESERZIEHER (Hrsg.): Motivation im Sport. Stuttgart 1971.
GEBAUER, G.: Leistung als Aktion und Präsentation. In: Sportwissenschaft 2 (1972) 2, 182−203.
LINDE, H./HEINEMANN, K.: Leistungsengagement und Sportinteresse. Stuttgart 1968.
EICHBERG, H.: Der Weg des Sports in die industrielle Zivilisation. Baden-Baden 1973.
GABLER, H.: Leistungsmotivation im Hochleistungssport. Schorndorf 1972.

Schaubild 21 *Anteil der Vereine in den verschiedenen Ebenen des Sporterfolges*[695] *(G = 3187).*

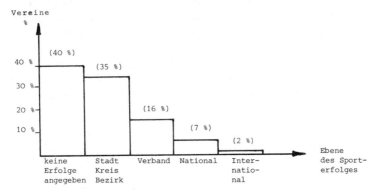

Quelle: Funktionsträgerstichprobe

Zwischen denjenigen Vereinen, die keinen Wettkampfsport betreiben (12% haben keine Wettkampfmannschaften) und denen, die keine nennenswerten Erfolge zu verzeichnen haben (40%), besteht eine große Differenz; das bedeutet, etwa ein Viertel aller Vereine (diejenigen Vereine schon berücksichtigt, die keine Angaben über evtl. doch vorhandene Erfolge gemacht haben) beteiligt sich an Wettkämpfen, ohne dabei zählbare, prestigefördernde Erfolge zu erzielen. Es sind dies in erster Linie die Vereine, die sich selbst als eher ‚freizeitsportorientiert' bezeichnen[696], in kleineren Gemeinden mit nur wenigen Mitgliedern, und die nur eine oder zwei Sportarten anbieten.

Betrachtet man diejenigen Vereine, die sportliche Erfolge aufweisen, so wächst mit der Größe und Komplexität der Organisation auch die Chance von Sporterfolgen auf höherer Ebene[697]. Erfolge auf nationaler oder internationaler Ebene sind demnach eine Domäne der Großvereine. Wie unterschiedlich jedoch die Einstellung zur Leistung und die Erfolgserwartung ist, zeigt die Tatsache, daß gerade die kleinen Einspartenvereine, die zu einem großen Teil dazu tendieren, sich als leistungs- und wettkampforientiert zu betrachten (vgl. Seite 91, *Tabelle 37*), nur in geringem Umfang Sporterfolge auf höherer Ebene (über Kreis- und Bezirksebene) aufzuweisen haben[698]. Die Ergebnisse machen jedoch deutlich, daß mit abnehmender Vereinsgröße auch schon Erfolge auf der unteren Ebene (Kreis, Bezirk) zunehmend positiv bewertet werden.

Sehr eng mit dem Sporterfolg des Vereins korreliert die Anzahl der Wettkampfmannschaften, die der Verein gemeldet hat[699]. Während durchschnittlich etwa die Hälfte aller Vereine bis zu fünf Mannschaften angibt, nehmen ca. drei Viertel der Großvereine mit wenigstens zehn Mannschaften an Wettkampfveranstaltungen teil[700]. Besonders augenfällig sind die relativ

---

[695] Die Angaben beziehen sich auf Erfolge innerhalb der letzten drei Jahre, vgl. Anhang Fragebogen: Frage B 2.
[696] Von den Vereinen, in denen „mehr Wert auf den allgemeinen Sportbetrieb" gelegt wird (vgl. Anhang Fragebogen: Frage B 2) geben über die Hälfte keine sportlichen Erfolge an. Insgesamt bezeichnen sich 31% der Vereine als eher leistungs- und wettkampforientiert, 46% eher freizeitsportorientiert, und 23% legen in gleicher Weise Wert auf beide Orientierungsrichtungen (vgl. Kapitel 6.1.2).
[697] Vgl. Anhang *Tabelle 89*, Sporterfolge der Vereine nach Vereinsarten (I–VIII).
[698] Insgesamt bezeichnet sich immerhin ein Drittel der Vereine, die *keine* Sporterfolge aufzuweisen haben, als wettkampf- und leistungsorientiert.
[699] Vgl. Anhang *Tabelle 90*, Die Vereinsarten (I–VIII) nach der Anzahl ihrer Wettkampfmannschaften.
[700] Noch ca. 4% aller Vereine verfügen über 20 und mehr Wettkampfmannschaften.

vielen Mannschaftsmeldungen in mittelgroßen Prestigevereinen, einer Vereinsart, die sich zum überwiegenden Teil den freizeitsportorientierten Vereinsorganisationen zurechnet (vgl. Seite 91, *Tabelle 37*). Diese Diskrepanz verstärkt sich noch durch einen überdurchschnittlich hohen Anteil deutscher Spitzensportler in diesen Vereinen (20%[701] gegenüber durchschnittlich 11%).

Offensichtlich besteht in diesen Vereinen eine Werthaltung, die dem Wettkampf- und Leistungssport nicht in dem Maße statusfördernde Funktion zuschreibt, wie das etwa bei den oben betrachteten Vereinen der Fall ist, die sich trotz mäßiger Erfolge als leistungssportorientiert bezeichnen.

Schaubild 22   Der Anteil der Vereine mit Spitzensportlern nach Vereinsarten (I – VIII)[702] (G = 3107).

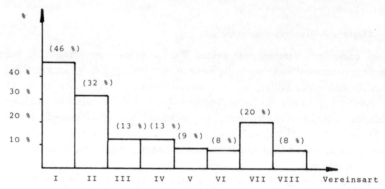

Quelle: Funktionsträgerstichprobe

Vereinsart: I   – Groß/hauptamtlich
             II   – Groß/ehrenamtlich
             III – Mittel/mehrspartig
             IV   – Mittel/einspartig (ohne Prestigesportarten)
             V   – Klein/mehrspartig
             VI   – Klein/einspartig (ohne Prestigesportarten)
             VII – Mittel/einspartig (nur Prestigesportarten)
             VIII – Klein/einspartig (nur Prestigesportarten)

Der in dem Schaubild ausgewiesene Anteil an Vereinen jeder Vereinsart mit einem oder mehreren Spitzensportlern unter seinen Mitgliedern darf nicht verwechselt werden mit der quantitativen Bedeutung der einzelnen Vereinsarten für den Leistungssport im allgemeinen, da hier weder eine Gewichtung nach der Häufigkeit dieser unterschiedlichen Vereinsorganisationen noch nach der Anzahl von Spitzensportlern in den einzelnen Vereinen enthalten ist.

Unter Berücksichtigung dieser genannten Aspekte jedoch verteilen sich die deutschen Spitzensportler wie folgt auf die einzelnen Vereinsarten:

---

[701] D.h.: 20% dieser Vereine geben an, einen oder mehrere Sportler der deutschen Spitzenklasse in ihren Reihen zu haben.

[702] Die Frage hierzu lautete: „Gibt es in Ihrem Verein Sportler, die in ihrer Sportart gegenwärtig zur deutschen Spitzenklasse zählen, oder ist dies nicht der Fall?"

Tabelle 91   Verteilung der deutschen Spitzensportler auf die einzelnen Vereinsarten (G = 3187).

	Vereinsart								
	I %	II %	III %	IV %	V %	VI %	VII %	VIII %	
Anteil der einzelnen Vereinsarten an der Gesamtzahl der Vereine	2	3	21	3	33	29	2	7	100 %
Verteilung der deutschen Spitzensportler auf die einzelnen Vereinsarten	13	10	22	4	24	19	2	6	100 %

Vereinsart:
- I – Groß/hauptamtlich
- II – Groß/ehrenamtlich
- III – Mittel/mehrspartig
- IV – Mittel/einspartig (ohne Prestigesportarten)
- V – Klein/mehrspartig
- VI – Klein/einspartig (ohne Prestigesportarten)
- VII – Mittel/einspartig (nur Prestigesportarten)
- VIII – Klein/einspartig (nur Prestigesportarten)

Die Tabelle zeigt, daß zu Lasten der kleinen Vereine die Großvereine bezüglich des Anteils am Spitzensport ein größeres Gewicht haben, während die Mittel- und Prestigevereine (III, IV, VII, VIII) in etwa ihrem Anteil an der Gesamtzahl der Vereine nach am Spitzensport beteiligt sind. Es wäre jedoch ungerechtfertigt, wollte man hieraus eine geringere Bedeutung der kleinen Vereine für den Spitzensport ableiten, da diese rein quantitative, nur auf Organisationen bezogene Betrachtung zwei wichtige Aspekte unberücksichtigt läßt: Zum einen die unbestritten vorhandenen Verknüpfungen im Wettkampf- und Leistungssport zwischen kleineren und größeren Vereinen, z. B. bei der Talentsuche und Weiterförderung, zum anderen die Diskrepanz zwischen dem Anteil an Vereinen und dem Anteil an betreuten Mitgliedern einer Vereinsart innerhalb der Gesamtorganisation des deutschen Sports. Betrachtet man nämlich den Anteil der von den einzelnen Vereinsarten repräsentierten Mitglieder (vgl. *Tabelle 99*, Seite 197), dann verschiebt sich diese Relation deutlich zugunsten der im Ganzen wesentlich stärker wettkampf- und leistungssportorientierten Kleinvereine. Danach sind es hauptsächlich die Mehrspartenvereine mittlerer Größe und die ehrenamtlich geführten Großvereine, die, gemessen an ihrer Gesamtmitgliederstärke im deutschen Spitzensport unterrepräsentiert sind[703]. Die Schlußfolgerung aus diesen unterschiedlichen Betrachtungsweisen ist also, daß, bezogen auf die Mitgliederschaft, der Anteil an Spitzensportlern in kleineren Vereinen durchschnittlich höher ist als in größeren Vereinen, daß jedoch bei der organisatorischen Verankerung des Spitzensportes in der Bundesrepublik Deutschland die Großvereine ein relativ größeres Gewicht haben.

Diese Tendenz zur organisatorischen Konzentration sportlicher Spitzenleistungen in Großvereinen findet ihren Niederschlag in einem signifikanten Leistungsgefälle innerhalb der einzelnen Gemeindegrößenklassen.

---

[703] Berücksichtigt man nur die aktiv Sporttreibenden in den einzelnen Vereinen, dann verschiebt sich der Zusammenhang noch stärker in diese Richtung (vgl. *Tabelle 99*, Seite 197).

Von daher zeichnet sich eine deutliche Verdichtung sportlicher Leistung und Erfolge in mittleren und großen Städten ab[704].

Unabhängig von der Art des Vereins steigt mit zunehmender Gemeindegröße die Wahrscheinlichkeit größerer Sporterfolge; die Hälfte der Vereine mit internationalen Erfolgen befindet sich in Großstädten über 100 000 Einwohner. Diese räumliche Konzentration sportlicher Leistung findet ihren Ausdruck ebenfalls in der vermehrten Anzahl von Spitzensportlern in größeren Gemeinden[705]. Offensichtlich sind hierfür, nach Einschätzung der Funktionsträger, die besseren Voraussetzungen in bezug auf Sportanlagen und Betreuung und die damit verbundenen größeren Möglichkeiten zur Talentförderung verantwortlich. Neben diesem Vorteil, den die Vereinsstruktur in größeren Städten den dort heranwachsenden Leistungssportlern bietet, übt sie auch eine Sogwirkung auf den talentierten Nachwuchs des direkten und weiteren Umfeldes aus, die jene Sporterfolgs- und Leistungskonzentration noch verstärkt und gleichzeitig zu einer Verdünnung des Leistungsniveaus im großstädtischen Umland und in ländlichen Gebieten führt[706]. Dieser Tendenz soll das Konzept des Deutschen Sportbundes zur Errichtung und Förderung dezentraler Leistungszentren und Leistungsstützpunkte entgegenwirken, um langfristig die Talentfindungs- und Talentförderungschancen im Leistungssport zu erhöhen[707].

Größerer Sporterfolg, wie oben beschrieben, als Merkmal der Publizität organisatorischer Leistung dokumentiert sich deutlich in einer positiveren Beurteilung des Vereinsansehens in der Öffentlichkeit. Während der Sporterfolg diese „äußere" Funktion für den Verein offensichtlich erfüllt, läßt sich für die häufig reklamierte Funktion innerorganisatorischer Integration durch sportliche Erfolge in unseren Ergebnissen kein Nachweis führen. Weder die Kameradschaft im Verein noch die Beteiligung der Mitglieder am Vereinsleben und die Bereitschaft zur Übernahme eines Vereinsamtes zeigen, unabhängig von der Vereinsart, einen Zusammenhang mit dem sportlichen Erfolg des Vereins. Es kann hieraus nicht letztlich gefolgert werden, daß diese Funktion des sportlichen Erfolges generell für den Verein nicht existiert, da die Ermittlung des Mitgliederverhaltens auf dem Weg der Beurteilung durch Funktionsträger nicht als objektives Maß für die Integration eines Vereins gewertet werden kann.

Dennoch lassen diese Befunde die Frage berechtigt erscheinen, die nur in einer direkt darauf gerichteten Untersuchung beantwortet werden könnte, ob oder in welchem Maße im Zuge einer steigenden Versachlichung des Mitgliederanspruches an den Verein der sportliche Erfolg weiterhin integrative Wirkung auf das Handlungsfeld Sportverein auszuüben vermag.

10.2.2 Das Konfliktpotential des Vereins als Merkmal der Organisationsleistung

Unter dem Gesichtspunkt kontinuierlicher Leistung einer Organisation erscheint es notwendig, ein gewisses Maß an Integration zu bewahren, und somit Spannungen und Konflikte

---

[704] Vgl. Anhang *Tabelle 92*, Die Vereine nach der Art ihrer Sporterfolge in den einzelnen Gemeindegrößenklassen.

[705] Während in Kleingemeinden (−2 000 Einwohner) nur 4% der Vereine Spitzensportler in ihren Reihen haben, steigt dieser Anteil in Gemeinden bis 20 000 Einwohner auf 11%, bis 100 000 Einwohner auf 14% und über 100 000 Einwohner auf 22% an.

[706] Das Phänomen der Leistungskonzentration in größeren Städten wird auch bei PFETSCH aufgrund einer Analyse von Leichtathletikbestenlisten nach demographischen Gesichtspunkten bestätigt. Vgl. PFETSCH, F. R. u. a.: Leistungssport . . ., a. a. O., 58 – 66.

[707] Vgl. KLEIN, W.: Deutsches Sporthandbuch I – Rahmenplan zur Talentsuche und Talentförderung, a. a. O., II/11.

innerhalb der Organisation möglichst gering zu halten[708]. Dieses Bemühen ist jedoch um so schwieriger, je ungenauer das zu erreichende Organisationsziel formuliert ist und somit auch die Mittel und Wege zur Erreichung dieses Zieles vermehrt zur Disposition stehen. Ein weiterer Faktor, der auf die Konfliktsituation in Organisationen einwirkt, ist die Anzahl unterschiedlicher Teilziele innerhalb der Organisation und ihrer Mitglieder, wenn deren gleichzeitige Erreichbarkeit ausgeschlossen ist, wodurch auf dem Weg zu einem notwendigen Kompromiß Meinungsverschiedenheiten und Konflikte unausweichlich sind[709].

Für die Organisation Sportverein bedeutet dies, daß mit zunehmender Größe, d. h. größerer Heterogenität des Mitgliederanspruches und wachsender Komplexität des Vereins, somit also breiterer sportartenspezifischer Differenzierung, ein höheres Maß an Meinungsverschiedenheiten und Konflikten zu erwarten ist.

In der Tat zeigt sich, daß mit wachsender Vereinsgröße und größerer Spartenzahl sowohl die Meinungsverschiedenheiten bezüglich aktueller Probleme als auch die Differenzen zwischen einzelnen Abteilungen zunehmen.

Im Bereich der strukturbedingten Differenzen zwischen den einzelnen, in der Hauptsache an der Durchsetzung der eigenen Interessen orientierten Abteilungen in Mehrspartenvereinen, macht sich die festgestellte Knappheit von Ressourcen (Anlagen, Finanzmittel) in der weiten Verbreitung dieser Konfliktpunkte bemerkbar. Dies zeigt sich vor allem in mittleren und größeren Vereinen, bei denen die Anlagenknappheit ein zentrales Problem darstellt und die sich bei der Vielfalt der unterschiedlichen Ansprüche vor die Schwierigkeit der gerechten Finanzmittelverteilung an die Abteilungen gestellt sehen[710]. Die übrigen von uns erfragten Anlässe zu Differenzen zwischen den Abteilungen – Beitragshöhe, Anschaffung und Erweiterung von Anlagen, persönliche und sonstige Differenzen – variieren nicht oder in kaum signifikant unterschiedlicher Weise innerhalb der einzelnen Vereinsarten[711].

Die weniger strukturbedingten, sondern eher in Sachproblemen begründeten Meinungsverschiedenheiten innerhalb der *Vereinsmitgliedschaft*, zeigen hingegen deutliche Unterschiede je nach der Art des Vereins. Von hervorragendem Interesse innerhalb der Diskussion sind hierbei allgemein die Probleme des aktiven wie passiven sportlichen Engagements (Übungsbetrieb, Übungszeiten, Mannschaftsaufstellungen, Wettkampferfolge) sowie auch hier Fragen des Finanzbereiches (Beitragsfestsetzung, Verteilung von Finanzmitteln)[712].

---

[708] Vgl. MAYNTZ, R.: Soziologie der Organisation, a. a. O., 137–138.

[709] Der Begriff des sozialen Konfliktes in Organisationen findet in der Soziologie vielfach unterschiedliche Auslegung. Ihnen gemeinsam ist, nach EULER, „das Wesen von Gegensätzlichkeiten, des Zusammentreffens widerstrebender Kräfte, der Existenz struktureller Spannungen, des Zwiespaltes und streitbarer Auseinandersetzungen". EULER schlägt als kennzeichnendes Merkmal des sozialen Konfliktes vor: a) die Existenz struktureller Spannungsherde, b) die Wahrnehmung dieser Gegensätzlichkeiten in der Bewußtseinssphäre der beteiligten Individuen und c) das Auftreten von Konfliktinteraktionen (Auseinandersetzungshandlungen) anläßlich der in einem sozialen System vorliegenden Spannungsherde. Die Ermittlung von Meinungsverschiedenheiten und Differenzen im Sportverein in der vorliegenden Untersuchung geht von den genannten Merkmalen des Konflikts aus, wobei aufgrund der schriftlichen Erhebung als Untersuchungsmethode unterstellt werden mußte, daß die Wahrnehmungen der Funktionsträger das Ausmaß an Konfliktinteraktionen im Verein ausreichend wiedergeben. Es wurde deshalb in der Fragestellung ausdrücklich auf den Terminus ‚Konflikt' verzichtet, der schon im natürlichen Sprachgebrauch, aber vor allem im Zusammenhang mit dem Sportverein als Identifikationsobjekt, negative Bewertung erfährt, und durch den Begriff ‚Meinungsverschiedenheiten' ersetzt (vgl. Fragebogen im Anhang, Frage C4 und C9). EULER, H. P.: Arbeitskonflikt und Leistungsrestriktion im Industriebetrieb. Düsseldorf 1973, 44–48.

[710] Vgl. Anhang *Tabelle 93*, Die Mehrspartenvereine nach der Häufigkeit bestimmter Anlässe zu Differenzen zwischen einzelnen Abteilungen.

[711] Ebenda.

[712] Vgl. Anhang *Tabelle 94*, Die Vereinsarten (I–VIII) nach der Häufigkeit bestimmter Anlässe zu Meinungsverschiedenheiten im Verein.

Während für größere Vereine, deren Mitglieder zunehmend durch sachorientiertes Interesse an den Verein gebunden sind, in erster Linie organisatorisch strukturelle Probleme einen Grund für Meinungsverschiedenheiten abgeben, stehen in kleineren, stärker integrierten Vereinen Aspekte der Identifikation und des persönlichen Engagements im Verein (Wettkampferfolge, Mannschaftsaufstellungen, Ämterbesetzungen) im Vordergrund[713]. Es war hier nicht zu erwarten, daß sich bestimmte Problempunkte eindeutig auf einzelne Vereinsarten oder bestimmte Größenordnungen von Vereinen festlegen lassen würden. Zu vielfältig sind gerade in diesem Bereich die Einflüsse äußerer Bedingungskonstellationen sowie der internen Mitglieder- und Führungsstruktur, die in nicht zu unterschätzender Weise das Handlungs- und Konfliktfeld ‚Sportverein‘ mitprägen.

Wenn sich auch qualitativ einzelne Anlässe zu Meinungsverschiedenheiten und Abteilungsdifferenzen nicht einer eindeutigen Zuordnung zu bestimmten Vereinsarten fügen, so offenbart doch die Aggregation der Einzelnennungen als Merkmal des Konfliktpotentials von Vereinen[714] einige wesentliche Zusammenhänge zwischen der internen Struktur der Organisation und dem ihr inhärenten Maß an Gegensätzlichkeiten.

Schon allein das Angebot des Sportvereins selbst, d. h. die Sportarten, die in ihm betrieben werden können, ist auf dem Weg der schichtenspezifischen Orientierung bestimmter Sportarten Ausgangspunkt für das Entstehen von Konflikten innerhalb des Vereins. Zur Ermittlung der ‚sozialen Spannweite‘ des Vereinsangebotes, d. h. inwieweit durch die angebotenen Sportarten Personen aus unterschiedlichen sozialen Schichten angesprochen werden, wurden die verschiedenen Sportarten nach Kriterien der Schichtzugehörigkeit ihrer Vereinsmitglieder gewichtet[715] und in drei Kategorien unterteilt (obere, mittlere, untere Kategorie)[716]. Größte Spannweite des Angebots liegt nach dieser Einteilung dann vor, wenn in einem Verein Sportarten aus allen drei Kategorien betrieben werden können. Vereine, welche Sportarten aus nur einer Kategorie, unabhängig aus welcher, anbieten, sind dagegen durch eine nur geringe Spannweite des Angebotes zu kennzeichnen (vgl. auch Kapitel 6.1.3).

Die Ergebnisse machen deutlich, daß, unabhängig von der Mitgliederzahl, in der Tat das größte Konfliktpotential in den Vereinen anzutreffen ist, die über ein eher heterogenes Sportangebot in bezug auf die schichtenspezifische Rekrutierung der Vereinsmitglieder verfügen. Hieraus erklären sich auch die verschiedentlich beobachteten Schwierigkeiten, die vor allem in allgemeinen Turn- und Sportvereinen, die im Zuge des Tennisbooms der letzten

---

[713] Meinungsverschiedenheiten über Mannschaftsaufstellungen und mangelnden Sporterfolg zeigen einen deutlichen Zusammenhang mit den erreichten sportlichen Erfolgen. Gerade in Vereinen ohne bedeutende Erfolge (auf Kreis- oder Bezirksebene), aber mit vermutlich weiterreichenden Ambitionen treten diese Probleme häufig als Kristallisationspunkte von Meinungsverschiedenheiten auf. Bei sportlich erfolgreicheren Vereinen entstehen diesbezüglich in selténeren Fällen Differenzen.

[714] In Anlehnung an die Vorgehensweise von EULER bei der Operationalisierung eines ‚industriebetrieblichen Konfliktpotentials‘ ermittelt sich das Konfliktpotential des Vereins aus der Addition der jeweils genannten Anlässe zu Meinungsverschiedenheiten im Verein aus einer Reihe vorgegebener Problempunkte. Es handelt sich deshalb natürlich um ein relatives Maß, da die vorgegebenen Konfliktpunkte nur einen Teil der tatsächlich auftretenden Ursachen für Auseinandersetzungen darstellen können (vgl. Fragebogen im Anhang: Frage C4 und C9).
Vgl. EULER, H. P.: Das Konfliktpotential industrieller Arbeitsstrukturen. Düsseldorf 1977, 60–61.

[715] Diese Werte entstammen der ersten Hauptuntersuchung unter Vereinsmitgliedern, in deren Verlauf Schichtindizes für die einzelnen Sportarten ermittelt werden konnten.
Vgl. SCHLAGENHAUF, K.: Sportvereine in der Bundesrepublik Deutschland – Teil I, a. a. O., 150–159.

[716] Es handelt sich hierbei wohlgemerkt nicht um eine Einteilung nach Ober-, Mittel- und Unterschichtsportarten im Sinne der sonst üblichen Schichtendifferenzierung, da einerseits eine eindeutige Abgrenzung hier sehr schwer fallen müßte und andererseits Sportaktivität und Vereinsmitgliedschaft ohnehin schon ein Merkmal mittlerer und gehobener Schichten darstellt.

Jahre, nicht zuletzt unter ökonomischen Aspekten, eine Tennisabteilung eröffnet haben, mit der Integration dieser Abteilungen in den Gesamtverein erwachsen sind. Die Ursache hierfür liegt in den zum Teil anders gearteten Verhaltensmustern der Mitglieder aus unterschiedlichen sozialen Beziehungsgefügen, die (nach ESSER) als Merkmale der Person für das Entstehen von Konflikten ausschlaggebend sind[717].

Unter dem Aspekt strukturimmanenter Konfliktpotentiale gewinnt nach den vorliegenden Ergebnissen auch die Zentralität des Entstehungsprozesses an Bedeutung. Vereine, deren Abteilungen ein hohes Maß an Unabhängigkeit vom Gesamtverein in ihren Entscheidungen besitzen, und die aufgrund dieser Unabhängigkeit vermehrt eigenständige Zielsetzungen entwickeln, die mit den Zielen des Gesamtvereins nicht immer übereinstimmen, sind anfälliger für Meinungsverschiedenheiten und Differenzen, als vergleichbare andere Vereine. In eher umgekehrter Weise wirkt das Ausmaß demokratischer Mitgliederbeteiligung[718] im Verein als Merkmal des Führungsstils offensichtlich konfliktmindernd, unabhängig von der Art des Vereins.

Personenorientierung in der Vereinsführung hingegen, d. h. inwieweit eine Einzelperson (meist der erste Vorsitzende) besonders starken Einfluß auf die Entscheidungen im Verein ausübt, zeigt einen Zusammenhang sowohl mit niedrigem als auch hohem Konfliktpotential im Verein. Dies bedeutet, wie schon erwähnt, daß Personenorientierung in der Vereinsführung nicht allein negativ zu beurteilen ist, sondern, daß abhängig von der Situation des Vereins (in erster Linie der Mitgliederaktivität) sowie speziellen Eigenschaften der dominierenden Persönlichkeit, der Einfluß und ‚aktive Einsatz' einzelner für den Verein durchaus von Vorteil sein kann.

Von entscheidendem Einfluß auf die Konfliktsituation des Vereins ist die Funktionsfähigkeit des Führungsapparates. Vereine, in denen die Organisation des Vereinsbetriebes und die Zusammenarbeit im Vorstand günstig bewertet werden, bieten in weit geringerem Maße Anlässe zu grundlegenden Meinungsverschiedenheiten und aktuellen Konflikten. Das gleichzeitig höhere Mitgliederengagement kommt nicht zuletzt in deutlich gemindertem Schwierigkeiten bei der Besetzung von Vereinsämtern zum Ausdruck. Außerdem wird gerade in diesen Vereinen die Kameradschaft unter den Mitgliedern von seiten der Funktionsträger besser beurteilt als sonst.

Die aufgezeigten Zusammenhänge zwischen der Organisationsstruktur und den darin angelegten Anlässen zu Meinungsverschiedenheiten und Differenzen im Verein haben die Minimierung des Konfliktpotentials als *ein* Leistungselement der Organisation verdeutlicht. Keinesfalls kann hieraus jedoch abgeleitet werden, daß Konfliktaustrag im Verein stets als „disfunktionales", also hemmendes und schädigendes Element des Vereinslebens zu betrachten ist. Im Gegenteil ist das legitime Bestreben einer Organisation nach Systemerhaltung und Bestandssicherung ohne die offene Auseinandersetzung der Organisation mit der seitens der Mitglieder an sie gerichteten Ansprüchen kaum denkbar. Vor allem in einer *freiwilligen* Organisation wie dem Sportverein ist langfristig der Fortbestand der Organisation gebunden an eine Anpassung der Ziele des Vereins an die Veränderung der Mitgliederansprüche; ein Prozeß, wie er z. B. im Verlaufe des Sportbooms der letzten Jahre innerhalb der Sportvereine in ausgeprägter Weise zu beobachten war.

---

[717] Vgl. ESSER, W. M.: Individuelles Konfliktverhalten in Organisationen. Stuttgart 1975, 29.
[718] Zum Problem der Mitgliederbeteiligung vgl. Kapitel 9.5 Aspekte der Führung und des Führungsverhaltens in Sportvereinen.

11. Das Verhältnis der Vereine zur übergeordneten Sportorganisation (Verbände und DSB)

Im vorangegangenen Abschnitt wurde die Leistung und Funktionsfähigkeit des Sportvereins auf dem Hintergrund organisationsstruktureller Aspekte betrachtet.

Nun kann der Sportverein als Organisation nicht allein als abgeschlossenes System betrachtet werden, sondern ist auch unter organisationsspezifischen Gesichtspunkten stets im Zusammenhang der ihn berührenden Einflußfaktoren des gesamten Umfeldes zu analysieren. Bereits die „Mitgliedschaft" im Deutschen Sportbund (über die Fachverbände und Landessportbünde) als konstitutivem Organ der Selbstverwaltung des deutschen Sports bedeutet für den einzelnen Verein die Eingliederung in eine übergeordnete Organisation, mit wechselseitigen Beziehungen, als deren Teil der Verein einerseits Pflichten übernimmt, andererseits jedoch auch Unterstützung und Förderung zu erwarten hat.

Der 1950 nach Überwindung einiger Schwierigkeiten gegründete ‚Deutsche Sportbund'[719] als die Interessenvertretung des deutschen Sports, setzt sich zum Ziel, „alle erforderlichen gemeinsamen Maßnahmen zur Förderung des Sports (zu) koordinieren, die gemeinschaftlichen Interessen seiner Mitgliederorganisationen gegenüber Staat und Öffentlichkeit (zu) vertreten und alle überfachlichen Fragen im In- und Ausland zum Wohle des deutschen Sports (zu) regeln"[720].

Unter dieser Zielsetzung ist es dem Deutschen Sportbund gelungen, die zunächst noch vorhandene, aus der Inpflichtnahme des Sports durch das Dritte Reich resultierende Zurückhaltung des Staates gegenüber dem Sport[721] nicht nur abzubauen, sondern diesen durch zielstrebigen Einsatz zu einem gesellschaftspolitischen Faktor ersten Ranges im Bereich der Freizeit zu machen.

Mit dem beständigen Hinweis auf die vielfältigen Funktionen des Sports für das Individuum und die Gesellschaft als Ganzes seitens des DSB entwickelte sich eine kontinuierlich steigende Nachfrage nach sportlicher Aktivität, die die Sportorganisation von der Kapazität her vor nahezu unlösbare Aufgaben stellte. Nur durch das finanzielle Engagement des Staates, das seine Rechtfertigung in den vielfältigen dem Sport zugeschriebenen Funktionen hat, wurde es möglich, die Kapazitätsprobleme vor allem im Bereich der Anlagen zu vermindern (vgl. Kapitel 7.6), wodurch die Nachfrage jedoch noch zusätzlich belebt wurde.

Die Inanspruchnahme derart umfassender Funktionen und Aufgaben von seiten der Dachorganisation – vom Sport für Nichtmitglieder über die Integration von Ausländern, Älteren, Behinderten, Strafgefangenen bis zu dem hochgesteckten Ziel ‚Sport für alle' – erzeugte einen an die Vereine gerichteten Anspruchsdruck seitens der Mitglieder, der ‚noch nicht'-Mitglieder sowie der öffentlichen Meinung (‚ein guter Verein ist nur derjenige, der möglichst viele Funktionen erfüllt'), mit dem die gewachsene Organisation ‚Verein' in ihrer Struktur häufig

---

[719] Zur Entwicklung des Sports und der Sportorganisation in Deutschland nach dem 2. Weltkrieg vgl. STRYCH, E.: Der westdeutsche Sport in der Phase der Neugründung 1945–1955. Stuttgart 1975.
[720] GIESELER, K. H.: Struktur des Sports, Sportpolitik. In: DSB (Hrsg.): Materialien für Organisationsleiter. Frankfurt/M. 1977, 1.1.1.
[721] Vgl. KNECHT, W.: Partnerschaft auf Raten – Versäumnisse und Perspektiven bundesdeutscher Sportpolitik. Frankfurt/M. 1970, 12.

noch immer überfordert ist (Zitat des Vorsitzenden eines Großvereins: „Was sollen wir denn noch alles machen")[722].

Der Deutsche Sportbund hat den hieraus resultierenden Zwang zur effektiveren und effizienteren Gestaltung der Vereinsorganisation erkannt und versucht, mit der Entwicklung von Förderungskonzepten[723] (z. B. die finanzielle Unterstützung und Ausbildung von Übungsleitern) sowie Information und Beratung die Vereine zu unterstützen[724]. Obwohl der DSB aufgrund des föderalistischen Systems der Sportorganisation keinen direkten Kontakt zum einzelnen Verein besitzt, ist dennoch die Bedeutung, die die Politik der Dachorganisation für den Sportverein selbst hat, nicht als gering einzuschätzen.

Die direkten Partner des Vereins sind jedoch die Landessportbünde und Fachverbände[725], die je nach Zuständigkeit den Verein finanziell unterstützen, die Organisation von Wettkämpfen übernehmen, Übungsleiter und Führungskräfte ausbilden, Talente suchen und fördern und schließlich informieren und beraten[726]. Den Verbänden fällt somit die Aufgabe zu, die sportpolitischen Entscheidungen der Dachorganisation an die ausführenden Organe, die Vereine, weiter zu vermitteln. Die Verbände selbst sind jedoch augenblicklich aufgrund ihrer personellen wie strukturellen Situation nur in begrenztem Umfang in der Lage, die an sie gestellten hohen Anforderungen, vor allem im Bereich der Ausbildung, Information und Beratung, ausreichend zu erfüllen[727]. Der einzelne Verein ist daher zunächst weiterhin dem wachsenden Anspruchsdruck ausgesetzt, während die Unterstützung seitens der Verbände noch nicht die notwendige Intensität erreicht hat[728]. Auf dem Hintergrund dieser Diskrepanz

---

[722] Der deutsche Sport ist im Begriff, neben seinen rein sportlichen Zielen auch solche sozialen Funktionen in unserer Gesellschaft zu übernehmen, die z. B. in Amerika vornehmlich von anderen freiwilligen Organisationen, sogenannten ‚social influence organizations', ausgeübt werden, wobei u. E. Berücksichtigung finden sollte, inwieweit der einzelne Verein sich hierzu in der Lage sieht, oder ob hier nicht in Bereiche vorgestoßen wird, die eine *freiwillige* Organisation wie den Sportverein mit ihren vielfältigen Aufgaben und Problemen im allgemeinen Sportbetrieb überfordern.

[723] Hierzu zählt auch der jüngste Versuch, die Vereine durch die Vermittlung organisatorischer Kenntnisse an Funktionsträger innerhalb der Organisationsleiterausbildung zu unterstützen, zu deren Zweck gegenwärtig die Führungsakademie des DSB in Berlin fertiggestellt wird.

[724] Zu diesem Zweck verlegt der DSB in seinem Eigenverlag umfangreiche Materialien zu einzelnen Problemfragen im Verein, z. B.
DSB (Hrsg.): Übungs- und Jugendleiter-Fortbildung
DSB (Hrsg.): Führen und Verwalten im Sport
DSB (Hrsg.): Optimal Führen I und II
DSB (Hrsg.): Elektronische Datenverarbeitung im Sport
DSB (Hrsg.): Die Bedeutung der Vereine für die sportliche Betätigung der Frau
DSB (Hrsg.): Materialien für Organisationsleiter
DSJ (Hrsg.): Handbuch für Jugendleiter in der Deutschen Sportjugend

[725] Die Fachverbände repräsentieren die fachliche Gliederung der Sportorganisation, während den Landessportbünden die regional überfachliche Organisation und Koordination des Sports zukommt.

[726] Es wird an dieser Stelle auf eine Darstellung des organisatorischen Aufbaues des Deutschen Sportbundes und der Zuständigkeit von Fachverbänden und Landessportbünden verzichtet und auf die hierzu vorhandene Literatur des DSB verwiesen. Vgl. GIESELER, K. H. u. a. (Hrsg.): Der Sport in der Bundesrepublik Deutschland. Bonn 1972.
DSB (Hrsg.): Materialien für Organisationsleiter. Frankfurt/M. 1977.

[727] Zu ähnlichen Ergebnissen kommt eine Untersuchung in den Niederlanden, die den meisten dort tätigen Sportverbänden eine geringe Leistungsfähigkeit aufgrund uneffizienter Verwaltungs- und Organisationsmethoden bescheinigt.
Vgl. NEDERLANDS SPORT FEDERATIE: Information. Den Haag, IV, 1977.

[728] Zur weiteren Durchdringung dieses Problemkreises läuft gegenwärtig im Auftrag des Bundesinstituts für Sportwissenschaft an der Universität Köln unter der Leitung von R. MAYNTZ und E. SCHEUCH das Anschlußprojekt zur vorliegenden Untersuchung, mit dem Ziel einer organisationssoziologischen Analyse des Deutschen Sportbundes.

ist das bekanntlich eher distanzierte Verhältnis der Vereine zu den Verbänden durchaus erklärbar[729], wenn auch die fehlende Kommunikation und Kooperation keineswegs den Verbänden allein angelastet werden kann, sondern zum Teil einer gewissen Trägheit und Beharrlichkeit der einzelnen, vor allem kleineren Vereine zuzuschreiben ist.

Angesprochen auf die allgemeine Zusammenarbeit mit den Landessportbünden und Fachverbänden äußern sich die Funktionsträger der verschiedenen Vereinsarten nicht signifikant unterschiedlich und im Rahmen der stereotypen Prozentsätze allgemeiner Zufriedenheitsfragen[730], wobei die Zusammenarbeit mit den Fachverbänden allgemein besser beurteilt wird als der Kontakt zu den Landessportbünden. Konfrontiert mit speziellen, vorgegebenen Kritikpunkten löst sich die allgemeine Undifferenziertheit der Aussagen jedoch auf.

Tabelle 95   Verbesserungswünsche der Vereine bei der Zusammenarbeit mit den Verbänden (Mehrfachnennungen) (G = 3129).

Verbesserungswunsch	Vereine
Information und Beratung der Vereine	49 %
Handhabung der Mittelverteilung	43 %
Kenntnis praktischer Vereinsprobleme	34 %
Ausbildung von Übungsleitern	32 %
Talentförderung	27 %
Abwicklung von Formalitäten (Bürokratie)	25 %
Ausbildung von Führungspersonal	21 %
Besetzung von Verbandsämtern	8 %
Wettkampforganisation	7 %
Sonstiges	2 %

Quelle: Funktionsträgerstichprobe

Insgesamt gesehen, halten lediglich 9% aller Vereine die Zusammenarbeit mit den Verbänden nicht für verbesserungsbedürftig. Der ausgeprägte Wunsch nach vermehrter Information und Beratung dokumentiert das oben beschriebene, distanzierte Verhältnis zwischen Verein und Verband. Die geringe Kritik an der Organisation des Wettkampfsports macht deutlich, daß die Aktivitäten der Verbände vor allem in dem Bereich anerkannt werden, der zu ihren ‚ursprünglichen' Aufgaben zu rechnen ist, während die neu entstandenen Anforderungen noch nicht im gleichen Maße zufriedenstellend erfüllt werden können. Bemerkenswert erscheint die Tatsache, daß die geäußerten Mängel offensichtlich der Organisation als Ganzem, und nur in selteneren Fällen (8%) einzelnen Funktionsträgern der Verbände zugerechnet werden; ein Kritikpunkt (Vetternwirtschaft, Verbandsklüngelei), der bis vor einigen Jahren noch häufig gegenüber den Verbänden geäußert wurde.

---

[729] Auf die Gefahr des ‚vereinsfernen' Verhaltens der Verbände verweist schon WILLI DAUME auf dem Bundestag des DSB 1962. Vgl. DAUME, W.: Der Verein als Träger . . ., a.a.O., 17.

[730] Zur Problematik der Ermittlung positiver und negativer Einstellung von Auskunftspersonen zu Sachverhalten, deren Ausprägung zumindest teilweise der Person selbst zugeschrieben werden kann, und die somit durch Identifikationsmechanismen mit bestimmt sind vgl. LINDE, H.: Soziale Determinanten der Zufriedenheit, a.a.O.

Der Vergleich zwischen den einzelnen Vereinsarten zeigt, daß in größeren Vereinen schon allein aufgrund des breiteren Angebots an verschiedenen Sportarten und dem damit verbundenen Kontakt zu unterschiedlichen Fachverbänden häufiger Kritikpunkte an der Zusammenarbeit mit den Verbänden auftreten[731]. Die Verbesserungsvorschläge beziehen sich hierbei in stärkerem Maße auf die Bereiche Verwaltung, Organisation und Beratung. In kleineren Vereinen dagegen steht die Zusammenarbeit im sportlichen Bereich eher im Vordergrund. Die Prestigevereine bemängeln vor allem die Wirksamkeit der Verbandsorganisation bei der Ausbildung von Übungsleitern und der Förderung von Talenten[732].

Unter dem Einfluß sportartenspezifischer, d. h. fachverbandsgebundener Konstellationen äußern die Funktionsträger von Vereinen mit nur einer Sportart in unterschiedlicher Weise Verbesserungsvorschläge für die Zusammenarbeit von Verein und Verband[733].

Tabelle 96 Vorschläge der Vereine zur Verbesserung der Zusammenarbeit zwischen Verein und Verband nach Vereinsarten (I – VIII) (Mehrfachnennungen).

Vereinsart[734]	Anzahl der Vereine abs. %	Verbesserungsvorschläge									
		Information u. Beratung %	Mittelverteilung %	Kenntnis der Vereinsprobleme %	Übungsleiterausbildung %	Führungspersonalausbildung %	Bürokratie %	Wettkampforganisation %	Talentförderung %	Ämterbesetzung %	keine Kritik %
I	52= 2%	67	49	49	33	35	31	12	26	16	2
II	98= 3%	63	60	43	39	36	32	5	29	15	6
III	645= 21%	49	43	38	35	30	30	5	25	11	7
IV	92= 3%	49	39	44	28	30	16	7	23	10	8
V	1006= 33%	49	43	33	31	20	25	7	26	6	9
VI	903= 29%	47	41	31	26	15	24	8	26	8	11
VII	49= 2%	42	46	19	33	17	21	6	40	10	6
VIII	227= 7%	43	43	24	42	9	18	7	34	5	10
Vereine zusammen	3072=100%	49% = 1498	43% = 1318	34% = 1029	32% = 968	21% = 637	25% = 773	7% = 206	27% = 822	8% = 248	9% = 275
		$W(x^2)=$ =99,34% CK=0,11	$W(x^2)=$ =96,26% CK=0,10	$W(x^2)=$ =100% CK=0,15	$W(x^2)=$ =100% CK=0,15	$W(x^2)=$ =100% CK=0,24	$W(x^2)=$ =99,83% CK=0,12	nicht signifikant	$W(x^2)=$ =93,16% CK=0,09	$W(x^2)=$ =100% CK=0,14	$W(x^2)=$ =93,33% CK=0,09

Quelle: Funktionsträgerstichprobe

Vereinsart:
I – *Groß/hauptamtlich*   V – *Klein/mehrspartig*
II – *Groß/ehrenamtlich*   VI – *Klein/einspartig (ohne Prestigesportarten)*
III – *Mittel/mehrspartig*   VII – *Mittel/einspartig (nur Prestigesportarten)*
IV – *Mittel/einspartig*   VIII – *Klein/einspartig (nur Prestigesportarten)*
(ohne Prestigesportarten)

---

[731] Vgl. Seite 193, *Tabelle 96*, Vorschläge der Vereine zur Verbesserung der Zusammenarbeit zwischen Verein und Verband nach Vereinsarten (I – VIII).
[732] Ebenda.
[733] Vgl. Seite 194, *Tabelle 97*, Sportartenspezifische Unterschiede bei der Äußerung von Verbesserungsvorschlägen für die Zusammenarbeit von Verein und Verband (Einzweckvereine).
[734] Erklärung der Variablen ‚Vereinsart' siehe Seite 38 – 40.

Tabelle 97 Sportartenspezifische Unterschiede bei der Äußerung von Verbesserungsvorschlägen für die Zusammenarbeit von Verein und Verband (Einzweckvereine). (Mittelwerte der Nennungen aus 10 vorgegebenen Verbesserungswünschen – vgl. Anhang, Fragebogen: Frage C 13.)

Sportart[735]	Mittelwert
Turnen	1,40
Kanu	1,94
Schießen	2,18
Kegeln	2,25
Luftsport	2,28
Segeln	2,28
Tennis	2,30
Fußball	2,34
Ski	2,46
Reiten	2,60
Tischtennis	2,73
Radsport	2,77
Schwimmen	2,93

Quelle: Funktionsträgerstichprobe

Ein niedriger Mittelwert bedeutet hierbei die Nennung von weniger Unzufriedenheiten der Vereine bezüglich der speziellen Aufgabenbereiche der Verbände und umgekehrt. Bei der Auslegung dieser Rangskala gilt es jedoch zu berücksichtigen, daß bei nicht direkt beobachtbaren Sachverhalten, bei denen wir auf die Aussagen von Auskunftspersonen zurückgreifen müssen, mit dem Einfluß personenabhängiger Kritikbereitschaft zu rechnen ist. Das bedeutet in diesem Zusammenhang zum Beispiel, daß Funktionsträger eines Vereines, die gleichzeitig auch ein Amt innerhalb des Verbandes bekleiden, also in einem personal und sozial eindeutigen Bezug zu dem zu beurteilenden Objekt stehen[736], sich deutlich weniger kritisch zur Aufgabenstellung der Verbände äußern als andere.

Zusätzlich scheint die Organisationsstruktur und die Funktionsfähigkeit des Vereins[737] selbst Einfluß auf die Beurteilung der Zusammenarbeit von Verein und Verband zu haben, denn unabhängig von der Vereinsart stehen die Funktionsträger von Vereinen mit höherem internen Konfliktpotential der Funktionstüchtigkeit der Verbände kritischer gegenüber[738].

---

[735] Es wurden hierbei nur solche Sportarten berücksichtigt, die in der Stichprobe ausreichend vertreten waren.
[736] Vgl. LINDE, H.: Soziale Determinanten..., a.a.O., 33.
[737] Unabhängig von der Art des Vereins, nennen die Funktionsträger von Vereinen, in denen die Zusammenarbeit im Vorstand und die Organisation des Vereinsbetriebes als gut oder sehr gut bezeichnet werden, weniger Verbesserungswünsche bei der Zusammenarbeit von Verbänden und Vereinen als andere.
[738] Vgl. Anhang *Tabelle 98*, Vereine mit unterschiedlichem internen Konfliktpotential nach der Anzahl an Kritikpunkten bei der Zusammenarbeit von Verein und Verband.

Beide Einschränkungen jedoch verteilen sich statistisch über alle Sportarten, so daß sich insgesamt zwar das Niveau verschieben kann, jedoch kaum die Relationen zwischen den einzelnen Sportarten.

Die durch das rapide Anwachsen der Sportnachfrage in den letzten Jahren sowie durch den Wandel der Mitgliedereinstellung veränderte Anspruchssituation, der sich der einzelne Verein gegenübersieht, hat dazu geführt, daß auch die Ansprüche des Vereins an die übergeordnete Sportorganisation, die Verbände, gewachsen sind. Die Verbände selbst sehen sich daher zum Teil völlig neuen Aufgaben gegenüber, die ausreichend zu bewältigen sie noch nicht in allen Bereichen in der Lage sind[739]. Die Kritik von etwa der Hälfte der Vereine über mangelnde Information und Beratung belegt u. E. am deutlichsten die Diskrepanz zwischen den Ansprüchen der Vereine und den Möglichkeiten der Verbände und sollte Ansatzpunkt für weiterreichende Überlegungen und Konzepte sein. Es sind nach unseren Erfahrungen in erster Linie konkret praktische Hilfestellungen, die die Vereine bei der Bewältigung ihrer Probleme von seiten der Verbände erwarten: weniger allgemein gehaltene Verhaltensempfehlungen und die Vorgabe beispielhafter Strukturen, als vor allem problemorientierte, technisch verwertbare Information und Beratung.

---

[739] Die Erkenntnis dieser noch vorhandenen Schwäche der Verbandsorganisationen findet ihren Niederschlag in einem Passus einer Resolution anläßlich des DSB-Bundestages 1978 unter dem Motto ‚Vereint für die Vereine': „Die angepaßte Dienstleistung der Verbände für die Vereine ist eine wesentliche Voraussetzung für den weiteren Fortschritt." DSB (Hrsg.): Resolution des Bundestages 1978 des Deutschen Sportbundes. In: DSB-Info 22/78, 4—5.

12. Die Bedeutung der einzelnen Vereinsarten für die Bewältigung der Sportnachfrage

„Ausschlaggebend für den Erfolg einer Freizeiteinrichtung ist ihr Beitrag zur Bedürfnisbefriedigung der Bevölkerung und ihre Anpassungsfähigkeit an Veränderungen in der Bedürfnisstruktur"[740].

Ersetzen wir in dieser Aussage den wenig faßbaren und viel umstrittenen Bedürfnisbegriff[741] durch den Terminus ‚Nachfrage', so läßt sich für den Sportverein als Freizeiteinrichtung die Frage ableiten, die den Ausgangspunkt der abschließenden Betrachtungen zur Organisation und Struktur der Sportvereine in der Bundesrepublik Deutschland bilden soll, nämlich welchen Beitrag die unterschiedenen Vereinsarten zur Bewältigung der Sportnachfrage leisten.

Es sei darauf hingewiesen, daß, wie auch schon mehrfach betont, eine rein mengenmäßige Betrachtung dieser Leistung den übrigen Funktionen des Vereins nicht ausreichend gerecht wird; jedoch erscheint gerade dieser Aspekt in einer Analyse, die vornehmlich an der Darstellung struktureller Zusammenhänge orientiert ist, vor allem im Hinblick auf konzeptionelle Maßnahmen von besonderer Bedeutung.

Vergleicht man die relative Häufigkeit der einzelnen Vereinsarten mit deren Anteil an der Gesamtmitgliederzahl aller Sportvereine in unserem Land, dann fällt die Disproportion zwischen Kleinvereinen (−300 Mitglieder) und Großvereinen (>1000 Mitglieder) deutlich ins Auge (Vgl. *Tabelle 99*, nächste Seite).

Während die Großvereine (4,9%)[742] mehr als ein Viertel (26,3%) aller Sportvereinsmitglieder vertreten, aktivieren die kleinen Vereine, die insgesamt über *zwei* Drittel aller Vereine ausmachen (69,5%), weniger als *ein* Drittel (30,3%) aller Mitglieder. Die größte Bedeutung für die Deckung der Sportnachfrage besitzen jedoch die mittelgroßen Vereine (300–1000 Mitglieder) mit mehreren Abteilungen, die allein mehr als ein Drittel (36,5%) aller Mitglieder des Deutschen Sportbundes repräsentieren. Berücksichtigt man die unterschiedlichen Anteile an aktiven Mitgliedern[743] innerhalb der einzelnen Vereinsarten, so verschieben sich die Proportionen noch deutlich zugunsten der Großvereine; danach ist annähernd ein Drittel aller wöchentlich wenigstens einmal im Verein Sporttreibenden Mitglied in einem Großverein[744].

---

[740] LOGON (Hrsg.): Freizeithandbuch – Freizeiteinrichtungen in der Bundesrepublik Deutschland 1980. München 1974, 155.

[741] Zur Diskussion und Kritik von Bedürfniskonzepten als motivationale Elemente sozialen Verhaltens vgl. IRLE, M.: Lehrbuch der Sozialpsychologie. Zürich 1975, 143–200.

[742] D.h.: Es gab 1975 in der Bundesrepublik Deutschland schon mehr als 2 000 Vereine mit über 1000 Mitgliedern. Noch ca. 800 Vereine hatten mehr als 1500 Mitglieder.

[743] Als aktives Mitglied gilt in diesem Zusammenhang, wer wenigstens einmal pro Woche im Verein Sport treibt.

[744] Vgl. *Tabelle 99*, Seite 197

Tabelle 99 Der Anteil der einzelnen Vereinsarten (I—VIII) an der Deckung der Sportnachfrage nach ausgewählten Meßziffern (G = 3122).

Vereinsart	Prozentuale Verteilung der Vereinsarten	durchschnittliche Mitgliederzahl	Anteil der Vereinsarten an der Gesamtmitgliederschaft des DSB	mittlerer Aktivenanteil [745]	Anteil der Vereinsarten an der aktiven Mitgliederschaft des DSB [745]	mittlerer Frauenanteil	Anteil der Vereinsarten an den aktiv sporttreibenden Frauen des DSB [746]	mittleres Übungsstundenangebot pro Woche	Anteil der Vereinsarten an der Gesamtzahl der angebotenen Übungsstunden	mittlerer Anteil Jugendlicher bis 14 Jahre	Anteil der Vereinsarten an der Gesamtzahl der Jugendlichen des DSB
Groß/ hauptamtlich	1,7	1994	11,1	60,2	13,7	42	17,0	101	9,8	34	14,7
Groß/ ehrenamtlich	3,2	1424	15,2	57,7	18,0	42	21,9	64	11,7	37	21,4
Mittel/ mehrspartig	21,0	523	36,5	49,2	36,9	35	37,6	29	34,8	30	41,8
Mittel/ einspartig	4,6	448	6,9	40,3	5,7	30	4,9	24	6,3	20	5,2
Klein/ mehrspartig	32,8	160	17,5	41,9	15,0	27	11,8	11	20,6	17	11,3
Klein/ einspartig	36,7	105	12,8	40,4	10,7	22	6,8	8	16,8	12	5,6
zusammen	100,0%	300	100,0%	48,7	100,0%	28	100,0%	18	100,0%	19	100,0%

Anmerkung 1: Die in der Tabelle angegebenen Kommawerte ergeben sich aus der rechnerischen Ermittlung der einzelnen Merkmale und spiegeln keineswegs eine absolute Genauigkeit wider, die unter statistischen und stichprobentheoretischen Gesichtspunkten nicht zu vertreten wäre.

Anmerkung 2: Es wurde bei dieser Aufstellung auf eine Unterteilung nach Prestigesportarten verzichtet, da bezüglich der durchschnittlichen Mitgliederzahlen, auf welchen die Berechnungen beruhen, keine deutlichen Unterschiede auftreten.

Quelle: Funktionsträgerstichprobe

Bei der Bewertung dieses Trends zum größeren Verein gilt es jedoch zu berücksichtigen, daß der zunehmenden und häufig idealisiert dargestellten organisatorischen Konzentration in bestimmten Bereichen strukturelle Grenzen gesetzt sind. So schließt zum Beispiel in der Vielzahl kleinster Gemeinden (—2000 Einwohner)[747] schon die geringe potentielle Mitgliederzahl das Entstehen mittelgroßer, aber vor allem großer Vereine aus, so daß den Kleinvereinen trotz des in der Relation geringen Anteiles an der Gesamtnachfrage, allein aufgrund der Häufigkeit kleiner Gemeinden, erhebliche Bedeutung zukommt.

In engem Zusammenhang mit der Verteilung der Mitglieder auf die einzelnen Vereinsarten steht das Übungsstundenangebot der Vereine, wobei der Anteil der Kleinvereine an der Gesamtzahl der angebotenen Übungsstunden deutlich höher liegt als der Mitgliederanteil[748]. Hieraus kann geschlossen werden, daß größere Vereine durchschnittlich mehr Personen pro angebotener Übungsstunde zu betreuen haben als kleinere Vereine (Vgl. Kapitel 6.1.4).

---

[745] Als aktive Mitglieder werden hier diejenigen bezeichnet, die mindestens einmal pro Woche im Verein Sport treiben.

[746] Hierbei konnte der unterschiedliche Aktivitätsgrad der Frauen in den einzelnen Vereinsarten nicht berücksichtigt werden, der zusätzlich eine Verschiebung zugunsten der Großvereine mit sich bringen würde, da die Frauen hier den größten Aktivitätsgrad erreichen.

[747] 1975 hatten zwei Drittel aller Gemeinden in der Bundesrepublik Deutschland bis 2000 Einwohner (vgl. *Schaubild 7*, Seite 68).

[748] Vgl. *Tabelle 99*, Seite 197).

Betrachtet man die Sportnachfrage getrennt unter geschlechtsspezifischen Gesichtspunkten, so tritt ein wichtiger, organisationsbezogener Aspekt deutlich zutage. Die Großvereine (ca. 5% aller Vereine), in denen aufgrund ihres breiten, besonders auch für Frauen attraktiven Angebotes Männer und Frauen zu nahezu gleichen Teilen vertreten sind[749], repräsentieren fast 40% aller regelmäßig, wenigstens einmal wöchentlich im Verein sporttreibenden Frauen. Dieses Gewicht der Großvereine für die Beteiligung der Frau an organisationsgebundener sportlicher Aktivität macht deutlich, in wie geringem Maße Frauen in den übrigen Vereinsorganisationen vertreten sind[750]. Dieser Mangel, vor allem in Kleinvereinen, liegt in erster Linie in angebotsspezifischen Gegebenheiten begründet, d. h. in einer Festlegung auf bestimmte Sportarten wie zum Beispiel Fußball oder Handball, die für potentielle weibliche Vereinsmitglieder wenig Aufforderungscharakter besitzen.

Ähnlich gewichtig wie für die sportliche Aktivität der Frauen sind die großen Vereinsorganisationen auch für die Durchführung des Jugendsportes. Hier jedoch liegt die eindeutige Dominanz bei den Mittelvereinen mit mehreren Abteilungen, die allein schon weit mehr als ein Drittel (41,8%) der Jugendlichen bis zu 14 Jahren betreuen[751].

In Ergänzung des rein quantitativen Aspektes der ‚Vereinsleistung' stellt sich die Frage nach einer ökonomischen Beurteilung der einzelnen Vereinsarten. In Ermangelung spezieller, hierzu eigentlich notwendiger Bilanzdaten des Vereins, verhelfen uns an dieser Stelle das monatlich zur Verfügung stehende Haushaltsvolumen und die Zahl der damit zu betreuenden Mitglieder zu einigen interessanten Differenzierungen[752]. Die Ergebnisse zeigen, daß gerade diejenigen Vereine, die den größten Anteil der Sportnachfrage betreuen, nämlich die mittelgroßen Vereine mit mehreren Abteilungen und die ehrenamtlich geführten Großvereine, mit dem niedrigsten Geldbetrag pro Mitglied und Monat auskommen müssen[753].

Die höheren Aufwendungen in anderen Großvereinen resultieren zum Teil aus der Beschäftigung hauptamtlicher Kräfte, zum Teil jedoch auch aus dem zusätzlichen Aufwand eines formaleren Verwaltungsapparates. Bemerkenswert erscheint, daß kleine Vereine mit einem begrenzten Angebot über zum Teil höhere Mittel pro Mitglied und Monat verfügen als mittlere und große Vereine[754, 755].

Bezogen auf die aktiv Sporttreibenden im Verein verändert sich die Relation sogar noch weiter zugunsten der Kleinvereine. Danach bilden die ehrenamtlich geführten Großvereine die ‚billigste' Vereinsart, d. h., diejenige, die mit dem geringsten Finanzvolumen, bezogen auf die aktiv zu betreuenden Mitglieder, im Monat auskommt. Unter allen gemachten Einschränkungen hat es somit den Anschein, als ob größere Vereine in der Lage sind, ökonomischer zu arbeiten als kleine.

---

[749] Vgl. *Tabelle 99*, Seite 197.
[750] Berücksichtigt man, daß in den Prestigevereinen (mittel und klein) der Frauenanteil ebenso hoch ist wie in Großvereinen, dann verringert sich das mengenmäßige Gewicht der übrigen kleinen Einspartenvereine für die Sportaktivität der Frau noch zusätzlich (der Frauenanteil in kleineren Prestigevereinen beträgt durchschnittlich 41% gegenüber nur 14% der übrigen Kleinvereine).
[751] Vgl. *Tabelle 99*, Seite 197.
[752] Vgl. Anhang *Tabelle 100*, Die Vereinsarten (I – VIII) nach ökonomischen Indikatoren.
[753] Wie im vorigen Kapitel angedeutet, kann dieser fiktive Betrag nicht als Maßstab für die Effizienz eines Sportvereins gewertet werden, da kaum zu beurteilen ist, inwieweit vergleichbare Leistungen vorliegen (z. B. Leistungssportambitionen, Qualität der Anlagen und Betreuung).
[754] Die sehr hohen Beträge, die umgerechnet auf das einzelne Mitglied pro Monat in den Prestigevereinen zur Verfügung stehen, sind kaum mit denen der übrigen Vereine vergleichbar, da hier den Einnahmen in erheblichem Maße anlagenbedingte Kosten gegenüberstehen, die bei den allgemeinen Turn- und Sportvereinen nicht in diesem Umfang anfallen.
[755] Vgl. Anhang *Tabelle 100*, Die Vereinsarten (I – VIII) nach ökonomischen Indikatoren.

Dieser Eindruck wird dadurch verstärkt, daß die finanzielle Situation in diesen Vereinsarten, trotz der geringeren Finanzmittel pro Mitglied, nicht signifikant schlechter eingeschätzt wird als in anderen Vereinen; d. h., die geringere Geldmenge wird nicht als einschränkender Faktor bei der Betreuung der Nachfrage empfunden, was auf eine ökonomischere Verwendung der Finanzmittel schließen läßt.

Insgesamt gesehen jedoch ist die Finanzsituation des Vereins als ‚conditio sine qua non' *der* Punkt innerhalb einer Palette von Beurteilungskriterien, der von seiten der Funktionsträger der einzelnen Vereinsarten ohne signifikanten Unterschied mit am schlechtesten eingeschätzt wird[756].

Auf die Frage, wie den einzelnen Vereinen bei der Bewältigung der ständig wachsenden finanziellen Anforderungen geholfen werden könnte, steht an erster Stelle der Ruf nach Unterstützung seitens des Staates (inkl. Steuererleichterungen) und der Gemeinden, wobei nur geringe Unterschiede zwischen den einzelnen Vereinsarten festgestellt werden konnten[757].

Die Maßnahme der Beitragserhöhung zur Sanierung der Finanzlage findet gerade in den Vereinen mit den durchschnittlich niedrigsten Beiträgen (vgl. Kapitel 8.1.1), den Kleinvereinen, die geringste Zustimmung, obwohl nach unseren Befunden durchaus die Bereitschaft der Mitglieder vorhanden ist, für ein entsprechendes Angebot höhere Beiträge zu bezahlen.

Eine Einschränkung des kostspieligen Spitzensportes ziehen am ehesten die besonders leistungssportorientierten einspartigen Mittelvereine in Betracht; daneben aber auch die hauptamtlich geführten Großvereine, deren Entscheidungen in stärkerem Maße als in den anderen Vereinsarten ein rationales und ökonomisches Kalkül zugrunde liegt.

Bemerkenswert ist die Tatsache, daß innerhalb der kleinen Gruppe von 2% aller Vereine, die den Verkauf von vereinseigenem Gelände und Anlagen in die Überlegungen mit einbeziehen, gerade die Mehrspartenvereine mittlerer Größe stark überrepräsentiert sind, obwohl diese Vereine allgemein die wenigsten vereinseigenen Anlagen besitzen. Offenbar handelt es sich hierbei um solche Vereine, die sich mit kostspieligen Bauprojekten ständigen Zins- und vor allem Folgekostenbelastungen ausgesetzt haben, die sie nachträglich häufig überfordern.

Faßt man die angesprochenen Finanzierungsarten nach betriebswirtschaftlichen Gesichtspunkten in den Kategorien

- Innenfinanzierung (Erhöhung der Mitgliederbeiträge[758], Einschränkung des Spitzensports, Verkauf von Vereinseigentum)
- Außenfinanzierung (Werbeträger, private Mäzene)
  (nicht staatlich)
- Außenfinanzierung (Unterstützung durch die Gemeinde, Bund und Länder, steuerliche Vergünstigungen)
  (staatlich)

zusammen, so wird deutlich, daß große und mittlere Vereine, abgesehen von ihrem Bemühen, möglichst alle Finanzierungsarten auszuschöpfen, in erster Linie staatliche Unterstützung fordern, obwohl sie auch bereit sind, durch interne Veränderungen zur Verbesserung der

---

[756] Vgl. Anhang *Tabelle 101*, Bewertung der Vereinsarten (I–VIII) durch die Funktionsträger nach verschiedenen Gesichtspunkten der Struktur und Organisation des Vereins (Mittelwerte).

[757] Vgl. Anhang *Tabelle 102*, Beurteilung (Zustimmung + /Ablehnung –) verschiedener Möglichkeiten zur Verbesserung der Finanzsituation in den Vereinsarten (I–VIII).

[758] Es ließe sich darüber streiten, ob in strengem Sinne die Erhöhung der Beiträge als Maßnahme der Innenfinanzierung bezeichnet werden kann, oder ob sie nicht eher den Charakter der Beteiligungsfinanzierung und somit der Außenfinanzierung aufweist. Es wäre in diesem Falle der Begriff Innenfinanzierung durch Eigenfinanzierung zu ersetzen.
Vgl. WÖHE, G.: Einführung in die allgemeine Betriebswirtschaftslehre. Frankfurt M. 1956[6], 308–309.

Finanzlage beizutragen. Kleinvereine hingegen befürworten neben der Unterstützung durch die öffentliche Hand weitere Hilfe *von außen* in Form von Industriewerbung oder privaten Mäzenen und lehnen *eigene* Maßnahmen zur Entlastung der Finanzsituation wesentlich eher ab[759]. Diesem Mangel an interner Initiative in Kleinvereinen, der mit einer größeren Abhängigkeit gegenüber Dritten bezahlt wird, steht das Bemühen der Großvereine gegenüber, Unsicherheitssituationen, bedingt durch die Abhängigkeit von Privatpersonen oder Firmen, zu vermeiden, um den Bestand der Organisation ohne belastende Unwägbarkeiten sichern zu können, weshalb der Gemeinde und dem Staat als Partner der Vorzug gegenüber privaten Mäzenen und Industrieunternehmen gegeben wird.

Die eben beschriebene, allgemein als schlecht befundene Finanzsituation des Vereins wird nur durch eine noch negativere Beurteilung der Talentförderung seitens der Funktionsträger übertroffen. Trotz eines gut eingeführten und deutliche Erfolge zeitigenden Übungsleiterkonzeptes, das den Vereinen die Möglichkeit einer qualitativ verbesserten sportlichen Anleitung bietet, fühlt sich ein Großteil der Vereine nur ungenügend in der Lage, die Aufgaben im Bereich der Talentförderung zu bewältigen. Neben den einspartigen Spezialvereinen, die offenbar über günstigere Bedingungen bei der Ausbildung von Nachwuchstalenten verfügen, beurteilen innerhalb der Mehrspartenvereine in erster Linie die Großvereine ihre Förderungsmöglichkeiten eher positiv. Aus dieser Überlegung heraus plädieren die Funktionsträger dieser Großvereine überwiegend dafür, daß kleine Vereine talentierte Jugendliche frühzeitig an größere Vereine mit besseren Förderungsmöglichkeiten abgeben. In kleineren Vereinen hingegen (auch in Prestigesportarten) findet diese Ansicht relativ wenig Unterstützung.

In dieser Diskrepanz dokumentiert sich der Interessenkonflikt zwischen den Zielen der Dachorganisation (DSB), der an einer möglichst effektiven Ausschöpfung und Förderung des Talentreservoirs gelegen ist, und dem Bemühen des einzelnen Vereins, auch an den Ergebnissen seiner eigenen Jugendarbeit teilzuhaben. Als ein gangbarer Versuch, zwischen diesen unterschiedlichen Interessenlagen zu vermitteln, erscheint, wie schon erwähnt, das Konzept dezentraler Leistungszentren, die dem aufstrebenden Sportler bessere und gut erreichbare Trainingsmöglichkeiten bieten sollen und ihm dennoch ermöglichen, für seinen Stammverein aktiv zu bleiben. Gegen den Erfolg dieses Konzeptes spricht jedoch die zunehmende Tendenz in fast allen Sportarten, den Aktiven schon in mittleren und unteren Leistungsklassen finanzielle Zuwendungen zu gewähren, wodurch die kleineren und weniger finanzkräftigen Vereine wiederum in Nachteil geraten.

In der Beurteilung des Sportangebotes im Verein spiegelt sich, mit Ausnahme der Prestigevereine, in denen die soziale Attraktivität der Sportart selbst Eingang in die Bewertung findet, deutlich die Breite des Sportangebotes wider, d. h., wieviele unterschiedliche Sportarten angeboten und welche speziellen Personengruppen zusätzlich angesprochen werden. Hiernach zeigt sich, die Prestigevereine ausgenommen, ein stetiges Beurteilungsgefälle zwischen den Großvereinen einerseits und den kleinen Vereinen andererseits[760].

Unter den Gesichtspunkten des vereinsartenspezifischen Beitrages zur Bewältigung der Sportnachfrage stellen neben der Breite des Angebotes die Sportanlagen- sowie die Betreuungskapazität die ‚leistungsbegrenzenden' Faktoren innerhalb der Vereine dar. Während bei

---

[759] Vgl. *Tabelle 102*, Beurteilung (Zustimmung + / Ablehnung –) verschiedener Möglichkeiten zur Verbesserung der Finanzsituation in den Vereinsarten (I – VIII).
[760] Vgl. Anhang *Tabelle 101*, Bewertung der Vereinsarten (I–VIII) durch die Funktionsträger nach verschiedenen Gesichtspunkten der Struktur und Organisation des Vereins (Mittelwerte).

der Einschätzung der Anlagensituation die Disproportion zwischen quantitativer Verfügbarkeit und qualitativer Ausstattung deutlich zutage tritt (diejenigen Vereinsarten – Großvereine und Prestigevereine – deren Anlagen qualitativ am besten beurteilt werden, weisen die größten Kapazitätsengpässe im Bereich der Anlagen auf; vgl. Kapitel 7.3), unterstreicht die schlechtere Beurteilung von Betreuung und Training das offensichtliche Defizit der kleinen Vereine in diesem Bereich[761].

Die künftige Entwicklung bei der organisatorischen Bewältigung der Sportnachfrage ist unabdingbar geknüpft an die Kapazitätssituation innerhalb der einzelnen Vereine. Als bemerkenswert muß das Ergebnis bezeichnet werden, daß insgesamt nahezu die Hälfte (43%) aller Vereine sich aufgrund ihrer Ausstattung mit Anlagen und Betreuern nicht oder nur teilweise (in einzelnen Abteilungen) in der Lage sieht, weitere Mitglieder aufzunehmen. Am günstigsten erscheint die Situation in den kleinen Ein- und Mehrspartenvereinen, von denen annähernd zwei Drittel uneingeschränkt die Möglichkeit der Aufnahme neuer Mitglieder bei gleicher Ausstattung bestätigen, während in den größeren Vereinen (Mittel/mehrspartig – Großvereine) meist nur in einzelnen Abteilungen freie Kapazitäten zur Verfügung stehen[762]. Den höchsten Auslastungsgrad erreichen die Prestigevereine, von denen der größere Teil kaum noch die Möglichkeit sieht, neue Mitglieder aufzunehmen[763].

Bei denjenigen Vereinen, die nicht oder nur teilweise in der Lage erscheinen, neue Mitglieder aufzunehmen, stellen noch immer die Sportanlagen den größten Engpaß dar. Dies gilt im besonderen für Prestigevereine, bei denen Betreuung und Anleitung nicht eine so gravierende Rolle für die Ausübung der sportlichen Aktivität spielen wie bei anderen Sportarten[764]. In den übrigen Kleinvereinen (nicht in Prestigesportarten), die mit Sportanlagen eher ausreichend versorgt sind, fehlen in erster Linie Betreuer und Übungsleiter, während für die meisten Mittel- und Großvereine eine Erweiterung des Mitgliederbestandes sowohl die Bereitstellung zusätzlicher Anlagen als auch die Gewinnung neuer Betreuer notwendig machen würde.

Wie die Befunde zeigen, sind organisatorisch noch gewisse Reserven bei einer weiterhin steigenden Sportnachfrage vorhanden. Es wird aber auch deutlich, daß strukturelle Maßnahmen notwendig sind, um vorhandene Anlagenkapazitäten, wie z. B. bei Kleinvereinen, durch die Beseitigung von Engpässen bei der Betreuung in diesen Vereinen nutzbar zu machen. Zusätzlich gilt zu berücksichtigen, daß, wie schon im ersten Teil der Untersuchung festgestellt, der Trend der Nachfrageentwicklung vermehrt zu den sozial attraktiveren Sportarten geht[765], also zu den Vereinen, die von ihrer Anlagensituation am wenigsten in der Lage erscheinen, auf Dauer zusätzliche Nachfrage zu befriedigen.

Die insgesamt beobachtete Entwicklung zu einem mehr sachorientierten Interesse der Mitglieder[766] macht es langfristig auch notwendig, vor allem in kleineren Vereinen vorhandene Defizite im Bereich der Qualität von Anlagen und Betreuung abzubauen, wenn man die selbst

---

[761] Vgl. Anhang *Tabelle 101*, Bewertung der Vereinsarten (I–VIII) durch die Funktionsträger nach verschiedenen Gesichtspunkten der Struktur und Organisation des Vereins (Mittelwerte).

[762] Vgl. Anhang *Tabelle 103*, Kapazitätsauslastung (Aufnahmemöglichkeiten) der Vereine nach Vereinsarten (I–VIII).

[763] Ebenda.

[764] Vgl. Anhang *Tabelle 104*, Kapazitätsengpässe der Vereine nach Vereinsarten (I–VIII).

[765] Vgl. SCHLAGENHAUF, K.: Sportvereine in der Bundesrepublik Deutschland – Teil I, a.a.O., 187.

[766] Diese im ersten Teil der Untersuchung aufgezeigte Tendenz bestätigt sich auch in der Beurteilung der Mitgliederbeteiligung am Vereinsleben und der Kameradschaft im Verein.
Vgl. Anhang *Tabelle 101*, Bewertung der Vereinsarten (I–VIII) durch die Funktionsträger nach verschiedenen Gesichtspunkten der Struktur und Organisation des Vereins (Mittelwerte).

im Bewußtsein der Funktionsträger als weniger ‚leistungsfähig' eingestufte Organisationsform des kleinen Vereins, dem jedoch spezielle Qualitäten vor allem im sozialen Bereich zugeschrieben werden und, wie wir gesehen haben, auch zuzugestehen sind, nach außen hin gegenüber den Sportgroßorganisationen wieder konkurrenzfähig machen will. Um dies zu erreichen, wäre es jedoch in erster Linie erforderlich, auch in kleineren Vereinen die Notwendigkeit eines finanziellen Äquivalentes für die erbrachte Leistung in Form eines entsprechenden Mitgliedsbeitrags bewußt zu machen[767] sowie eine gewisse Bereitschaft zur Übernahme schon bewährter, rationeller Verwaltungs- und Organisationspraktiken innerhalb des Vereins zu vermitteln[768].

Die beschriebenen Veränderungen einiger Organisationsprinzipien sowie der Wandlungsprozeß in der Einstellung der Mitglieder zum Verein bedeutet jedoch keineswegs, daß der Verein die Mehrzahl seiner Funktionen, z. B. die der Geselligkeit und privaten Kontaktfindung, aufzugeben im Begriffe ist. Zwar mag sich die Bedeutung der Vereinsgeselligkeit für das einzelne Mitglied angesichts der Vielzahl konkurrierender Freizeitangebote verändert haben, jedoch betonen in allen Vereinsarten etwa drei Viertel aller Vereine die Wichtigkeit der Geselligkeitspflege im Verein gegenüber einer Organisationsform ohne Einbeziehung und Berücksichtigung der Gesellungsneigung ihrer Mitglieder[769]. Den Stellenwert, den die Geselligkeit im Verein noch immer hat, bestätigen auch die Ergebnisse des ersten Hauptteiles dieser Untersuchung, in der SCHLAGENHAUF, je nach Vereinsart, einen durchschnittlichen Anteil der Geselligkeit von einem Drittel bis zu einem Viertel der gesamten Kontaktzeit zum Verein ermittelt hat[770]. Dabei verlagert sich diese Geselligkeit, und hierin mag die größte Veränderung bestehen, vornehmlich auf den nichtformellen Bereich, d. h. meist auf das Beisammensein im Anschluß an die Übungsstunden[771].

Gleichwohl läßt sich die Funktion des Vereins kaum, wie CRON es beschrieben hat, zunehmend auf die reine Ausübung von Geselligkeit beschränken, worin der ‚Niedergang des Vereins' begründet sei[772]. Eher ist hier dem Eindruck DUNCKELMANNs zuzustimmen, der eine „Privatisierung des Vereinswesens"[773], d. h. eine Ausrichtung auf die individuellen Interessen des Einzelnen konstatiert, sie jedoch als der ursprünglichen Eigenart des Vereins kaum noch entsprechend bezeichnet.

Den Schlußfolgerungen beider Autoren – CRON versagt dem heutigen Verein jegliche gesellschaftsbildende Kraft[774], während DUNCKELMANN von abnehmender Funktionalität, also geminderter Bedeutung, des Vereins für die Gesellschaft spricht – muß entgegengehalten

---

[767] Lediglich in kleinen Ein- und Mehrspartenvereinen (nicht Prestigevereinen) lehnen die Funktionsträger die Auffassung vom Vereinsangebot als eine Art „Dienstleistung im Bereich der Freizeit, die wie jede andere bezahlt werden muß" (vgl. Fragebogen im Anhang: Frage C 1) mit überwiegender Mehrheit ab.

[768] Die Funktionsträger von Kleinvereinen (nicht Prestigevereinen) lehnen die Aussage: „Ein Sportverein ist seinen heutigen Aufgaben nur gewachsen, wenn er wie ein Unternehmen verwaltet und organisiert wird" (vgl. Fragebogen im Anhang: Frage C 11) häufiger ab als diejenigen anderer Vereine.

[769] Ca. drei Viertel aller Vereine lehnen ohne signifikanten Unterschied nach der Vereinsart die Aussage ab: „Ein Sportverein hat für seine Mitglieder geeignete Sportbedingungen zu schaffen, die Geselligkeit ist dabei unwichtig".

[770] Vgl. SCHLAGENHAUF, K.: Sportvereine in der Bundesrepublik Deutschland – Teil I, a. a. O., 94.

[771] Ebenda, 101.

[772] Vgl. CRON, H.: Niedergang des Vereins. In: Merkur (1959) 133, 265.

[773] DUNCKELMANN, H.: Lokale . . ., a. a. O., 96.

[774] Vgl. CRON, H.: a. a. O., 267.

werden, daß sie von einem statischen Vereinsbegriff ausgehen; von Funktionen des Vereins für das Individuum und die Gesellschaft, die der Verein in der heutigen Situation teilweise nicht mehr zu erfüllen in der Lage ist; in einer Gesellschaft jedoch, deren soziales Beziehungsgefüge sich deutlich von dem den ursprünglichen Verein umschließenden unterscheidet, und in der die freiwillige Organisation Verein einen wesentlich veränderten Stellenwert einnimmt.

Nach unserer Auffassung ist der Verein als organisatorische Verknüpfung gemeinsamer Interessen einem ständigen Prozeß sozialen Wandels ausgesetzt, wie die Gesellschaft selbst, so daß zu keiner Zeit eine Festschreibung des Begriffs ‚Verein‘ mit allen Inhalten und Funktionen gerechtfertigt erscheint.

Der heutige Sportverein jedenfalls, wie wir ihn in der vorliegenden Arbeit beschrieben haben und der sich zweifellos deutlich von dem Verein früherer Prägung unterscheidet, ist ein lebendiges Beispiel im Wandel begriffener Organisationserfordernisse aus veränderten Aktivitätsbedürfnissen.

Dem Verein ist jedoch heute ebenso wie zu früheren Zeitpunkten gesellschaftsbildende Kraft zuzuschreiben, die sich in unserem jetzigen, zunehmend auf Freizeit fixierten Sozialgefüge vor allem in der Funktion einer verhaltensprägenden und statusvermittelnden Instanz manifestiert.

Teil C

Anhang

Schaubilderübersicht

Schaubild 1   Mitgliederverteilung des DSB nach Vereinsarten (Lorenzkurve) (Text Seite 41).

Schaubild 2   Erhebungsstrategie und Stichprobenplan (Text Seite 43).

Schaubild 3   Rücklaufdiagramm der schriftlichen Erhebung unter Funktionsträgern von Sportvereinen (Text Seite 46).

Schaubild 4   Mitgliederentwicklung der Landessportbünde von 1965–1976 (Text Seite 59).

Schaubild 5   Gründungsdatum der Sportvereine in der Bundesrepublik Deutschland (Text Seite 62).

Schaubild 6   Verteilung der Vereine des Deutschen Sportbundes nach Vereinsgröße (Text Seite 63).

Schaubild 7   *Lorenzkurve:* Zusammenhang von Gemeindegröße und Vereins- bzw. Mitgliederverteilung des Deutschen Sportbundes (Text Seite 68).

Schaubild 8   Verteilung von Gesamtbevölkerung und Sportvereinsmitgliedern nach Gemeindegrößenklassen (1975) (Text Seite 69).

Schaubild 9   Regionale Unterschiede im Anteil der Jugendlichen (bis 18 Jahre) an der Gesamtmitgliederzahl der Vereine (Text Seite 73).

Schaubild 10   Regionale Unterschiede im Anteil der Frauen an der Gesamtmitgliederzahl der Vereine (Text Seite 73).

Schaubild 11   Anteil der Vereine mit zusätzlichen Veranstaltungen für spezielle Zielgruppen in den einzelnen Landessportbünden (Text Seite 105).

Schaubild 12   Anteil der Vereine mit nur einer Sportart in den einzelnen Landessportbünden (Text Seite 105).

Schaubild 13   Übungsstundenangebot der Vereine in den einzelnen Landessportbünden (Durchschnittswerte) (Text Seite 106).

Schaubild 14   Angebot an geselligen Veranstaltungen des Gesamtvereins in den einzelnen Landessportbünden (Durchschnittswerte) (Text Seite 106).

Schaubild 15   Beurteilung der Sportanlagensituation (qualitativer Aspekt) in unterschiedlichen Gemeindegrößenklassen (Text Seite 121).

Schaubild 16   Durchschnittlicher Beitragsanteil am Gesamthaushalt nach Vereinsarten (Text Seite 140).

Schaubild 17   Mehrspartenvereine unterschiedlicher Größe nach der Zahl ihrer Abteilungen (Text Seite 149).

Schaubild 18   Anteil der Vereine mit eigenen Vorstandsgremien in allen Abteilungen bei Mehrspartenvereinen unterschiedlicher Größe (Text Seite 152).

Schaubild 19   Anteil der Vereine ohne nebenamtliche Übungsleiter in den einzelnen Vereinsarten (Text Seite 161).

Schaubild 20   Anteil der Vereine, bei denen der 1. Vorsitzende die Hauptlast der Vereinsarbeit trägt, in den einzelnen Vereinsarten (Text Seite 174).

Schaubild 21   Anteil der Vereine in den verschiedenen Ebenen des Sporterfolges (Text Seite 183).

Schaubild 22   Der Anteil der Vereine mit Spitzensportlern nach Vereinsarten (I–VIII) (Text Seite 184).

Tabellenübersicht

	Mustertabelle (Text Seite 49)
Tabelle 1	Rücklaufquoten der schriftlichen Erhebung unter Sportvereinen in den einzelnen Landessportbünden (Text Seite 47).
Tabelle 2	Durchschnittlicher Anteil sportlich aktiver Mitglieder in Einzweckvereinen, gegliedert nach Sportarten (Anhang).
Tabelle 3	Relative Häufigkeit und durchschnittliche Mitgliederzahlen der einzelnen Vereinsarten (Anhang).
Tabelle 4	Mitglieder- und Vereinsentwicklung des Deutschen Sportbundes von 1965–1976 nach Altersklassen und Geschlecht (Anhang).
Tabelle 5	Verteilung der Gesamtbevölkerung und Sportvereinsmitglieder nach Altersklassen (Text Seite 56).
Tabelle 6	Entwicklung der durchschnittlichen Mitgliederzahlen pro Verein nach Landessportbünden (1957, 1965, 1976) (Anhang).
Tabelle 7	Mitgliederentwicklung in den einzelnen Vereinsarten von 1972–1975 (Text Seite 57).
Tabelle 8	Mitgliederzuwachs in den einzelnen Sportarten von 1965–1976 nach Alter und Geschlecht (Anhang).
Tabelle 9	Verteilung der Gesamtbevölkerung und der Mitglieder des Deutschen Sportbundes nach Landessportbünden (Anhang).
Tabelle 10	Mitgliederentwicklung in den Landessportbünden von 1965–1976 (jährliche Zuwachsraten in Prozent) (Anhang).
Tabelle 11	Altersstruktur der Bevölkerung (31. 12. 74) in den einzelnen Bundesländern (Anhang).
Tabelle 12	Mitgliederzuwachs in den Landessportbünden von 1965–1976 nach Alter und Geschlecht und Zunahme der Vereine (Anhang).
Tabelle 13	Vereine in unterschiedlichen Gemeindegrößenklassen nach ihrer Mitgliederentwicklung von 1972–1975 (Anhang).
Tabelle 14	Gründungsdatum der Vereine nach Vereinsarten (I–VIII) (Anhang).
Tabelle 15	Gründungsdatum der Vereine nach Landessportbünden (Anhang).
Tabelle 16	Einzweckvereine in unterschiedlichen Sportarten nach ihrer Verteilung innerhalb der angegebenen Vereinsgrößenklassen (Anhang).
Tabelle 17	Verteilung der Kleingemeinden (− 2000 Einwohner) und Kleinstvereine (− 75 Mitglieder) nach Landessportbünden (Anhang).
Tabelle 18	Verteilung der Vereinsarten (I–VIII) nach Gemeindegrößenklassen (Anhang).
Tabelle 19	Verteilung der unterschiedlichen Vereinsarten nach Landessportbünden (Anhang).
Tabelle 20	Prozentuale Verteilung der Mitglieder in den Landessportbünden nach Alter und Geschlecht (Anhang).
Tabelle 21	Die Vereinsarten (I–VIII) nach ihrem Frauenanteil (Anhang).
Tabelle 22	Die Vereinsarten (I–VIII) nach ihrem Anteil jugendlicher Mitglieder bis 18 Jahre (Anhang).

Tabelle 23	Frauenanteil in Sportvereinen nach Gemeindegrößenklassen (Anhang).
Tabelle 24	Jugendanteil in Sportvereinen nach Gemeindegrößenklassen (bis 18 Jahre) (Anhang).
Tabelle 25	Altersstruktur, Frauenanteil und Aktivenanteil in Vereinen mit nur einer Sportart (Text Seite 75).
Tabelle 26	Anteil sportlich aktiver Mitglieder in den einzelnen Vereinsarten (Anhang).
Tabelle 27	Rangfolge der Sportarten nach dem Anteil sportlich aktiver Mitglieder (Text Seite 79).
Tabelle 28	Anteil der einzelnen Sportarten am Sportangebot der Vereine (Ein- und Mehrspartenvereine) in der Bundesrepublik (Text Seite 82).
Tabelle 29	Erweiterung des Sportangebotes (1972–1975) in Mehrspartenvereinen (Anhang).
Tabelle 30	Die Verteilung einzelner Sportarten auf Vereine mit unterschiedlich großem Sportangebot (Anhang).
Tabelle 31	Die Verteilung einzelner Sportarten auf Vereine mit unterschiedlichen Mitgliederzahlen (Anhang).
Tabelle 32	Die Verteilung der einzelnen Sportarten auf die nach ihrer Organisationsform unterschiedenen Vereinsarten (I–VIII) (Anhang).
Tabelle 33	Organisatorisch bedingte Affinitäten zwischen den einzelnen Sportarten in Vereinen, die mehr als eine Sportart anbieten (Anhang).
Tabelle 34	Die Häufigkeit des gemeinsamen Auftretens unterschiedlicher Sportarten in Mehrspartenvereinen (Anhang).
Tabelle 35	Anteil der einzelnen Sportarten an der Erweiterung von Vereinsangeboten zwischen 1972 und 1975 (Anhang).
Tabelle 36	Orientierungsschwerpunkte (Wettkampf- und Leistungssport/Freizeitsport) in Einzweckvereinen unterschiedlicher Sportarten (Anhang).
Tabelle 37	Orientierungsschwerpunkte (Wettkampf- und Leistungssport/Freizeitsport) in den einzelnen Vereinsarten (Text Seite 91).
Tabelle 38	Relative Häufigkeit spezieller Zusatzangebote in den Vereinen (Text Seite 92).
Tabelle 39	Zusätzliche Angebote des Vereins für spezielle Zielgruppen in den einzelnen Vereinsarten in Prozent (Anhang).
Tabelle 40	Quantitative Ausprägung des Angebots an betreuten Übungsstunden und geselligen Veranstaltungen in Einzweckvereinen unterschiedlicher Sportarten (Anhang).
Tabelle 41	Durchschnittliche Mitgliederzahl und angebotene Übungsstunden pro Woche nach Vereinsarten (Text Seite 95).
Tabelle 42	Übungsstundenangebot in den einzelnen Vereinsarten (Anhang).
Tabelle 43	Anteil der unterschiedlichen Sportarten am Vereinsangebot in verschiedenen Gemeindegrößenklassen (Anhang).
Tabelle 44	Zusatzangebot der Vereine für spezielle Zielgruppen in den einzelnen Gemeindegrößenklassen (Anhang).
Tabelle 45	Vereine nach der Zahl der von ihnen angebotenen Sportarten in unterschiedlichen Gemeindegrößenklassen (Anhang).
Tabelle 46	Anteil der aktiven Mitglieder an der Gesamtmitgliederzahl des Vereins nach Landessportbünden (Anhang).

Tabelle 47	Überbesetzungen (+) und Unterbesetzungen (−) von Sportarten in den einzelnen Landessportbünden (Anhang).
Tabelle 48	Vereine nach der Breite ihres Sportangebotes in den einzelnen Landessportbünden (Anhang).
Tabelle 49	Vereine nach der Zahl der zwischen 1972 und 1975 neu aufgenommenen Sportarten in den einzelnen Landessportbünden (Anhang).
Tabelle 50	Überbesetzungen bei Zusatzangeboten des Vereins für spezielle Zielgruppen nach Landessportbünden (Anhang).
Tabelle 51	Grundverteilung und quantitative Beurteilung der den Vereinen zur Verfügung stehenden Anlagen (Text Seite 110).
Tabelle 52	Verfügung der Vereine über Anlagen aus unterschiedlichen Funktionsbereichen (Text Seite 111).
Tabelle 53	Anlagenkonstellation in den Vereinsarten (I−VIII) (Anhang).
Tabelle 54	Anlagenausstattung von Vereinen mit unterschiedlicher Angebotsbreite (Zahl angebotener Sportarten) (Anhang).
Tabelle 55	Anteil der Vereine mit eigenem Vereinsheim und Beurteilung der Anlagenkapazität in Einzweckvereinen unterschiedlicher Sportarten (Anhang).
Tabelle 56	Bewertung der Anlagenqualität in Einzweckvereinen unterschiedlicher Sportarten (Anhang).
Tabelle 57	Beurteilung der Sportanlagen (qualitativer Aspekt) in den einzelnen Vereinsarten (I−VIII) (Text Seite 114).
Tabelle 58	Anlagenausstattung in den unterschiedlichen Vereinsarten (I−VIII) (Anhang).
Tabelle 59	Verfügungsverhältnis der Vereinsanlagen nach Vereinsart (I−VIII) (Anhang).
Tabelle 60	Anteil der Vereine mit Zugang zu verschiedenen Anlagenarten nach Gemeindegrößenklassen (Anhang).
Tabelle 61	Anteil der Vereine mit Engpässen bei den genutzten Anlagen nach Gemeindegrößenklassen (Anhang).
Tabelle 62	Verfügungsverhältnisse der genutzten Anlagen nach Gemeindegrößenklassen (Anhang).
Tabelle 63	Bevölkerungsverteilung sowie geplante und realisierte Investitionsanteile im Rahmen des ‚Goldenen Planes' nach Landessportbünden (Text Seite 127).
Tabelle 64	Wohnbevölkerung, Sportvereinsmitglieder und Investitionen der Länder im Rahmen des ‚Goldenen Planes' in den einzelnen Landessportbünden (Anhang).
Tabelle 65	Die Vereine nach ihrem Zugang zu verschiedenen Anlagenarten in den einzelnen Landessportbünden (Text Seite 131).
Tabelle 66	Anteil der Vereine mit Engpässen bei den genutzten Anlagen nach Landessportbünden (Anhang).
Tabelle 67	Anteil der Vereine, die über verschiedene zusätzliche Finanzmittel außer den Mitgliedsbeiträgen verfügen (Text Seite 134).
Tabelle 68	Die Vereinsarten (I−VIII) nach der Höhe ihres monatlich erhobenen Erwachsenenbeitrages (Text Seite 136).
Tabelle 69	Durchschnittliche Monatsbeiträge und Beitragsanteil am Gesamthaushalt bei Einzweckvereinen in unterschiedlichen Sportarten (Anhang).

Tabelle 70	Die Höhe des Kinderbeitrages gemessen am Beitrag der Erwachsenen nach Vereinsarten (I–VIII) (Anhang).
Tabelle 71	Monatliches Gesamthaushaltsvolumen in den einzelnen Vereinsarten (Text Seite 141).
Tabelle 72	Anteil der Vereine, die über zusätzliche Finanzmittel (außer Vereinsbeiträgen) verfügen, nach Vereinsarten (I–VIII) (Anhang).
Tabelle 73	Die Vereine nach den monatlich erhobenen Vereinsbeiträgen für Erwachsene in den einzelnen Gemeindegrößenklassen (Text Seite 144).
Tabelle 74	Die Vereine nach ihren monatlich erhobenen Beitragssätzen in den einzelnen Landessportbünden (Anhang).
Tabelle 75	Anteil der Vereine mit nur einer Sportart, aber zusätzlicher, interner Abteilungsgliederung (Text Seite 150).
Tabelle 76	Stellung der Jugendvertretung in der Organisation der einzelnen Vereinsarten (I–VIII) (Anhang).
Tabelle 77	Entscheidungsunabhängigkeit der Abteilungen in Mehrspartenvereinen (Anhang).
Tabelle 78	Einsatz von bezahlten Kräften (hauptamtliche Geschäftsführer/sonstige Verwaltungskräfte/Wartungspersonal/hauptamtliche Trainer) in den einzelnen Vereinsarten (Anhang).
Tabelle 79	Die Vereinsarten (I–VIII) nach der Zahl der ehrenamtlichen Mitarbeiter im Gesamtvorstand (inkl. Abteilungsleiter) (Anhang).
Tabelle 80	Die Vereinsarten (I–VIII) nach der Zahl ihrer nebenamtlichen Übungsleiter (Anhang).
Tabelle 81	Durchschnittliche Anzahl von Mitarbeitern in den einzelnen Vereinsarten (Text Seite 164).
Tabelle 82	Die Vereinsarten (I–VIII) nach der Gesamtzahl ihrer Mitarbeiter (Anhang).
Tabelle 83	Prozentualer Anteil der Mitarbeiter im Verein an der Gesamtmitgliederzahl in den Vereinsarten (I–VIII) (Text Seite 167).
Tabelle 84	Ämterbesetzungsproblem nach Vereinsarten (I–VIII) (Anhang).
Tabelle 85	Geschlechtsspezifische Unterschiede bei der Mitarbeit im Verein (Text Seite 168).
Tabelle 86	Mitgliederinformation im Entscheidungsprozeß nach Vereinsarten (I–VIII) (Anhang).
Tabelle 87	Grad der Mitgliederbeteiligung bei geplanten Veränderungen im Verein nach Vereinsarten (I–VIII) (Anhang).
Tabelle 88	Schwerpunkte der Arbeitsbelastung des Vereinsvorsitzenden nach Vereinsart (I–VIII) (Anhang).
Tabelle 89	Sporterfolge der Vereine nach Vereinsarten (I–VIII) (Anhang).
Tabelle 90	Die Vereinsarten (I–VIII) nach der Anzahl ihrer Wettkampfmannschaften (Anhang).
Tabelle 91	Verteilung der deutschen Spitzensportler auf die einzelnen Vereinsarten (Text Seite 185).
Tabelle 92	Die Vereine nach der Art ihrer Sporterfolge in den einzelnen Gemeindegrößenklassen (Anhang).
Tabelle 93	Die Mehrspartenvereine nach der Häufigkeit bestimmter Anlässe zu Differenzen zwischen einzelnen Abteilungen (Anhang).
Tabelle 94	Die Vereinsarten (I–VIII) nach der Häufigkeit bestimmter Anlässe zu Meinungsverschiedenheiten im Verein (Anhang).
Tabelle 95	Verbesserungswünsche der Vereine bei der Zusammenarbeit mit den Verbänden (Text Seite 192).

Tabelle 96	Vorschläge der Vereine zur Verbesserung der Zusammenarbeit zwischen Verein und Verband nach Vereinsarten (I—VIII) (Text Seite 193).
Tabelle 97	Sportartenspezifische Unterschiede bei der Äußerung von Verbesserungsvorschlägen für die Zusammenarbeit von Verein und Verband (Einzweckvereine) (Text Seite 194).
Tabelle 98	Vereine mit unterschiedlichem internen Konfliktpotential nach der Anzahl an Kritikpunkten bei der Zusammenarbeit von Verein und Verband (Anhang).
Tabelle 99	Der Anteil der einzelnen Vereinsarten (I—VIII) an der Deckung der Sportnachfrage nach ausgewählten Meßziffern (Text Seite 197).
Tabelle 100	Die Vereinsarten (I—VIII) nach ökonomischen Indikatoren (Anhang).
Tabelle 101	Bewertung der Vereinsarten (I—VIII) durch die Funktionsträger nach verschiedenen Gesichtspunkten der Struktur und Organisation des Vereins (Mittelwerte) (Anhang).
Tabelle 102	Beurteilung (Zustimmung + / Ablehnung —) verschiedener Möglichkeiten zur Verbesserung der Finanzsituation in den Vereinsarten (I—VIII) (Anhang).
Tabelle 103	Kapazitätsauslastung (Aufnahmemöglichkeiten) der Vereine nach Vereinsarten (I—VIII) (Anhang).
Tabelle 104	Kapazitätsengpässe der Vereine nach Vereinsarten (I—VIII) (Anhang).

Tabelle 2 Durchschnittlicher Anteil sportlich aktiver Mitglieder in Einzweckvereinen gegliedert nach Sportarten.
Quelle: Funktionsträgerstichprobe

Sportart[775]	Prozentualer Anteil aktiver Mitglieder[776]
Kegeln	69 %
Judo +	63 %
Tanzsport +	55 %
Golf +	52 %
Badminton +	51 %
Handball +	49 %
Basketball +	48 %
Tischtennis	48 %
Volleyball	47 %
Segeln	46 %
Tennis	46 %
Fechten +	44 %
Schwimmen	42 %
Leichtathletik	40 %
Reiten	40 %
Luftsport +	39 %
Boxen +	38 %
Turnen	38 %
Eissport	37 %
Kanu	36 %
Ski	35 %
Fußball	33 %
Radsport	31 %
Schießen	31 %
Schwerathletik +	29 %
Rudern +	24 %

Tabelle 3 Relative Häufigkeit und durchschnittliche Mitgliederzahlen der einzelnen Vereinsarten
(G = 3122).
Quelle: Funktionsträgerstichprobe

Aus der Gesamtzahl der Vereine innerhalb des DSB im Jahre 1975 (44 373) und der aus der Funktionsträgerstichprobe ermittelten durchschnittlichen Mitgliederzahl pro Verein (gewichtet nach den einzelnen Vereinsarten) kann so der Mitgliederbestand des Deutschen Sportbundes bestimmt werden:
44 373 × 300 = 13 311 900 Mitglieder.
In dieser Zahl ist jedoch ein Anteil von 24% Doppelmitgliedschaften enthalten. Vgl. SCHLAGENHAUF, K.: Sportvereine in der Bundesrepublik Deutschland – Teil I, a.a.O., 53.

Vereinsart	Verteilung der Vereine %	Durchschnittl. Mitgliederzahl absolut
Groß / hauptamtlich	1,7 %	1994
Groß / ehrenamtlich	3,2 %	1424
Mittel / mehrspartig	21,0 %	523
Mittel / einspartig	4,6 %	448
Klein / mehrspartig	32,8 %	160
Klein / einspartig	36,7 %	105
zusammen	100,0 %	300

---

[775] Für die mit + gekennzeichneten Sportarten sind die Aussagen aufgrund der relativ niedrigen Feldbesetzungen mit Unsicherheiten behaftet.
[776] Der ermittelte Aktivenanteil bestimmt sich aus denjenigen Mitgliedern, die mindestens einmal pro Woche im Verein Sport treiben.

Tabelle 4 Mitglieder- und Vereinsentwicklung des Deutschen Sportbundes von 1965–1976 nach Altersklassen und Geschlecht.

Anmerkung: Grundlage zur Erstellung dieser Übersicht bildeten die vom Deutschen Sportbund jährlich veröffentlichten Bestandserhebungen in den Jahrbüchern des Deutschen Sports. Enthalten sind nur die von den Landessportbünden und Landesverbänden registrierten Mitglieder.

Jahr	Mitgliederzahl absolut	Mitgl. zunahme %	männliche Mitglieder absolut	Mitgl. zunahme %	weibliche Mitglieder absolut	Mitgl. zunahme %	≤ 14 Jahre absolut	Mitgl. zunahme %	14–18 Jahre absolut	Mitgl. zunahme %	18–21 Jahre absolut	Mitgl. zunahme %	> 21 Jahre absolut	Mitgl. zunahme %	Vereine absolut	Mitgl. zunahme %
1965	6.104.335	—	4.748.844	—	1.355.491	—	1.247.639	—	810.836	—	549.063	—	3.496.797	—	34.475	—
1966	6.530.546	7,0	5.013.588	5,6	1.516.958	11,9	1.378.620	10,5	850.990	5,0	549.018	0,0	3.751.918	7,3	35.567	3,2
1967	6.945.006	6,3	5.283.918	5,4	1.651.088	9,5	1.512.061	9,7	880.670	3,5	691.667	26,0	3.860.608	2,9	36.362	2,2
1968	7.360.421	6,0	5.527.209	4,6	1.833.212	10,4	1.667.050	10,3	912.659	3,6	701.681	1,4	4.079.031	5,7	37.391	2,8
1969	7.802.097	6,0	5.779.762	4,6	2.022.335	10,3	1.830.414	9,8	944.253	3,5	733.132	4,5	4.294.298	5,3	38.284	2,4
1970	8.286.955	6,2	6.066.198	5,0	2.220.757	9,8	2.000.293	9,3	983.478	4,2	748.711	2,1	4.554.473	6,1	39.201	2,4
1971	8.785.256	6,0	6.343.369	4,6	2.441.897	10,0	2.183.619	9,2	1.024.403	4,2	760.321	1,6	4.816.923	5,8	39.827	1,6
1972	9.408.531	7,1	6.693.633	5,5	2.714.948	11,2	2.402.303	10,0	1.088.736	6,3	699.471	-8,0	5.218.071	8,3	40.938	2,8
1973	9.898.921	5,2	6.961.598	4,0	2.937.323	8,2	2.604.377	8,4	1.137.839	4,5	705.699	0,9	5.451.006	4,5	41.463	1,3
1974	10.596.991	7,1	7.358.413	5,7	3.238.578	10,3	2.819.109	8,2	1.235.832	8,6	723.073	2,5	5.818.977	6,8	42.785	3,2
1975	11.178.595	5,5	7.693.824	4,6	3.484.771	7,6	3.000.709	6,4	1.323.803	7,1	775.890	7,3	6.078.193	4,5	44.373	3,8
1976	11.753.681	5,1	8.012.673	4,1	3.741.008	7,4	3.146.003	4,8	1.410.791	6,6	790.867	1,9	6.406.020	5,4	45.518	2,6
Zunahme in % der Zahlen von 1965	92 %		69 %		176 %		152 %		74 %		44 %		83 %		32 %	

Tabelle 6 Entwicklung der durchschnittlichen Mitgliederzahlen pro Verein nach Landessportbünden (1957, 1965, 1976).

Landesverbände	1957[777]			1965[778]			1976[778]		
	Mitgliederzahl[1]	Anzahl Vereine[1]	Ø Mitgliederzahl pro Verein	Mitgliederzahl	Anzahl Vereine	Ø Mitgliederzahl pro Verein	Mitgliederzahl	Anzahl Vereine	Ø Mitgliederzahl pro Verein
Baden Nord	172.944	852	203	262.650	1.147	229	421.728	1.381	305
Baden Süd	150.898	1.816	83	243.235	1.875	130	456.155	2.269	201
Württemberg	399.547	2.440	164	502.932	2.840	177	945.470	3.582	264
Bayern	639.858	4.092	156	884.948	4.883	181	2.002.670	6.956	288
Rheinland-Pfalz	k.A.	k.A.	—	465.371	3.053	152	857.383	3.824	224
Hessen	430.268	2.758	156	633.463	3.894	163	1.170.274	4.954	236
Saarland	124.403	848	146	167.110	1.057	224	317.327	1.414	224
Nordrhein-Westfalen	959.496	5.614	171	1.477.572	9.282	159	2.777.108	12.718	218
Niedersachsen	559.533	3.215	173	770.753	4.034	191	1.515.324	4.925	307
Hamburg	138.536	418	283	185.209	443	581	302.323	520	581
Bremen	84.651	227	373	103.172	260	397	151.242	298	507
Schleswig-Holstein	176.718	705	222	225.555	1.087	207	541.786	1.652	328
Berlin	139.535	581	240	182.365	620	294	294.891	1.025	288

---

[777] Vgl. FRANK, B.: Soziale Determinanten ..., a.a.O., 66.
[778] *Quelle:* Bestandserhebungen des Deutschen Sportbundes 1965 und 1976

Tabelle 8   Mitgliederzuwachs in den einzelnen Sportarten von 1965 – 1976 nach Alter und Geschlecht

Sportarten	Mitgliederzuwachs gesamt %	Mitgliederzuwachs		Mitgliederzuwachs			
		männlich %	weiblich %	bis 14 Jahre %	14 bis 18 Jahre %	18 bis 21 Jahre %	über 21 Jahre %
Badminton	167	149	200	343	146	76	180
Basketball	154	127	264	366	162	92	116
Bob + Schlitten	137	116	229	108	63	287	142
Boxen	- 6	-10	573	86	-13	-27	-10
Eissport	85	91	73	96	10	8	116
Fechten	41	42	39	356	52	-24	1
Fußball	66	56	194	126	70	40	40
Golf	136	132	142	557	156	51	132
Handball	69	44	260	158	72	38	48
Hockey	23	19	35	153	25	-21	- 2
Judo	466	379	1426	1383	434	271	197
Kanu	30	21	52	146	53	3	10
Kegeln	130	105	259	2617	302	184	115
Leichtathletik	28	32	91	161	3	-15	27
Radsport	16	9	54	91	3	-15	11
Reiten	172	94	367	361	277	169	118
Rollsport	15	13	16	24	-12	-27	25
Rudern	13	9	36	—	122	-30	- 3
Rugby	- 3	- 5	400	137	-15	-47	- 8
Schießen	78	57	57	—	—	—	—
Schwerathletik[779]	—	—	—	—	—	—	—
Schwimmen	76	58	100	142	19	- 6	58
Segeln	238	—	—	—	—	—	—
Ski	100	83	136	208	85	38	91
Tanzsport	121	110	132	—	—	—	—
Tennis	239	229	251	688	176	101	245
Tischtennis	132	112	223	268	119	78	115
Turnen	66	18	123	89	22	7	68
Volleyball	2433	2188	2920	2870	2388	2607	2315
DSB-Gesamt	92 %	69 %	176 %	152 %	74 %	44%	83 %

Quelle: Bestandserhebung des Deutschen Sportbundes 1965 – 1976

---

[779] Seit 1973 werden in der Mitgliederstatistik des Deutschen Sportbundes keine Angaben für Schwerathletik mehr geführt.

Tabelle 9 Verteilung der Gesamtbevölkerung und der Mitglieder des Deutschen Sportbundes nach Landessportbünden.

Landessportbünde	Bevölkerungsanteil 1965[780] %	Mitgl.-verteilung des DSB 1965[781] %	Differenz %	Bevölkerungsanteil 1976[780] %	Mitgl.-verteilung des DSB 1976[781] %	Differenz %	Mitgl.-zuwachs des DSB 1965 bis 1976[780]
Baden-Württemberg	14,2	16,5	+ 2,3	14,8	15,5	+ 0,7	81 %
Bayern	17,0	14,5	− 2,5	17,6	17,0	− 0,6	126 %
Rheinland-Pfalz	6,0	7,6	+ 1,6	5,9	7,3	+ 1,4	84 %
Hessen	8,7	10,4	+ 1,7	9,0	10,0	+ 1,0	85 %
Saarland	1,9	2,7	+ 0,8	1,8	2,7	+ 0,9	90 %
Nordrh.-Westfalen	28,3	24,3	− 4,0	27,8	23,6	− 4,2	88 %
Niedersachsen	11,7	12,6	+ 0,9	11,7	12,9	+ 1,2	97 %
Hamburg	3,1	3,0	− 0,1	2,8	2,6	− 0,2	63 %
Bremen	1,3	1,7	+ 0,4	1,2	1,3	+ 0,1	47 %
Schleswig-Holst.	4,1	3,7	− 0,4	4,2	4,6	+ 0,4	140 %
Berlin	3,7	3,0	− 0,7	3,2	2,5	− 0,7	62 %
	100 %	100 %	—	100 %	100 %	—	Durchschn. 92 %

[780] Quelle: Statistisches Jahrbuch der Bundesrepublik Deutschland 1965 und 1976.
[781] Quelle: Bestandserhebungen des Deutschen Sportbundes 1965 und 1976.

Tabelle 10   Mitgliederentwicklung in den Landessportbünden von 1965—1976 (jährliche Zuwachsraten in Prozent).

Landessport-bünde	Mitglieder 1965 abs.	Mitgliederzuwachs in % des jeweiligen Vorjahresstandes											Mitgliederzuwachs 1965—1976
		1966 %	1967 %	1968 %	1969 %	1970 %	1971 %	1972 %	1973 %	1974 %	1975 %	1976 %	
Baden-Nord	262.650	3,3	1,9	4,5	5,8	4,2	4,9	2,6	8,3	4,2	—	9,0 [782]	61 %
Baden-Süd	243.235	1,7	7,0	6,2	5,1	7,3	8,3	5,2	5,8	5,6	—	13,0 [782]	88 %
Württemberg	502.932	4,5	5,3	4,1	5,6	7,8	5,1	7,6	6,4	6,6	—	12,3 [782]	88 %
Baden-Württembg	1.008.817	3,5	4,8	4,7	5,5	6,8	5,8	5,8	6,7	5,8	4,2	7,2	81 %
Bayern	884.948	8,2	9,3	5,2	8,2	7,4	7,4	10,7	3,8	10,9	7,5	6,4	126 %
Rheinl.-Pfalz	465.371	7,5	8,7	6,6	4,6	3,7	8,9	5,5	4,6	3,9	4,2	4,8	84 %
Hessen	633.463	7,1	5,3	5,0	4,8	6,6	5,8	6,7	6,5	4,8	4,4	6,2	85 %
Saarland	167.110	5,5	7,4	5,1	6,4	6,3	4,6	5,8	7,3	6,3	5,6	5,9	90 %
Nordrh.-Westf.	1.477.572	9,2	5,9	6,8	6,5	5,6	4,5	6,1	4,3	9,7	4,8	1,7	88 %
Niedersachsen	770.753	6,7	6,0	7,0	5,7	6,2	6,1	7,1	6,3	5,8	6,3	6,6	97 %
Hamburg	185.209	4,8	7,9	5,7	4,4	6,2	6,1	4,8	2,6	1,3	3,9	2,5	63 %
Bremen	103.172	4,4	3,5	3,7	6,4	3,9	4,4	4,1	2,7	0,0	1,5	4,4	47 %
Schlesw.-Holst.	225.555	8,3	6,1	5,1	3,3	9,8	11,2	12,5	10,6	6,5	11,0	7,3	140 %
Berlin	182.365	5,0	2,1	11,6	7,1	4,4	0,9	6,6	-1,1	0,0	4,7	6,2	62 %
Zusammen	6.104.335	/	/	/	/	/	/	/	/	/	/	/	92 %

Quelle: Bestandserhebung des Deutschen Sportbundes 1965—1976

---

[782] Da in der Bestandserhebung des DSB von 1975 keine Differenzierung für Baden-Nord, Baden-Süd und Württemberg vorgenommen wurde, bezieht sich die prozentuale Zunahme auf die Werte von 1974.

Tabelle 11 Altersstruktur der Bevölkerung (31.12.74) in den einzelnen Bundesländern.

Bundesländer	Bevölkerung unter 18 Jahre %	18 bis unter 21 Jahre %	≥ 21 Jahre %	
Baden-Württemberg	27,4	4,3	68,3	100 %
Bayern	26,4	4,2	69,4	100 %
Rheinland-Pfalz	27,3	4,5	68,2	100 %
Hessen	25,0	4,0	71,0	100 %
Saarland	27,0	4,6	68,4	100 %
Nordrhein-Westfalen	26,3	4,2	69,5	100 %
Niedersachsen	27,6	4,1	68,3	100 %
Hamburg	20,7	3,4	75,9	100 %
Bremen	24,2	3,8	72,0	100 %
Schleswig-Holstein	26,8	3,8	69,4	100 %
Berlin	18,8	3,0	78,2	100 %
Bundesrepublik gesamt	26,2	4,1	69,7	100 %

Quelle: Statistisches Jahrbuch 1976

Tabelle 12 Mitgliederzuwachs in den Landessportbünden von 1965–1976 nach Alter und Geschlecht und Zunahme der Vereine[783].

Landes-sportbünde	Anteil Ges.-Bevölkerung 1976[784] %	Anteil DSB-Mitglieder 1976 %	Mitgliederzunahme gesamt %	Mitgliederzunahme Männer %	Mitgliederzunahme Frauen %	Mitgliederzunahme bis 14 J. %	14-18 J. %	18-21 J. %	über 21 J. %	Zunahme Vereine %
Baden - Nord	–[785]	3,6	61	43	134	97	48	23	57	20
Baden - Süd	–[785]	3,9	88	67	173	139	77	48	80	21
Württemberg	14,8[785]	8,0	88	65	174	151	81	37	77	26
Bayern	17,6	17,0	126	98	243	195	108	91	116	42
Rh.-Pfalz	5,9	7,3	84	61	195	150	79	59	69	25
Hessen	9,0	10,0	85	63	163	124	64	50	81	27
Saarland	1,8	2,7	90	62	219	116	109	85	78	34
Nordrh.-Westf.	27,8	23,6	88	64	176	167	68	29	74	37
Niedersachsen	11,7	12,9	97	69	173	150	69	43	88	22
Hamburg	2,8	2,6	63	48	95	101	49	-4	59	17
Bremen	1,2	1,3	47	31	80	82	118	0	45	15
Schleswig-Holstein	4,2	4,6	140	108	213	211	90	49	135	52
Berlin	3,2	2,5	62	51	92	110	32	-8	64	65
insgesamt	100%	100%	92[786]	69[786]	176[786]	152[786]	74[786]	44[786]	85[786]	32[786]

[783] Vgl. Anmerkung Tabelle 4.
[784] Quelle: Statistisches Jahrbuch 1976 der Bundesrepublik Deutschland.
[785] Es liegen keine weiter aufgeschlüsselten Werte vor, die Angabe für Württemberg ist für Baden-Württemberg gültig.
[786] Bei diesen Angaben handelt es sich um Durchschnittswerte über alle Landessportbünde.

Tabelle 13 Vereine in unterschiedlichen Gemeindegrößenklassen nach ihrer Mitgliederentwicklung von 1972–1975[787].

Mitgliederent- wicklung	Anzahl der Vereine abs. %	Gemeindegrößenklasse							
		- 2.000 Einwohn. %	- 5.000 Einwohn. %	- 10.000 Einwohn. %	- 20.000 Einwohn. %	- 50.000 Einwohn. %	- 100.000 Einwohn. %	- 500.000 Einwohn. %	> 500.000 Einwohn. %
stark zugenommen	967 = 30%	29 (-1)	36 (+6)	33 (+3)	35 (+5)	31 (+1)	30 (0)	28 (-2)	21 (-9)
zugenommen	1257 = 40%	43 (+3)	41 (+1)	38 (-2)	41 (+1)	35 (-5)	39 (-1)	38 (-2)	35 (-5)
gleich geblieben	816 = 26%	25 (-1)	20 (-6)	23 (-3)	22 (-4)	29 (+3)	25 (-1)	30 (+4)	37 (+11)
abgenommen	126 = 4%	3 (-1)	3 (-1)	6 (+2)	2 (-2)	5 (+1)	6 (+2)	4 (0)	7 (+3)
Vereine zusammen	3166 = 100%	100 % = 976	100 % = 462	100 % = 334	100 % = 342	100 % = 371	100 % = 151	100 % = 249	100 % = 281
In Klammern Abweichungen vom entsprechenden Randprozent- wert		$G = 3166$; $x^2 = 69$; $W(x^2) = 100$ %; $R = 0,08$; $CK = 0,17$							

Quelle: Funktionsträgerstichprobe

Tabelle 14 Gründungsdatum der Vereine nach Vereinsarten (I–VIII).   Quelle: Funktionsträgerstichprobe

Gründungs- datum	Anzahl der Vereine abs. %	Vereinsart [788]							
		I %	II %	III %	IV %	V %	VI %	VII %	VIII %
bis 1918	872 = 28%	77 (+49)	79 (+51)	52 (+24)	41 (+13)	21 (-7)	13 (-15)	29 (+1)	8 (-20)
1919 - 1945	744 = 24%	11 (-13)	10 (-14)	27 (+3)	34 (+10)	26 (+2)	22 (-2)	29 (+5)	14 (-10)
1946 - 1955	513 = 16%	8 (-8)	6 (-10)	10 (-6)	12 (-4)	18 (+2)	21 (+5)	12 (-4)	23 (+7)
1956 - 1965	511 = 16%	0 (-16)	4 (-12)	6 (-10)	8 (-8)	19 (+3)	24 (+8)	14 (-2)	20 (+4)
1966 - 1970	304 = 10%	4 (-6)	1 (-9)	4 (-6)	4 (-6)	10 (0)	13 (+3)	12 (+2)	19 (+9)
1971 und danach	176 = 6%	0 (-6)	0 (-6)	1 (-5)	1 (-5)	6 (0)	7 (+1)	4 (-2)	16 (+10)
Vereine zusammen	3120 = 100%	100% = 52	100% = 100	100% = 654	100% = 93	100% =1023	100% = 917	100% = 51	100% = 230
In Klammern Abweichungen vom entsprechenden Randprozent- wert		$G = 3120$; $x^2 = 735$; $W(x^2) = 100$% $R = +0.41$; $CK = 0.48$							

Vereinsart:
I – Groß/hauptamtlich
II – Groß/ehrenamtlich
III – Mittel/mehrspartig
IV – Mittel/einspartig (ohne Prestigesportarten)
V – Klein/mehrspartig
VI – Klein/einspartig (ohne Prestigesportarten)
VII – Mittel/einspartig (nur Prestigesportarten)
VIII – Klein/einspartig (nur Prestigesportarten)

---

[787] Die Aussagen zur Mitgliederentwicklung basieren auf einer Selbsteinschätzung durch den Verein (vgl. Fragebogen im Anhang: Frage A 12).

[788] Erklärung der Variablen ‚Vereinsart' siehe Seite 38–40.

Tabelle 15 Gründungsdatum der Vereine nach Landessportbünden.

Landes-sportbünde	Anzahl der Vereine abs. = %	Gründungsdatum					
		bis 1918 %	1919 - 1945 %	1946 - 1955 %	1956 - 1965 %	1966 - 1970 %	1971 u. danach %
Baden-Nord	103 = 100%	46 (+18)	22 (-2)	9 (-7)	14 (-2)	5 (-5)	4 (-2)
Baden-Süd	165 = 100%	25 (-3)	27 (+3)	18 (+2)	15 (-1)	10 (0)	5 (-1)
Württemberg	261 = 100%	30 (+2)	28 (+4)	16 (0)	15 (-1)	9 (-1)	2 (-4)
Bayern	503 = 100%	17 (-11)	21 (-3)	22 (+6)	16 (0)	14 (+4)	10 (+4)
Rheinl.-Pfalz	281 = 100%	29 (+1)	24 (0)	17 (+1)	14 (-2)	9 (-1)	7 (+1)
Hessen	375 = 100%	32 (+4)	23 (-1)	13 (-3)	16 (0)	10 (0)	6 (0)
Saar	100 = 100%	23 (-5)	22 (-2)	16 (0)	20 (+4)	8 (-2)	11 (+5)
Nordrhein-Westfalen	784 = 100%	29 (+1)	26 (+2)	13 (-3)	20 (+4)	9 (-1)	3 (-3)
Niedersachsen	362 = 100%	28 (0)	24 (0)	20 (+4)	14 (-2)	8 (-2)	6 (0)
Hamburg	44 = 100%	45 (+17)	16 (-8)	7 (-9)	4 (-12)	14 (+4)	14 (+8)
Bremen	22 = 100%	46 (+18)	9 (-15)	14 (-2)	23 (+7)	4 (-6)	4 (-2)
Schleswig-Holstein	119 = 100%	21 (-7)	21 (-3)	16 (0)	22 (+6)	14 (+4)	6 (0)
Berlin	60 = 100%	30 (+2)	28 (+4)	20 (+4)	17 (+1)	3 (-7)	2 (-4)
Vereine zusammen	3179 = 100%	882 = 28%	758 = 24%	520 = 16%	528 = 16%	310 = 10%	181 = 6%

In Klammern Abweichungen vom entsprechenden Randprozentwert

$G = 3179$; $X^2 = 160$; $W(X^2) = 100\%$; $CK = 0,24$

Quelle: Funktionsträgerstichprobe

Tabelle 16 Einzweckvereine in unterschiedlichen Sportarten nach ihrer Verteilung innerhalb der angegebenen Vereinsgrößenklassen.   Quelle: Funktionsträgerstichprobe

Sportart [789]		- 75 Mitgl. %	- 150 Mitgl. %	- 300 Mitgl. %	- 500 Mitgl. %	- 750 Mitgl. %	- 1000 Mitgl. %	- 1500 Mitgl. %	1500 Mitgl. %	
Badminton	x									
Basketball	x									
Boxen	+	42	33	17	8	—	—	—	—	100 %
Eissport	+	58	18	—	12	—	—	12	—	100 %
Fechten	x									
Fußball		9	38	35	15	2	1	—	—	100 %
Golf	+	27	—	37	9	9	9	9	—	100 %
Handball	+	39	46	15	—	—	—	—	—	100 %
Hockey	x									
Judo	+	11	55	17	17	—	—	—	—	100 %
Kanu		44	37	19	—	—	—	—	—	100 %
Kegeln		54	21	16	4	4	—	—	1	100 %
Leichtathletik	x									
Luftsport		64	19	17	—	—	—	—	—	100 %
Motorsport	x									
Radsport		68	25	5	—	—	—	2	—	100 %
Reiten		19	30	40	8	2	1	—	—	100 %
Rollsport	x									
Rudern	+	11	28	28	22	11	—	—	—	100 %
Schießen		49	33	14	3	1	—	—	—	100 %
Schwerathletik	+	35	35	24	6	—	—	—	—	100 %
Schwimmen		11	7	18	18	18	14	7	7	100 %
Segeln		21	25	29	14	11	—	—	—	100 %
Ski		7	24	39	19	5	2	2	2	100 %
Tanzsport		35	30	30	—	5	—	—	—	100 %
Tennis		6	31	37	17	9	—	—	—	100 %
Tischtennis		54	43	1	1	1	—	—	—	100 %
Turnen		32	28	24	8	8	—	—	—	100 %
Volleyball	x									
sonstiges		80	14	4	2	—	—	—	—	100 %

[789] Für die mit + gekennzeichneten Sportarten sind die Aussagen aufgrund relativ niedriger Feldbesetzungen mit Unsicherheiten behaftet.
Für die mit × gekennzeichneten Sportarten ist aufgrund der geringen Feldbesetzung keine Aussage möglich.

Tabelle 17 Verteilung der Kleingemeinden (— 2000 Einwohner) und Kleinstvereine (— 75 Mitglieder) nach Landessportbünden.

Landessportbünde	Klein-gemeinden[790] — 2000 Einw. %	Kleinst-gemeinden[791] — 75 Mitglied. %
Bayern	82	16
Baden-Württemberg	66	14
Rheinland-Pfalz	89	26
Hessen	54	23
Saarland	65	25
Nordrhein-Westfalen	42	27
Niedersachsen	86	20
Hamburg	—	7
Bremen	—	18
Schleswig-Holstein	87	19
Berlin	—	28

[790] Die Zahlenwerte entstammen dem Statistischen Jahrbuch 1973. Es wurde deshalb dieses relativ alte Zahlenmaterial zum Vergleich herangezogen, da die später gebietsmäßig unregelmäßig durchgeführte und zum Teil noch immer nicht abgeschlossene Gebietsreform zu stärkeren Verzerrungen geführt hätte und davon ausgegangen werden kann, daß der siedlungsspezifische Charakter der Gebiete durch verwaltungstechnische Maßnahmen in der Kürze nicht wesentlich verändert wurde.

[791] *Quelle:* Funktionsträgerstichprobe.

Tabelle 18   Verteilung der Vereinsarten (I–VIII) nach Gemeindegrößenklassen.

Vereinsart [792]	Anzahl der Vereine abs. %	Gemeindegrößenklassen							
		– 2 000 Einw. %	– 5 000 Einw. %	– 10 000 Einw. %	– 20 000 Einw. %	– 50 000 Einw. %	– 100 000 Einw. %	– 500 000 Einw. %	>500 000 Einw. %
I	52 = 2 %	0 (–2)	1 (–1)	1 (–1)	2 (0)	2 (0)	2 (0)	4 (+2)	7 (+5)
II	100 = 3 %	0 (–3)	1 (–2)	4 (+1)	7 (+4)	8 (+5)	5 (+2)	5 (+2)	4 (+1)
III	654 = 21 %	11 (–10)	36 (+15)	27 (+6)	24 (+3)	22 (+1)	25 (+4)	19 (–2)	18 (–3)
IV	93 = 3 %	1 (–3)	4 (+1)	4 (+1)	4 (+1)	5 (+2)	2 (–1)	3 (0)	4 (+1)
V	1023 = 33 %	50 (+17)	25 (–8)	21 (–12)	26 (–7)	27 (–6)	27 (–6)	30 (–3)	21 (–12)
VI	913 = 29 %	35 (+14)	25 (–4)	27 (–2)	24 (–5)	25 (–4)	25 (–4)	30 (+1)	31 (+2)
VII	51 = 2 %	1 (–1)	0 (–2)	1 (–1)	2 (0)	3 (+1)	7 (+5)	2 (0)	5 (+3)
VIII	230 = 7 %	2 (–5)	8 (+1)	15 (+8)	11 (+4)	8 (+1)	7 (0)	7 (0)	10 (+3)
Vereine zusammen	3116 =100 %	100 % = 958	100 % = 453	100 % = 334	100 % = 338	100 % = 366	100 % = 150	100 % = 245	100 % = 272

In Klammern Abweichungen vom entsprechenden Randprozentwert

$G = 3116;\ X^2 = 583;\ W(X^2) = 100\ \%;\ R = -0{,}07;\ CK = 0{,}42$

Quelle: Funktionsträgerstichprobe

Vereinsart:
- I   – Groß/hauptamtlich
- II   – Groß/ehrenamtlich
- III – Mittel/mehrspartig
- IV   – Mittel/einspartig (ohne Prestigesportarten)
- V   – Klein/mehrspartig
- VI   – Klein/einspartig (ohne Prestigesportarten)
- VII – Mittel/einspartig (nur Prestigesportarten)
- VIII – Klein/einspartig (nur Prestigesportarten)

---

[792] Erklärung der Variablen ‚Vereinsart‘ siehe Seite 38–40.

Tabelle 19   Verteilung der unterschiedlichen Vereinsarten nach Landessportbünden.

Landessport-bünde	Anzahl der Vereine abs. %	Vereinsart[793] I %	II %	III %	IV %	V %	VI %	VII %	VIII %
Baden-Nord	102 = 100%	3 (+1)	2 (-1)	30 (+9)	7 (+4)	29 (-4)	26 (-3)	1 (-1)	2 (-5)
Baden-Süd	162 = 100%	1 (-1)	3 (0)	15 (-6)	5 (+2)	28 (-5)	39 (+10)	1 (-1)	8 (+1)
Württemberg	258 = 100%	2 (0)	4 (+1)	22 (+1)	3 (0)	38 (+5)	22 (-7)	2 (0)	7 (0)
Bayern	496 = 100%	2 (0)	4 (+1)	18 (-3)	2 (-1)	33 (0)	30 (+1)	1 (-1)	10 (+3)
Rheinl.-Pfalz	278 = 100%	1 (-1)	2 (-1)	16 (-5)	3 (0)	37 (+4)	36 (+7)	1 (-1)	4 (-3)
Hessen	371 = 100%	1 (-1)	3 (0)	18 (-3)	3 (0)	32 (-1)	34 (+5)	1 (-1)	8 (+1)
Saar	97 = 100%	1 (-1)	1 (-2)	25 (+4)	3 (0)	26 (-7)	35 (+6)	0 (-2)	9 (+2)
Nordrhein-Westfalen	758 = 100%	1 (-1)	3 (0)	23 (+2)	3 (0)	30 (-3)	31 (+2)	3 (+1)	6 (-1)
Niedersachsen	357 = 100%	2 (0)	4 (+1)	23 (+2)	2 (-1)	38 (+5)	22 (-7)	1 (-1)	8 (+1)
Hamburg	44 = 100%	11 (+9)	2 (-1)	32 (+11)	5 (+2)	25 (-8)	16 (-13)	2 (0)	7 (0)
Bremen	22 = 100%	9 (+7)	9 (+6)	23 (+2)	9 (+6)	27 (-6)	18 (-11)	5 (+3)	0 (-7)
Schleswig-Holstein	117 = 100%	3 (+1)	5 (+2)	23 (+2)	2 (-1)	39 (+6)	20 (-9)	2 (0)	6 (-1)
Berlin	60 = 100%	7 (+5)	3 (0)	13 (-8)	7 (+4)	20 (-13)	27 (-2)	5 (+3)	18 (+11)
Vereine zusammen	3122 = 100%	52 = 2 %	100 = 3 %	655 = 21 %	93 = 3 %	1024 = 33 %	917 = 29 %	51 = 2 %	230 = 7 %

In Klammern Abweichungen vom entsprechenden Randprozentwert

$G = 3122$; $x^2 = 196$; $W(x^2) = 100 \%$; $CK = 0.26$

Quelle: Funktionsträgerstichprobe

Vereinsart:
I — Groß/hauptamtlich
II — Groß/ehrenamtlich
III — Mittel/mehrspartig
IV — Mittel/einspartig (ohne Prestigesportarten)
V — Klein/mehrspartig
VI — Klein/einspartig (ohne Prestigesportarten)
VII — Mittel/einspartig (nur Prestigesportarten)
VIII — Klein/einspartig (nur Prestigesportarten)

[793] Erklärung der Variablen ‚Vereinsart' siehe Seite 38—40.

Tabelle 20   Prozentuale Verteilung der Mitglieder in den Landessportbünden nach Alter und Geschlecht.

Landes-sportbünde	Mitgl. gesamt abs.	Mitglieder männlich %	Mitglieder weiblich %	Mitglieder bis 6 J. %	Mitglieder 6-14 J. %	Mitglieder 14-18 J. %	Mitglieder 18-21 J. %	Mitglieder > 21 J. %	%
Baden Nord	421.728	71,2%	28,8%	--	23,1%	11,2%	6,8%	58,9%	100%
Baden Süd	456.155	72,2%	27,8%	1,8%	21,1%	11,7%	6,9%	58,5%	100%
Württemberg	945.470	69,4%	30,6%	2,5%	23,7%	12,2%	7,1%	54,5%	100%
Baden-Württemberg	1.823.353	70,5%	29,5%	1,8%	22,9%	11,8%	7,0%	56,5%	100%
Bayern	2.002.670	70,1%	29,9%	--	21,7%	11,4%	6,9%	60,0%	100%
Rheinland-Pfalz	857.383	72,3%	27,7%	2,5%	22,2%	12,5%	7,8%	55,0%	100%
Hessen	1.170.274	69,5%	30,5%	--	25,5%	12,1%	7,7%	54,7%	100%
Saarland	317.327	69,8%	30,2%	1,5%	21,3%	13,4%	6,3%	57,5%	100%
NRHW	2.777.108	68,7%	31,3%	2,9%	26,4%	12,2%	6,6%	51,9%	100%
Niedersachsen	1.515.324	63,0%	37,0%	4,1%	27,3%	12,4%	6,5%	49,7%	100%
Hamburg	302.323	60,8%	39,2%	3,6%	27,4%	12,0%	4,7%	52,3%	100%
Bremen	151.242	60,6%	39,4%	3,6%	25,5%	11,2%	5,4%	54,3%	100%
Schleswig-Holstein	541.786	60,5%	39,4%	4,7%	29,4%	12,2%	5,5%	48,2%	100%
Berlin	294.891	68,2%	31,8%	1,7%	21,5%	10,2%	5,2%	61,4%	100%
DSB-Gesamt	11.753.681	68,2%	31,8%	2,1%	24,7%	12,0%	6,7%	54,5%	100%

Quelle: Bestandserhebung 1976 des Deutschen Sportbundes

Tabelle 21   Die Vereinsarten (I – VIII) nach ihrem Frauenanteil.

Frauen-anteil	Anzahl der Vereine abs. %	Vereinsart[794]							
		I %	II %	III %	IV %	V %	VI %	VII %	VIII %
keine Frauen	327=11%	0 (-11)	1 (-10)	2 (-9)	9 (-2)	7 (-4)	29 (+18)	2 (-9)	1 (-10)
bis 10%	553=19%	0 (-19)	1 (-18)	12 (-7)	38 (+19)	21 (+2)	30 (+11)	0 (-19)	5 (-14)
bis 20%	420=14%	8 (-6)	2 (-12)	9 (-5)	7 (-7)	21 (+7)	17 (+3)	9 (-5.)	6 (-8)
bis 30%	388=14%	4 (-10)	14 (0)	14 (0)	9 (-5)	18 (+4)	10 (-4)	4 (-10)	11 (-3)
bis 40%	415=15%	17 (+2)	26 (+11)	25 (+10)	13 (-2)	12 (-3)	7 (-8)	20 (+5)	17 (+2)
bis 50%	411=14%	44 (+30)	27 (+13)	19 (+5)	13 (-1)	12 (-2)	3 (-11)	37 (+23)	35 (+21)
bis 60%	217= 8%	23 (+15)	23 (+15)	13 (+5)	4 (-4)	5 (-3)	1 (-7)	15 (+7)	17 (+9)
über 60%	133= 5%	4 (-1)	6 (+1)	6 (+1)	7 (+2)	4 (-1)	3 (-2)	13 (+8)	8 (+3)
Vereine zusammen	2864=100%	100% = 48	100% = 93	100% = 626	100% = 82	100% = 935	100% = 825	100% = 46	100% = 209

In Klammern Abweichungen vom entsprechenden Randprozentwert

$G = 2864; X^2 = 1001; w(X^2) = 100\%;$
$R = -0.20; CK = 0.54$

Quelle: Funktionsträgerstichprobe

Vereinsart: I   – Groß/hauptamtlich
             II   – Groß/ehrenamtlich
             III – Mittel/mehrspartig
             IV   – Mittel/einspartig (ohne Prestigesportarten)
             V   – Klein/mehrspartig
             VI   – Klein/einspartig (ohne Prestigesportarten)
             VII – Mittel/einspartig (nur Prestigesportarten)
             VIII – Klein/einspartig (nur Prestigesportarten)

---

[794] Erklärung der Variablen ‚Vereinsart' siehe Seite 38–40.

Tabelle 22   Die Vereinsarten (I – VIII) nach ihrem Anteil jugendlicher Mitglieder bis 18 Jahre.

Jugend-anteil	Anteil der Vereine abs. %	Vereinsart[795]							
		I %	II %	III %	IV %	V %	VI %	VII %	VIII %
bis 10%	185= 6%	0 (-6)	0 (-6)	0 (-6)	0 (-6)	6 (0)	14 (+8)	0 (-6)	4 (-2)
bis 20%	244= 8%	6 (-2)	2 (-6)	2 (-6)	7 (-1)	9 (+1)	12 (+4)	4 (-4)	12 (+4)
bis 30%	497=17%	4 (-13)	3 (-14)	7 (-10)	11 (-6)	17 (0)	21 (+4)	40 (+23)	25 (+8)
bis 40%	637=21%	8 (-13)	6 (-15)	16 (-5)	29 (+8)	25 (+4)	21 (0)	25 (+4)	26 (+5)
bis 50%	530=18%	10 (-8)	10 (-8)	21 (+3)	23 (+5)	18 (0)	15 (-3)	27 (+9)	21 (+3)
bis 60%	664=15%	29 (+14)	33 (+18)	27 (+12)	10 (-5)	15 (0)	9 (-6)	2 (-13)	7 (-8)
bis 70%	263= 9%	24 (+15)	30 (+21)	18 (+9)	9 (0)	6 (-3)	4 (-5)	2 (-7)	4 (-5)
über 70%	174= 6%	19 (+13)	16 (+10)	9 (+3)	11 (+5)	4 (-2)	4 (-2)	0 (-6)	1 (-5)
Vereine zusammen	2994=100%	100% = 49	100% = 96	100% = 628	100% = 89	100% = 981	100% = 885	100% = 48	100% = 218
In Klammern Abweichungen vom entsprechenden Randprozentwert		$G = 2994$; $X^2 = 695$; $w(X^2) = 100\%$; $R = -0.38$; $CK = 0.46$							

Quelle: Funktionsträgerstichprobe

Vereinsart:
    I   – *Groß/hauptamtlich*
    II – *Groß/ehrenamtlich*
    III – *Mittel/mehrspartig*
    IV – *Mittel/einspartig (ohne Prestigesportarten)*
    V   – *Klein/mehrspartig*
    VI – *Klein/einspartig (ohne Prestigesportarten)*
    VII – *Mittel/einspartig (nur Prestigesportarten)*
    VIII – *Klein/einspartig (nur Prestigesportarten)*

---

[795] Erklärung der Variablen ‚Vereinsart' siehe Seite 38–40.

Tabelle 23   Frauenanteil in Sportvereinen nach Gemeindegrößenklassen.

Frauen-anteil	Anzahl der Vereine abs. %	Gemeindegrößenklasse							
		bis 2000 Einw. %	bis 5000 Einw. %	bis 10000 Einw. %	bis 20000 Einw. %	bis 50000 Einw. %	bis 100000 Einw. %	bis 500000 Einw. %	über 500000 Einw. %
keine Frauen	336=12%	15 (+3)	10 (-2)	10 (-2)	8 (-4)	10 (-2)	12 (0)	12 (0)	10 (-2)
bis 10%	564=19%	20 (+1)	21 (+2)	21 (+2)	18 (-1)	21 (+2)	16 (-3)	14 (-5)	18 (-1)
bis 20%	425=15%	19 (+4)	12 (-3)	13 (-2)	12 (-3)	14 (-1)	9 (-6)	13 (-2)	15 (0)
bis 30%	394=14%	16 (+2)	15 (+1)	12 (-2)	15 (+1)	8 (-6)	16 (+2)	13 (+1)	11 (-3)
bis 40%	421=14%	13 (-1)	17 (+3)	16 (+2)	13 (-1)	15 (+1)	14 (0)	15 (+1)	14 (0)
bis 50%	410=14%	10 (-4)	14 (0)	14 (0)	19 (+5)	14 (0)	19 (+5)	16 (+2)	17 (+3)
über 50%	354=12%	7 (-5)	11 (-1)	14 (+2)	15 (+3)	18 (+6)	14 (+2)	17 (+5)	15 (+3)
Vereine zusammen	2904 = 100%	100% =904	100% =432	100% =303	100% =312	100% =337	100% =141	100% =226	100% =249
In Klammern Abweichungen vom entsprechenden Randprozentwert		$G = 2904$; $x^2 = 118$; $w(x^2) = 100$ %; $R = +0.12$; $CK = 0.21$							

Quelle: Funktionsträgerstichprobe

Tabelle 24   Jugendanteil in Sportvereinen nach Gemeindegrößenklassen (bis 18 Jahre).

Jugend-anteil	Anzahl der Vereine abs. %	Gemeindegrößenklasse							
		bis 2000 Einw. %	bis 5000 Einw. %	bis 10.000 Einw. %	bis 20.000 Einw. %	bis 50.000 Einw. %	bis 100.000 Einw. %	bis 500.000 Einw. %	über 500.000 Einw. %
keine Jugendlichen	195 = 6%	3 (-3)	5 (-1)	7 (+1)	7 (+1)	5 (-1)	12 (+6)	13 (+7)	11 (+5)
bis 10 %	246 = 8%	6 (-2)	4 (-4)	7 (-1)	8 (0)	10 (+2)	8 (0)	12 (+4)	16 (+8)
bis 20 %	510 = 17%	19 (+2)	14 (-3)	16 (-1)	15 (-2)	14 (-3)	18 (+1)	18 (+1)	20 (+3)
bis 30 %	643 = 21%	29 (+8)	21 (0)	20 (-1)	20 (-1)	17 (-4)	13 (-8)	15 (-6)	15 (-6)
bis 40 %	537 = 18%	19 (+1)	21 (+3)	17 (-1)	21 (+3)	17 (-1)	16 (-2)	12 (-6)	11 (-7)
bis 50 %	468 = 15%	15 (0)	20 (+5)	16 (+1)	13 (-2)	16 (+1)	11 (-4)	15 (0)	12 (-3)
bis 60 %	264 = 9%	6 (-3)	10 (+1)	12 (+3)	10 (+1)	10 (+1)	10 (+1)	10 (+1)	8 (-1)
über 60 %	176 = 6%	3 (-3)	5 (-1)	5 (-1)	6 (0)	11 (+5)	12 (+6)	5 (-1)	7 (+1)
Vereine zusammen	3039 =100%	100 % = 946	100 % = 444	100 % = 319	100 % = 326	100 % = 357	100 % = 146	100 % = 232	100 % = 269

In Klammern Abweichungen vom entsprechenden Randprozentwert

$G = 3039$; $X^2 = 220$; $W(X^2) = 100\%$;

$R = -0.06$; $CK = 0.28$

Quelle: Funktionsträgerstichprobe

Tabelle 26   Anteil sportlich aktiver Mitglieder in den einzelnen Vereinsarten.

Aktiven-anteil[796]	Anzahl der Vereine abs. %	Vereinsart[797]					
		I %	II %	III %	IV %	V %	VI %
bis 20 %	404 = 13 %	2 (−11)	1 (−12)	7 (−6)	17 (+4)	13 (0)	18 (+5)
bis 30 %	560 = 18 %	0 (−18)	7 (−11)	13 (−5)	19 (+1)	19 (+1)	21 (+3)
bis 40 %	535 = 17 %	11 (−6)	12 (−5)	16 (−1)	18 (+1)	19 (+2)	17 (0)
bis 50 %	442 = 14 %	10 (−4)	8 (−6)	14 (0)	17 (+3)	16 (+2)	13 (−1)
bis 60 %	349 = 11 %	27 (+16)	18 (+7)	15 (+4)	8 (−3)	11 (0)	9 (−2)
bis 70 %	428 = 14 %	19 (+5)	29 (+15)	21 (+7)	8 (−6)	12 (−2)	10 (−4)
über 70 %	393 = 13 %	31 (+18)	25 (+12)	14 (+1)	13 (0)	10 (−3)	12 (−1)
Vereine zusammen	3111 = 100%	100 % = 52	100 % = 100	100 % = 654	100 % = 144	100 % = 1023	100 % = 1138

In Klammern Abweichungen vom entsprechenden Randprozentwert

$G = 3111$; $X^2 = 236$; $W(X^2) = 100\%$
$R = -0{,}22$; $CK = 0{,}29$

Quelle: Funktionsträgerstichprobe

Vereinsart:
I – Groß/hauptamt.
II – Groß/ehrenamt.
III – Mittel/einspartig
IV – Mittel/mehrspar
V – Klein/einspartig
VI – Klein/mehrspart

Tabelle 29
Erweiterung des Sportangebotes (1972−1975) in Mehrspartenvereinen[798].

Erweiterung durch neue Sportarten	Anzahl der Vereine abs. %	Anzahl der Sportarten im Verein (1975)		
		zwei %	drei %	vier und mehr %
keine	860 = 59%	72 (+13)	63 (+4)	48 (−11)
eine	398 = 27%	26 (−1)	24 (−3)	29 (+2)
zwei und mehr	209 = 14%	2 (−12)	13 (−1)	23 (+9)
Vereine zusammen	1467 = 100%	100 % = 450	100 % = 329	100 % = 688

In Klammern Abweichungen vom entsprechenden Randprozentwert

$G = 1467$; $X^2 = 111$;
$W(X^2) = 100\%$; $R = +0{,}27$; $CK = 0{,}33$

Quelle: Funktionsträgerstichprobe

---

[796] Als aktive Mitglieder gelten hierbei diejenigen, die mindestens einmal pro Woche im Verein Sport treiben.
[797] Erklärung der Variablen ‚Vereinsart' siehe Seite 38−40.
[798] Vgl. Anhang Fragebogen: Frage D 3.

Tabelle 30 Die Verteilung einzelner Sportarten auf Vereine mit unterschiedlich großem Sportangebot.

Anzahl im Verein angebotener Sportarten	Anzahl der Vereine abs. %	Badminton	Basketball	Boxen	Eissport	Fechten	Fußball	Golf(+)	Handball	Hockey	Judo	Kanu	Kegeln	Leichtathletik	Luftsport	Motorsport(+)	Radsport	Reiten	Rollsport(+)	Rudern	Schießen	Schwerathletik	Schwimmen	Segeln	Ski	Tanzsport	Tennis	Tischtennis	Turnen	Volleyball	sonstiges
1 Sportart	1721 = 54 %	10	3	44	30	11	33	85	3	8	13	52	26	1	84	21	69	89	36	47	31	27	9	50	20	37	44	10	3	3	23
2 Sportarten	446 = 14 %	9	5	3	16	5	19	-	6	42	7	14	7	5	5	-	9	3	18	12	3	6	7	21	13	2	6	14	16	6	16
3 Sportarten	319 = 10 %	6	12	6	7	2	16	-	12	8	7	8	11	17	2	36	6	1	18	18	2	9	10	9	9	4	5	19	21	10	13
4 Sportarten	255 = 8 %	8	12	13	11	7	12	7	16	4	11	6	16	21	-	-	2	1	-	2	4	16	12	2	13	11	7	19	21	15	14
5 Sportarten	191 = 6 %	18	16	6	9	9	8	7	19	8	13	2	13	19	2	-	4	1	-	-	3	6	16	2	12	11	10	15	15	20	12
6 u. mehr Sp.	255 = 8 %	49	52	28	27	66	12	-	44	30	49	18	27	33	7	43	10	5	28	21	7	36	46	16	32	35	27	23	24	46	22
zusammen	3187 = 100 %	100%	100%	100%	100%	100%	100%	100%	100%	100%	100%	100%	100%	100%	100%	100%	100%	100%	100%	100%	100%	100%	100%	100%	100%	100%	100%	100%	100%	100%	100%

Quelle: Funktionsträgerstichprobe

[799] Für die mit (+) gekennzeichneten Sportarten sind die Aussagen aufgrund der relativ niedrigen Feldbesetzungen mit Unsicherheiten behaftet.

Tabelle 31 Die Verteilung einzelner Sportarten auf Vereine mit unterschiedlichen Mitgliederzahlen.

Mitglieder-zahl	Anzahl der Vereine abs. %	Badminton	Basketball	Boxen	Eissport	Fechten	Fußball	Golf (+)	Handball	Hockey	Judo	Kanu	Kegeln	Leichtathletik	Luftsport	Motorsport (+)	Radsport	Reiten	Rollsport (+)	Rudern	Schießen	Schwerathletik	Schwimmen	Segeln	Ski	Tanzsport	Tennis	Tischtennis	Turnen	Volleyball	sonstiges
– 50 Mitglieder	373 = 12 %	3%	5%	–	22%	5%	2%	16%	2%	–	1%	8%	16%	2%	28%	14%	26%	8%	–	3%	25%	8%	6%	11%	3%	9%	2%	5%	2%	3%	15%
51 – 150 "	1001 = 32 %	9%	6%	35%	15%	9%	23%	8%	8%	4%	14%	48%	25%	11%	46%	21%	47%	38%	27%	38%	46%	17%	13%	35%	18%	26%	19%	20%	11%	8%	21%
151 – 300 "	836 = 26 %	10%	8%	13%	29%	7%	34%	31%	13%	27%	9%	18%	26%	23%	14%	21%	12%	38%	46%	26%	18%	17%	16%	25%	30%	22%	24%	27%	27%	15%	22%
301 – 500 "	468 = 15 %	21%	21%	13%	8%	5%	21%	15%	18%	8%	22%	3%	11%	21%	5%	22%	1%	8%	–	21%	5%	16%	14%	9%	17%	6%	18%	18%	24%	23%	16%
501 – 1000 "	333 = 10 %	25%	29%	13%	10%	12%	14%	15%	32%	23%	22%	6%	10%	25%	5%	–	4%	5%	–	3%	3%	20%	24%	11%	15%	15%	21%	19%	23%	28%	15%
> 1000 Mitglieder	152 = 5 %	32%	31%	26%	16%	62%	6%	15%	27%	38%	32%	17%	12%	18%	2%	22%	10%	3%	27%	9%	3%	22%	27%	9%	17%	22%	16%	11%	13%	23%	11%
zusammen	3163 = 100 %	100%	100%	100%	100%	100%	100%	100%	100%	100%	100%	100%	100%	100%	100%	100%	100%	100%	100%	100%	100%	100%	100%	100%	100%	100%	100%	100%	100%	100%	100%

S p o r t a r t e n 800)

Quelle: Funktionsträgerstichprobe

800 Für die mit +) gekennzeichneten Sportarten sind die Aussagen aufgrund der relativ niedrigen Feldbesetzungen mit Unsicherheiten behaftet.

Tabelle 32 Die Verteilung der einzelnen Sportarten auf die nach ihrer Organisationsform unterschiedenen Vereinsarten (I – VIII) (G = 3122).

Vereinsart[801] / Sportart[802]	Groß/ hauptamtlich %	Groß/ ehrenamtlich %	Mittel/ mehrsp. %	Mittel/ einsp. %	Klein/ mehrspartig %	Klein/ einspartig %	
Badminton	14 (+12)	18 (+15)	44 (+23)	2 (-2)	12 (-21)	10 (-27)	100 %
Basketball	17 (+15)	14 (+11)	50 (+29)	0 (-4)	12 (-21)	7 (-30)	100 %
Boxen *)	10 (+8)	17 (+14)	27 (+6)	0 (-4)	10 (-23)	36 (-1)	100 %
Eissport	9 (+7)	8 (+5)	17 (-4)	1 (-3)	38 (+5)	27 (-10)	100 %
Fechten	17 (+15)	47 (+44)	17 (-4)	0 (-4)	5 (-28)	14 (-23)	100 %
Fußball	2 (0)	4 (+1)	31 (+10)	4 (0)	36 (+3)	23 (-14)	100 %
Golf x)							
Handball	9 (+7)	18 (+15)	50 (+29)	0 (-4)	19 (-14)	4 (-33)	100 %
Hockey *)	23 (+21)	15 (+12)	31 (+10)	0 (-4)	19 (-14)	12 (-25)	100 %
Judo	10 (+8)	22 (+19)	43 (+22)	1 (-3)	15 (-18)	9 (-28)	100 %
Kanu	10 (+8)	8 (+5)	6 (-15)	3 (-1)	25 (-8)	48 (+11)	100 %
Kegeln	5 (+3)	7 (+4)	18 (-3)	2 (-2)	48 (+15)	20 (-17)	100 %
Leichtathletik	5 (+3)	13 (+10)	46 (+25)	0 (-4)	32 (-1)	4 (-33)	100 %
Luftsport	0 (-2)	3 (0)	10 (-11)	0 (-4)	45 (+12)	42 (+5)	100 %
Motorsport x)							
Radsport	2 (0)	8 (+5)	5 (-16)	0 (-4)	36 (+3)	49 (+12)	100 %
Reiten	1 (-1)	2 (-1)	8 (-13)	5 (+1)	33 (0)	51 (+14)	100 %
Rollsport x)							
Rudern	9 (+7)	0 (-3)	12 (-9)	12 (+8)	35 (+2)	32 (-5)	100 %
Schießen	1 (-1)	2 (-1)	8 (-13)	1 (-3)	40 (+7)	48 (+11)	100 %
Schwerathletik	9 (+7)	13 (+10)	36 (+15)	0 (-4)	25 (-8)	17 (-20)	100 %
Schwimmen	11 (+9)	17 (+14)	33 (+12)	4 (0)	27 (-6)	8 (-29)	100 %
Segeln	9 (+7)	0 (-3)	16 (-5)	4 (0)	39 (+6)	32 (-5)	100 %
Ski	8 (+6)	9 (+6)	29 (+8)	3 (-1)	35 (+2)	16 (-21)	100 %
Tanzsport	15 (+13)	7 (+4)	20 (-1)	0 (-4)	32 (-1)	26 (-11)	100 %
Tennis	7 (+5)	9 (+6)	29 (+8)	11 (+7)	12 (-21)	32 (-5)	100 %
Tischtennis	4 (+2)	8 (+5)	36 (+15)	1 (-3)	39 (+6)	12 (-25)	100 %
Turnen	4 (+2)	9 (+6)	46 (+25)	1 (-3)	36 (+3)	4 (-33)	100 %
Volleyball	9 (+7)	14 (+11)	30 (+29)	2 (-2)	20 (-13)	5 (-32)	100 %
sonstiges	4 (+2)	8 (+5)	30 (+9)	1 (-3)	36 (+3)	21 (-16)	100 %
In Klammern Abweichungen vom entsprechenden Randprozentwert	2 %	3 %	21 %	4 %	33 %	37 %	

[801] Erklärung der Variablen ‚Vereinsart' siehe Seite 38—40.
[802] Für die mit *) gekennzeichneten Sportarten sind die Aussagen aufgrund der relativ niedrigen Feldbesetzungen mit Unsicherheiten behaftet.
Für die mit x) gekennzeichneten Sportarten ist aufgrund der geringen Feldbesetzungen keine Aussage möglich.

Quelle: Funktionsträgerstichprobe

Tabelle 33 Organisatorisch bedingte Affinitäten zwischen den einzelnen Sportarten in Vereinen, die mehr als eine Sportart anbieten (G = 1467).
(Ausgewiesen sind nur die Zusammenhänge, die ausreichend besetzt sind und mindestens das Signifikanzniveau von 95% erreichen).

	Bas	Box	Eis	Fec	Fuß	Gol	Han	Hoc	Jud	Kan	Keg	Lei	Luf	Mot	Rad	Rei	Rol	Rud	Sch.i	Schw.a	Schw.i	Seg	Ski	Tan	Ten	Tis	Tur	Vol	son
Badminton	2,9				1,8		2,5				1,9										1,8				2,0	1,2	1,2	2,9	1,4
Basketball		4,4	0,8	1,9	2,7		1,6														2,1							2,8	2,0
Boxen																													2,0
Eissport																							3,0	2,8			0,7		
Fechten					0,7		2,7	4,4		2,0											2,9		3,0	2,1		1,4	3,0	1,4	
Fußball							0,9		0,9	0,9											0,8		0,9			1,1	0,7	0,8	
Golf																													
Handball								2,0				1,5								1,5	1,8		1,7		2,5	1,8	1,2	1,3	1,7
Hockey																								4,8					
Judo										1,6		2,1								1,8	3,8	2,1	1,6		1,8		1,2	1,6	1,6
Kanu																					1,9	4,1							
Kegeln																				3,6	1,7		1,6		1,5		0,8		1,4
Leichtathlet.														1,4	1,6						1,4	1,5	1,2			1,2	1,4		
Luftsport																													
Motorsport																													
Radsport																													
Reiten																													
Rollsport																													
Rudern																													
Schießen																					1,6		2,0			0,7			
Schwerathlet.																							1,9			1,6	1,7		
Schwimmen																						1,6	2,9	1,6	1,2	1,1	1,8	1,4	
Segeln																													
Ski																								2,4	1,9		1,4		
Tanzsport																									1,4	1,9			
Tennis																										1,2			
Tischtennis																											1,0	1,1	
Turnen																												1,3	0,8
Volleyball																													1,2

Erläuterung: Die Werte in der Tabelle geben den Quotienten aus der tatsächlichen Feldbesetzung und dem Erwartungswert des Feldes an, d.h., Werte >1 bezeichnen überzufällig häufiges Auftreten einer Sportartenkombination, Werte <1 ein relativ seltenes gemeinsames Vorkommen in derselben Vereinsorganisation.

Beispiel: 18% dieser Vereine bieten Leichtathletik als Sportart an, 42% Schwimmen. Daraus folgt als Erwartungswert für die Sportarten Schwimmen und Leichtathletik im selben Verein

$$E = \frac{18}{100} \times \frac{42}{100} \times 1467 = 111.$$

Die tatsächliche Feldbesetzung beträgt jedoch 182. Somit ergibt sich ein Quotient von 182/111 = 1,6, der überzufälliges Vorkommen dieser beiden Sportarten innerhalb derselben Organisation bedeutet. Für die Kombinationen, für die kein Zusammenhang ausgewiesen wurde, ist nicht unbedingt zu folgern, daß keine Abhängigkeit zwischen diesen Sportarten besteht, da sich oft deutliche Tendenzen erkennen lassen, die nur aufgrund der geringen zahlenmäßigen Besetzung statistisch nicht signifikant sind.

Quelle: Funktionsträgerstichprobe

Tabelle 34 Die Häufigkeit des gemeinsamen Auftretens unterschiedlicher Sportarten in Mehrspartenvereinen (G = 1467).
(Ausgewiesen sind nur die Zusammenhänge, die ausreichend besetzt sind und mindestens das Signifikanzniveau von 95% erreichen).

	Badminton	Basketball	Boxen	Eissport	Fechten	Fußball	Golf	Handball	Hockey	Judo	Kanu	Kegeln	Leichtathlet.	Luftsport	Motorsport	Radsport	Reiten	Rollsport	Rudern	Schießen	Schwerathlet.	Schwimmen	Segeln	Ski	Tanzsport	Tennis	Tischtennis	Turnen	Volleyball	sonstiges
Badminton		19				43		23		21												33				24	60	74	54	44
Basketball	16			12	47			45		23			66									39							52	
Boxen																														61
Eissport																								36		34		40		
Fechten	28					41		64		38			84									53		35		25		87	56	53
Fußball	4				1			21		9		36										14		10			53		13	25
Golf																														
Handball	9	12		7	56					17			62							6	5	30		5	22	58		82	31	
Hockey																						58								
Judo	13	16		11		47		66										7	12	37	18			22		74	29	49		
Kanu																				35		48				41				
Kegeln	10			53													15	30	19		17	50						42		
Leichtathlet.		10		5	53	35		14										4	29		16	3	14			75	27			
Luftsport																														
Motorsport																														
Radsport																														
Reiten																														
Rollsport																														
Rudern																														
Schießen					36			15		39											28					23		46		
Schwerathlet.					42			34		57												23						29	53	
Schwimmen	9	13		7	49	39		18	4	18		67				6				18	6		18	57	66	33	44			
Segeln																														
Ski			10	8	55			14	9	18	57									29			6	23				26		
Tanzsport					59			65														53		29		68			35	
Tennis	11			9	6	44		8	16				16	50						8	6	29	23		57					
Tischtennis	7				60	20														21		3	14			64	21			
Turnen	7		2	4	32	11	1	9	51			3	20									51				25	26			
Volleyball	16	18		8	45	40		14		62			5	33	16	4						56	81					39		
sonstiges	8	2		5	51			14	15				5	26								51	23							

Anmerkung: Die Prozentuierung erfolgt ausschließlich (G = 1467) waagerecht, dennoch sind für jede Sportartenkombination beide Prozentuierungsrichtungen in der Tabelle enthalten. Beispiel: *19% der Vereine, die Badminton anbieten, haben auch Basketball als Sportart, aber nur 16% der Vereine mit Basketball im Angebot haben auch Badminton.*

Quelle: Funktionsträgerstichprobe

Tabelle 35 Anteil der einzelnen Sportarten an der Erweiterung von Vereinsangeboten zwischen 1972 und 1975 (G = 651).

Sportart	Prozent[803]
Badminton	4,1 %
Basketball	4,5 %
Boxen	0,1 %
Eissport	1,4 %
Fechten	0,5 %
Fußball	3,7 %
Golf	0,1 %
Handball	5,4 %
Hockey	0,3 %
Judo	7,5 %
Kanu	0,6 %
Kegeln	3,8 %
Leichtathletik	6,5 %
Luftsport	0,1 %
Motorsport	0,3 %
Radsport	0,5 %
Reiten	0,9 %
Rollsport	0,1 %
Rudern	0,5 %
Schießen	1,7 %
Schwerathletik	0,8 %
Schwimmen	6,1 %
Segeln	0,8 %
Ski	4,1 %
Tanzsport	2,0 %
Tennis	10,8 %
Tischtennis	21,8 %
Turnen	17,8 %
Volleyball	22,7 %
sonstiges	17,8 %

Quelle: Funktionsträgerstichprobe

---

[803] Die Werte beziehen sich auf diejenigen Vereine, die zwischen 1972 und 1975 neue Sportarten aufgenommen haben.

Tabelle 36 Orientierungsschwerpunkte (Wettkampf- und Leistungssport/Freizeitsport) in Einzweckvereinen unterschiedlicher Sportarten (G = 1693).

Sportarten[804]		Orientierungsschwerpunkt[805]			
		Wettkampf- sport %	unent- schieden %	Freizeit- sport %	
Badminton	x	—	—	—	—
Basketball	x	—	—	—	—
Boxen	+	92	0	8	100 %
Eissport	+	65	18	17	100 %
Fechten	x	—	—	—	—
Fußball		50	15	35	100 %
Golf	+	9	0	91	100 %
Handball	+	54	0	46	100 %
Hockey	x	—	—	—	—
Judo	+	28	28	44	100 %
Kanu		26	16	58	100 %
Kegeln		65	17	18	100 %
Leichtathletik	x	—	—	—	—
Luftsport		8	20	72	100 %
Motorsport	x	—	—	—	—
Radsport		57	19	24	100 %
Reiten		18	31	51	100 %
Rollsport	x	—	—	—	—
Rudern	+	22	28	50	100 %
Schießen		42	25	33	100 %
Schwerathletik	+	53	29	18	100 %
Schwimmen		32	29	39	100 %
Segeln		18	28	54	100 %
Ski		12	21	67	100 %
Tanzsport	+	25	30	45	100 %
Tennis		13	29	58	100 %
Tischtennis		43	26	31	100 %
Turnen		12	8	80	100 %
Volleyball	x	—	—	—	—
sonstiges		28	32	40	100 %
Vereine zusammen		634 = 38 %	378 = 22 %	681 = 40 %	1693 = 100 %

Quelle: Funktionsträgerstichprobe

---

[804] Für die mit + gekennzeichneten Sportarten sind die Aussagen aufgrund der relativ niedrigen Feldbesetzungen mit Unsicherheiten behaftet.
Für die mit x gekennzeichneten Sportarten ist aufgrund der geringen Feldbesetzungen keine Aussage möglich.
[805] Vgl. Fragebogen im Anhang: Frage A 18.

Tabelle 39 Zusätzliche Angebote des Vereins für spezielle Zielgruppen in den einzelnen Vereinsarten in Prozent (G = 3122).

Zusätzliches Angebot / Vereinsart[806]	Keinem Zusatzangebot %	Kinderturnen %	Sport für Mutter und Kind %	Sport für die ganze Familie %	Sport für ausländische Arbeitnehmer %	Sport für Behinderte %	Sport für ältere Menschen %	Trimm-Dich-Veranstaltungen %	Veranstaltungen zum Erwerb des Sportabzeichens %	Volksläufen %	regelmäßigen Veranstaltungen für Nichtmitglieder %	sonstigen zusätzlichen Veranstaltungen %
Groß/hauptamtlich	12	73	60	35	10	35	10	48	71	17	13	33
Groß/ehrenamtlich	7	84	58	19	3	36	16	46	63	20	8	28
Mittel/mehrspartig	19	62	24	10	2	27	4	22	36	14	5	18
Mittel/einspartig	51	13	3	13	−[807]	13	1	12	13	−	6	24
Klein/mehrspartig	41	23	5	7	−	15	4	7	15	8	5	18
Klein/einspartig	63	3	1	4	−	10	2	2	7	2	4	16
Vereine zusammen	1392 = 44 %	825 = 26 %	306 = 10 %	232 = 7 %	27 = 1 %	103 = 16 %	334 = 3 %	515 = 11 %	590 = 19 %	232 = 7 %	160 = 5 %	563 = 18 %
	W (x^2) = 100 % CK= 0,58	W (x^2) = 100 % CK= 0,69	W (x^2) = 100 % CK= 0,61	W (x^2) = 100 % CK= 0,26	W (x^2) = 100 % CK= 0,20	W (x^2) = 100 % CK= 0,21	W (x^2) = 100 % CK= 0,47	W (x^2) = 100 % CK= 0,29	W (x^2) = 100 % CK= 0,51	W (x^2) = 100 % CK= 0,29	W (x^2) = 94,0 % CK= 0,08	W (x^2) = 99,9 % CK= 0,12

Quelle: Funktionsträgerstichprobe

---

[806] Erklärung der Variablen ‚Vereinsart' siehe Seite 38–40.
[807] − = < 1%.

Tabelle 40 Quantitative Ausprägung des Angebots an betreuten Übungsstunden und geselligen Veranstaltungen in Einzweckvereinen unterschiedlicher Sportarten (G = 1701).

Einzweckvereine[808]		mittleres Angebot an Übungsstunde pro Woche abs.	gesellige Veranstaltungen pro Jahr abs.
Badminton	x	8	3
Basketball	+	—	—
Boxen	x	9	3
Eissport	x	5	3
Fechten	+	—	—
Fußball		11	3
Golf	x	29	3
Handball	x	10	2
Hockey	+	—	—
Judo		12	3
Kanu		12	4
Kegeln		6	2
Leichtathletik	+	—	—
Luftsport		19	3
Motorsport	+	—	—
Radsport		6	2
Reiten		17	4
Rollsport	+	—	—
Rudern	x	15	4
Schießen		5	3
Schwerathletik	x	9	3
Schwimmen		19	3
Segeln		9	5
Ski		21	5
Tanzsport	x	8	5
Tennis		24	4
Tischtennis		7	3
Turnen		11	3
Volleyball		10	4
sonstiges		3	2

Quelle: Funktionsträgerstichprobe

---

[808] Für die mit + gekennzeichneten Sportarten sind die Aussagen aufgrund der relativ niedrigen Feldbesetzungen mit Unsicherheiten behaftet.
Für die mit x gekennzeichneten Sportarten ist aufgrund der geringen Feldbesetzungen keine Aussage möglich.

Tabelle 42 Übungsstundenangebot in den einzelnen Vereinsarten.

Zahl der angebotenen Übungsstunden pro Woche	Anzahl der Vereine abs. %	Vereinsart[809]					
		Groß/ haupt- amtlich %	Groß/ ehren- amtlich %	Mittel/ mehr- spartig %	Mittel/ ein- spartig %	Klein/ mehr- spartig %	Klein/ ein- spartig %
keine/keine Angabe	214= 7%	8 (+1)	5 (-2)	1 (-6)	2 (-5)	4 (-3)	13 (+6)
1 - 2 Stunden	236= 7%	0 (-7)	0 (-7)	0 (-7)	2 (-5)	7 (0)	14 (+7)
3 - 4 Stunden	399= 13%	0 (-13)	0 (-13)	1 (-12)	6 (-7)	15 (+2)	20 (+7)
5 - 7 Stunden	396= 13%	0 (-13)	4 (-9)	3 (-10)	7 (-6)	17 (+4)	16 (+3)
8 - 10 Stunden	461= 15%	2 (-13)	5 (-10)	8 (-7)	10 (-5)	20 (+5)	15 (0)
11 - 15 Stunden	351= 11%	4 (-7)	0 (-11)	9 (-2)	20 (+9)	16 (+5)	8 (-3)
16 - 20 Stunden	343= 11%	2 (-9)	3 (-8)	18 (+7)	17 (+6)	12 (+1)	7 (-4)
21 - 30 Stunden	301= 10%	2 (-8)	5 (-5)	26 (+16)	15 (+5)	6 (-4)	4 (-6)
31 - 60 Stunden	285= 9%	21 (+12)	31 (+22)	29 (+20)	15 (+6)	2 (-7)	2 (-7)
über 60 Stunden	136= 4%	61 (+57)	47 (+43)	5 (+1)	6 (+2)	1 (-3)	1 (-3)
Vereine zusammen	3122=100%	100 % = 52	100 % = 100	100 % = 655	100 % = 144	100 % = 1024	100 % = 1147

In Klammern Abweichungen vom entsprechenden Randprozentwert

$G = 3122$; $X^2 = 2233$; $W(X^2) = 100$ %; $R = -0.61$; $CK = 0.71$

Quelle: Funktionsträgerstichprobe

---

[809] Erklärung der Variablen ‚Vereinsart' siehe Seite 38—40.

Tabelle 43   Anteil der unterschiedlichen Sportarten am Vereinsangebot in verschiedenen Gemeindegrößenklassen (G = 3158).

Sportart [810]	Vereine gesamt[811] %	Gemeindegrößeklasse			
		- 2000 Einwohner %	- 20 000 Einwohner %	- 100 000 Einwohner %	>100 000 Einwohner %
Badminton	3	1	2	4	7
Basketball	3	1	3	6	5
Boxen	1	-	1	2	2
Eissport	2	2	3	1	2
Fechten	1	-	2	4	1
Fußball	43	67	37	27	28
Golf x)	— [812]	—	—	—	—
Handball	12	6	14	13	15
Hockey	1	-	-	1	3
Judo	5	1	7	7	5
Kanu	2	-	1	4	6
Kegeln	7	4	8	8	10
Leichtathletik	20	19	24	16	14
Luftsport	1	-	1	3	2
Motorsport x)	—	—	—	—	—
Radsport	3	2	3	4	3
Reiten	5	3	6	7	3
Rollsport x)	—	—	—	—	—
Rudern	1	-	1	2	3
Schießen	10	11	11	11	8
Schwerathletik	2	-	3	3	3
Schwimmen	9	5	11	12	13
Segeln	2	-	1	3	5
Ski	7	6	9	6	6
Tanzsport	2	1	1	3	4
Tennis	10	4	14	10	13
Tischtennis	26	28	28	18	24
Turnen	29	34	33	21	21
Volleyball	9	4	11	12	11
sonstiges	19	14	18	21	28

Quelle: Funktionsträgerstichprobe

---

[810] Für die mit x) gekennzeichneten Sportarten ist aufgrund der geringen Feldbesetzungen keine Aussage möglich.
[811] Da hier Vereine mit mehreren Sportarten enthalten sind, addieren sich die Werte nicht zu 100%.
[812] — = < 1%.

Tabelle 44 Zusatzangebot der Vereine für spezielle Zielgruppen in den einzelnen Gemeindegrößenklassen (Mehrfachnennungen, G = 3175).

Zusätzliches Angebot / Gemeindegrößenklasse	Kinderturnen %	Sport für Mutter und Kind %	Sport für die ganze Familie %	Sport für ausländische Arbeitnehmer %	Sport für Behinderte %	Sport für ältere Menschen %	Trimm-Dich-Veranstaltungen %	Veranstaltungen zum Erwerb des Sportabzeichens %	Volksläufe %	regelmäßige Veranstaltungen für Nichtmitglieder %	sonstige zusätzliche Veranstaltungen %
bis 2.000 Einwohner	25	6	4	– [813)	–	7	15	12	9	3	15
bis 20.000 Einwohner	31	13	7	–	5	12	19	24	9	5	19
bis 100.000 Einwohner	24	11	10	2	5	12	19	24	6	7	20
über 100.000 Einwohner	19	8	12	1	3	12	11	15	3	7	21
Vereine zusammen	827 = 26 %	307 = 10 %	235 = 7 %	26 = 1 %	103 = 3 %	334 = 11 %	521 = 16 %	594 = 19 %	234 = 7 %	162 = 5 %	571 = 18 %
Quelle: Funktionsträgerstichprobe	$W(x^2)$ = 100 % CK=0,13	$W(x^2)$ = 100 % CK=0,14	$W(x^2)$ = 100 % CK=0,14	$W(x^2)$ = 99,9% CK=0,10	$W(x^2)$ = 100 % CK=0,16	$W(x^2)$ = 100 % CK=0,11	$W(x^2)$ = 100 % CK=0,11	$W(x^2)$ = 100 % CK=0,19	$W(x^2)$ = 100 % CK=0,12	$W(x^2)$ = 99,8% CK=0,10	$W(x^2)$ = 97,2% CK=0,08

Tabelle 45 Vereine nach der Zahl der von ihnen angebotenen Sportarten in unterschiedlichen Gemeindegrößenklassen.

Anzahl der angebotenen Sportarten	Anzahl der Vereine abs. %	Gemeindegrößenklasse						
		- 2 000 Einw. %	- 5 000 Einw. %	- 10 000 Einw. %	- 20 000 Einw. %	- 50 000 Einw. %	- 100 000 Einw. %	- 500 000 Einw. %	>500 000 Einw. %
1 Sportart	1693= 54%	49 (-5)	46 (-8)	58 (+4)	59 (+5)	63 (+9)	61 (+7)	57 (+3)	60 (+6)
2 Sportarten	450= 15%	21 (+6)	13 (-2)	9 (-6)	10 (-5)	11 (-4)	16 (+1)	12 (-3)	14 (-1)
3 Sportarten	326= 10%	15 (+5)	11 (+1)	8 (-2)	7 (-3)	8 (-2)	9 (-1)	7 (-3)	7 (-3)
4 Sportarten	256= 8%	8 (0)	14 (+6)	8 (0)	7 (-1)	6 (-2)	6 (-2)	6 (-2)	7 (-1)
5 Sportarten	183= 6%	5 (-1)	8 (+2)	7 (+1)	7 (+1)	4 (-2)	4 (-2)	8 (+2)	5 (-1)
-7 Sportarten	150= 5%	2 (-3)	6 (+1)	8 (+3)	6 (+1)	4 (-1)	2 (-3)	7 (+2)	5 (0)
>7 Sportarten	64= 2%	0 (-2)	2 (0)	2 (0)	4 (+2)	4 (+2)	2 (0)	3 (+1)	2 (0)
Vereine zusammen	3122=100%	100 % = 974	100 % = 456	100 % = 330	100 % = 336	100 % = 363	100 % = 146	100 % = 244	100 % = 273

In Klammern Abweichungen vom entsprechenden Randprozentwert

G = 3122; x^2 = 193; $W(x^2)$ = 100 %; CK = 0,26

Quelle: Funktionsträgerstichprobe

[813] – = < 1%.

Tabelle 46   Anteil der aktiven Mitglieder an der Gesamtmitgliederzahl des Vereins nach Landessportbünden (G = 3169).

Anzahl der aktiven Mitglieder	Anzahl der Vereine abs. %	Baden-Nord	Baden-Süd	Bayern	Württemberg	Rheinland-Pfalz	Hessen	Saarland	Nordrhein-Westf.	Niedersachsen	Hamburg	Bremen	Schleswig-Holstein	Berlin
bis 20 % Aktive	412 = 13 %	15 (+2)	25 (+12)	10 (-3)	20 (+7)	17 (+4)	17 (+4)	11 (-2)	10 (-3)	8 (-5)	9 (-4)	4 (-9)	6 (-7)	7 (-6)
bis 30 % Aktive	572 = 18 %	18 (0)	18 (0)	24 (+7)	19 (+1)	19 (+1)	22 (+3)	22 (+4)	14 (-4)	14 (-4)	12 (-6)	14 (-4)	16 (-2)	8 (-10)
bis 40 % Aktive	546 = 17 %	18 (+1)	16 (-1)	24 (+7)	16 (-1)	21 (+4)	18 (+1)	23 (+6)	12 (-5)	19 (+2)	7 (-10)	27 (+10)	9 (-8)	12 (-5)
bis 50 % Aktive	453 = 14 %	12 (-2)	11 (-3)	15 (+1)	13 (-1)	14 (0)	14 (0)	15 (+1)	16 (+2)	17 (+3)	12 (-2)	5 (-9)	11 (-3)	7 (-7)
bis 60 % Aktive	354 = 11 %	9 (-2)	3 (-8)	10 (-1)	13 (+2)	12 (+1)	10 (-1)	10 (-1)	14 (+3)	10 (-1)	14 (+3)	5 (-6)	13 (+2)	18 (+7)
bis 70 % Aktive	433 = 14 %	15 (+1)	12 (-2)	9 (-6)	12 (-2)	10 (-4)	11 (-3)	8 (-6)	18 (+4)	18 (+4)	19 (+5)	14 (0)	16 (+2)	25 (+11)
über 70 % Aktive	399 = 13 %	13 (0)	15 (+2)	8 (-5)	7 (-6)	7 (-6)	8 (-5)	11 (-2)	16 (+3)	14 (+1)	27 (+14)	31 (+18)	29 (+16)	23 (+10)
Vereine zusammen	3169 = 100 %	100% = 103	100% = 163	100% = 502	100% = 261	100% = 282	100% = 374	100% = 100	100% = 781	100% = 360	100% = 43	100% = 22	100% = 118	100% = 60

Quelle: Funktionsträgerstichprobe

$G = 3169;\ X^2 = 290;\ w\ (X^2) = 100\ \%;\ R = +\ 0{,}20;\ CK = 0{,}31$

Tabelle 47   Überbesetzungen (+) und Unterbesetzungen (−) von Sportarten in den einzelnen Landessportbünden[814].

Landessportbünde \ Sportarten[815]	Badminton	Basketball	Boxen	Eissport	Fechten	Fußball*	Golf*	Handball	Hockey*	Judo	Kanu	Kegeln	Leichtathletik	Luftsport	Motorsport*	Radsport	Reiten	Rollsport*	Rudern*	Schießen	Schwerathletik	Schwimmen	Segeln	Ski	Tanzsport	Tennis	Tischtennis	Turnen	Volleyball	sonstiges
Bad.Sportbund (Nord)																														
Bad.Sportbund (Süd)			++																											
Bayerischer LSV	−		−	++		+		−				+							− −				+ +		−	+			−	
LSB Württemberg			−	++									−			+			+	+			+ +							
LSB Rheinland-Pfalz			−									−							−											
LSB Hessen			−																+				−	−						
LSV Saar																														
LSB Nordrhein-Westf.	+	++	− −	−	−			− −		++		−				+	−		− − − −		−		−	−						
LSB Niedersachsen	+		−	−		+								++		−			+		−		+		+					
Hamburger Sportbund						+																								
LSB Bremen																														
LSV Schleswig-Holstein																			*	++										
LSB Berlin		++				+													++				+							

Quelle: Funktionsträgerstichprobe

---

[814] Starke positive Abweichungen vom Durchschnitt der Bundesrepublik sind mit + + gekennzeichnet, starke negative Abweichungen mit − −.
[815] Für die mit * gekennzeichneten Sportarten ist aufgrund der geringen Feldbesetzungen keine Aussage möglich.

Tabelle 48   Vereine nach der Breite ihres Sportangebotes in den einzelnen Landessportbünden.

Landessport-bünde	Anzahl der Vereine abs. %	Zahl der angebotenen Sportarten						
		eine %	zwei %	drei %	vier %	fünf %	sechs bis sieben %	acht und mehr %
Baden-Nord	103 = 100%	47 (-7)	16 (+2)	11 (+1)	11 (+3)	10 (+4)	3 (-2)	2 (-1)
Baden-Süd	166 = 100%	61 (+7)	15 (+1)	10 (0)	5 (-3)	3 (-3)	4 (-1)	2 (-1)
Württemberg	259 = 100%	49 (-5)	13 (-1)	14 (+4)	9 (+1)	6 (0)	5 (0)	4 (+1)
Bayern	499 = 100%	51 (-3)	14 (0)	11 (+1)	8 (0)	6 (0)	6 (+1)	4 (+1)
Rheinland-Pfalz	281 = 100%	54 (0)	19 (+5)	10 (0)	6 (-2)	4 (-2)	4 (-1)	3 (0)
Hessen	376 = 100%	54 (0)	16 (+2)	11 (+1)	9 (+1)	5 (-1)	2 (-3)	3 (0)
Saarland	100 = 100%	64 (+10)	14 (0)	3 (-7)	8 (0)	5 (-1)	4 (-1)	2 (-1)
Nordrhein-Westf.	780 = 100%	60 (+6)	13 (-1)	9 (-1)	8 (0)	5 (-1)	3 (-2)	2 (-1)
Niedersachsen	361 = 100%	42 (-12)	13 (-1)	15 (+5)	9 (+1)	8 (+2)	9 (+4)	4 (+1)
Hamburg	43 = 100%	44 (-10)	16 (+2)	5 (-5)	9 (+1)	9 (+3)	12 (+7)	5 (+2)
Bremen	22 = 100%	50 (-4)	23 (+9)	0 (-10)	14 (+6)	9 (+3)	4 (-1)	0 (-3)
Schleswig-Holst.	118 = 100%	50 (-4)	8 (-6)	6 (-4)	8 (0)	10 (+4)	11 (+6)	7 (+4)
Berlin	60 = 100%	74 (+20)	10 (-4)	2 (-8)	0 (-8)	3 (-3)	8 (+3)	3 (0)
Vereine zusammen	3168 = 100%	1701 = 54%	450 = 14%	329 = 10%	256 = 8%	183 = 6%	150 = 5%	99 = 3%

In Klammern Abweichungen vom entsprechenden Randprozentwert

$G = 3168; X^2 = 162; w(X^2) = 100 \%; CK = 0.24$

Quelle: Funktionsträgerstichprobe

Tabelle 49 *Vereine nach der Zahl der zwischen 1972 und 1975 neu aufgenommenen Sportarten in den einzelnen Landessportbünden.*

Landessport-bünde	Anzahl der Vereine abs. %	neue Sportarten [816]		
		keine %	eine %	zwei u. mehr %
Baden-Nord	103 = 100%	76 (-3)	15 (+1)	9 (+2)
Baden-Süd	166 = 100%	84 (+5)	12 (-2)	4 (-3)
Württemberg	262 = 100%	77 (-2)	13 (-1)	10 (+3)
Bayern	503 = 100%	76 (-3)	15 (+1)	9 (+2)
Rheinl.-Pfalz	284 = 100%	87 (+8)	8 (-6)	5 (-2)
Hessen	376 = 100%	80 (+1)	14 (0)	6 (-1)
Saarland	100 = 100%	83 (+4)	12 (-2)	5 (-2)
Nordrh.-Westf.	786 = 100%	82 (+3)	14 (0)	4 (-3)
Niedersachsen	362 = 100%	72 (-7)	19 (+5)	9 (+2)
Hamburg	44 = 100%	78 (-1)	11 (-3)	11 (+4)
Bremen	22 = 100%	77 (-2)	14 (0)	9 (+2)
Schlesw.-Holst.	119 = 100 %	75 (-4)	15 (+1)	10 (+3)
Berlin	60 = 100 %	91 (+12)	7 (-7)	2 (-5)
Vereine zusammen	3187 = 100 %	2536 = 79%	436 = 14%	215 = 7%
In Klammern Abweichungen vom entsprechenden Randprozentwert		$G = 3187$; $W (x^2) > 99\%$; $x^2 = 52$; $CK = 0.16$		

Quelle: Funktionsträgerstichprobe

---

[816] Vgl. Fragebogen im Anhang: Frage D 3.

Tabelle 50   Überbesetzungen bei Zusatzangeboten des Vereins für spezielle Zielgruppen nach Landessportbünden.

Landessportbünde \ Zusatzangebot [817]	Kinderturnen	Mutter und Kind	Familiensport	Ausländersport	Trimm Dich Veranstalt.	Versehrtensport	Altensport	Sportabzeichen	Volksläufe	Veranstalt. für Nichtmitglieder
Baden - Nord	+ +			+			+			+
Baden - Süd			+		+				+	+
Württemberg	+		+	+			+		+	+
Rheinland - Pfalz			+		+	(+)	+			
Bayern									+	
Hessen	+				+ +	(+)				
Saarland					+					+
Nordrh.-Westfahlen		+						+		+
Niedersachsen	+ +	+			+	(+)	+	+		
Hamburg	+	+	+ +				+			+
Bremen			+ +		+	(+ +)	+ +	+ +		
Schleswig-Holstein	+ +	+ +		+				+ +		
Berlin			+ +	+	+		+			+ +
W (x^2)	99.99%	97.04%	99.75%	schw.s.	99.84%	n. s.	schw.s.	100 %	schw.s.	99.07%
CK	0,20	0,16	0,18	0,15	0,19	—	0,14	0,22	0,13	0,17

Quelle: Funktionsträgerstichprobe

---

[817] schw. s. = schwach signifikant
    n. s. = nicht signifikant
    +   positive Abweichung vom Durchschnittswert der Bundesrepublik Deutschland
    + + stark positive Abweichung vom Durchschnittswert der Bundesrepublik Deutschland

Tabelle 53 Anlagenkonstellation in den Vereinsarten (I – VIII).

Anlagen-konstellation	Anzahl der Vereine abs. %	Vereinsart [818]							
		I %	II %	III %	IV %	V %	VI %	VII %	VIII %
keine Sportanlagen	84= 3%	0 (−3)	0 (−3)	1 (−2)	1 (−2)	2 (−1)	5 (+2)	2 (−1)	4 (+1)
nur Sportanlagen	880= 29%	6 (−23)	6 (−23)	10 (−19)	23 (−6)	31 (+2)	45 (+16)	14 (−15)	41 (+12)
Sportanlagen und Umkleideräume	847= 28%	31 (+3)	25 (−3)	39 (+11)	29 (+1)	30 (+2)	24 (−4)	8 (−20)	10 (−18)
Sportanlagen und Vereinsheim	294= 10%	4 (−6)	6 (−4)	6 (−4)	11 (+1)	10 (0)	11 (+1)	16 (+6)	18 (+8)
Sportanlagen, Umkleideräume und Vereinsheim	892= 30%	59 (+29)	63 (+33)	44 (+14)	36 (+6)	27 (−3)	15 (−15)	60 (+30)	27 (−3)
Vereine zusammen	2997=100%	100 % = 49	100 % = 99	100 % = 653	100 % = 93	100 % = 996	100 % = 838	100 % = 50	100 % = 219

In Klammern Abweichungen vom entsprechenden Randprozentwert

$G = 2997;\ X^2 = 502;\ W(X^2) = 100\ \%;\ R = 0,25;\ CK = 0,42$

Quelle: Funktionsträgerstichprobe

Vereinsart:
- I   – Groß/hauptamtlich
- II   – Groß/ehrenamtlich
- III – Mittel/mehrspartig
- IV   – Mittel/einspartig (ohne Prestigesportarten)
- V   – Klein/mehrspartig
- VI   – Klein/einspartig (ohne Prestigesportarten)
- VII – Mittel/einspartig (nur Prestigesportarten)
- VIII – Klein/einspartig (nur Prestigesportarten)

---

[818] Erklärung der Variablen ‚Vereinsart' siehe Seite 38 – 40.

Tabelle 54 Anlagenausstattung von Vereinen mit unterschiedlicher Angebotsbreite (Zahl angebotener Sportarten).

Zahl angebote-ner Sportarten	Anzahl der Vereine abs. %	Anlagenausstattung						
		Sport-hallen %	Sport-plätze %	Leicht-athletik-anlagen %	Schwimm-bad %	Um-kleide-räume %	Vereins-heim %	sonstige Anlagen %
1 Sportart	1579 = 53%	49	44	7	10	40	37	36
2 Sportarten	441 = 15%	76	76	21	20	70	43	16
3 Sportarten	328 = 11%	86	83	37	29	76	43	11
4 Sportarten	254 = 8%	91	87	60	39	85	46	12
5 Sportarten	183 = 6%	96	91	66	48	83	52	13
6-7 Sportarten	150 = 5%	97	92	72	58	84	50	24
>7 Sportarten	64 = 2%	97	98	77	69	88	67	23
Vereine zusammen	2999 = 100%	1998 = 67 %	1882 = 63 %	752 = 25 %	663 = 22 %	1730 = 58 %	1251 = 42 %	778 = 26 %
		$W(x^2)$ = 100 % $CK = 0,49$	$W(x^2)$ = 100 % $CK = 0,48$	$W(x^2)$ = 100 % $CK = 0,60$	$W(x^2)$ = 100 % $CK = 0,45$	$W(x^2)$ = 100 % $CK = 0,46$	$W(x^2)$ = 100 % $CK = 0,18$	$W(x^2)$ = 100 % $CK = 0,30$

Quelle: Funktionsträgerstichprobe

Vereine mit nur einer Sportart [819]	Vereine mit eigenem Vereinsheim %	alle vorhandenen Anlagenarten ausreichend %	keine der vorhandenen Anlagenarten ausreichend %
Badminton x)	-	-	-
Basketball x)	-	-	-
Boxen x)	-	-	-
Eissport x)	-	-	-
Fechten x)	-	-	-
Fußball	47	47	20
Golf x)	-	-	-
Handball x)	-	-	-
Hockey x)	-	-	-
Judo x)	-	-	-
Kanu	79	54	21
Kegeln	7	76	22
Leichtathletik x)	-	-	-
Luftsport	40	77	23
Motorsport x)	-	-	-
Radsport	6	66	28
Reiten	24	72	16
Rollsport x)	-	-	-
Rudern x)	-	-	-
Schießen	49	69	30
Schwerathletik x)	-	-	-
Schwimmen	23	42	35
Segeln	56	40	52
Ski	30	50	24
Tanzsport x)	-	-	-
Tennis	68	46	36
Tischtennis	12	69	25
Turnen	32	46	8
Volleyball x)	-	-	-
sonstiges	19	62	33
Vereine zusammen	33 %	58 %	25 %

Tabelle 55 Anteil der Vereine mit eigenem Vereinsheim und Beurteilung der Anlagenkapazität in Einzweckvereinen unterschiedlicher Sportarten.

Quelle: Funktionsträgerstichprobe

[819] Für die mit x) gekennzeichneten Sportarten ist aufgrund der geringen Feldbesetzungen keine Aussage möglich.

Tabelle 56 Bewertung der Anlagenqualität in Einzweckvereinen unterschiedlicher Sportarten (G = 1602).

Sportart[820]		Mittelwert[821]
Badminton	x)	–
Basketball	x)	–
Boxen	x)	–
Eissport	x)	–
Fechten	x)	–
Fußball		3,3
Golf	x)	–
Handball	x)	–
Hockey	x)	–
Judo	+)	2,9
Kanu		3,0
Kegeln		2,9
Leichtathletik	x)	–
Luftsport		2,7
Motorsport		–
Radsport		3,5
Reiten		2,7
Rollsport	x)	–
Rudern	+)	2,1
Schießen		2,7
Schwerathletik	+)	3,4
Schwimmen		2,9
Segeln		2,7
Ski		3,1
Tanzsport	x)	–
Tennis		2,4
Tischtennis		2,7
Turnen		3,4
Volleyball	x)	–
sonstiges		2,9

Quelle: Funktionsträgerstichprobe

[820] Für die mit +) gekennzeichneten Sportarten sind die Aussagen aufgrund der relativ niedrigen Feldbesetzungen mit Unsicherheiten behaftet.
Für die mit x) gekennzeichneten Sportarten ist aufgrund der geringen Feldbesetzungen keine Aussage möglich.
[821] Der Mittelwert errechnet sich aus der Bewertung auf einer Schulnotenskala von 1–5.

Tabelle 58 Anlagenausstattung in den unterschiedlichen Vereinsarten (I – VIII) (G = 2997).

Vereins-art[822]	Anzahl der Vereine abs. %	Anlagen						
		Sport-hallen %	Sport-plätze %	Leicht-athletik-anlagen %	Schwimm-bad %	Umkleide-räume %	Vereins-heim %	sonstige Sport-anlagen %
I	48 = 2 %	96[823]	88	71	65	90	63	29
II	99 = 3 %	94	91	78	64	88	69	18
III	653 = 21 %	91	88	54	35	83	51	16
IV	93 = 3 %	77	68	12	25	67	48	14
V	995 = 33 %	67	64	24	23	57	39	26
VI	839 = 29 %	50	42	7	12	39	31	31
VII	51 = 2 %	56	62	2	8	70	78	36
VIII	219 = 7 %	42	53	3	5	39	49	42
Vereine zusammen	2997 = 100 %	2015 = 67 %	1905 = 64 %	782 = 26 %	689 = 23 %	1753 = 58 %	1268 = 42 %	778 = 26 %
		$W(x^2)$ = 100 % $CK=0,45$	$W(x^2)$ = 100 % $CK=0,42$	$W(x^2)$ = 100 % $CK=0,55$	$W(x^2)$ = 100 % $CK=0,38$	$W(x^2)$ = 100 % $CK=0,42$	$W(x^2)$ = 100 % $CK=0,28$	$W(x^2)$ = 100 % $CK=0,21$

Quelle: Funktionsträgerstichprobe

Vereinsart:
I – Groß/hauptamtlich
II – Groß/ehrenamtlich
III – Mittel/mehrspartig
IV – Mittel/einspartig (ohne Prestigesportarten)
V – Klein/mehrspartig
VI – Klein/einspartig (ohne Prestigesportarten)
VII – Mittel/einspartig (nur Prestigesportarten)
VIII – Klein/einspartig (nur Prestigesportarten)

Tabelle 59 Verfügungsverhältnis der Vereinsanlagen nach Vereinsart (I – VIII).

Verfügungs-verhältnis der Vereins-anlagen	Anzahl der Vereine abs. %	Vereinsart[824]							
		I %	II %	III %	IV %	V %	VI %	VII %	VIII %
im wesentlichen Vereinseigentum	803 = 26 %	36 (+10)	25 (-1)	21 (-5)	30 (+4)	24 (-2)	23 (-3)	67 (+41)	51 (+25)
im wesentlichen gemietet bzw. gepachtet	764 = 25 %	14 (-11)	16 (-9)	20 (-5)	19 (-6)	27 (+2)	27 (+2)	27 (+2)	32 (+12)
im wesentlichen unentgeltlich	1494 = 49 %	50 (+1)	59 (+10)	59 (+10)	51 (+2)	49 (0)	50 (+1)	6 (-43)	17 (-32)
Vereine zusammen	3061 = 100 %	100% = 52	100% = 99	100% = 653	100% = 93	100% = 1015	100% = 868	100% = 51	100% = 230

In Klammern Abweichungen vom entsprechenden Randprozentwert

$G = 3061;\ x^2 = 203;\ W(x^2) = 100\ \%;\ R = -0,16;\ CK = 0,31$

Quelle: Funktionsträgerstichprobe

---

[822] Erklärung der Variablen ‚Vereinsart' sieht Seite 38 – 40.
[823] D.h.: 96 % der hauptamtlich geführten Großvereine verfügen über Sporthallen.
[824] Erklärung der Variablen ‚Vereinsart' siehe Seite 38 – 40.

Tabelle 60   Anteil der Vereine mit Zugang zu verschiedenen Anlagenarten nach Gemeindegrößenklassen (G = 3041).

Gemeinde- größen- klasse	Anzahl der Vereine abs. %	Zugang zu						
		Sport- hallen %	Sport- plätze %	Leicht- athle- tik- an- lagen %	Schwimm- bad %	Um- kleide- räume %	Ver- eins- heim %	sonst. Sport- an- lagen %
bis 2 000 Einw.	943= 31%	62[825]	78	26	19	63	39	19
bis 5 000 "	449= 15%	70	70	35	28	64	49	24
bis 10 000 "	321= 10%	69	58	30	27	57	41	30
bis 20 000 "	334= 11%	70	56	28	27	52	45	28
bis 50 000 "	352= 12%	71	54	22	23	57	40	28
bis 100 000 "	147= 5%	67	42	14	22	49	39	35
bis 500 000 "	232= 7%	72	50	21	20	50	40	34
über 500 000 "	263= 9%	65	51	16	21	53	45	32
Vereine zusammen	3041=100%	2034 = 67 %	1921 = 63 %	785 = 26 %	691 = 23 %	1764 = 58 %	1283 = 42 %	793 = 26 %
		$W(x^2)$ = 93,6% CK=0,11	$W(x^2)$ = 100% CK=0,31	$W(x^2)$ = 100% CK=0,24	$W(x^2)$ = 100% CK=0,17	$W(x^2)$ = 100% CK=0,15	$W(x^2)$ = 99,9% CK=0,13	$W(x^2)$ = 100% CK=0,17

Quelle: Funktionsträgerstichprobe

[825] D.h.: 62% der Vereine aus Kleingemeinden benützen Sporthallen.

Tabelle 61 Anteil der Vereine mit Engpässen bei den genutzten Anlagen nach Gemeindegrößenklassen (G = 3041).

Gemeinde-größenklassen	Anzahl der Vereine abs. %	Engpässe bei						
		Sport-hallen %	Sport-plätze %	Leicht-athletik-anlagen %	Schwimm-bad %	Um-kleide-räume %	Ver-eins-heim %	sonst. Sport-anlagen %
bis 2 000 Einw.	943= 31%	46[826]	27	59	56	29	33	41
bis 5 000 Einw.	449= 15%	51	42	52	46	38	35	34
bis 10 000 Einw.	321= 10%	47	34	42	33	26	28	30
bis 20 000 Einw.	334= 11%	51	32	30	24	28	38	39
bis 50 000 Einw.	352= 12%	46	35	20	36	28	23	24
bis 100 000 Einw.	147= 5%	47	39	10	47	38	19	25
bis 500 000 Einw.	232= 7%	44	29	27	41	28	20	38
üb. 500 000 Einw.	263= 9%	48	38	26	58	34	28	42
Vereine zusammen	3041=100%	965 = 47 %	628 = 33 %	336 = 43 %	301 = 44 %	540 = 31 %	390 = 30 %	279 = 35 %
		nicht signifikant	$W(X^2)$ = 99,9% CK=0,17	$W(X^2)$ = 100% CK=0,41	$W(X^2)$ =100% CK=0,32	$W(X^2)$ =95,7% CK=0,13	$W(X^2)$ =99,5% CK=0,18	$W(X^2)$ =96,5% CK=0,19

Quelle: Funktionsträgerstichprobe

---

[826] D.h.: 46% der Vereine in Kleingemeinden, die Sporthallen benützen, bezeichnen diese als mengenmäßig nicht ausreichend.

Tabelle 62 Verfügungsverhältnisse der genutzten Anlagen nach Gemeindegrößenklassen.

Verfügungs-verhältnis	Anzahl der Vereine abs. %	Gemeindegrößenklassen			
		bis 2 000 Einwohner	bis 20 000 Einwohner	bis 100 000 Einwohner	über 100 000 Einwohner
im wesentlichen Vereinseigentum	812= 26%	25 (-1)	29 (+3)	26 (0)	22 (-4)
im wesentl. gemietet bzw. gepachtet	769= 25%	22 (-3)	23 (-2)	25 (0)	34 (+9)
im wesentl. unentgeltl. zur Verfügung gestellt	1515= 49%	53 (+4)	48 (-1)	49 (0)	44 (-5)
Vereine zusammen	3096=100%	100 % = 966	100 % = 1114	100 % = 506	100 % = 510
In Klammern Abweichungen vom entsprechenden Randprozentwert		$G = 3096$; $X^2 = 36$; $W(X^2) = 100$ %; $CK = 0,13$			

Quelle: Funktionsträgerstichprobe

Tabelle 64   Wohnbevölkerung, Sportvereinsmitglieder und Investitionen der Länder im Rahmen des ‚Goldenen Planes' in den einzelnen Landessportbünden.

Landessportbünde	Wohnbevölkerung 1960 [827] %	Mitglieder des DSB 1960 [828] %	Wohnbevölkerung 1975 [829] %	Mitglieder des DSB 1975 [830] %	Gesamtinv. der Länder im Rahmen des Goldenen Planes von 1960 - 1975 [831] %
Baden-Württemberg	13,7	16,9	14,9	15,2	12,8
Bayern	16,9	14,8	17,5	16,8	18,4
Rheinland-Pfalz	6,1	7,9	5,9	7,3	4,7
Hessen	8,5	9,6	9,0	9,9	9,8
Saarland	1,9	2,7	1,8	2,7	1,5
Nordrhein-Westfalen	28,3	23,4	27,8	24,5	29,6
Niedersachsen	11,9	13,1	11,7	12,7	5,7
Hamburg [832]	3,3	3,1	2,8	2,6	5,4
Bremen [832]	1,3	1,8	1,2	1,3	2,8
Schleswig-Holstein	4,1	3,6	4,2	4,5	2,3
Berlin [832]	4,0	3,1	3,2	2,5	6,9
insgesamt	100,0 %	100,0 %	100,0 %	100,0 %	100,0 %

---

[827] *Quelle:* Statistisches Jahrbuch 1973, 34.
[828] *Quelle:* Bestandserhebung des DSB 1960.
[829] *Quelle:* Statistisches Jahrbuch 1976.
[830] *Quelle:* Bestandserhebung des DSB 1975.
[831] *Quelle:* Unveröffentlichte Aufstellung der DOG.
[832] Bei den Investitionen der Stadtstaaten sind die Finanzierungsanteile der Gemeinden enthalten.

Tabelle 66   Anteil der Vereine mit Engpässen bei den genutzten Anlagen nach Landessportbünden.

Landessportbünde [833]	Sport-hallen nicht aus-reichend %	Sport-plätze nicht aus-reichend %	Leicht-athletik-anlagen nicht aus-reichend %	Schwimm-bäder nicht aus-reichend %	Umkleide-räume nicht aus-reichend %	Vereins-heime nicht aus-reichend %	sonstige Sport-anlagen nicht aus reichend %
Baden-Nord	46	42	42	70[+)]	39	22	50
Baden-Süd	45	37	46	33	27	26	16
Württemberg	58	45	57	46	34	31	33
Bayern	46	35	53	34	32	27	37
Rheinland-Pfalz	51	31	35	34	33	26	46
Hessen	49	27	46	49	32	33	41
Saarland	39	17	31	46	25	39	29
Nordrhein-Westfalen	46	31	37	44	27	34	33
Niedersachsen	43	25	33	40	26	28	29
Hamburg	62	52	50[+)]	89[+)]	44	32	18
Bremen	50	33	-[+)]	50[+)]	60	50	43
Schleswig-Holstein	46	36	44	54	28	44	35
Berlin	38	50	25[+)]	67[+)]	50	27	42
Vereine zusammen	967 = 47 %	628 = 33 %	336 = 43 %	303 = 44 %	542 = 31 %	391 = 30 %	279 = 35 %
	$W(x^2)$ =92,07% CK=0,14	$W(x^2)$ =99,98% CK=0,26	$W(x^2)$ =99,06% CK=0,26	$W(x^2)$ =98,70% CK=0,27	$W(x^2)$ =93,92% CK=0,15	nicht signifi-kant	nicht signifi-kant

Quelle: Funktionsträgerstichprobe

---

[833] Die mit +) gekennzeichneten Werte sind aufgrund der relativ niedrigen Feldbesetzungen mit Unsicherheiten behaftet.

Tabelle 69 Durchschnittliche Monatsbeiträge und Beitragsanteil am Gesamthaushalt bei Einzweckvereinen in unterschiedlichen Sportarten.

Sportart [834]	Erwachsenenbeitrag in DM	Jugendbeitrag in DM	Kinderbeitrag in DM	Beitragsanteil am Gesamthaushalt des Vereins
Badminton[x]	-	-	-	-
Basketball[x]	-	-	-	-
Boxen[x]	2,70	1,60	1,20	23 %
Eissport[x]	2,40	1,40	1,10	39 %
Fechten	-	-	-	-
Fußball	2,40	1,40	0,90	33 %
Golf[x]	-	-	-	-
Handball[+]	2,70	1,80	1,10	43 %
Hockey[x]	-	-	-	-
Judo	7,30	5,30	4,80	81 %
Kanu	5,80	2,70	1,50	62 %
Kegeln	8,10	3,10	1,70	65 %
Leichtathletik[x]	-	-	-	-
Luftsport	12,50	6,90	2,40	41 %
Motorsport[x]	-	-	-	-
Radsport	2,50	1,50	1,30	42 %
Reiten	7,90	4,30	3,50	43 %
Rollsport	-	-	-	-
Rudern[+]	13,90	4,90	4,00	64 %
Schießen	3,70	1,90	1,20	47 %
Schwerathletik[+]	2,50	1,40	1,00	37 %
Schwimmen	4,70	3,30	2,30	55 %
Segeln	18,20	5,50	3,10	70 %
Ski	3,30	1,80	1,40	56 %
Tanzsport[+]	13,40	11,50	10,40	72 %
Tennis	14,80	6,00	4,40	77 %
Tischtennis	2,80	1,60	1,20	61 %
Turnen	2,50	1,80	1,40	54 %
Volleyball[x]	-	-	-	-
sonstiges	4,30	2,20	1,90	62 %

Quelle: Funktionsträgerstichprobe

[834] Für die mit +) gekennzeichneten Sportarten sind die Aussagen aufgrund der relativ niedrigen Feldbesetzungen mit Unsicherheiten behaftet.
Für die mit ×) gekennzeichneten Sportarten ist aufgrund der geringen Feldbesetzungen keine Aussage möglich.

Tabelle 70 Die Höhe des Kinderbeitrages gemessen am Beitrag der Erwachsenen nach Vereinsarten (I – VIII).

Höhe des Kinderbeitrages gemessen am Erwachsenenbeitrag	Anzahl der Vereine abs. %	Vereinsart [835]							
		I %	II %	III %	IV %	V %	VI %	VII %	VIII %
– 20 %	423= 23%	6 (–17)	8 (–15)	16 (–7)	25 (+2)	25 (+2)	30 (+7)	40 (+17)	32 (+9)
– 40 %	393= 21%	13 (–8)	14 (–7)	18 (–3)	21 (0)	25 (+4)	24 (+3)	27 (+6)	18 (–3)
– 60 %	740= 40%	46 (+6)	45 (+5)	46 (+6)	32 (–8)	39 (–1)	36 (–4)	27 (–13)	38 (–2)
– 80 %	157= 9%	27 (+18)	23 (+14)	11 (+2)	9 (0)	6 (–3)	4 (–5)	3 (–6)	8 (–1)
– 100 %	123= 7%	8 (+1)	10 (+3)	9 (+2)	13 (+6)	5 (–2)	6 (–1)	3 (–4)	4 (–3)
Vereine zusammen	1836=100%	100 % = 48	100 % = 90	100 % = 547	100 % = 63	100 % = 558	100 % = 357	100 % = 37	100 % = 136
In Klammern Abweichungen vom entsprechenden Randprozentwert		$G = 1836$; $x^2 = 139$; $W(x^2) = 100$ %; $R = -0,21$; $CK = 0,30$							

Quelle: Funktionsträgerstichprobe

Vereinsart: I – Groß/hauptamtlich
            II – Groß/ehrenamtlich
            III – Mittel/mehrspartig
            IV – Mittel/einspartig (ohne Prestigesportarten)
            V – Klein/mehrspartig
            VI – Klein/einspartig (ohne Prestigesportarten)
            VII – Mittel/einspartig (nur Prestigesportarten)
            VIII – Klein/einspartig (nur Prestigesportarten)

---

[835] Erklärung der Variablen ‚Vereinsart' siehe Seite 38–40.

Tabelle 72 Anteil der Vereine, die über zusätzliche Finanzmittel (außer Vereinsbeiträgen) verfügen, nach Vereinsarten (I – VIII).

Vereins-art [836]	Anzahl der Vereine	Zusatzmittel									
		Spenden	Zuschüsse LSB und Fachverbände	Zuschüsse Gemeinden	Zuschüsse Land/Bund	Gesellige Veranstaltungen	Zuschauereinnahmen	Plakatwerbung	Firmenwerbung +)	Pacht, Miete, Kapital	sonst. Einnahmen
	abs. %	%	%	%	%	%	%	%	%	%	%
I	48= 2 %	67	75	75	27	35	40	31	15	35	10
II	99= 3 %	65	62	79	22	52	52	21	7	32	5
III	654= 21 %	61	63	68	11	61	61	19	6	15	7
IV	93= 3 %	68	46	65	15	46	57	18	10	12	12
V	996= 33 %	60	39	60	9	57	44	6	1	7	11
VI	840= 29 %	60	31	52	7	49	34	5	1	4	9
VII	51= 2 %	69	48	50	13	23	10	2	2	21	6
VIII	219= 7 %	68	40	46	11	31	22	3	3	11	9
Vereine zusammen	3000=100 %	1843 = 61 %	1309 = 44 %	1775 = 59 %	300 = 10 %	1572 = 52 %	1301 = 43 %	291 = 10 %	94 = 3 %	292 = 10 %	265 = 9 %
		nicht signifikant	$W(x^2)$ = 100 % $CK=0,35$	$W(x^2)$ = 100 % $CK=0,23$	$W(x^2)$ = 100 % $CK=0,25$	$W(x^2)$ = 100 % $CK=0,34$	$W(x^2)$ = 100 % $CK=0,32$	$W(x^2)$ = 100 % $CK=0,23$	$W(x^2)$ = 100 % $CK=0,32$	nicht signifikant	$W(x^2)$ = 100 % $CK=0,18$

Quelle: Funktionsträgerstichprobe

Vereinsart: I   – Groß/hauptamtlich
              II   – Groß/ehrenamtlich
              III – Mittel/mehrspartig
              IV   – Mittel/einspartig (ohne Prestigesportarten)
              V   – Klein/mehrspartig
              VI   – Klein/einspartig (ohne Prestigesportarten)
              VII – Mittel/einspartig (nur Prestigesportarten)
              VIII – Klein/einspartig (nur Prestigesportarten)

---

[836] Erklärung der Variablen ‚Vereinsart' siehe Seite 38–40.

Tabelle 74 Die Vereine nach ihren monatlich erhobenen Beitragssätzen in den einzelnen Landessportbünden.

Erwachsenenbeitrag	Anzahl der Vereine abs. %	Baden-Nord	Baden-Süd	Bayern	Württemberg	Rheinland-Pfalz	Hessen	Saarland	Nordrhein-Westf.	Niedersachsen	Hamburg	Bremen	Schleswig-Holstein	Berlin
- 1 DM	308 = 10 %	23 (+13)	31 (+21)	10 (0)	21 (+11)	8 (-2)	12 (+2)	6 (-4)	4 (-6)	7 (-3)	0 (-10)	0 (-10)	2 (-8)	0 (-10)
- 1,5 DM	435 = 14 %	16 (+2)	16 (+2)	34 (+20)	15 (+2)	9 (-5)	21 (+7)	27 (+13)	4 (-10)	6 (-8)	2 (-12)	5 (-9)	2 (-12)	0 (-14)
- 2 DM	455 = 14 %	18 (+4)	11 (-3)	22 (+8)	22 (+8)	6 (-8)	24 (+10)	28 (+14)	7 (-7)	17 (+3)	0 (-14)	0 (-14)	7 (-7)	2 (-12)
- 2,5 DM	465 = 15 %	7 (-8)	4 (-11)	5 (-10)	5 (-9)	49 (+34)	7 (-8)	8 (-7)	26 (+11)	10 (-5)	0 (-15)	0 (-15)	3 (-12)	0 (-15)
- 3 DM	362 = 12 %	12 (0)	3 (-9)	7 (-5)	5 (-6)	10 (-2)	12 (0)	8 (-4)	16 (+4)	18 (+6)	5 (-7)	0 (-12)	20 (+8)	5 (-15)
- 4 DM	253 = 8 %	2 (-6)	3 (-5)	5 (-3)	3 (-5)	5 (-3)	5 (-3)	7 (-1)	13 (+5)	14 (+6)	2 (-6)	5 (-3)	14 (+6)	2 (-10)
- 5 DM	267 = 8 %	7 (-1)	3 (-5)	5 (-3)	7 (-1)	5 (-3)	7 (-1)	5 (-3)	11 (+3)	10 (+2)	11 (+3)	45 (+37)	20 (+12)	15 (+7)
- 8 DM	199 = 6 %	3 (-3)	8 (+2)	2 (-4)	6 (0)	3 (-3)	4 (-2)	4 (-2)	6 (0)	8 (+2)	43 (+37)	23 (+17)	12 (+6)	10 (+2)
- 15 DM	251 = 8 %	7 (-1)	14 (+6)	7 (-1)	8 (0)	4 (-4)	5 (-3)	6 (-2)	7 (-1)	7 (-1)	23 (+15)	18 (+10)	16 (+8)	20 (+14)
> 15 DM	145 = 5 %	5 (0)	7 (+2)	3 (-2)	5 (0)	1 (-4)	3 (-2)	1 (-4)	6 (+1)	3 (-2)	14 (+9)	4 (-1)	4 (-1)	23 (+15)
Vereine zusammen	3140 = 100 %	100% = 100	100% = 162	100% = 496	100% = 259	100% = 283	100% = 371	100% = 98	100% = 770	100% = 358	100% = 44	100% = 22	100% = 117	100% = 60
														28 (+23)

$G = 3140;\ X^2 = 1535;\ W(X^2) = 100\ \%;\ R = 0,32;\ CK = 0,60$

In Klammern Abweichungen vom entsprechenden Randprozentwert

Quelle: Funktionsträgerstichprobe

Tabelle 76 Stellung der Jugendvertretung in der Organisation der einzelnen Vereinsarten (I–VIII) (Mehrfachnennungen, G = 3083).

Vereins-art[837]	Anzahl der Vereine abs. %	Art der Jugendvertretung							
		Jugendwart mit Sitz und Stimme im Gesamt-vorstand %	Wahl eines Jugendwar-tes durch die Jugend-lichen %	Wahl eines Jugend-sprechers aus den Reihen der Jugend-lichen %	Stimmrecht der Jugend-lichen in der Haupt-versammlung %	eigener Jugend-vorstand %	Wahl eines Jugendver-treters auf Abteilungs-ebene durch die Jugend-lichen selbst[838] %	sonstige Art der Vertre-tung %
I	52 = 2%	89	44	33	25	17	45	6
II	98 = 3%	84	43	34	28	20	46	7
III	647 = 21%	89	42	30	33	20	25	3
IV	92 = 3%	96	32	36	27	14	-	2
V	1011 = 33%	83	31	27	33	9	13	6
VI	906 = 29%	68	25	26	32	7	-	11
VII	49 = 2%	80	29	41	8	8	-	4
VIII	228 = 7%	73	32	30	21	7	-	7
Vereine zusammen	3083 = 100%	2454 = 80 %	993 = 32 %	870 = 28 %	951 = 31 %	345 = 11 %	354 = 20 %	216 = 7 %
		$W(X^2)$ = 100 % $CK = 0,30$	$W(X^2)$ = 100 % $CK = 0,20$	schwach signifi-kant	$W(X^2)$ = 99,99 % $CK = 0,14$	$W(X^2)$ = 100 % $CK = 0,24$	$W(X^2)$ = 100 % $CK = 0,33$	$W(X^2)$ = 100 % $CK = 0,17$

Quelle: Funktionsträgerstichprobe

Vereinsart:
  I – Groß/hauptamtlich
  II – Groß/ehrenamtlich
  III – Mittel/mehrspartig
  IV – Mittel/einspartig (ohne Prestigesportarten)
  V – Klein/mehrspartig
  VI – Klein/einspartig (ohne Prestigesportarten)
  VII – Mittel/einspartig (nur Prestigesportarten)
  VIII – Klein/einspartig (nur Prestigesportarten)

[837] Erklärung der Variablen ‚Vereinsart' siehe Seite 38–40.
[838] Trifft nicht auf Einspartenvereine zu; die Grundgesamtheit beträgt daher nur 1786.

Tabelle 77 Entscheidungsunabhängigkeit der Abteilungen in Mehrspartenvereinen (Mehrfachnennungen, G = 1653).

Art der Entscheidung / Vereinsart [839]	Festsetzung der Beiträge %	Verbrauch der Finanzmittel %	Organisation des Wettkampfsports %	Benutzung der Anlagen %	Durchführung geselliger Veranstaltungen %	Aufnahme von Mitgliedern %
Groß/hauptamtlich (I)	6	33	98	29	88	52
Groß/ehrenamtlich (II)	13	30	93	27	88	61
Mittel/mehrspartig (III)	9	20	87	31	77	52
Klein/mehrspartig (V)	8	12	74	41	57	42
Vereine zusammen	149 = 9 %	277 = 17 %	1346 = 81 %	592 = 36 %	1110 = 67 %	776 = 47 %
	nicht signifikant	W (X^2) = 100 % CK = 0,21	W (X^2) = 100 % CK = 0,28	W (X^2) = 99,99 % CK = 0,16	W (X^2) = 100 % CK = 0,33	W (X^2) = 100 % CK = 0,17

Quelle: Funktionsträgerstichprobe

---

[839] Erklärung der Variablen ‚Vereinsart' siehe Seite 38–40.

Tabelle 78 Einsatz von bezahlten Kräften (hauptamtliche Geschäftsführer/sonstige Verwaltungskräfte/
Wartungspersonal/hauptamtliche Trainer) in den einzelnen Vereinsarten (G = 3122).

Anmerkung: Es werden in dieser Tabelle entgegen der sonstigen Praxis in dieser Arbeit
Kommawerte angegeben, da sonst tatsächlich vorhandene Unterschiede durch Rundung bei
diesen zum Teil kleinen Werten verdeckt würden.

Bezahlte Kräfte / Vereinsart[840]	Hauptamtl. Geschäftsführer %	Bezahltes Verwaltungspersonal %	Hauptamtl. Trainer %	Bezahltes Wartungspersonal %
I	30,8	84,6	25,0	67,3
II	0	0	9,0	43,0
III	1,5	4,9	9,0	32,6
IV	1,1	2,2	3,2	30,2
V	0,4	1,4	3,7	11,9
VI	0	0	1,6	7,5
VII	7,8	27,5	60,8	86,3
VIII	1,3	3,0	16,5	41,3
Vereine zusammen	37 = 1,2 %	112 = 3,6 %	206 = 6,6 %	649 = 20,8 %
	W (X^2) = 100 % CK = 0,48%	W (X^2) = 100 % CK = 0,73%	W (X^2) = 100 % CK = 0,46%	W (X^2) = 100 % CK = 0,48%

Quelle: Funktionsträgerstichprobe

Vereinsart: I   – Groß/hauptamtlich
             II   – Groß/ehrenamtlich
             III – Mittel/mehrspartig
             IV   Mittel/einspartig (ohne Prestigesportarten)
             V   – Klein/mehrspartig
             VI   – Klein/einspartig (ohne Prestigesportarten)
             VII – Mittel/einspartig (nur Prestigesportarten)
             VIII – Klein/einspartig (nur Prestigesportarten)

---

[840] Erklärung der Variablen ‚Vereinsart' siehe Seite 38–40.

Tabelle 79 Die Vereinsarten (I—VIII) nach der Zahl der ehrenamtlichen Mitarbeiter im Gesamtvorstand (inkl. Abteilungsleiter).

Anzahl ehrenamtlicher Mitarbeiter im Gesamtvorstand	Anzahl der Vereine abs. %	Vereinsart [841] I %	II %	III %	IV %	V %	VI %	VII %	VIII %
– 2 Mitarb.	45= 1%	0 (–1)	0 (–1)	0 (–1)	0 (–1)	1 (0)	3 (+2)	0 (–1)	1 (0)
3 – 4 Mitarb.	264= 9%	0 (–9)	0 (–9)	2 (–7)	2 (–7)	6 (–3)	17 (+8)	6 (–3)	12 (+3)
5 – 6 Mitarb.	553= 18%	0 (–18)	4 (–14)	5 (–13)	10 (–8)	19 (+1)	27 (+9)	16 (–2)	28 (+10)
7 – 8 Mitarb.	529= 17%	8 (–9)	3 (–14)	7 (–10)	12 (–5)	18 (+1)	21 (+4)	42 (+25)	31 (+14)
9 –10 Mitarb.	467= 15%	6 (–9)	8 (–7)	15 (0)	15 (0)	17 (+2)	13 (–2)	22 (+7)	18 (+3)
11–13 Mitarb.	435= 14%	15 (+1)	8 (–6)	21 (+7)	22 (+8)	16 (+2)	9 (–5)	10 (–4)	6 (–8)
14–16 Mitarb.	364= 12%	11 (–1)	21 (+9)	21 (+9)	16 (+4)	13 (+1)	7 (–5)	0 (–12)	3 (–9)
17–20 Mitarb.	194= 6%	12 (+6)	18 (+12)	12 (+6)	9 (+3)	6 (0)	2 (–4)	4 (–2)	0 (–6)
> 20 Mitarb.	233= 8%	48 (+40)	38 (+30)	17 (+9)	14 (+6)	4 (–4)	1 (–7)	0 (–8)	1 (–7)
Vereine zusammen	3084=100%	100 % = 52	100 % = 98	100 % = 650	100 % = 93	100 % = 1009	100 % = 906	100 % = 50	100 % = 226
In Klammern Abweichungen vom entsprechenden Randprozentwert		$G = 3084$; $x^2 = 1070$; $W(x^2) = 100\%$; $R = -0,50$; $CK = 0,54$							

Quelle: Funktionsträgerstichprobe

Vereinsart: I   – Groß/hauptamtlich
             II   – Groß/ehrenamtlich
             III – Mittel/mehrspartig
             IV   – Mittel/einspartig (ohne Prestigesportarten)
             V   – Klein/mehrspartig
             VI   – Klein/einspartig (ohne Prestigesportarten)
             VII – Mittel/einspartig (nur Prestigesportarten)
             VIII – Klein/einspartig (nur Prestigesportarten)

---

[841] Erklärung der Variablen ‚Vereinsart' siehe Seite 38–40.

Tabelle 80 Die Vereinsarten (I — VIII) nach der Zahl ihrer nebenamtlichen Übungsleiter.

Anzahl der nebenamtlichen Übungsleiter	Anzahl der Vereine abs. %	Vereinsart[842] I %	II %	III %	IV %	V %	VI %	VII %	VIII %
keine	945= 30%	6 (-24)	6 (-24)	11 (-19)	16 (-14)	30 (0)	48 (+18)	31 (+1)	40 (+10)
1 Übungsleiter	489= 16%	2 (-14)	2 (-14)	4 (-12)	17 (+1)	17 (+1)	23 (+7)	19 (+3)	25 (+9)
2 Übungsleiter	452= 15%	0 (-15)	4 (-11)	11 (-4)	13 (-2)	18 (+3)	14 (-1)	14 (-1)	18 (+3)
3 Übungsleiter	309= 10%	2 (-8)	3 (-7)	9 (-1)	12 (+2)	13 (+3)	7 (-3)	14 (+4)	10 (0)
4-5 Übungsleiter	321= 10%	4 (-6)	4 (-6)	17 (+7)	15 (+5)	12 (+2)	5 (-5)	10 (0)	4 (-6)
6-10 Übungsleiter	357= 11%	13 (+2)	16 (+5)	28 (+17)	25 (+14)	9 (-2)	3 (-8)	10 (-1)	3 (-8)
> 10 Übungsleiter	249= 8%	73 (+65)	65 (+57)	20 (+12)	2 (-6)	1 (-7)	0 (-8)	2 (-6)	0 (-8)
Vereine zusammen	3122=100%	100 % = 52	100 % = 100	100 % = 655	100 % = 93	100 % = 1024	100 % = 917	100 % = 51	100 % = 230

In Klammern Abweichungen vom entsprechenden Randprozentwert

$G = 3122; X^2 = 1663; W(X^2) = 100\%; R = -0,54; CK = 0,64$

Quelle: Funktionsträgerstichprobe

Vereinsart:
    I   — *Groß/hauptamtlich*
    II — *Groß/ehrenamtlich*
    III — *Mittel/mehrspartig*
    IV — *Mittel/einspartig (ohne Prestigesportarten)*
    V   — *Klein/mehrspartig*
    VI — *Klein/einspartig (ohne Prestigesportarten)*
    VII — *Mittel/einspartig (nur Prestigesportarten)*
    VIII — *Klein/einspartig (nur Prestigesportarten)*

---

[842] Erklärung der Variablen ‚Vereinsart' siehe Seite 38—40.

Tabelle 82   Die Vereinsarten (I–VIII) nach der Gesamtzahl ihrer Mitarbeiter.

Zahl der Mitarbeiter	Anzahl der Vereine abs. %	Vereinsart[843]							
		I %	II %	III %	IV %	V %	VI %	VII %	VIII %
– 3 Mitarb.	91= 3%	0 (–3)	1 (–2)	0 (–3)	0 (–3)	2 (–1)	7 (+4)	0 (–3)	2 (–1)
4–5 Mitarb.	187= 6%	0 (–6)	0 (–6)	0 (–6)	0 (–6)	5 (–1)	14 (+8)	0 (–6)	7 (+7)
6–7 Mitarb.	256= 8%	0 (–8)	0 (–8)	1 (–7)	2 (–6)	7 (–1)	17 (+9)	0 (–8)	12 (+4)
8–10 Mitarb.	425= 14%	0 (–14)	0 (–14)	2 (–12)	1 (–13)	16 (+2)	20 (+6)	6 (–8)	28 (+14)
11–15 Mitarb.	581= 19%	0 (–19)	1 (–18)	7 (–12)	15 (–4)	25 (+6)	20 (+1)	27 (+8)	29 (+10)
16–20 Mitarb.	432= 14%	2 (–12)	4 (–10)	12 (–2)	12 (–2)	20 (+6)	10 (–4)	22 (+8)	10 (–4)
21–25 Mitarb.	325= 10%	4 (–6)	1 (–9)	15 (+5)	29 (+19)	11 (+1)	6 (–4)	29 (+19)	6 (–4)
26–30 Mitarb.	450= 14%	6 (–8)	13 (–1)	35 (+21)	31 (+17)	11 (–3)	5 (–9)	14 (0)	5 (–9)
31–60 Mitarb.	212= 7%	25 (+18)	25 (+18)	20 (+13)	9 (+2)	2 (–5)	1 (–6)	2 (–5)	0 (–7)
>60 Mitarb.	158= 5%	63 (+58)	55 (+50)	8 (+3)	1 (–4)	1 (–4)	0 (–5)	0 (–5)	1 (–4)
Vereine zusammen	3117=100%	100 % = 52	100 % = 100	100 % = 655	100 % = 93	100 % = 1024	100 % = 914	100 % = 51	100 % = 228
In Klammern Abweichungen vom entsprechenden Randprozentwert		$G = 3117$; $X^2 = 2372$; $W(X^2) = 100$ %; $R = -0{,}59$; $CK = 0{,}70$							

Quelle: Funktionsträgerstichprobe

Vereinsart:
I – Groß/hauptamtlich
II – Groß/ehrenamtlich
III – Mittel/mehrspartig
IV – Mittel/einspartig (ohne Prestigesportarten)
V – Klein/mehrspartig
VI – Klein/einspartig (ohne Prestigesportarten)
VII – Mittel/einspartig (nur Prestigesportarten)
VIII – Klein/einspartig (nur Prestigesportarten)

---

[843] Erklärung der Variablen ‚Vereinsart' siehe Seite 38–40.

Tabelle 84 Ämterbesetzungsproblem nach Vereinsarten (I – VIII).

Schwierig-keitsgrad der Ämter-besetzung	Anzahl der Vereine abs. %	Vereinsart[844]							
		I %	II %	III %	IV %	V %	VI %	VII %	VIII %
allgemein schwierig	1618 = 52 %	61 (+9)	54 (+2)	54 (+2)	50 (−2)	52 (0)	51 (−1)	60 (+8)	47 (−5)
nur bei bestimmten Ämtern schwierig	722 = 23 %	25 (+2)	25 (+2)	26 (+3)	33 (+10)	25 (+2)	20 (−3)	24 (+1)	14 (−9)
nicht sehr schwierig	775 = 25 %	14 (−11)	21 (−4)	20 (−5)	17 (−8)	23 (−2)	29 (+4)	16 (−9)	39 (+14)
Vereine zusammen	3115 = 100 %	100 % = 52	100 % = 100	100 % = 654	100 % = 93	100 % = 1024	100 % = 913	100 % = 50	100 % = 229

In Klammern Abweichungen vom entsprechenden Randprozentwert

$G = 3115; \; x^2 = 58; \; W(x^2) = 100\,\%; \; CK = 0{,}17$

Quelle: Funktionsträgerstichprobe

Vereinsart:
I – Groß/hauptamtlich
II – Groß/ehrenamtlich
III – Mittel/mehrspartig
IV – Mittel/einspartig (ohne Prestigesportarten)
V – Klein/mehrspartig
VI – Klein/einspartig (ohne Prestigesportarten)
VII – Mittel/einspartig (nur Prestigesportarten)
VIII – Klein/einspartig (nur Prestigesportarten)

Tabelle 86 Mitgliederinformation im Entscheidungsprozeß nach Vereinsarten (I – VIII). (Fragetext: Werden die Mitglieder des Vereins bei anstehenden Entscheidungen im allgemeinen vorher über die Absichten des Vorstandes informiert oder erst nachher?)

Zeitpunkt der Mitglieder-information	Anzahl der Vereine abs. %	Vereinsart[845]							
		I %	II %	III %	IV %	V %	VI %	VII %	VIII %
immer vorher	592 = 19 %	19 (0)	12 (−7)	12 (−7)	8 (−11)	20 (+1)	25 (+6)	20 (+1)	21 (+2)
überwiegend vorher	1225 = 39 %	35 (−4)	38 (−1)	36 (−3)	28 (−11)	39 (0)	42 (+3)	42 (+3)	42 (+3)
verschieden	1020 = 33 %	33 (0)	42 (+9)	38 (+5)	49 (+16)	34 (+1)	27 (−6)	34 (+1)	26 (−7)
nachher	271 = 9 %	13 (+4)	8 (−1)	14 (+5)	15 (+6)	7 (−2)	6 (−3)	4 (−5)	11 (+2)
Vereine zusammen	3108 = 100 %	100 % = 52	100 % = 100	100 % = 649	100 % = 93	100 % = 1022	100 % = 914	100 % = 50	100 % = 228

In Klammern Abweichungen vom entsprechenden Randprozentwert

$G = 3108; \; x^2 = 115; \; W(x^2) = 100\,\%; \; CK = 0{,}22$

Quelle: Funktionsträgerstichprobe

---

[844] Erklärung der Variablen ‚Vereinsart' siehe Seite 38–40.
[845] Erklärung der Variablen ‚Vereinsart' siehe Seite 38–40.

Tabelle 87 Grad der Mitgliederbeteiligung bei geplanten Veränderungen im Verein nach Vereinsarten (I−VIII). Quelle: Funktionsträgerstichprobe

Veränderungs-vorschläge	Anzahl der Vereine abs. %	Vereinsart[846] I %	II %	III %	IV %	V %	VI %	VII %	VIII %
nur von den Vorstands-mitgliedern	215= 7%	6 (−1)	8 (+1)	7 (0)	10 (+3)	6 (−1)	7 (0)	8 (+1)	8 (+1)
überwiegend von den Vorstands-mitgliedern	1656= 53%	65 (+12)	57 (+4)	63 (+10)	61 (+8)	54 (+1)	44 (−9)	60 (+7)	51 (−2)
zu gleichen Teilen von Vorstand und Mitgliederschaft	1159= 37%	29 (−8)	35 (−2)	29 (−8)	28 (−9)	37 (0)	45 (+8)	32 (−5)	41 (+4)
überwiegend von der Mitglie-derschaft	81= 3%	0 (−3)	0 (−3)	1 (−2)	1 (−2)	3 (0)	4 (+1)	0 (−3)	0 (−3)
Vereine zusammen	3111=100%	100 % = 52	100 % = 100	100 % = 653	100 % = 93	100 % = 1022	100 % = 912	100 % = 50	100 % = 229

In Klammern Abweichungen vom entsprechenden Randprozentwert

$G = 3111; X^2 = 93; W(X^2) = 100\%; CK = 0,20$

Vereinsart:
- I − Groß/hauptamtlich
- II − Groß/ehrenamtlich
- III − Mittel/mehrspartig
- IV − Mittel/einspartig (ohne Prestigesportarten)
- V − Klein/mehrspartig
- VI − Klein/einspartig (ohne Prestigesportarten)
- VII − Mittel/einspartig (nur Prestigesportarten)
- VIII − Klein/einspartig (nur Prestigesportarten)

Tabelle 88 Schwerpunkte der Arbeitsbelastung des Vereinsvorsitzenden nach Vereinsarten (I−VIII).

Schwerpunkt der Arbeitsbelastung	Anzahl der Vereine abs. %	Vereinsart[847] I %	II %	III %	IV %	V %	VI %	VII %	VIII %
Organisation des Wettkampf-sportes	412 = 19 %	0 (−19)	3 (−16)	10 (−9)	12 (−7)	20 (+1)	29 (+10)	16 (−3)	19 (0)
Organisation des allgemeinen Übungsbetriebes	434 = 20 %	11 (−9)	8 (−12)	20 (0)	19 (−1)	24 (+4)	19 (−1)	6 (−14)	20 (0)
Verwaltungs-tätigkeiten	845 = 40 %	42 (+2)	61 (+21)	44 (+4)	40 (0)	37 (−3)	36 (−4)	47 (+7)	36 (−4)
Beschaffung und Verteilung finanz. Mittel	209 = 10 %	28 (+18)	16 (+6)	13 (+3)	15 (+5)	8 (−2)	6 (−4)	22 (+12)	14 (+4)
Zus.arbeit mit Sportverbänden u. öffentl. Ämtern	169 = 8 %	19 (+11)	10 (+2)	11 (+3)	12 (+4)	7 (−1)	6 (−2)	6 (−2)	6 (−2)
sonstiges	67 = 3 %	0 (−3)	2 (−1)	2 (−1)	2 (−1)	4 (+1)	4 (+1)	3 (0)	5 (+2)
Vereine zusammen	2136 = 100 %	100 % = 36	100 % = 67	100 % = 472	100 % = 59	100 % = 698	100 % = 618	100 % = 32	100 % = 154

in Klammern Abweichungen vom entsprechenden Randprozentwert

$G = 2136; X^2 = 168; W(X^2) = 100\%; CK = 0,30$

[846] Erklärung der Variablen ‚Vereinsart' siehe Seite 38−40.
[847] Erklärung der Variablen ‚Vereinsart' siehe Seite 38−40.

Quelle: Funktionsträgerstichprobe

Tabelle 89   Sporterfolge der Vereine nach Vereinsarten (I – VIII). Quelle: Funktionsträgerstichprobe

Sport-erfolge	Anzahl der Vereine abs. %	Vereinsart[848]							
		I %	II %	III %	IV %	V %	VI %	VII %	VIII %
keinen Erfolg geben an	1234= 40 %	8 (-32)	17 (-23)	31 (-9)	33 (-7)	42 (+2)	47 (+7)	29 (-11)	53 (+13)
innerhalb Stadt / Kreis	1088= 35 %	10 (-25)	16 (-19)	36 (+1)	42 (+7)	39 (+4)	35 (0)	42 (+7)	29 (-6)
auf Verbands-ebene	487= 16 %	31 (+15)	38 (+22)	24 (+8)	14 (-2)	12 (-4)	12 (-4)	21 (+5)	9 (-7)
auf nationaler Ebene	228= 7 %	40 (+33)	25 (+18)	7 (0)	8 (+1)	6 (-1)	5 (-2)	8 (+1)	6 (-1)
auf internatio-naler Ebene	51= 2 %	11 (+9)	4 (+2)	2 (0)	3 (+1)	1 (-1)	1 (-1)	0 (-2)	3 (+1)
Vereine zusammen	3088=100 %	100 % = 52	100 % = 100	100 % = 653	100 % = 92	100 % = 1014	100 % = 902	100 % = 48	100 % = 227
In Klammern Ab-weichungen vom entsprechenden Randprozentwert		$G = 3088; X^2 = 350; W (X^2) = 100\%; CK = 0,36$							

Vereinsart:
I – Groß/hauptamtlich   V – Klein/mehrspartig
II – Groß/ehrenamtlich   VI – Klein/einspartig (ohne Prestigesportarten)
III – Mittel/mehrspartig   VII – Mittel/einspartig (nur Prestigesportarten)
IV – Mittel/einspartig   VIII – Klein/einspartig (nur Prestigesportarten)
       (ohne Prestigesportarten)

Tabelle 90   Die Vereinsarten (I – VIII) nach der Anzahl ihrer Wettkampfmannschaften.

Anzahl der Wettkampf-mannschaften	Anzahl der Vereine abs. %	Vereinsart[849]							
		I %	II %	III %	IV %	V %	VI %	VII %	VIII %
keine Mannschaft	358 = 12 %	2 (-10)	2 (-10)	3 (-9)	3 (-9)	13 (+1)	14 (+2)	10 (-2)	29 (+17)
- 2 Mannschaften	532 = 17 %	2 (-15)	3 (-14)	4 (-13)	16 (-1)	18 (+1)	27 (+10)	14 (-3)	26 (+9)
3 - 5 Mannschaften	971 = 31 %	2 (-29)	6 (-25)	17 (-14)	16 (-15)	40 (+9)	39 (+8)	10 (-21)	32 (+1)
6 - 10 Mannschaften	713 = 23 %	16 (-7)	14 (-9)	31 (+8)	42 (+19)	24 (+1)	17 (-6)	58 (+35)	10 (-13)
> 10 Mannschaften	515 = 17 %	78 (+61)	75 (+58)	45 (+28)	23 (+6)	5 (-12)	3 (-14)	8 (-9)	3 (-14)
Vereine zusammen	3089 = 100 %	100 % = 50	100 % = 97	100 % = 648	100 % = 93	100 % = 1017	100 % = 906	100 % = 51	100 % = 227
In Klammern Ab-weichungen vom entsprechenden Randprozentwert		$G = 3089; X^2 = 1331; W (X^2) = 100\%; R = -0,50; CK = 0,61$							

---

[848] Erklärung der Variablen ‚Vereinsart' siehe Seite 38 – 40.
[849] Erklärung der Variablen ‚Vereinsart' siehe Seite 38 – 40.

Quelle: *Funktionsträgerstichprobe*

Tabelle 92   Die Vereine nach der Art ihrer Sporterfolge in den einzelnen Gemeindegrößenklassen.

Gemeinde-größen-klasse	Anzahl der Vereine abs. %	Art des Sporterfolges				
		keinen Erfolg %	inner-halb Stadt/Kreis %	auf Verbands-ebene %	auf na-tionaler Ebene %	auf inter-nationaler Ebene %
- 2 000 Einw.	972= 30 %	35 (+5)	39 (+9)	15 (-15)	7 (-23)	8 (-22)
- 5 000 Einw.	457= 14 %	16 (+2)	16 (+2)	12 (-2)	6 (-8)	0 (-14)
- 10 000 Einw.	332= 11 %	9 (-2)	10 (-1)	13 (-2)	16 (+5)	6 (-5)
- 20 000 Einw.	338= 11 %	9 (-2)	10 (-1)	15 (+4)	17 (+6)	18 (+7)
- 50 000 Einw.	366= 12 %	10 (-2)	10 (-2)	19 (+7)	13 (+1)	16 (+4)
- 100 000 Einw.	150= 5 %	4 (-1)	3 (-2)	6 (+1)	12 (+7)	8 (+3)
- 500 000 Einw.	248= 8 %	8 (0)	6 (-2)	10 (+2)	12 (+4)	23 (+15)
>500 000 Einw.	278= 9 %	9 (0)	6 (-3)	10 (+1)	17 (+8)	21 (+12)
Vereine zusammen	3141=100 %	100 % = 1274	100 % = 1099	100 % = 488	100 % = 229	100 % = 51

In Klammern Abweichungen vom entsprechenden Randprozentwert

$G = 3141$; $x^2 = 311$; $W(x^2) = 100\%$; $R = 0{,}21$; $CK = 0{,}34$

Quelle: Funktionsträgerstichprobe

Tabelle 93 Die Mehrspartenvereine nach der Häufigkeit bestimmter Anlässe zu Differenzen zwischen einzelnen Abteilungen (G = 1713).

Vereinsart[850] \ Anlässe zu Differenzen[851]	Beitragshöhe %	Anlagenbenutzung %	Finanzmittelverteilung %	Anschaffung und Erweiterung von Anlagen %	persönliche Differenzen %	sonstige Differenzen %	keine Differenzen %
Groß/hauptamtlich (I)	30	56	54	15	13	4	20
Groß/ehrenamtlich (II)	14	42	49	9	20	2	26
Mittel/mehrspartig (III)	17	36	39	13	17	4	28
Klein/mehrspartig (V)	18	18	25	14	19	3	40
Vereine zusammen	301 = 18 %	457 = 27 %	227 = 13 %	315 = 18 %	55 = 3 %	588 = 3 %	559 = 33 %
	W (x^2) = 90 % CK = 0,09	W (x^2) = 100 % CK = 0,33	W (x^2) = 100 % CK = 0,25	nicht signifikant	nicht signifikant	nicht signifikant	W (x^2) = 100 % CK = 0,20

Quelle: Funktionsträgerstichprobe

Tabelle 94 Die Vereinsarten (I–VIII) nach der Häufigkeit bestimmter Anlässe zu Meinungsverschiedenheiten im Verein (G = 3 098).

Vereinsart[852]	Anzahl der Vereine abs. %	Mannschaftsaufstellung %	Spielerneuerwerbung %	mangelnde Wettkampferfolge %	Zusammenschluß mit anderen Vereinen %	Durchführung des Trainings- u. Übungsbetriebes %	Verteilung der Übungszeiten %	Ämterbesetzung %	Information der Mitglieder %	Verteilung der finanziellen Mittel %	Bau bzw. Erneuerung von Anlagen %	Beitragsfestsetzung %	keine Meinungsverschiedenheiten %
I	52= 2%	12	10	8	20	31	59	12	6	47	22	28	12
II	99= 3%	19	10	16	10	36	64	21	6	44	12	23	9
III	650= 21%	28	12	21	11	34	36	20	5	32	16	29	10
IV	93= 3%	26	19	17	20	28	23	26	5	17	17	21	16
V	1015= 33%	37	9	24	12	34	15	22	5	16	21	26	12
VI	911= 29%	39	8	20	14	33	7	20	4	17	23	23	17
VII	49= 2%	34	12	2	2	30	24	16	8	8	24	26	14
VIII	229= 7%	18	4	7	4	36	24	11	5	7	33	25	24
Vereine zusammen	3098=100%	1021 = 33 %	293 = 9 %	614 = 20 %	371 = 12 %	1049 = 34 %	635 = 21 %	614 = 20 %	153 = 5 %	526 = 17 %	598 = 19 %	784 = 25 %	417 = 14 %
		W(x^2) = 100 % CK =0,22	W (x^2) = 99,9% CK= 0,13	W (x^2) = 100 % CK= 0,18	W (x^2) = 100 % CK= 0,14	nicht signifikant	W (x^2) = 100 % CK= 0,47	W(x^2) = 100 % CK= 0,11	nicht signifikant	W (x^2) = 99,2% CK= 0,41	W (x^2) = 100 % CK= 0,16	nicht signifikant	W (x^2) = 100 % CK= 0,15

Quelle: Funktionsträgerstichprobe

Vereinsart:
- I – Groß/hauptamtlich
- II – Groß/ehrenamtlich
- III – Mittel/mehrspartig
- IV – Mittel/einspartig (ohne Prestigesportarten)
- V – Klein/mehrspartig
- VI – Klein/einspartig (ohne Prestigesportarten)
- VII – Mittel/einspartig (nur Prestigesportarten)
- VIII – Klein/einspartig (nur Prestigesportarten)

---
[850] Erklärung der Variablen ‚Vereinsart' siehe Seite 38–40.
[851] Vgl. Fragebogen im Anhang: Frage C 4.
[852] Erklärung der Variablen ‚Vereinsart' siehe Seite 38–40.
[853] Vgl. Fragebogen im Anhang: Frage C 9.

Tabelle 98 Vereine mit unterschiedlichem internen Konfliktpotential nach der Anzahl an Kritikpunkten bei der Zusammenarbeit von Verein und Verband.

Verbands-kritik[854]	Anzahl der Vereine abs. %	vereinsinternes Konfliktpotential[855]					
		0 %	1 %	2 %	3 %	4 %	> 4 %
kein Kritikpunkt	282= 10%	22 (+12)	12 (+2)	7 (-3)	5 (-5)	6 (-4)	4 (-6)
1 Kritikpunkt	481= 15%	23 (+8)	23 (+8)	15 (0)	11 (-4)	9 (-6)	4 (-11)
2 Kritikpunkte	881= 28%	28 (0)	31 (+3)	32 (+4)	25 (-3)	24 (-4)	19 (-9)
3 Kritikpunkte	838= 27%	15 (-12)	22 (-5)	29 (+2)	35 (+8)	28 (+1)	27 (0)
4 Kritikpunkte	397= 13%	7 (-6)	8 (-5)	11 (-2)	16 (+3)	20 (+7)	23 (+10)
> 4 Kritikpunkte	229= 7%	5 (-2)	4 (-3)	6 (-1)	7 (0)	13 (+6)	23 (+16)
Vereine zusammen	3108=100%	100 % = 415	100 % = 567	100 % = 962	100 % = 696	100 % = 300	100 % = 168
In Klammern Abweichungen vom entsprechenden Randprozentwert		$G = 3108$; $x^2 = 373$; $W(x^2) = 100\%$; $R = 0,30$; $CK = 0,36$					

Quelle: Funktionsträgerstichprobe
Anmerkung: Der Zusammenhang ist unabhängig von der Vereinsart

---

[854] Das Merkmal ‚Verbandskritik' repräsentiert die Summe der Nennungen aus zehn vorgegebenen Verbesserungswünschen in der Zusammenarbeit von Verein und Verband – vgl. Anhang – Fragebogen: Frage C 13.
[855] Zur Erklärung des Merkmals ‚vereinsinternes Konfliktpotential' vgl. Fußnote 714, Seite 188.

Tabelle 100 Die Vereinsarten (I – VIII) nach ökonomischen Indikatoren.

Vereins-art[856]	Durch-schnittl. Haushalts-volumen pro Monat[857] DM	Durch-schnittl. Mitglie-derzahl abs.	Anteil ak-tiver Mit-glieder[858] %	Durch-schnittl. Haushalts-volumen pro Mitgl. im Monat DM	Durch-schnittl. HHV pro ak-tivem Mit-glied im Monat DM
I	20.900,-	1994	60	10,50	17,50
II	8.600,-	1424	58	6,--	10,40
III	3.700,-	523	49	7,10	14,50
IV	3.900,-	453	38	8,60	22,70
V	1.300,-	160	42	8,10	19,40
VI	800,-	102	40	7,80	19,50
VII	12.800,-	469	45	27,30	60,70
VIII	3.000,-	148	43	20,30	46,70

Quelle: Funktionsträgerstichprobe

Vereinsart: I   – Groß/hauptamtlich
             II   – Groß/ehrenamtlich
             III – Mittel/mehrspartig
             IV   – Mittel/einspartig (ohne Prestigesportarten)
             V   – Klein/mehrspartig
             VI   – Klein/einspartig (ohne Prestigesportarten)
             VII – Mittel/einspartig (nur Prestigesportarten)
             VIII – Klein/einspartig (nur Prestigesportarten)

---

[856] Erklärung der Variablen ‚Vereinsart' siehe Seite 38 – 40.
[857] Vgl. *Tabelle 71*, Seite 140.
[858] Als ‚aktive Mitglieder' werden diejenigen Personen bezeichnet, die mindestens einmal pro Woche im Verein Sport treiben.

Tabelle 101 Bewertung der Vereinsarten (I−VIII) durch die Funktionsträger nach verschiedenen Gesichtspunkten der Struktur und Organisation des Vereins (Mittelwerte)[859].

Vereinsart[860]	Sportangebot %	Sportanlagen %	Betreuung und Training %	Talentförderung %	sportliche Erfolge %	Zusammenarbeit mit Vorstand %	Organ. des Vereinsbetriebes %	Kameradschaft %	Ansehen des Vereins %	Mitgliederbeteiligung %	Angebot gesell. Veranst. %	Finanzsituation %	Durchschnittswerte %
I	1,9	2,6	2,4	3,2	2,7	1,6	2,3	2,3	1,9	3,5	3,1	3,3	2,57
II	2,0	2,9	2,5	3,4	2,8	1,9	2,2	2,3	1,8	3,2	2,9	3,5	2,61
III	2,4	3,1	2,5	3,6	3,0	1,9	2,3	2,3	2,0	3,2	2,9	3,4	2,72
IV	2,4	3,1	2,5	3,3	2,8	2,0	2,2	2,3	2,2	3,5	3,1	3,5	2,74
V	2,7	3,1	2,7	3,8	3,0	2,0	2,3	2,2	2,2	3,1	2,9	3,4	2,78
VI	2,6	3,0	2,7	3,6	2,9	2,0	2,3	2,1	2,2	3,0	3,0	3,3	2,73
VII	2,0	2,1	2,5	3,3	2,9	1,9	2,2	2,4	1,9	3,0	2,9	3,3	2,53
VIII	2,3	2,7	2,9	3,7	3,0	1,8	2,2	2,3	2,2	3,0	2,8	3,3	2,68
Vereine gesamt	2,52	3,03	2,68	3,65	2,97	1,97	2,28	2,23	2,14	3,09	2,92	3,34	2,73
	$W(x^2)$ = 100 % CK=0,26	$W(x^2)$ = 100 % CK=0,18	$W(x^2)$ = 100 % CK=0,18	$W(x^2)$ = 100 % CK=0,19	nicht signifikant	$W(x^2)$ = 98,8 % CK=0,14	nicht signifikant	$W(x^2)$ = 99,9 % CK=0,16	$W(x^2)$ = 100 % CK=0,18	$W(x^2)$ = 99,9 % CK=0,16	nicht signifikant	nicht signifikant	

Quelle: Funktionsträgerstichprobe

Vereinsart:
I   − Groß/hauptamtlich
II − Groß/ehrenamtlich
III − Mittel/mehrspartig
IV − Mittel/einspartig (ohne Prestigesportarten)
V   − Klein/mehrspartig
VI − Klein/einspartig (ohne Prestigesportarten)
VII − Mittel/einspartig (nur Prestigesportarten)
VIII − Klein/einspartig (nur Prestigesportarten)

---

[859] Die Mittelwerte ergeben sich aus einer Beurteilung der einzelnen Punkte auf einer ‚Schulnotenskala' von 1−5.
[860] Erklärung der Variablen ‚Vereinsart' siehe Seite 38−40.

Tabelle 102 Beurteilung (Zustimmung +/Ablehnung −) verschiedener Möglichkeiten zur Verbesserung der Finanzsituation in den Vereinsarten (I−VIII).

Vereinsart[861]	Werbeverträge mit Industriefirmen		Suche nach privaten Gönnern und Mäzenen		Unterstützung durch die Gemeinden		Unterstützung von staatlicher Seite		steuerliche Vergünstigungen		Erhöhung der Beiträge		Einschränkung des kostenspieligen Spitzensports		Verkauf von vereinseigenem Gelände und Anlagen	
	+	−	+	−	+	−	+	−	+	−	+	−	+	−	+	−
I	14	54	35	21	69	4	81	4	73	0	61	12	25	21	8	62
II	21	55	43	20	85	0	86	0	65	3	52	26	14	29	2	64
III	21	46	38	19	79	2	81	2	63	1	48	24	17	29	3	56
IV	32	40	47	17	82	3	82	4	59	2	40	32	26	24	2	54
V	23	41	36	18	76	2	78	2	50	3	36	33	17	28	1	56
VI	24	37	37	14	70	2	70	3	47	3	30	36	16	25	1	48
VII	12	64	40	22	72	2	74	6	58	0	46	22	20	24	2	56
VIII	14	51	35	13	72	3	70	2	50	2	37	25	12	28	1	55
insgesamt	22	42	37	17	75	2	76	2	53	2	38	31	17	27	2	54
	$W(X^2)=100\%$ CK = 0,16		$W(X^2)=97,69\%$ CK = 0,11		$W(X^2)=99,85\%$ CK = 0,13		$W(X^2)=100\%$ CK = 0,16		$W(X^2)=100\%$ CK = 0,17		$W(X^2)=100\%$ CK = 0,21		nicht signifikant		$W(X^2)=99,99\%$ CK = 0,14	

Quelle: Funktionsträgerstichprobe

Vereinsart: I   − Groß/hauptamtlich
              II   − Groß/ehrenamtlich
              III − Mittel/mehrspartig
              IV   − Mittel/einspartig (ohne Prestigesportarten)
              V   − Klein/mehrspartig
              VI   − Klein/einspartig (ohne Prestigesportarten)
              VII − Mittel/einspartig (nur Prestigesportarten)
              VIII − Klein/einspartig (nur Prestigesportarten)

Anmerkung: Im linken Teil jedes Feldes (+) steht der Anteil der Vereine, der dem jeweiligen Vorschlag zustimmt, im rechten Teil (−) der Anteil, der diesen Vorschlag ablehnt. Die Differenz der beiden Anteile zu 100% ergibt diejenigen Vereine, die keine Stellung bezogen haben.

---

[861] Erklärung der Variablen ‚Vereinsart' siehe Seite 38−40.

Tabelle 103   Kapazitätsauslastung (Aufnahmemöglichkeiten) der Vereine nach Verseinsarten (I–VIII).

Aufnahme von Mitgliedern	Anzahl der Vereine	Vereinsart[862]							
		I	II	III	IV	V	VI	VII	VIII
	abs. %	%	%	%	%	%	%	%	%
in allen Abteilungen möglich	1754 = 57%	25 (-32)	43 (-14)	49 (-8)	50 (-7)	64 (+7)	63 (+5)	31 (-26)	52 (-6)
nur in manchen Abteilungen möglich	610 = 20%	54 (+34)	44 (+24)	37 (+17)	12 (-8)	21 (+1)	7 (-12)	6 (-14)	3 (-17)
kaum möglich	697 = 23%	21 (-2)	13 (-10)	14 (-9)	38 (+15)	15 (-8)	30 (+7)	63 (+40)	45 (+23)
Vereine zusammen	3061 = 100%	100 % = 52	100 % = 100	100 % = 651	100 % = 92	100 % = 1012	100 % = 880	100 % = 51	100 % = 223
In Klammern Abweichungen vom entsprechenden Randprozentwert		$G = 3061$; $x^2 = 470$; $W(x^2) = 100$ %; $R = +0.5$; $CK = 0.45$							

Quelle:
Funktionsträgerstichprobe

Vereinsart: I   – *Groß/hauptamtlich*
    II – *Groß/ehrenamtlich*
    III – *Mittel/mehrspartig*
    IV – *Mittel/einspartig (ohne Prestigesportarten)*
    V   – *Klein/mehrspartig*
    VI – *Klein/einspartig (ohne Prestigesportarten)*
    VII – *Mittel/einspartig (nur Prestigesportarten)*
    VIII – *Klein/einspartig (nur Prestigesportarten)*

---

[862] Erklärung der Variablen ‚Vereinsart' siehe Seite 38–40.

Tabelle 104   Kapazitätsengpässe der Vereine nach Vereinsarten (I–VIII).

es fehlt an	Anzahl der Vereine	Vereinsart [863]							
	abs. %	I %	II %	III %	IV %	V %	VI %	VII %	VIII %
Anlagen	606= 49%	40 (-9)	39 (-9)	38 (-11)	42 (-7)	45 (-3)	51 (+2)	94 (+45)	81 (+32)
Betreuern	201= 16%	9 (-7)	11 (-6)	18 (+2)	16 (0)	19 (+2)	20 (+4)	0 (-16)	2 (-14)
Anlagen und Betreuern	440= 35%	51 (-16)	50 (+15)	44 (+9)	42 (+7)	36 (+1)	29 (-6)	6 (-29)	17 (-18)
Vereine zusammen	1247=100%	100 % = 35	100 % = 56	100 % = 326	100 % = 43	100 % = 345	100 % = 304	100 % = 32	100 % = 106
In Klammern Abweichungen vom entsprechenden Randprozentwert		$G = 1247$; $x^2 = 106$; $W(x^2) = 100$ %; $R = -0.23$; $CK = 0.34$							

Quelle:
Funktionsträgerstichprobe

Vereinsart: I   – Groß/hauptamtlich
              II   – Groß/ehrenamtlich
              III – Mittel/mehrspartig
              IV   – Mittel/einspartig (ohne Prestigesportarten)
              V   – Klein/mehrspartig
              VI   – Klein/einspartig (ohne Prestigesportarten)
              VII – Mittel/einspartig (nur Prestigesportarten)
              VIII – Klein/einspartig (nur Prestigesportarten)

---

[863] Erklärung der Variablen ‚Vereinsart' siehe Seite 38–40.

ERHEBUNGSBOGEN

ERHEBUNG UNTER FUNKTIONSTRÄGERN
ZUR SITUATION
DER DEUTSCHEN TURN- UND SPORTVEREINE

APRIL 1975

UNIVERSITÄT KARLSRUHE
Prof. Dr. Hans Linde
75 KARLSRUHE
Kollegium am Schloß, Bau II
Telefon (07 21) 6 08 33 84

Gebietsschlüssel

- 1 -

E R L Ä U T E R U N G E N

Beim Ausfüllen des Erhebungsbogens bitten wir Sie
folgendes zu beachten:

| Kennzeichnen Sie Ihre Antworten bitte nur durch
Einkreisen der vor der entsprechenden Antwortka-
tegorie stehenden Ziffer. Sie erleichtern damit
die Auswertungsarbeiten.

Beispiel: Sind Sie Mitglied in einem Sportverein?

/1/ ja, heute
/2/ ja, früher
/3/ nein, nie

| Ist die Angabe von Zahlen erforderlich, tragen Sie
diese bitte so in die dafür vorgesehenen Kästchen ein,
daß die letzte Ziffer rechts steht.

Beispiel: Wieviele Jahre treiben Sie schon Sport?

☐ 9 Jahre

| Bitte lassen Sie keine Fragen aus

| Für eventuelle Rückfragen stehen wir Ihnen jederzeit
gerne zur Verfügung

- 2 -

A 1   Welches Amt bekleiden Sie in diesem Verein?
(K1.6-7)
/1/ erster Vorsitzender
/2/ zweiter Vorsitzender
/3/ Geschäftsführer
/4/ Abteilungsleiter
/5/ Sportwart
/6/ Finanzwart
/7/ Schriftführer
/8/ Jugendwart
/9/ sonstiges Vorstandsmitglied, nämlich
....

A 2   Wie lange haben Sie dieses Amt schon inne?
(8,9)
☐☐ Jahre

A 3   Wie lange sind Sie schon Mitglied in diesem
(10,11) Sportverein?
☐☐ Jahre

A 4   Worauf liegt bei der Ausübung Ihres Amtes der Schwer-
(12-14) punkt der Arbeitsbelastung?
(Bitte nicht mehr als drei Nennungen)

/1/ Organisation des Wettkampfsportes
/2/ Organisation des allgemeinen Übungsbetriebes
/3/ Verwaltungstätigkeiten
/4/ Beschaffung und Verteilung finanzieller Mittel
/5/ Zusammenarbeit mit Sportverbänden und
öffentlichen Ämtern
/6/ Beschaffung und Erhaltung von Übungsstätten
und Anlagen
/7/ Koordinierung verschiedener Interessen im
Verein
/8/ Vertretung des Vereins bei Feiern und offiziellen Anlässen
/9/ sonstiges, nämlich..................................

A 5
(15)

Wer hat den Gedanken an Sie herangetragen, dieses Amt zu übernehmen?

/1/ einzelne Mitglieder, bzw. Gruppen
/2/ der Vorgänger im Amt
/3/ eine oder mehrere Abteilungen
/4/ andere Vorstandsmitglieder
/5/ sonstige, nämlich............
/6/ niemand, Entscheidung aus eigenem Antrieb

A 6
(16,17)

Sind Sie neben Ihrer Vereinsarbeit vielleicht auch in übergeordneten Sportorganisationen und Verbänden tätig?

/0/ nein
/1/ auf Stadt-, Gemeindeebene
/2/ auf Kreis-, Bezirksebene
/3/ auf Landesebene
/4/ auf Bundesebene

A 7
(18)

Treiben Sie selbst Sport, oder haben Sie früher Sport getrieben?

/1/ ja, heute
/2/ ja, früher
/3/ nein, nie

A 8
(19-30)

Welche Sportarten sind oder waren das?

heute   früher

1. .... 1. ....
2. .... 2. ....
3. .... 3. ....

A 9
(31)

Wieviele Einwohner hat der Ort, in dem der Verein ansässig ist?

/1/ bis   2 000 Einwohner
/2/ bis   5 000 Einwohner
/3/ bis   10 000 Einwohner
/4/ bis   20 000 Einwohner
/5/ bis   50 000 Einwohner
/6/ bis   200 000 Einwohner
/7/ bis   250 000 Einwohner
/8/ bis   500 000 Einwohner
/9/ über 500 000 Einwohner

A 10
(32)

Wann wurde der Verein gegründet?

/1/ vor 1918
/2/ 1919 bis 1945
/3/ 1946 bis 1955
/4/ 1956 bis 1965
/5/ 1966 bis 1970
/6/ 1971 bis 1973
/7/ nach 1973

A 11
(33-34)

Wieviele Mitglieder hat der Verein gegenwärtig insgesamt?

/01/ bis   25
/02/ bis   50
/03/ bis   75
/11/ bis   150
/22/ bis   300
/33/ bis   500
/44/ bis   750
/55/ bis   1 000
/66/ bis   1 500
/77/ bis   2 000
/88/ bis   3 000
/99/ über   3 000

A 12 Wie haben sich die Mitgliederzahlen des Vereins
(35) insgesamt in den letzten 3 Jahren entwickelt?

/1/ stark zugenommen
/2/ etwas zugenommen
/3/ in etwa gleich geblieben
/4/ etwas abgenommen
/5/ stark abgenommen

A 13 Welches ist die Hauptsportart des Vereins?
(36-37)

Hauptsportart ....

A 14 In wieviele Abteilungen ist der Verein gegliedert?
(38-39)

☐☐ Abteilungszahl

BEI NUR EINER ABTEILUNG BITTE WEITER MIT FRAGE A 17

A 15 Gibt es in den einzelnen Abteilungen einen von den
(40) Abteilungsmitgliedern gewählten Vorstand oder ist
das nicht der Fall?

/1/ ja, in allen Abteilungen
/2/ ja, in manchen Abteilungen
/3/ nein

A 16 In welchen der folgenden Fragen können die einzelnen
(41-46) Abteilungen unabhängig vom Gesamtverein entscheiden?
(Mehrere Nennungen möglich)

/1/ Festsetzung der Beiträge
/2/ Verbrauch der Finanzmittel
/3/ Organisation des Wettkampfsports
/4/ Benutzung der Anlagen
/5/ Durchführung geselliger Veranstaltungen
/6/ Aufnahme von Mitgliedern

A 17 Wie häufig treten der Vorstand des Gesamtvereins und
(47-48) die Abteilungsvorstände pro Jahr zusammen?
(Bei mehreren Abteilungen durchschnittliche Anzahl)

Gesamtverein	Abteilungen	
/1/	/1/	bis 2 x pro Jahr
/2/	/2/	bis 4 x pro Jahr
/3/	/3/	bis 6 x pro Jahr
/4/	/4/	bis 12 x pro Jahr
/5/	/5/	bis 24 x pro Jahr
/6/	/6/	bis 36 x pro Jahr
/7/	/7/	bis 48 x pro Jahr
/8/	/8/	über 48 x pro Jahr
/0/	/0/	nicht geregelt, jeweils nach Bedarf
	/-/	es gibt keinen Abteilungsvorstand

A 18 Würden Sie sagen, daß in Ihrem Verein mehr Gewicht auf
(49) den Wettkampf und Leistungssport oder auf den allgemeinen Sportbetrieb gelegt wird?

/1/ mehr Gewicht auf Wettkampf und Leistungssport
/2/ mehr Gewicht auf dem allgemeinen Sportbetrieb
/3/ kein Unterschied

B 1 Versuchen Sie bitte grob zu schätzen, wieviel Prozent
(50) aller Mitglieder regelmäßig (d.h. mindestens einmal
pro Woche) in Ihrem Verein Sport treiben. (Bei Saisonsportarten in der Saison)

| 10 % | 20 % | 30 % | 40 % | 50 % | 60 % | 70 % | 80 % | 90 % | 100 % |

(Zutreffende Prozentzahl bitte einkreisen)

B 2
(51-61)

Hatte der Verein in den letzten 3 Jahren in einer oder mehreren Sportarten wichtige sportliche Erfolge?

Sportarten	Liga, Klasse, Ebene	nähere Bezeichnung des Erfolges
1.		
2.		
3.		
4.		
5.		

B 3
(62,63)

Gibt es in Ihrem Verein Sportler, die in ihrer Sportart gegenwärtig zur deutschen Spitzenklasse zählen, oder ist dies nicht der Fall?

/0/ nein, nicht der Fall
/-/ ja, Anzahl ☐

B 4
(64)

Wieviele Wettkampfmannschaften gibt es im Verein?

/0/ keine Wettkampfmannschaft
/1/ bis 2 Wettkampfmannschaften
/2/ 3 bis 5 Wettkampfmannschaften
/3/ 6 bis 10 Wettkampfmannschaften
/4/ 11 bis 20 Wettkampfmannschaften
/5/ 21 bis 40 Wettkampfmannschaften
/6/ über 40 Wettkampfmannschaften

B 5
(65,66)

Unterhält der Verein Vertragsmannschaften, d.h. Mannschaften, in denen bezahlte Aktive spielen?

/0/ nein
/-/ ja, Anzahl ☐

B 6
(67-69)

Wieviele von Trainern oder Übungsleitern betreute Übungsstunden werden im Verein durchschnittlich in der Woche abgehalten? (Bei Saisonsportarten in der Saison)

☐ Anzahl Stunden pro Woche

B 7
(70-80)

Gibt es in Ihrem Verein vielleicht neben dem allgemeinen Sportangebot noch eine oder mehrere der folgenden Spezialveranstaltungen?

/1/ Kinderturnen
/2/ Sport für Mutter und Kind
/3/ Sport für die ganze Familie
/4/ Sport für ausländische Arbeitnehmer
/5/ Trimm-Dich-Veranstaltungen
/6/ Versehrtensport
/7/ Sport für ältere Menschen
/8/ Veranstaltungen zum Erwerb des Sportabzeichens
/9/ Volksläufe
/0/ regelmäßige Veranstaltungen für Nicht-mitglieder
/1/ sonstige Spezialveranstaltungen, nämlich ....
/-/ keine Spezialveranstaltungen

B 8
(K2.10-16)

Welche der folgenden Einrichtungen und Anlagen stehen dem Verein zur Verfügung, und reichen die jeweiligen Dinge für den Bedarf aus?

Anzahl		ausreichend	nicht ausreichend
Sporthallen		/1/	/2/
Sportplätze		/1/	/2/
Leichtathletik-Anlagen		/1/	/2/
Umkleideräume		/1/	/2/
Schwimmbad		/1/	/2/
eigenes Vereinsheim		/1/	/2/
sonstige, sportartbedingte Anlagen, nämlich		/1/	/2/

/-/ der Verein benutzt keine Anlagen

- 9 -

B 9 (17) Sind die genutzten Anlagen

/1/ im wesentlichen Vereinseigentum
/2/ im wesentlichen gemietet bzw. gepachtet
/3/ im wesentlichen unentgeltlich zur Verfügung gestellt

B 10 (18) Stehen diese Anlagen Ihrem Verein allein zur Verfügung oder werden sie auch von anderen Vereinen mitbenutzt?

/1/ überwiegend alleinige Benutzung
/2/ überwiegend gemeinsame Benutzung

B 11 (19) Befinden sich die Sportanlagen im wesentlichen auf einem Gelände oder liegen sie eher verstreut?

/1/ auf einem Gelände
/2/ verstreut liegend

B 12 Wieviele ehrenamtlich tätige und bezahlte Kräfte arbeiten im Verein mit?

Anzahl der Mitarbeiter

ehrenamtliche Mitarbeiter im Gesamtvorstand des Vereins (incl. Abteilungsleiter)	(2o,21)
sonstige ehrenamtliche Mitarbeiter im gesamten Verein	(22-24)
Geschäftsführer hauptamtlich	(25)
sonst. bezahlte Verwaltungs- und Organisationskräfte (Sekretärin usw.)	(26,27)
nebenamtliche Trainer und Übungsleiter	(28-3o)
hauptberufliche Trainer	(31,32)
bezahltes Wartungspersonal (Platzwarte usw.)	(33,34)

- 1o -

B 13 (35) Auf welchem Amt liegt in Ihrem Verein die Hauptlast der Vereinsarbeit? (Bitte nur das Amt mit der größten Belastung nennen!)

/1/ erster Vorsitzender
/2/ zweiter Vorsitzender
/3/ Geschäftsführer
/4/ Abteilungsleiter
/5/ Sportwart (Oberturnwart, sportl. Leiter o.ä.)
/6/ Kassenwart (Finanzwart u.ä.)
/7/ Schriftwart (Schriftführer)
/8/ Jugendwart
/9/ Trainer, Übungsleiter
/0/ sonstige Funktionsträger

B 14 (36) Wäre der Verein aufgrund seiner Ausstattung mit Anlagen und Betreuern in der Lage, noch weitere Mitglieder aufzunehmen, oder wäre dies kaum möglich?

/1/ in allen Abteilungen möglich → Bitte weiter mit B 15
/2/ nur in manchen Abteilungen möglich
/3/ kaum möglich

B 14a (37) Fehlt es in erster Linie an den Anlagen oder an den Betreuern?

/1/ Anlagen
/2/ Betreuer
/3/ beides
/4/ sonstige Gründe, nämlich..................

B 15
(38-46)
Welche Grundbeiträge erhebt der Verein im Augenblick?

Beiträge in DM pro Monat

```
            DM    Pf
Erwachsene: [  ]  [  ]
Jugendliche:[  ]  [  ]
Kinder:     [  ]  [  ]
```

B 16
(47-56)
Welche weiteren Mittel standen Ihrem Verein im vergangenen Jahr zur Verfügung? (Mehrere Nennungen möglich)

/1/ Spenden von Mitgliedern und Förderern
/2/ Zuschüsse des Landessportbundes und der Fachverbände
/3/ Zuschüsse der Gemeinde
/4/ Zuschüsse von Land oder Bund
/5/ Einnahmen aus geselliger Veranstaltungen
/6/ Zuschauereinnahmen aus sportlichen Veranstaltungen
/7/ Einnahmen durch Plakatwerbung (incl. Vereinszeitungsinseraten)
/8/ Werbeeinnahmen aus Firmenverträgen
/9/ Einnahmen aus Pacht, Miete, Kapital
/0/ sonstige Einnahmen, nämlich:..........

B 17
(57)
Wieviel Prozent des Finanzhaushaltes 1974 konnte der Verein ungefähr durch die Mitgliederbeiträge und Aufnahmegebühren aufbringen?

| 10 % | 20 % | 30 % | 40 % | 50 % | 60 % | 70 % | 80 % | 90 % | 100 % |

(Zutreffende Prozentzahl bitte einkreisen)

B 18
(58-65)
Viele Sportvereine haben heute Schwierigkeiten, mit ihren begrenzten Mitteln die wachsenden Anforderungen, die an sie gestellt werden, zu erfüllen. Nachfolgend sind einige immer wieder gehörte Vorschläge aufgeführt, wie den Vereinen finanziell geholfen werden könnte.

Kennzeichnen Sie bitte links die Vorschläge, die Ihnen am besten erscheinen. Gibt es unter diesen Vorschlägen auch welche, die Sie grundsätzlich ablehnen? Kennzeichnen Sie diese bitte rechts.

Zustimmung   Ablehnung

/1/   Werbeverträge mit Industriefirmen   /2/
/1/   Erhöhung der Mitgliederbeiträge   /2/
/1/   Einschränkung des kostspieligen Spitzensports   /2/
/1/   Unterstützung durch die Gemeinden   /2/
/1/   Unterstützung von staatlicher Seite (Bund, Länder)   /2/
/1/   steuerliche Vergünstigungen für die Vereine   /2/
/1/   Suche nach privaten Gönnern und Mäzenen   /2/
/1/   Verkauf von vereinseigenem Gelände und Anlagen   /2/

C 1

Man kann manchmal folgende Ansichten über den Sport und die Vereine hören. Jeder hat darüber ja seine eigene Meinung, uns würde interessieren, welchen dieser Aussagen Sie persönlich eher zustimmen und welche Sie eher ablehnen würden?

	Stimme eher zu	Lehne eher ab
(66) Durch die "Trimm-Dich"-Bewegung werden viele Leute für den Sport gewonnen, die dann in einen Verein eintreten.	/1/	/2/
(67) Die sogenannte "Werbung am Mann" ist deshalb abzulehnen, weil sie mit den Grundprinzipien des Sport unvereinbar ist.	/1/	/2/
(68) Ein Sportverein hat für seine Mitglieder geeignete Sportbedingungen zu schaffen, die Geselligkeit ist dabei unwichtig.	/1/	/2/
(69) Es wäre besser, wenn bei uns der Leistungssport weniger und der Breitensport mehr gefördert würde.	/1/	/2/
(70) Um überleben zu können, müssen sich die kleinen Sportvereine zu Großvereinen zusammenschließen.	/1/	/2/
(71) Kleine Vereine sollten talentierte Jugendliche möglichst frühzeitig an größere Vereine mit besseren Förderungsmöglichkeiten abgeben.	/1/	/2/
(72) Wo Sportler bezahlt werden, hört der eigentliche Sport auf.	/1/	/2/
(73) Der Verein bietet eine Dienstleistung im Bereich der Freizeit, die wie jede andere entsprechend bezahlt werden muß.	/1/	/2/
(74) Sportliche Erfolge sind die Voraussetzung für ein harmonisches Vereinsleben.	/1/	/2/

C 2
(K3.6-12)

Welche der folgenden Einrichtungen bei der Organisation des Jugendsportes treffen für Ihren Verein zu? (Mehrere Nennungen möglich)

/1/ Jugendwart mit Sitz und Stimme im Gesamtvorstand
/2/ Wahl eines Jugendwartes durch die Jugendlichen
/3/ Wahl eines Jugendsprechers aus den Reihen der Jugendlichen
/4/ Stimmrecht der Jugendlichen in der Hauptversammlung
/5/ eigener Jugendvorstand
/6/ Wahl eines Jugendvertreters auf Abteilungsebene durch die Jugendlichen selbst
/7/ Keine der o.g. Einrichtungen, sondern ....

C 3
(13)

Werden die Mitglieder des Vereins bei anstehenden Entscheidungen im allgemeinen vorher über die Absichten des Vorstandes informiert oder erst nachher?

/1/ immer vorher
/2/ überwiegend vorher
/3/ verschieden
/4/ überwiegend nachher
/5/ immer nachher

C 4
(14-20)

Durch die verschiedenen Interessen der einzelnen Abteilungen kommt es in jedem Verein manchmal zu Schwierigkeiten bei der Abwicklung der Vereinsarbeit. Aus welchen der folgenden Anlässe hat es in der letzten Zeit zwischen den einzelnen Abteilungen des Vereins Meinungsverschiedenheiten gegeben? (Mehrere Nennungen möglich)

/-/ nicht zutreffen, keine Abteilungen
/1/ Beitragshöhe
/2/ Benutzung von Anlagen
/3/ Finanzmittelverteilung
/4/ Anschaffungen und Erweiterungen von Anlagen
/5/ persönliche Differenzen

- 15 -

C 5
(21)
Wie schwierig ist es in Ihrem Verein, die Ämter zu besetzen?

/1/ allgemein schwierig
/2/ nur bei bestimmten Ämtern schwierig, nämlich...................
/3/ nicht sehr schwierig

C 6
(22)
Wenn in Ihrem Verein irgendwelche Veränderungen oder Verbesserungen gemacht wurden, woher kamen dann die Vorschläge dazu?

/1/ nur von den Vorstandsmitgliedern
/2/ überwiegend von den Vorstandsmitgliedern
/3/ zu gleichen Teilen von Vorstand und Mitgliederschaft
/4/ zum großen Teil von der Mitgliederschaft
/5/ überwiegend von der Mitgliederschaft

C 7
(23)
Wie schätzen Sie ganz allgemein das Interesse der Mitglieder an geselligen Veranstaltungen ein? Ist es

/1/ sehr groß
/2/ groß
/3/ mittel
/4/ weniger groß
/5/ gering

C 8
(24-27)
Wieviele gesellige Veranstaltungen werden normalerweise innerhalb eines Jahres vom Gesamtverein und von den Abteilungen durchgeführt?

Gesamtverein: ☐☐ Veranstaltungen pro Jahr
Abteilungen: ☐☐ Veranstaltungen pro Jahr

(durchschnittliche Anzahl pro Abteilung)

- 16 -

C 9
(28-39)
In jedem Verein ergeben sich immer mal Fragen, in denen die Meinungen auseinandergehen. Bei welchen der nachfolgenden Punkte ergaben sich in Ihrem Verein in letzter Zeit solche Meinungsverschiedenheiten? (Mehrere Nennungen möglich)

/1/ Mannschaftsaufstellung
/2/ Spielerneuerwerbung
/3/ mangelnde Wettkampferfolge
/4/ Zusammenschluß mit anderen Vereinen
/5/ Durchführung des Trainings- und Übungsbetriebes
/6/ Verteilung der Übungszeiten
/7/ Ämterbesetzung
/8/ Information der Mitglieder
/9/ Verteilung der finanziellen Mittel
/1/ Bau bzw. Erneuerung von Anlagen
/2/ Beitragsfestsetzung
/0/ keine Meinungsverschiedenheiten

C 10
(40-44)
In der letzten Zeit hat es um die Einschränkung der Werbung im Sport viele Diskussionen gegeben. Welche der folgenden Werbemaßnahmen würden Sie persönlich grundsätzlich ablehnen, und welche halten Sie als Finanzierungshilfe für den Verein für gerechtfertigt?

Zustimmung		Ablehnung
/1/	stationäre Bandenwerbung auf der Sportanlage	/2/
/1/	zusätzliche, bewegliche Werbung auf der Sportanlage	/2/
/1/	besondere Firmenbezeichnung auf Sportgeräten	/2/
/1/	Werbung auf Wettkampfkleidung und Ausrüstungsgegenständen (z.B. Trikots, Trainingsanzüge, Bademäntel, Taschen)	/2/
/1/	Verwendung von Firmen- und Produktbezeichnungen im Vereinsnamen	/2/

- 17 -

C 11
(45-53)

Nachfolgend sind nochmal einige Ansichten über den Sport und die Vereine aufgeführt. Welchen würden Sie persönlich eher zustimmen und welche würden Sie eher ablehnen?

Stimme eher zu	Lehne eher ab	
/1/	/2/	Ein Sportverein ist seinen heutigen Aufgaben nur gewachsen, wenn er wie ein Unternehmen verwaltet und organisiert wird.
/1/	/2/	Viele Vereine werden durch die finanzielle Belastung im Spitzensport dazu gezwungen, den Freizeit- und Breitensport einzuschränken.
/1/	/2/	Sportvereine sollten ihre Anlagen auch für Sportler zur Verfügung stellen, die nicht bei ihnen Mitglieder sind.
/1/	/2/	Um den Spitzensport in Zukunft wirkungsvoller organisieren zu können, muß er getrennt vom allgemeinen Breitensport in speziellen Vereinen betrieben werden.
/1/	/2/	Es ist unpassend, denen, die ein Vereinsamt ausüben, die Arbeit noch durch Kritik zu erschweren.
/1/	/2/	Das Ansehen eines Vereins in der Öffentlichkeit hängt nur von seinen sportlichen Erfolgen ab.
/1/	/2/	Bei der Einschränkung der Werbung im Sportbereich ist zu befürchten, daß letztlich die Vereine finanziell zu kurz kommen.
/1/	/2/	Vereinstreue ist etwas, was heute leider immer mehr verloren geht.
/1/	/2/	Damit unsere Spitzensportler im internationalen Vergleich nicht benachteiligt sind, sollte auch bei uns der Staat die Förderung des Spitzensports in die Hand nehmen.

- 18 -

C 12
(54,55)

Wie beurteilen Sie die Zusammenarbeit Ihres Vereins mit dem Landessportbund und die Betreuung durch diesen, und wie beurteilen Sie dabei die Fachverbände, mit denen Sie es zu tun haben?

	Landessportbund	Fachverbände
sehr gut	/1/	/1/
gut	/2/	/2/
mittel	/3/	/3/
weniger gut	/4/	/4/
schlecht	/5/	/5/

C 13
(56-66)

Nachfolgend sind einige Punkte aufgeführt, die den Bereich der Zusammenarbeit zwischen den Verbänden und dem Verein beschreiben. In welchen dieser Punkte wäre nach Ihrer Erfahrung eine Verbesserung wünschenswert? (Mehrere Nennungen möglich)

/1/ Information und Beratung der Vereine
/2/ Handhabung der Mittelverteilung
/3/ Kenntnis praktischer Vereinsprobleme bei den Verbänden
/4/ Ausbildung von Übungsleitern
/5/ Ausbildung von Führungspersonal
/6/ Abwicklung von Formalitäten ("Bürokratie")
/7/ Wettkampforganisation
/8/ Talentförderung
/9/ Besetzung der Verbandsämter
/0/ sonstiges, nämlich..........................
/1/ keine Verbesserung notwendig

D 1
(67-78)

Jeder Verein hat seine eigenen Vorzüge, aber auch seine schwächeren Seiten. Wenn Sie jetzt noch einmal an Ihren Verein denken, wie würden Sie ihn in Bezug auf die nachfolgenden Merkmale beurteilen?

	sehr gut	gut	befriedigend	ausreichend	mangelhaft
das Sportangebot	1	2	3	4	5
die Sportanlagen	1	2	3	4	5
Betreuung und Training	1	2	3	4	5
Möglichkeiten der Talentförderung	1	2	3	4	5
sportliche Erfolge	1	2	3	4	5
Zusammenarbeit im Vorstard	1	2	3	4	5
die Abwicklung und Organisation des Vereinsbetriebes	1	2	3	4	5
die Kameradschaft	1	2	3	4	5
das Ansehen des Vereins in der Öffentlichkeit	1	2	3	4	5
die Beteiligung der Mitglieder am Vereinsleben	1	2	3	4	5
das Angebot an geselligen Veranstaltungen	1	2	3	4	5
die finanzielle Situation	1	2	3	4	5

Bitte füllen Sie die nachfolgende Tabelle zur Vereinsstatistik vollständig aus, da diese Angaben für uns sehr wichtig sind.

D 2
(K4.6-80)
(K5.6-20)

Kennzeichnen Sie bitte in Spalte A die im Verein betriebenen Sportarten und geben Sie bitte in Spalte B die Mitgliederzahlen der einzelnen Sparten an. (Grundlage Mitglieder-Bestandserhebung 1975)

Sportart	Mitgliederzahl	neue Sportarten		Sportart	Mitgliederzahl	neue Sportarten	
A	B	C		A	B	C	
/01/ Badminton		/１/		/17/ Reiten		/１/	
/02/ Basketball		/１/		/18/ Rollsport		/１/	
/03/ Boxen		/１/		/19/ Rudern		/１/	
/04/ Eissport		/１/		/20/ Schießen		/１/	
/05/ Fechten		/１/		/21/ Schwerathletik		/１/	
/06/ Fußball		/１/		/22/ Schwimmen		/１/	
/07/ Golf		/１/		/23/ Segeln		/１/	
/08/ Handball		/１/		/24/ Ski		/１/	
/09/ Hockey		/１/		/25/ Tanzsport		/１/	
/10/ Judo		/１/		/26/ Tennis		/１/	
/11/ Kanu		/１/		/27/ Tischtennis		/１/	
/12/ Kegeln		/１/		/28/ Turnen		/１/	
/13/ Leichtathletik		/１/		/29/ Volleyball		/１/	
/14/ Luftsport		/１/		/30/ sonstiges, nämlich:		/１/	
/15/ Motorsport		/１/					
/16/ Radsport		/１/					

D 3

Falls Sie in den letzten drei Jahren Sportarten neu aufgenommen haben, kennzeichnen Sie diese bitte oben in der Spalte C.

D 4
(21-32)

Mitgliederzahl, insgesamt:
Mitgliederzahl, weiblich:
Mitgliederzahl, männlich:

D 5
(33-52)

Altersverteilung der Mitglieder:

bis 14 Jahre
15 bis 18 Jahre
19 bis 21 Jahre
22 bis 25 Jahre
über 25 Jahre

- 21 -

Zum Abschluß nun bitte noch einige Angaben zu Ihrer Person.   Raum für Bemerkungen:

E 1 Geschlecht: /1/ männlich /2/ weiblich
(53)

E 2 Alter:
(54)
/1/ bis 25 Jahre
/2/ über 25 Jahre bis 30 Jahre
/3/ über 30 Jahre bis 35 Jahre
/4/ über 35 Jahre bis 40 Jahre
/5/ über 40 Jahre bis 45 Jahre
/6/ über 45 Jahre bis 50 Jahre
/7/ über 50 Jahre bis 55 Jahre
/8/ über 55 Jahre bis 60 Jahre
/9/ über 60 Jahre bis 65 Jahre
/0/ über 65 Jahre

E 3 Familienstand:
(55)
/1/ ledig
/2/ verheiratet
/3/ verwitwet
/4/ geschieden

E 4 Welchen Beruf üben Sie heute aus? ....
(56-58)
....

Sind Sie dabei:
/1/ angestellt
/2/ beamtet
/3/ selbständig
/4/ sonstiges Arbeits-
    verhältnis............

Wir danken Ihnen für Ihre Mühe und bitten Sie, den Erhebungsbogen möglichst umgehend im beiliegenden (bereits frankierten)
Umschlag an uns zurückzusenden.

Teil D

Literaturverzeichnis

ADORNO, T. W.: Freizeit. In: ADORNO, T. W.: Stichworte, Kritische Modelle 2. Frankfurt/M. 1969², 57–67.
AIKEN, M./HAGE, J.: Organizational Alienation: A Comparative Analysis. In: American Sociological Review 31 (1966) 4, 497–507.
ALBERT, H.: Probleme der Wissenschaftslehre in der Sozialforschung. In: KÖNIG, R. (Hrsg.): Handbuch der empirischen Sozialforschung Bd. I, 38–63.
ALBONICO, R./PFISTER-BINZ, K.: Soziologie des Sports. Basel 1971.
ALMOND, S./VERBA, S.: The Civic Culture. Princeton 1963.
ALTEKAMP, K.: Freizeitorientierter Sportstättenbau. In: DIECKERT, J. (Hrsg.): Freizeitsport. Düsseldorf 1974, 149–160.
ARGYRIS, C.: Effectiveness and Planning of Change. In: International Encyclopedia of the Social Sciences (1972) 11, 311–318.
ATTESLANDER, P./HAMM, B.: Materialien zur Siedlungssoziologie. In: Neue wissenschaftliche Bibliothek. Köln 1974.
Ausschuß Deutscher Leibeserzieher (Hrsg.): Sozialisation im Sport. VI. Kongreß für Leibeserziehung, 10.–13. Oktober 1973 in Oldenburg. Schorndorf 1974.
Ausschuß Deutscher Leibeserzieher (Hrsg.): Motivation im Sport. V. Kongreß für Leibeserziehung, 7.–10. Oktober 1970 in Münster. Schorndorf 1971.

BABCHUK, N./BOOTH, A.: Voluntary Association Membership. In: American Sociological Review (1969) 34, 31–45.
BABCHUK, N./EDWARDS, J. N.: Voluntary Associations and the Integration Hypothesis. In: Sociological Inquiry 35 (1965), 149–162.
BABCHUK, N./THOMPSON, R. V.: The Voluntary Association of Negroes. In: American Sociological Review (1962) 27, 647–655.
BAHRDT, H.-P.: Humaner Städtebau. In: HENNIS, W. (Hrsg.): Zeitfragen 4. Hamburg 1968.
BAITSCH, H. u. a. (Hrsg.): Sport im Blickpunkt der Wissenschaft. Perspektiven, Aspekte, Ergebnisse. Berlin, Heidelberg, New York 1972.
BANTON, M.: Voluntary Associations – Anthropological Aspects. In: International Encyclopedia of the Social Sciences (1972) 15, 357–362.
BARDEY, E.: Die Verbände und Vereine in der heutigen Sozialordnung. In: Soziale Welt (1956) 3, 222–243.
BARON, J.: Das Deutsche Vereinswesen und der Staat im 19. Jahrhundert. Dissertation Göttingen 1962.
BARTON, A. H.: Organizations: Methods of Research. In: International Encyclopedia of the Social Sciences (1972) 11, 334–343.
BAUMGARTEN, R.: Führungsstile und Führungstechniken. Berlin, New York 1977.
BAUMANN, H.: Typische Verhaltensweisen der Zuschauer bei sportlichen Großereignissen. In: Leistungssport (1973) 6, 298–300.
BAUSENWEIN, J./HOFFMANN, A.: Frau und Leibesübungen. Mülheim 1967.
BAUSINGER, H.: Vereine als Gegenstand volkskundlicher Forschung. In: Zeitschrift für Volkskunde (1959), 98–104.
BECKMANN, K.: Führung im Verein und im Verband. In: DSB (Hrsg.): Materialien für Organisationsleiter. Frankfurt 1977.
BELL, W./FORCE, M. T.: Social Structure and Participation in Different Types of Formal Organizations. In: Social Forces 34 (1965), 345–350.
BENNIS, W.: Leadership Theory and Administrative Behavior. In: Administrative Science Quarterly 4 (1959) 3, 259–301.
BERELSON, B./STEINER, G. A.: Human Behavior: An Iventary of Scientific Findings. New York 1964.
BERNSDORF, W. (Hrsg.): Wörterbuch der Soziologie. Frankfurt 1977.
BEUTLER, W./STEIN, G./WAGNER, H.: Der Staat und die Verbände. Heidelberg 1957.
BLAU, P. M.: A Formal Theory of Differentiation in Organizations. In: American Sociological Review 35 (1970) 2, 201–218.
BLAU, P. M.: Theories of Organizations. In: International Encyclopedia of the Social Sciences (1972) 11, 297–304.
BLAU, P. M./HEYDEBRAND, W. V./STAUFFER, R. E.: Wechselbeziehungen zwischen strukturellen Merkmalen der Bürokratie. In: MAYNTZ, R.: Bürokratische Organisation. Köln, Berlin 1968, 94–114.
BLAU, P. M./SCHOENHERR, R. A.: The Structure of Organizations. New York, London 1971.
BLAU, P. M./SCOTT, W. R.: Formal Organizations. London 1963.

BLECKEN, F.: Wissenschaftliche Beiträge zur Funktion des Sports und der Sportstätten in der heutigen Gesellschaft (4 Teile). In: Das Gartenamt (1972) 21, 206—212, 508—518, 670—676 und (1973) 23, 77—80.
BLÜCHER, V. Graf: Die Generation der Unbefangenen. Düsseldorf, Köln 1966.
BOGENG, C. A. E. (Hrsg.): Geschichte des Sports aller Völker und Zeiten. Leipzig 1926.
BRUNS, W./DIECKERT, J.: Die Stellung der politischen Parteien Deutschlands zu Sport und Leibeserziehung. In: Leibeserziehung 12 (1969), 397—400.
Bundesinstitut für Sportwissenschaft (Hrsg.): Sportstätten-Leitplanung, Bau und Folgekosten. Schriftenreihe Sport- und Freizeitanlagen P 1/75.
Bundesministerium des Innern: Übersicht über die Sportförderungsmittel des Bundes 1974, 1975, 1976.
Bundesministerium des Innern: Aufstellung der Förderung des Hochleistungssports durch Bund und Länder 1970—1976.
Bundesministerium des Innern (Hrsg.): Dritter Sportbericht der Bundesregierung. Bonn 1976.
Bundesministerium für Raumordnung, Bauwesen und Städtebau (Hrsg.): Raumordnungsbericht 1974. Bonn-Bad Godesberg 1975.
BURNS, T.: The Comparative Study of Organizations. In: VROOM, V.: Methods of Organizational Research. Pittsburgh 1967.
BURNS, T./STALKER, G. M.: The Management of Innovation. London 1961.
BUYTENDIJK, F. J.: Das Fußballspiel. Würzburg o. J. Zitiert bei FRANK, B.: Soziale Determinanten des organisierten Sportbetriebes. Dissertation Münster 1963.

CDU (Hrsg.): Argumente, Dokumente, Materialien – laufende Nr. IV/1 und Bestell-Nr. 252 (Berichte zu den Vereinshearings der CDU 1971 und 1973).
CHAPIN, F. S./TSOUDEROS, J. E.: The Formalization Process in Voluntary Associations. In: Social Forces 34 (1956), 342—344.
CLAUSS, G./EBNER, H.: Grundlagen der Statistik für Psychologen, Pädagogen und Soziologen. Frankfurt/M. und Zürich 1972.
CONZE, W.: Der Verein als Lebensform des 19. Jahrhunderts. In: Die Innere Mission 50 (1960).
CRON, H.: Niedergang des Vereins. In: Merkur (1959) 133, 262—269.
CRON, H./UTERMANN, K.: Zeche und Gemeinde. Tübingen 1958.
CROZIER, M.: The Bureaucratic Phenomenon. Chicago 1963.

DAHEIM, H.: Soziologie der Berufe. In: KÖNIG, R. (Hrsg.): Handbuch der empirischen Sozialforschung Bd. II. Stuttgart 1969.
DAUME, W.: Der Verein als Träger der deutschen Turn- und Sportbewegung. In: DSB (Hrsg.): Der Verein als Träger der deutschen Turn- und Sportbewegung. Frankfurt/M. 1962.
DEUTSCH, J.: Sport und Politik. Berlin 1928.
Deutsche Olympische Gesellschaft (Hrsg.): Memorandum zum Goldenen Plan für Gesundheit, Spiel und Erholung. Frankfurt/M. 1960.
Deutsche Olympische Gesellschaft (Hrsg.): Der Goldene Plan in den Gemeinden. Frankfurt/M. 1962².
Deutsche Olympische Gesellschaft (Hrsg.): Zweites Memorandum zum Goldenen Plan für Gesundheit, Spiel und Erholung. Frankfurt/M. Nov. 1967.
Deutsche Olympische Gesellschaft (Hrsg.): Richtlinien für die Schaffung von Erholungs-, Spiel- und Sportanlagen. III. Fassung. Frankfurt/M. 1976.
Deutsche Olympische Gesellschaft (Hrsg.): Erhebung über den Bestand an Erholungs-, Spiel- und Sportanlagen. Sportstätten-Statistik in der Bundesrepublik Deutschland (Stand 1. 1. 76). Frankfurt/M. 1978.
Deutscher Sportbund (Hrsg.): Der Verein als Träger der Deutschen Turn- und Sportbewegung. Grundsatzreferate des DSB-Bundestages. Berlin 1962.
Deutscher Sportbund (Hrsg.): Charta des deutschen Sports. Frankfurt/M. 1966.
Deutscher Sportbund (Hrsg.): Der Deutsche Sportbund ein Milliarden-Unternehmen. In: DSB-Info 23/75.
Deutscher Sportbund (Hrsg.): Sportstättenbau als Pflichtaufgabe. In: DSB-Info 40 (1976), 7.
Deutscher Sportbund (Hrsg.): Freizeitpolitische Konzeption des Deutschen Sportbundes. Frankfurt/M. 1976.
Deutscher Sportbund (Hrsg.): Entschließung über den „zweiten Weg". In: KLEIN, W.: Deutsches Sporthandbuch II/2.
Deutscher Sportbund (Hrsg.): Memorandum zur Aktion „Trimm dich durch Sport". In: KLEIN, W.: Deutsches Sporthandbuch II/3.1.

Deutscher Sportbund (Hrsg.): Materialien für Organisationsleiter. Frankfurt/M. 1977.
Deutscher Sportbund (Hrsg.): Zur Situation des Sportvereins in der Bundesrepublik Deutschland. Frankfurt/M. 1977.
Deutscher Sportbund (Hrsg.): Memorandum zur Förderung sportlicher Jugendarbeit. In: DSB-Info 46/77.
Deutscher Sportbund (Hrsg.): Der Goldene Plan übererfüllt. In: DSB-Info. Dezember 1976.
Deutscher Sportbund (Hrsg.): Resolution des Bundestages 1978 des DSB. In: DSB-Info 22/78.
Deutscher Sportbund (Hrsg.): Bestandserhebungen des Deutschen Sportbundes 1965 – 1976.
Deutscher Sportbund (Hrsg.): Jahrbücher des Sports von 1968 – 1976.
Deutscher Sportbund (Hrsg.): Publikationen des Deutschen Sportbundes:
– Führen und Verwalten im Sport
– Übungs- und Jugendleiter-Fortbildung
– Optimal Führen I und II
– Elektronische Datenverarbeitung im Sport.
Deutscher Sportbund (Hrsg.): Handbuch für Jugendleiter in der Deutschen Sportjugend.
Deutscher Städtetag/Deutscher Landkreistag/Deutscher Städte- und Gemeindebund (Hrsg.): Infrastruktureinrichtungen – Ergebnisse einer Erhebung kommunaler Spitzenverbände. Köln, Bonn, Düsseldorf 1973.
Deutscher Städtetag (Hrsg.): Statistisches Jahrbuch Deutscher Gemeinden 62 (1975), Köln.
DEWEY, R.: Das Stadt-Land-Kontinuum. In: ATTESLANDER, P./HAMM, B.: Materialien zur Siedlungssoziologie. Köln 1974.
DIECKERT, J. (Hrsg.): Freizeitsport. Düsseldorf 1974.
DIEM, C. (Hrsg.): Vereine und Verbände für Leibesübungen. Berlin 1923.
DIEM, C.: Geschichte der Sportverwaltung. In: BOGENG, G. A. E. (Hrsg.): Geschichte des Sports aller Völker und Zeiten Bd. 2. Leipzig 1926.
DIEM, C. (Hrsg.): Jahrbuch der Leibesübungen 1931. Berlin 1931.
DÜRRWÄCHTER, H.: Sport im Betrieb als betriebswirtschaftliches und unternehmenspolitisches Problem. Dissertation FU Berlin 1966.
DUNCKELMANN, H.: Lokale Öffentlichkeit. Stuttgart 1975.

EICHBERG, H.: Der Weg des Sports in die industrielle Zivilisation. Baden-Baden 1973.
EICHEL, W. u. a.: Die Körperkultur in Deutschland von 1789 bis 1917. Berlin 1965.
EICHLER, G.: Sport im Betrieb. Unveröffentlichter Zwischenbericht eines Forschungsprojektes im Auftrag des Bundesinstituts für Sportwissenschaft. Hamburg 1977.
ELLWEIN, Th. Das Regierungssystem der Bundesrepublik Deutschland. Opladen 1973.
ESCHENBURG, T.: Herrschaft der Verbände? Stuttgart 1956.
ESSER, W. M.: Individuelles Konfliktverhalten in Organisationen. Stuttgart 1975.
ETZIONI, A.: Authority Structure and Organizational Effectiveness. In: Administrative Science Quarterly 4 (1959), 43 – 67.
ETZIONI, A.: A Comparative Analysis of Complex Organizations. New York 1961.
EULER, H. P.: Arbeitskonflikt und Leistungsrestriktion im Industriebetrieb. Düsseldorf 1973.
EULER, H. P.: Das Konfliktpotential industrieller Arbeitsstrukturen. Düsseldorf 1977.

FIEDLER, E.: Persönlichkeits- und situationsbedingte Determinanten der Führungseffizienz. In: GROCHLA, E.: Organisationstheorie Bd. I. Stuttgart 1975.
FISCHER, H.: Finanzielle Aspekte des Sports in der Bundesrepublik Deutschland. Dissertation Innsbruck 1969.
FRANK, B.: Soziale Determinanten des organisierten Sportbetriebes. Dissertation Münster 1963.
FREYER, H.: Einleitung in die Soziologie. Leipzig 1931.
FRIEDRICHS, J.: Methoden der empirischen Sozialforschung. Reinbek bei Hamburg 1973.

GABLER, H.: Leistungsmotivation im Hochleistungssport. Schorndorf 1972.
GALLAGHER, O. R.: Voluntary Associations in France. In: Social Forces 36 (1957), 153 – 160.
GEBAUER, G.: „Leistung" als Aktion und Präsentation. In: Sportwissenschaft (1972) 2, 182 – 203.
GEHLEN, A.: Sport und Gesellschaft. In: SCHULTZ, U. (Hrsg.): Das große Spiel. Frankfurt/M. 1965, 22 – 33.
GEORGOPOULOS, B. S./TANNENBAUM, A. S.: A Study of Organizational Effectiveness. In: American Sociological Review 22 (1957), 534 – 540.

GIBB, C. A.: Leadership. In: LINZEY, G./ARONSON, E. (Hrsg.): The Handbook of Social Psychology. Reading/Mass. 1969².
GIERKE, O.: Das Wesen der menschlichen Verbände. Berlin 1902.
GIESELER, K. H.: Sportplan 80 – Konzept und Ziel. Unveröffentlichtes Manuskript eines Vortrages in Barsighausen 1973.
GIESELER, K. H.: Struktur des Sports, Sportpolitik. In: DSB (Hrsg.): Materialien für Organisationsleiter. Frankfurt/M. 1977.
GIESELER, K. H. u. a. (Hrsg.): Der Sport in der Bundesrepublik Deutschland. Bonn 1972.
GLASER, W. A./SILLS, D. L. (Hrsg.): The Government of Associations. New York 1966.
GÖRES, G.: Strukturen der Führung/Führungsstile. In: DSB (Hrsg.): Materialien für Organisationsleiter. Frankfurt/M. 1977.
GOLDHAMER, H.: Social Clubs and Fraternal Societies. In: ELDRIDGE, S. u. a.: Development of Collective Enterprise. Lawrence, Kansas 1943.
GORDON, C. W./BABCHUK, N.: A Typology of Voluntary Associations. In: American Sociological Review 24 (1959), 22–29.
GOULDNER, A. W. (Hrsg.): Studies in Leadership: Leadership and Democratic Action. New York 1950.
GOULDNER, A. W.: Organizational Analysis. In: MERTON, R. K. u. a. (Hrsg.): Sociology Today. New York 1959.
GRIESWELLE, D.: Sportsoziologie. Mainz 1978.
GROCHLA, E. (Hrsg.): Unternehmungsorganisation. Hamburg 1972.
GROCHLA, E.: Organisationstheorie, Bd. I. Stuttgart 1975.
GRÖSSING, S. u. a.: Sportmotivation. Wien 1974.
GROSSKOPF, R.: Wem der Verein ein Amt gibt – Der Vorstand. In: Hamburger Turnerschaft von 1816 (Hrsg.): Der Verein. Schorndorf 1967.
GRUBE, F./RICHTER, G. (Hrsg.): Leistungssport in der Erfolgsgesellschaft. Hamburg 1973.
GRUPE, O.: Der moderne Turnverein. Versuch einer Standortbestimmung. In: Hamburger Turnerschaft von 1816 (Hrsg.): Der Verein. Schorndorf 1967.
GRUPE, O.: Standortbestimmung und künftige Perspektiven im Bau von Sportstätten und Freizeitanlagen. In: Intern. Arbeitskreis Sportstätten (Hrsg.): Protokoll zum Internationalen Kongreß Sportstättenbau und Bäderanlagen. Köln 1969.
GRUPE, O.: Notizen zum Problem einer Theorie des Sports. In: Deutscher Sportbund (Hrsg.): Jahrbuch des Sports 1969/70, 7–14.
GRUPE, O.: Sportwissenschaft auf dem Weg zur Praxis. In: DSB (Hrsg.): DSB-Info 43/77.
GRUSKY, O.: The Effects of Formal Structure on Managerial Recruitment. In: Sociometry 26 (1963), 3.
GRUSKY, O./MILLER, G. A.: The Sociology of Organizations. New York 1970.
GUTENBERG, E.: Grundlagen der Betriebswirtschaftslehre, Bd. I – Die Produktion. Berlin, Heidelberg, New York 1966¹².
GUTENDORF, F.: Jugendarbeit. In: DSB (Hrsg.): Materialien für Organisationsleiter. Frankfurt/M. 1977.

HABERMAS, J.: Soziologische Notizen zum Verhältnis von Arbeit und Freizeit. In: FUNKE, G. (Hrsg.): Konkrete Vernunft, Festschrift für ERICH ROTHACKER. Bonn 1958, 219–231.
HAGE, J./AIKEN, M.: Relationship of Centralization to Other Structural Properties. In: Administrative Science Quarterly 12 (1967), 72–92.
HAHN, A.: Vereine. In: BERGSTRAESSER, A. u. a. (Hrsg.): Soziale Verflechtung und Gliederung im Raum Karlsruhe. Karlsruhe 1965.
HALL, R. H./HAAS, J. E./JOHNSON, N. J.: Organizational Size, Complexity and Formalization. In: American Sociological Review 32 (1967), 903–912.
Hamburger Turnerschaft von 1816 (Hrsg.): Der Verein. Schorndorf 1967.
HAMMERICH, K.: Spielraum für den Sport. In: Anstöße, 5–6 (1969), 184–195.
HAMMERICH, K./HEINEMANN, K. (Hrsg.): Texte zur Soziologie des Sports. Schorndorf 1975.
HEINEMANN, K.: Sozialisation im Sport. In: Sportwissenschaft 4 (1974), 49–71.
HEINEMANN, K.: Leistung, Leistungsprinzip, Leistungsgesellschaft. In: Sportwissenschaft 2 (1975), 119–146.
HEINEMANN, K.: Ist ehrenamtliche Mitarbeit noch zeitgemäß? In: DSB (Hrsg.):: DSB-Info 20/76.
HEINILÄ, K.: Survey of the Value Orientation of Finnish Sport Leaders. In: International Review of Sport Sociology 7 (1972) 1, 111–117.
HEMPEL, C. G.: Typologische Methoden in den Sozialwissenschaften. In: TOPITSCH, E. (Hrsg.): Logik der Sozialwissenschaften. Köln, Berlin 1966³, 85–103.

HESSEN, R.: Der Sport. In der Reihe ‚Die Gesellschaft' (hrsg. von MARTIN BUBER), Band 23, Frankfurt/M. 1908.
HEUSER, J.: Chancengleichheit für die Frau. In: DSB (Hrsg.): Sport und Staat – Führungsnachwuchs – Sport der Frauen und Mädchen. Frankfurt/M. 1968.
HILL, W./FEHLBAUM, R./ULRICH, P.: Konzeption einer modernen Organisationslehre. In: Zeitschrift für Organisation 43 (1974) 1, 4–16.
HININGS, C. P./PUGH, D. S.: An Approach to the Study of Bureaucracy. In: Sociology 1 (1967), 63–64.
HINSCHING, J./SCHAFRIK, J.: Geschichte der Leichtathletik in Deutschland von den Anfängen bis 1933. Wissenschaftliche Grundlagen und Versuch einer populärwissenschaftlichen Darstellung. Dissertation Päd., DHfK Leipzig 1971.
HÖLLEIN, W.: Jugensport für Vereine oft ein „Verlustgeschäft". In: DSB (Hrsg.): DSB-Info 46/76.
HÖLLEIN, W.: Auch Jugendabteilungen belasten das Vereinskonto. In: DSB (Hrsg.): DSB-Info 33/77.
HOFFMANN, A.: Die Bedeutung der Vereine für die sportliche Betätigung der Frau. (Hrsg. Deutscher Sportbund: Bundesausschuß für Frauensport). Frankfurt/M. 1971.
HOFFMANN, F.: Entwicklung der Organisationsforschung. Wiesbaden 1976².
HOFFMANN, K.: Zeitgemäße Vereinsbeiträge. In: DSB (Hrsg.): DSB-Info 43/77.
HOYLE, E.: Organization Theory and the Sociology of Sport. In: ALBONICO, R./PFISTER-BINZ, K. (Hrsg.): Soziologie des Sports. Basel 1971.

ILLE, H. J.: Überblick über die Entwicklung der Turn- und Sportvereine in Deutschland von den Anfängen bis 1933. Unveröffentlichte wissenschaftliche Arbeit an der Universität Karlsruhe, 1978.
Internationaler Arbeitskreis Sportstätten (Hrsg.): Protokoll zum Int. Kongreß-Sportstättenbau und Bäderanlagen. Köln 1969.
IRLE, M.: Soziale Systeme. Göttingen 1963.
IRLE, M.: Führungsverhalten in organisierten Gruppen. In: MAYER, A./HERWIG, B. (Hrsg.): Handbuch der Psychologie, Bd. 9. Göttingen 1970, 521–551.
IRLE, M.: Lehrbuch der Sozialpsychologie. Zürich 1975.

JACOBY, A./BABCHUK, N.: Instrumental and Expressive Voluntary Associations. In: Sociology and Social Research (1963) 47, 461–471.
JANOWITZ, M.: Soziale Schichtung und Mobilität in Westdeutschland. In: Kölner Zeitschrift für Soziologie und Sozialpsychologie 10 (1958) 1, 1–38.

KEMPSKI, J. v.: Zur Logik der Sozialwissenschaften. In: ALBERT, H. (Hrsg.): Theorie und Realität. Tübingen 1964.
KIESER, A.: Zur wissenschaftlichen Begründbarkeit von Organisationsstrukturen. In: Zeitschrift für Organisation 40 (1971), 239–249.
KING, W. C.: Social Movements in the United States. New York 1956.
KLATZKY, S. R.: Relationship of Organizational Size to Complexity and Coordination. In: Administrative Science Quarterly 15 (1970), 428–438.
KLEIN, F.: Das Organisationswesen der Gegenwart – ein Grundriß. Berlin 1913.
KLEIN, H.-J.: Gesellschaftliche Bestimmungsgründe räumlicher Bevölkerungsverteilungen, Vorstellungsbilder und Verhaltensmuster. In: LAMMERS, G. (Hrsg.): Verhalten in der Stadt. Karlsruhe 1977, 307–334.
KLEIN, W.: Deutsches Sporthandbuch. Wiesbaden 1977².
KNECHT, W.: Partnerschaft auf Raten-Versäumnisse und Perspektiven bundesdeutscher Sportpolitik. Frankfurt/M. 1970.
KOHL, H.: Freizeitpolitik. Frankfurt/M., Köln 1976.
KOLWIJK, J. van/WIEKEN-MAYSER, M.: Techniken der empirischen Sozialforschung, Bd. 4, Erhebungsmethoden: Die Befragung. München 1974.
KOSIOL, E.: Grundlagen und Methoden der Organisationsforschung. Berlin 1959.
KOSIOL, E.: Organisation der Unternehmung. Wiesbaden 1962.
KROCKOW, C. Graf v.: Die Bedeutung des Sports in der modernen Gesellschaft. In: Sport und Leibeserziehung (1967), 83–94.
KROCKOW, C. Graf v.: Sport – Eine Soziologie und Philosophie des Leistungsprinzips. Hamburg 1974.
KUBICEK, H.: Empirische Organisationsforschung. Stuttgart 1975.
KUBICEK, H./WOLLNIK, M.: Zur empirischen Grundlagenforschung in der Organisationstheorie. Arbeitspapier Nr. 2 des Seminars für allg. BWL und Organisationslehre der Universität Köln. Februar 1973.

KUBICEK, H./WOLLNIK, M.: Zur Notwendigkeit empirischer Grundlagenforschung in der Organisationstheorie. In: Zeitschrift für Organisation 44 (1975), 301–312.
KULP, B./MUELLER, R.: Alternative Verwendungsmöglichkeiten wachsender Freizeit. Kommission für wirtschaftlichen und sozialen Wandel 4. Göttingen 1973.

LENK, H.: Sportverein – eine Brücke zur Öffentlichkeit. In: Olympisches Feuer (1962) XII, 6 f.
LENK, H.: Leistungssport. In: Deutscher Sportbeirat im DSB (Hrsg.): Charta des Deutschen Sports. Frankfurt/M. 1968.
LENK, H.: Materialien zur Soziologie des Sportvereins. Ahrensburg 1972.
LENK, H.: Leistungssport: Ideologie oder Mythos? Stuttgart 1972.
LENK, H.: Sport in philosophischer Sicht. In: BAITSCH, H. u. a. (Hrsg.): Sport im Blickpunkt der Wissenschaft – Perspektiven, Aspekte, Ergebnisse. Berlin, Heidelberg, New York 1972, 12–40.
LENK, H.: „Manipulation" oder „Emanzipation" im Leistungssport? In: Sportwissenschaft 3 (1973), 9–39.
LENZ-ROMEISS, F.: Freizeitpolitik in der Bundesrepublik. Göttingen 1975.
LENZ-ROMEISS, F.: Freizeit und Alltag. Kommission für wirtschaftlichen und sozialen Wandel 14. Göttingen 1974.
LEWIN, K./LIPPIT, R./WHITE, R. K.: Patterns of Aggressive Behavior in Experimentally Created "Social Climates". In: Journal of Social Psychology 10 (1939), 271–299.
LICKERT, R.: New Patterns of Management – Voluntary Organisations (Chapter 10). New York, Toronto, London 1961.
LINDE, H.: Zur sozialökonomischen Struktur und soziologischen Situation des Dorfes. In: Das Dorf – Gestalt und Aufgabe ländlichen Zusammenlebens. Schriftenreihe für ländliche Sozialfragen (1954) 11, 5–24.
LINDE, H.: Über die soziologische Analyse polylogischer Felder. In: Zeitschrift für die gesamte Staatswissenschaft 1958, 527–546.
LINDE, H.: Persönlichkeitsbildung in der Landfamilie. In: Soziale Welt 10 (1959) 4, 297–309.
LINDE, H.: Soziale Determinanten der Zufriedenheit. In: Jahrbuch für Sozialwissenschaften 18 (1967) 1/2, 32–48.
LINDE, H.: Zur Soziologie des Sports – Versuch einer empirischen Kritik soziologischer Theoreme. In: PLESSNER, H./BOCK, H. E./GRUPE, O.: Sport und Leibeserziehung. München 1967, 103–121.
LINDE, H.: Sachdominanz in Sozialstrukturen. Tübingen 1972.
LINDE, H./HEINEMANN, K.: Leistungsengagement und Sportinteresse. Stuttgart 1968.
LINDE, H./HEINEMANN, K.: Das Verhältnis einer Soziologie des Sports zu alternativen soziologischen Theorieansätzen. In: ALBONICO, R./PFISTER-BINZ, K.: Soziologie des Sports. Basel 1971, 47–51.
LIPSET, S. M./TROW, M./COLEMAN, J.: Union Democracy. New York 1956.
LOEPER, U.: Thesen zum Thema Mitbestimmung. In: DSB (Hrsg.): DSB-Info 7/77.
LOGON (Hrsg.): Freizeithandbuch. Freizeiteinrichtungen in der Bundesrepublik Deutschland 1980, Bd. III: Sport und Spiel. München 1974.
LOY, J. W./KENYON, G. S.: Sport, Culture and Society. New York 1969.
LÜDTKE, H.: Freizeit in der Industriegesellschaft. Opladen 1974^2.
LÜSCHEN, G.: Die Funktion des Sports in der modernen Gesellschaft. In: Die Leibeserziehung (1963) 12, 377–383.
LÜSCHEN, G.: Zur Soziologie des Sports. In: BAITSCH, H. u. a. (Hrsg.): Sport im Blickpunkt der Wissenschaft – Perspektiven, Aspekte, Ergebnisse. Berlin, Heidelberg, New York 1972, 102–135.
LÜSCHEN, G.: Policy and System Performance in National Sport Organizations. Paper for the 5th International Seminar for Sociology of Sport. Heidelberg 1975.
LUHMANN, N.: Funktionen und Folgen formaler Organisation. Berlin 1964.
LUNDBERG, G. u. a.: Leisure – A Suburban Study. New York 1934.

MACKENSEN, R. u. a.: Daseinsformen in der Großstadt – Typische Formen sozialer Existenz in Stadtmitte, Vorstadt und Gürtel der industriellen Großstadt. Tübingen 1959.
MARCH, J. G. (Hrsg.): Handbook of Organizations. Chicago 1970^3.
MARCH, J. G./SIMON, H. A.: Organizations. New York 1958.
MARPLAN: Finanz- und Strukturanalyse des deutschen Sports (unveröffentlichter Ergebnisbericht). Offenbach 1975.
MAYNTZ, R.: Die Organisationssoziologie und ihre Beziehung zur Organisationslehre. In: SCHNAUFER, E./AGTHE, K. (Hrsg.): Organisation. Berlin 1961.

MAYNTZ, R.: Soziologie der Organisation. Reinbek bei Hamburg 1963.
MAYNTZ, R.: Bürokratische Organisation. Köln, Berlin 1968.
MAYNTZ, R.: Max Webers Idealtypus der Bürokratie und die Organisationssoziologie. In: MAYNTZ, R. (Hrsg.): Bürokratische Organisation. Köln, Berlin 1968.
MAYNTZ, R./HOLM, R./HÜBNER, P.: Einführung in die Methoden der empirischen Soziologie. Opladen 1974⁴.
MAYNTZ, R./ZIEGLER, R.: Soziologie der Organisation. In: KÖNIG, R. (Hrsg.): Handbuch der empirischen Sozialforschung, Bd. II. Stuttgart 1969, 444–513.
MCKELVEY, B.: Guidelines for the Empirical Classification of Organizations. In: Administrative Science Quarterly 20 (1975), 509–525.
MENGDEN, G. v.: Beiträge zur Geschichte des Deutschen Sportbundes. In: DSB (Hrsg.): Jahrbuch des Sports 1961/62.
MENGES, G./SKALA, H. J.: Statistik 2 – Daten. Opladen 1973.
MESSNER, J.: Der Funktionär. München 1961.
MICHELS, R.: Soziologie des Parteiwesens. Stuttgart 1970².
MODEL, O.: Funktionen und Bedeutung des Sports in ökonomischer und soziologischer Sicht. Dissertation an der Handels-Hochschule St. Gallen 1955.
MORRIS, R. N.: British and American Research on Voluntary Associations: A Comparison. In: Sociological Inquiry 35 (1965), 186–200.
MÜLLER, W.: Die Relativierung des bürokratischen Modells und die situative Organisation. In: Kölner Zeitschrift für Soziologie und Sozialpsychologie 25 (1973).

NASCHOLD, F.: Organisation und Demokratie. Stuttgart 1969.
Nederlands Sport Federatie: Information: Administrative Staff in Sportfederations. Den Haag, IV, 1977.
NEUBERGER, O.: Führungsverhalten und Führungserfolg. In: Wirtschaftspsychologische Schriften der Universität München und Augsburg. Berlin 1976.
NEURATH, P.: Statistik für Sozialwissenschaftler. Stuttgart 1966.
NORDSIECK, F.: Rationalisierung der Betriebsorganisation. Stuttgart 1955².

PAECH, E.-M./RASE, W.-D.: Versorgungssituation der Kreise mit Basiseinrichtungen für Freizeitsport. In: Zeitschrift Raumforschung und Raumordnung 35 (1977) 1/2, 63–68.
PÄHLER, K.-H.: Verein und Sozialstruktur. In: Archiv für Rechts- und Sozialphilosophie Bd. XLII (1956), 197–227.
PALM, J.: Sport für alle. In: DSB (Hrsg.): Jahrbuch des Sports 1967/68. Frankfurt/M. 1968.
PALM, J.: Freizeitsport im Verein. In: DIECKERT, J. (Hrsg.): Freizeitsport. Düsseldorf 1974.
PARSONS, T.: Structure and Process in Modern Societies. Glencoe, Ill. 1963².
PARSONS, T.: The Social System. Glencoe, Ill. 1963⁴.
PARSONS, T.: Professions. Stichwort in: International Encyclopedia of the Social Sciences (1972) 12, 536–547.
PASSLACK, H.: Führung im Team. In: DSB (Hrsg.): DSB-Info 3/77.
PENNINGS, J. M.: Relevance of the Structural-Contingency Model for Organizational Effectiveness. In: Administrative Science Quarterly 20 (1975), 393–410.
PERROW, C.: Organizational Goals. In: International Encyclopedia of the Social Sciences (1972) 11, 305–311.
PETRAK, B.: Beitrag zu den Fragen der Bürokratie und des Bürokratismus im Sport. In: ALBONICO, R./PFISTER-BINZ, K.: Soziologie des Sports. Basel 1971, 78–81.
PFEIFFER, D. K.: Organisationssoziologie. Stuttgart 1976.
PFETSCH, F. R. u. a.: Leistungssport und Gesellschaftssystem. Schorndorf 1975.
PFLAUM, R.: Die Vereine als Produkt und Gegengewicht sozialer Differenzierung. In: WURZBACHER, G./PFLAUM, R.: Das Dorf im Spannungsfeld industrieller Entwicklung. Stuttgart 1954.
PLESSNER, H./BOCK, H. E./GRUPE, O.: Sport und Leibeserziehung. München 1967.
PRICE, J. L.: Organizational Effectiveness. Homewood 1968.
PUGH D. S./HICKSON, D. J.: A Conceptual Scheme for Organizational Analysis. In: Administrative Science Quarterly 8 (1963), 288–315.
PUGH, D. S./HICKSON, D. J.: Eine dimensionale Analyse bürokratischer Strukturen. In: MAYNTZ, R.: Bürokratische Organisation. Köln, Berlin 1968, 82–93.
PUGH, D. S./HICKSON, D. J./HININGS, C. R./TURNER, C.: Dimensions of Organization Structure. In: Administrative Science Quarterly 13 (1968), 65–105.

QUANZ, D. R.: Sport im Verein. Düsseldorf 1975.

RASCHKE, P.: Vereine und Verbände – Zur Organisation von Interessen in der Bundesrepublik Deutschland. München 1978.
RASE, W.-D./PAECH, E.-M.: Klassifizierung der Kreise der Bundesrepublik nach ihrer Versorgung mit Basis-Freizeiteinrichtungen. In: SPÄTH, H. (Hrsg.): Fallstudien Cluster-Analysen. München, Wien 1977, 133–146.
REIGROTZKI, E.: Soziale Verflechtungen in der Bundesrepublik. Tübingen 1956.
RIECK, W.: Überblick über die Entwicklung der Turn- und Sportverbände in Deutschland. Unveröffentlichte wissenschaftliche Arbeit an der Universität Karlsruhe, 1977.
RISSE, H.: Soziologie des Sports. Berlin 1921.
RÖTHIG, P. (Red.): Sportwissenschaftliches Lexikon. Schorndorf 1976^3.
ROETHLISBERGER, F. J./DICKSON, W. J.: Management and the Worker. Cambridge 1939.
ROSE, A.: Theory and Methods in the Social Sciences. Minneapolis 1954.
ROSKAM, F.: Zu Planung und Bau von Sportanlagen. In: Sportwissenschaft 6 (1976) 4, 395–403.

SAURBIER, B.: Geschichte der Leibesübungen. Frankfurt/M. 1976^9.
SAUTER, E./SCHWEYER, G.: Der eingetragene Verein. München 1974^9.
SCHÄFFLE, A.: Bau und Leben des sozialen Körpers. Tübingen 1896.
SCHELSKY, H.: Die skeptische Generation. Düsseldorf, Köln 1957.
SCHERER, A.: Goldener Plan auf goldenem Boden. In: DSB (Hrsg.): DSB-Info 49/76.
SCHEUCH, E. K.: Soziologie der Freizeit. In: KÖNIG, R. (Hrsg.): Handbuch der empirischen Sozialforschung Bd. II. Stuttgart 1969.
SCHEUCH, E. K.: Der Sport in der sich wandelnden Gesellschaft. In: DSB (Hrsg.): Jahrbuch des Sports 1971/72. Frankfurt/M. 1972.
SCHEUCH, E. K.: Das Interview in der Sozialforschung. In: KÖNIG, R. (Hrsg.): Handbuch der empirischen Sozialforschung, Bd. II. Grundlegende Methoden und Techniken, erster Teil. Stuttgart 1973^3.
SCHIFFER, J. u.a.: Sportstätten – Richtplanung. Berichte des Forschungsinstituts Eidgenössische Turn- und Sportschule Nr. 20. Magglingen/Schweiz 1977.
SCHLAGENHAUF, K.: Sportvereine in der Bundesrepublik Deutschland – Teil I: Strukturelemente und Verhaltensdeterminanten im organisierten Freizeitbereich. Schorndorf 1977.
SCHLAGENHAUF, K./TIMM, W.: Zur Soziologie des Sportvereins. In: Bürger im Staat 25 (1975) 3, 213–216.
SCHLAGENHAUF, K./TIMM, W.: The Sport Club as a Social Organization. In: International Review of Sport Sociology 11 (1976) 2, 9–30.
SCHMIDT, H.: „Haltet mir die Vereine hoch." In: DSB (Hrsg.): DSB-Info 48/75.
SCHMIDT-RELENBERG, N.: Soziologie und Städtebau. Stuttgart 1968.
SCHMITZ-SCHERZER, R.: Sozialpsychologie der Freizeit. Stuttgart 1974.
SCHRADER, A.: Einführung in die empirische Sozialforschung. Stuttgart 1971.
SCHURZ, H.: Altersklassen und Männerbünde. Berlin 1902.
Schwäbischer Turnerbund (Hrsg.): Der STB-Breitensportplan – Turnen und Sport für alle. Stuttgart 1976.
SEMDER, M.: Organisationssoziologische Lotstudie des Deutschen Sportbundes und seiner Mitgliederorganisationen. Dissertation Kiel 1977.
SIEDER, U. M.: The Historical Origins of the American Volunteer. In: GLASER, W. A./SILLS, D. L.: The Government of Associations. New York 1966, 4–12.
SIEWERT, H.-J.: Ansätze zu einer Soziologie des Vereins. (Unveröffentlichte Magisterarbeit.) Tübingen 1971.
SILLS, D. L.: Volunteer Associations: Instruments and Objects of Change. In: Human Organization 18 (1959) 1, 17–21.
SILLS, D. L.: Voluntary Organizations – Sociological Aspect. In: International Encyclopedia of the Social Sciences (1972) 15, 362–379.
SILVERMAN, D.: The Theory of Organizations. London 1970.
SIMMEL, G.: Soziologie der Geselligkeit. Verhandlungen des ersten Deutschen Soziologentages in Tübingen 1911.
SIMMEL, G.: Grundfragen der Soziologie. Berlin, Leipzig 1917.
SIMON, H. A.: Administrative Behavior: A Study of Decision-making Processes in Administrative Organizations. New York 1961.

SIMPSON, R. C./GULLEY, W. H.: Goals, Environmental Pressures, and Organizational Characteristics. In: American Sociological Review 27 (1962) 3, 344—351.
SMITH, C./FREEDMAN, A.: Voluntary Associations. Cambridge 1972.
SPÄTH, H.: Fallstudien zur Cluster-Analyse. München, Wien 1977.
SPECHT, K.-G.: Sport in soziologischer Sicht. In: Studium Generale 13 (1960) 1.
Statistisches Bundesamt (Hrsg.): Statistisches Jahrbuch 1972—1976.
Statistisches Bundesamt (Hrsg.): Bevölkerung und Kultur. Reihe 10/Bildungswesen. VI. Kulturelle Einrichtungen – Turn- und Sportstätten. Stuttgart, Mainz 1969.
Statistisches Bundesamt (Hrsg.): Finanzen und Steuern. Reihe 5/Sonderbeiträge zur Finanzstatistik. Ausgaben der öffentlichen Haushalte für Gesundheit, Sport und Erholung. Stuttgart, Mainz 1973.
STAUDINGER, H.: Individuum und Gemeinschaft in der Kulturorganisation des Vereins. Jena 1913.
STRYCH, E.: Der westdeutsche Sport in der Phase der Neugründung 1945—1950. Stuttgart 1975.

TANNENBAUM, A.: Control and Effectiveness in a Voluntary Association. In: American Journal of Sociology 67 (1961), 37—46.
TAYLOR, F. W.: The Principles of Scientific Management. New York 1911.
TENHUMBERG, H.: Grundzüge im soziologischen Bild des westdeutschen Dorfes. In: Schriftenreihe für ländliche Sozialfragen 7. Hannover 1952.
TIMM, W.: Die Organisation von Sportvereinen – Konflikte, Finanzsituation, Führung. In: DSB (Hrsg.): Zur Situation des Sportvereins in der Bundesrepublik Deutschland. Frankfurt/M. 1977, 31—47.
TÖNNIES, F.: Gemeinschaft und Gesellschaft. Berlin 1922.
TOPITSCH, E.: Logik der Sozialwissenschaften. Köln, Berlin 1966.
TRÖGER, W.: Die Organisation des deutschen Sports. In: SCHULTZ, U. (Hrsg.): Das große Spiel. Frankfurt/M. und Hamburg 1965.
TSOUDEROS, J. E.: Organizational Change in Terms of Series of Selected Variables. In: American Journal of Sociology 20 (1955), 206—210.
TSOUDEROS, J. E.: Organizational Growth. In: GLASER, A./SILLS, D. L. (Hrsg.): The Government of Associations. New York 1966, 242—246.
TÜRK, K.: Organisationstheorie. Hamburg 1975.

UDY, S. H.: The Comparative Analysis of Organizations. In: MARCH, J. G. (Hrsg.): Handbook of Organizations. Chicago 1965, 678—709.
ÜBERHORST, H.: Frisch, frei, stark und treu: Die Arbeitersportbewegung in Deutschland 1893—1933. Düsseldorf 1973.

VROOM, V. R.: Methods of Organizational Research. Pittsburgh 1968.

WARRINER, C. K./PRATHER, J. E.: Four Types of Voluntary Associations. Sociological Inquiry (Spring 1965), 138—148.
WEBER, M: Geschäftsbericht. In: Verhandlungen des ersten deutschen Soziologentages vom 19.—22. Oktober 1910 in Frankfurt/M. (hrsg. von der Deutschen Gesellschaft für Soziologie). Tübingen 1911.
WEBER, M.: Gesammelte Aufsätze zur Soziologie und Sozialpolitik. Tübingen 1924.
WEBER, M.: Wirtschaft und Gesellschaft. Tübingen 1972².
WEICHERT, W.: Analyse sportpolitischer Aussagen in Dokumenten der Parteien des Deutschen Bundestages. Unveröffentlichtes Manuskript. Gießen 1973.
WEISS, H.: Die Gewinnung von Übungsleitern für den Übungs-, Trainings- und Wettkampfbetrieb des Deutschen Turn- und Sportbundes der DDR. In: Theorie und Praxis der Körperkultur 24 (1975) 5, 465—467.
WEYER, W.: Mehr Aktive – höhere Anforderungen. In: DSB (Hrsg.): DSB-Info 49/77.
WIEKEN-MAYSER, M.: Techniken der empirischen Sozialforschung, Bd. 3 – Erhebungsmethoden: Beobachtung und Analyse von Kommunikation. München 1974.
WIESE, L. v.: System der allgemeinen Soziologie. Berlin 1955³.
WILD, J.: Zur praktischen Bedeutung der Organisationstheorie. In: Zeitschrift für Betriebswirtschaft 37 (1967), 567—592.
WINKLER, H.-J.: Interessen des Staates am Sport. In: Sportunterricht (1973) 11, 397—401.
WÖHE, G.: Einführung in die allgemeine Betriebswirtschaftslehre. Frankfurt/M. 1965⁶.
WOHL, A.: Der Leistungssport und seine sozialen Funktionen. In: Sportwissenschaft (1975) 1, 56—68.
WOLFF, H.: Der Sport und seine statistischen Betrachtungen. Kassel 1930.

Württembergische Sportjugend (Hrsg.): Mitbestimmung Jugendlicher im Verein – Musterjugendordnung. Stuttgart 1976.
WURZBACHER, G./PFLAUM, R.: Das Dorf im Spannungsfeld industrieller Entwicklung. Stuttgart 1954.
WURZBACHER, G.: Der Verein in der freien Gesellschaft. In: Deutscher Sportbund (Hrsg.): Der Verein als Träger der deutschen Turn- und Sportbewegung. Frankfurt/M. 1962.

ZIEGLER, R.: Soziologie der Organisation – Ergebnisse der empirischen Forschung. In: KÖNIG, R. (Hrsg.): Handbuch der empirischen Sozialforschung, Bd. II. Stuttgart 1969, 467–513.
ZÜNDORF, L.: Forschungsartefakte bei der Messung der Organisationsstruktur. In: Soziale Welt 27 (1976) 4.

Schriftenreihe des Bundesinstituts für Sportwissenschaft

Band 1 H.-J. Müller, R. Decker, F. Schilling (Red.)
Motorik im Vorschulalter
Wissenschaftliche Grundlagen und Erfassungsmethoden. 2. Auflage 1978

Band 2 Frank R. Pfetsch u. a.
Leistungssport und Gesellschaftssystem
Sozio-politische Faktoren im Leistungssport. Die Bundesrepublik Deutschland im intern. Vergleich. Leistungsentwicklung in den verschiedenen leichtathletischen Disziplinen von 1950—1972 wird auf dem Hintergrund der Sozialstruktur, der Mobilität und der Rekrutierungsmuster von Spitzensportlern interpretiert.

Band 3 Ema Geron
Methoden und Mittel zur psychischen Vorbereitung des Sportlers
Auf der Grundlage eigener Untersuchungen werden auf verschiedenen Ebenen Vorschläge zur Wettkampf-Vorbereitung des Sportlers gemacht.

Band 4 Hermann Rieder u. a. (Red.)
Empirische Methoden in der Sportpsychologie
Bericht vom 1. Internationalen Symposium der Arbeitsgemeinschaft Sportpsychologie in der Bundesrepublik Deutschland (ASP) in Heidelberg.

Band 5 Paul v. d. Schoot
Aktivierungstheoretische Perspektiven als wissenschaftliche Grundlegung für den Sportunterricht mit geistig retardierten Kindern
Grundlagentheoretische Erörterungen und Bericht über ein eigenes Forschungsprojekt.

Band 6 Kurt Wilke u. a.
Anfängerschwimmen
Eine Dokumentationsstudie. In einer Gesamtübersicht wird in den Problemhintergrund des Anfängerschwimmens eingeführt und der derzeitige Kenntnisstand berichtet. 629 Dokumente wurden inhaltlich erschlossen, 223 andere nachgewiesen.

Band 7 E. Hahn, W. Preising (Red.)
Die menschliche Bewegung — Human Movement
Bericht über den wissenschaftlichen Kongreß im Rahmen der 6. Gymnaestrada in Berlin 1975.
Sämtliche Vorträge sowie die Zusammenfassung der Diskussion des Kongresses.

Band 8 A. Wohl
Bewegung und Sprache
Probleme zur Theorie der Motorik des Menschen.

Band 9 W. Essing
Bibliographie zur Psychologie des Sports 1972 — 1975
III. Band der Dokumentation Sportpsychologie mit 3400 Literaturnachweisen.

Band 10 J. Recla, R. Timmer (Red.)
Kreative Sportinformatik
32 Beiträge namhafter Wissenschaftler vom Internationalen Jubiläums-Kongreß 1975 in Graz, veranstaltet vom Wissenschaftlichen Kreis für Leibeserziehung der Universität Graz in Zusammenarbeit mit der International Association for Sports Information, Den Haag.

Band 11 Wulf Preising (Red.)
Sportfilmtage '75 Oberhausen
Dieser Band informiert über die zum 4. Male stattgefundenen Sportfilmtage und beinhaltet neben den Besprechungen der preisgekrönten Filme insbesondere die Referate der Medientagung.

Der Band
"Sportfilmtage '73 Oberhausen"
ist ebenfalls noch erhältlich.

Band 12 M. Brichford (Bearb.),
Avery Brundage Collection 1908–1975
Eine von der University of Illinois at Urbana-Champaign und dem Bundesinstitut für Sportwissenschaft herausgegebene Übersicht über den 400 000 Seiten umfassenden Nachlaß von Avery Brundage.

Band 13 Karl Feige
Leistungsentwicklung und Höchstleistungsalter von Spitzenläufern
Als Fortsetzung der vergleichenden Studien bei jungen Schwimmern folgen in diesem Band die Analysen zum Aufbau sportlicher Leistungen bei Läufern.

Band 14 A. Thomas, D. Simons, R. Brackhane
Handlungspsychologische Analyse sportlicher Übungsprozesse
Eine empirische Längsschnittuntersuchung über das Erlernen bewegungszentrierter Sportarten.

Band 15 Karl Schlagenhauf
Sportvereine in der Bundesrepublik Deutschland
Teil 1: Strukturelemente und Verhaltensdeterminanten im organisierten Freizeitbereich.

Band 16 Werner Kuhn, Werner Maier
Beiträge zur Analyse des Fußballspiels
Ein Versuch, unter Verwendung ausgewählter statistischer Verfahren Einblick in das komplexe Beziehungsgefüge des Fußballspiels zu gewinnen.

Band 17 Annette Bauer
Förderung und Änderung der Leistungsmotivation geistig retardierter Kinder durch Sport
Auswirkungen eines verhaltenstherapeutisch-orientierten Sportunterrichts auf die Leistungsmotivation.

Band 18 Hajo Bernett
Der jüdische Sport im nationalsozialistischen Deutschland 1933–1938
Ein tragisches Kapitel der deutschen Sportgeschichte wird durch dieses Buch vor dem Vergessen bewahrt.

Band 19 Erwin Hahn u. a. (Red.)
Kind und Bewegung
Kinderturnen kritisch betrachtet. Bericht des Wissenschaftlichen Kongresses 1977 in Berlin.

Band 20 Andreas H. Trebels u. a. (Red.)
Sportwissenschaft auf dem Weg zur Praxis
Bericht vom Hochschultag 1977 der Deutschen Vereinigung für Sportwissenschaft.

Band 21 Werner Kloock (Red.)
Sportinformation in Theorie u. Praxis
IV. Internationaler Kongreß für Sportinformation 1977 in Duisburg.
Eine Bestandsaufnahme, welche Bedeutung der sich parallel zur Sportwissenschaft entwickelnden Sportdokumentation und -information im nationalen und internationalen Raum zukommt.

Band 22 Ingeborg Bausenwein
Frau und Sport
Beschreibung und Analyse einer repräsentativen Bevölkerungsumfrage über die gegenwärtige Situation und der Beteiligung der Frau am Sport.

Band 23 Waldemar Timm
Sportvereine in der Bundesrepublik Deutschland
Teil 2: Organisations-, Angebots- und Finanzstruktur. Darstellung von Ergebnissen einer empirischen Studie im Bereich der deutschen Sportvereine.

Verlag Karl Hofmann, Postfach 1360, 7060 Schorndorf